Im Fuchsbau der Geschichten

Matthias Bauer

IM FUCHSBAU
DER GESCHICHTEN

Anatomie des Schelmenromans

Verlag J.B. Metzler
Stuttgart · Weimar

Gedruckt mit freundlicher Unterstützung des Förderungs- und Beihilfefonds Wissenschaft der VG Wort.

Die Deutsche Bibliothek – CIP–Einheitsaufnahme

Bauer, Matthias:
Im Fuchsbau der Geschichten: Anatomie des Schelmenromans
/ Matthias Bauer. – Stuttgart; Weimar: Metzler, 1993
ISBN 3-476-00942-4

ISBN 3-476-00942-4

© 1993 J.B. Metzlersche Verlagsbuchhandlung
und Carl Ernst Poeschel Verlag GmbH in Stuttgart
Einbandgestaltung: Willy Löffelhardt
Satz: Cornelius Wittke, Kusterdingen
Druck: Druckpartner Rübelmann, Hemsbach
Printed in Germany
Verlag J. B. Metzler Stuttgart · Weimar

EIN VERLAG DER *SPEKTRUM FACHVERLAGE GMBH*

V

INHALTSVERZEICHNIS

VORWORT

IM FUCHSBAU DER GESCHICHTEN entstand als Doktorarbeit unter dem Titel „Anatomie des Schelmenromans. Eine Vergleichsstudie pikaresker und neopikaresker Erzählwerke" und wurde vom Fachbereich 13 Philologie I der Johannes Gutenberg-Universität Mainz 1992 als Dissertation zur Erlangung des akademischen Grades eines Doktors der Philosophie (Dr. phil.) angenommen.
Anläßlich der Veröffentlichung wurde die Darstellung des semipikaresken Romans um die Interpretation von PEREGRINE PICKLE und TRISTRAM SHANDY ergänzt, was geringfügige Veränderungen der Gliederung nach sich zog.
Für die zahlreichen Hinweise, die meinen Weg durch den Fuchsbau der Geschichten begleitet haben – vor allem für diejenigen, die mich schließlich wieder aus ihm herausfinden ließen –, gebührt dem Betreuer der Arbeit, Herrn Prof. Dr. Bruno Hillebrand, besonderer Dank.
Dank schulde ich auch der Landesgraduiertenförderung Rheinland-Pfalz, die mein Dissertationsvorhaben mit einem zweijährigen Stipendium großzügig unterstützt hat.
Vor allem aber möchte ich meinen Eltern danken, ohne deren Interesse und Verständnis diese Arbeit nicht entstanden wäre.

Wiesbaden, im Frühjahr 1993   *M.B.*

1. LEGENDE

„Als ästhetisches Phänomen ist uns das Dasein immer noch erträglich, und durch die Kunst ist uns Auge und Hand und vor Allem das gute Gewissen dazu gegeben, aus uns selber ein solches Phänomen machen zu können. Wir müssen zeitweilig von uns ausruhen, dadurch, daß wir auf uns hin und hinab sehen und, aus einer künstlerischen Ferne her, über uns lachen oder über uns weinen; wir müssen den Helden und ebenso den Narren entdecken, der in unsrer Leidenschaft der Erkenntnis steckt, wir müssen unsrer Thorheit ab und zu froh werden, um unsrer Weisheit froh bleiben zu können! Und gerade weil wir im letzten Grunde schwere und ernsthafte Menschen und mehr Gewichte als Menschen sind, so thut uns Nichts so gut als die Schelmenkappe; wir brauchen sie vor uns selber - wir brauchen alle übermüthige, schwebende, tanzende, spottende, kindische und selige Kunst, um jener Freiheit über den Dingen nicht verlustig zu gehen, welche unser Ideal von uns fordert." (Friedrich Nietzsche: Die Fröhliche Wissenschaft, 2.Buch, Nr.107)

Die vorliegende Vergleichsstudie bietet einen Querschnitt durch die Entwicklungsgeschichte des Schelmenromans. Gemeinhin wird zwischen dem Schelmenroman im engeren Sinne als einer epochal begrenzten und in sich abgeschlossenen Episode der Erzählkunst und dem Schelmenroman im weiteren Sinne als einer offenen und epochenübergreifenden Gattung unterschieden, die bis in die Gegenwart hinein wirksam ist.[1] Der im wesentlichen auf Werke des Barock beschränkte Schelmenroman i.e.S. stellt, wie die Vertreter dieser restriktiven Auffassung betonen, eine spanische Erfindung dar und wird dann in Deutschland, England und Frankreich zwar landesspezifisch abgewandelt, dadurch aber auch einem Auflösungsprozeß überantwortet, so daß er nach 1750 keine „lebende" Gattung mehr darstellt.[2] Der Schelmenroman i.w.S. zeichnet sich demgegenüber gerade durch seine Anpassungsfähigkeit aus, weshalb die Vertreter dieser permissiven Gattungskonzeption gerne auf seine proteanische Form verweisen.[3] Anhänger der einen wie der anderen Auffassung beschreiben den Schelmenroman jedoch fast ausschließlich anhand der Themen und Motive, Figuren und Topoi, die das Genre ihrer Meinung nach charakterisieren.[4] Auch der sogenannte „Modal Approach" arbeitet mit inhaltlichen Bestimmungen. Ihm zufolge entfalten Schelmenromane das satirische Panorama einer chaotischen Welt aus der Sicht eines Anti-Helden, dessen Leben sich im Sisyphos-Rhythmus von sozialem Auf- und Abstieg vollzieht.[5]

In Ergänzung dieser Ansätze wird in dieser Arbeit gezeigt, daß Schelmenromane eine signifikante Struktur aufweisen, die den Leser dazu anhält, die
Geschichte des unzuverlässigen Ich-Erzählers, als der der Schelm in Erscheinung tritt, einer Komplementärlektüre zu unterziehen.[6] Dieses rezeptionsstrategische Kalkül der Komplementärlektüre wird im Anschluß an einige methodologische Überlegungen zum Gattungsproblem (Abschnitt 1.1) an zwei
Texten zunächst exemplarisch vorgestellt (Abschnitt 1.2 und 1.3) und anschlie
ßend theoretisch gefaßt (Abschnitt 1.4). Die folgenden Abschnitte (1.5, 1.6 und
1.7) leiten dann zu den Einzeluntersuchungen der Vergleichsstudie über. Wer
in medias res einsteigen möchte, sollte also mit Abschnitt 1.2 beginnen.

Da der pikareske Roman wesentlich durch das Zusammenwirken von Erzählkunst und Karneval gekennzeichnet ist, geht es in den Abschnitten 1.5, 1.6
und 1.7 vor allem um das für Literatur und Folklore gleichermaßen wichtige
Verfahren der Inversion. Im Gegensatz zu den pikaresken sind die semipikaresken Romane, die gewissermaßen vom Schelmen- zum Bildungsroman überleiten, durch das Zusammenwirken narrativer und dramaturgischer Verfahren
bestimmt; die Metapher vom *theatrum mundi* tritt in ihnen an die Stelle des
karnevalesken Kipp-Bilds der verkehrten Welt. In den zeitgenössischen Romanen wiederum wird das rezeptionsstrategische Kalkül der Komplementärlektüre im Zusammenhang mit der zunehmenden Aufwertung mythopoetischer
Darstellungsarten eingesetzt, um das pikareske Universum zu einem neopikaresken Multiversum zu erweitern.

Sowohl die Kontinuitäten als auch die Diskontinuitäten der Gattungsentwicklung lassen sich darüber hinaus an der metaphorischen Korrespondenztextur
des Wolfsspiels beschreiben, in der sich die weltanschauliche Zusammengehörigkeit der einzelnen Romane und die Nähe ihrer Gesellschaftskritik zum
neuzeitlichen Diskurs der politischen Philosophie konkretisiert (3. Kapitel).

Um die thematischen und strukturellen Affinitäten der einzelnen Werke untereinander deutlich herausstellen zu können, wurde mitunter geringfügig von
der chronologischen Erscheinungsabfolge der einzelnen Romane abgewichen.

Das Wort „Anatomie" im Titel dieser Arbeit spielt darauf an, daß der Gestaltwandel des Genres auf das Erzählgerüst der einzelnen Texte, d.h. auf ihre
„Aktstruktur" [7] zurückgeführt wird, da sie die Komplementärlektüre stimuliert und reguliert.[8] Das Wort Anatomie stammt vom griechischen Verb „ana-
tém-nein" ab, das soviel wie „aufschneiden" oder „sezieren" bedeutet. Seit
Robert Burtons 1621 erstmals veröffentlichter ANATOMY OF MELANCHOLY wird
der Begriff nicht nur auf Untersuchungen des Körperbaus, sondern auf jede
beschreibende Analyse angewandt [9], die ihren Gegenstand bis aufs Glied
zerlegt, es aber gleichwohl nicht bei der bloßen Zergliederung beläßt. Vielmehr dient diese Form der Untersuchung dazu, den Blick auf die Vielfalt der

Phänomene zu lenken, die auf die gleiche oder auf eine ähnliche Weise „gemacht" sind. Daher sprechen die Mediziner auch von der Vergleichenden Anatomie.

Vor diesem Hintergrund ist Northrop Fryes ANATOMY OF CRITICISM aus dem Jahre 1957, ein Standardwerk der Vergleichenden Literaturwissenschaft, zu sehen. Frye verwendet den Begriff der Anatomie in einem doppelten Sinne: als Bezeichnung für seine eigene Untersuchung und als Name für eine bestimmte Sorte von dialogisch konzipierten Texten in der Nachfolge der Menippeischen Satire, „charakterisiert durch große stoffliche Vielfalt und starkes Interesse an Ideen".[10] Zu dieser Textsorte zählt er neben Burtons ANATOMY OF MELANCHOLY auch Romane wie den TRISTRAM SHANDY oder POUVARD ET PECUCHET.[11] Das Wort „Anatomie" schlägt also eine Brücke zwischen fiktionalen und non-fiktionalen Texten, es bezieht sich auf eine bestimmte Art und Weise der literarischen Welterzeugung [12], deren Pointe darin besteht, daß mit dem Aufbau der Welt (Synthese) zugleich ihre Analyse verbunden ist. Wird daher der Begriff der Anatomie selbst zerlegt, zeigt sich, daß sein gedankliches Rückgrat in der Vorstellung besteht, Schreiben und Lesen seien komplementäre Vorgänge der Komposition und Dekomposition: die „Lesbarkeit der Welt" [13] beruht auf ihrer Übertragung in einen Text, und umgekehrt besteht die Lektüre eines Textes in der (Re-) Konstruktion (s)einer Welt. Mithin läuft eine Anatomie des Schelmenromans darauf hinaus, zunächst die Vorstellungs-Welt der einzelnen Texte zu vermessen, und dann anhand dieser Karten das Diskursuniversum der Gattung zu rekonstruieren. Wie jede kartographische Tätigkeit setzt auch diese eine Legende voraus, die den Maßstab der Übertragung und die dabei verwendeten Symbole angibt, denn: „A map is not the territory it represents, but, if correct, it has a *similar structure* to the territory which accounts for its usefulness."[14]

1.1 Karte und Territorium

Eine Vergleichsstudie „pikaresker" und „neopikaresker" Romane involviert unweigerlich - daher die Anführungszeichen - die Problematik literaturwissenschaftlicher Gattungsbezeichnungen, die ihrerseits mit der Unmöglichkeit zusammenhängt, dem hermeneutischen Zirkel zu entgehen: einerseits setzt eine solche Untersuchung einen Kanon repräsentativer Werke voraus, die ihr als Anschauungsbeispiele dienen; andererseits läßt sich dieser Kanon eigentlich erst aufgrund der Untersuchung selbst zusammenstellen. Um dieser Problematik zu entgehen, nehmen Forscher gerne Zuflucht zu einem angeblich archetypischen Text, der die gemeinsamen Merkmale aller Gattungsvertreter keimhaft in sich trägt, und verfolgen die Entwicklung des Genres dann entlang eines Stammbaumdiagramms, dessen Verästelungen sich allesamt auf diese eine Wurzel zurückführen lassen.

Im Falle des Schelmenromans führt diese organologische Gattungskonzeption jedoch zu einem fatalen Interpunktionsdilemma.[15] Wer den LAZARILLO DE TORMES als Ausgangspunkt der pikaresken Welterzeugung nimmt, mißt die nachfolgenden Schelmenromane an einem anderen Erzählkonzept als derjenige, der im GUZMAN DE ALFARACHE das Paradigma der Gattung sieht. Während der LAZARILLO aus einigen wenigen, heimtückisch harmlos dargebotenen Episoden besteht, entfaltet der GUZMAN auf mehreren hundert Seiten eine umfassende Generalbeichte mit unzähligen misanthropischen Abschweifungen über Gott und die Welt.

Wer den LAZARILLO - wie verschiedentlich vorgeschlagen worden ist [16] - aus dem Kanon der relevanten Texte ausschließt, gerät jedoch schon bei Quevedos VIDA DEL BUSCON in einen Erklärungsnotstand, weil dieses Buch Guzmáns Weltanschauung mit den narrativen Mitteln des LAZARILLO einer Kontrafaktur unterzieht.[17] Diese Schwierigkeiten setzen sich bei Grimmelshausen fort, denn allein der inhaltliche Gegensatz zwischen Courasches und Simplex' Version ihrer Affaire im Sauerbrunnen kann nicht die unterschiedliche Machart der beiden Texte erklären. Folgt der SIMPLICISSIMUS TEUTSCH dem Erzählkonzept des GUZMAN, so steht die LEBENSBESCHREIBUNG DER ERTZBETRÜGERIN UND LAND-STÖRTZERIN COURASCHE in der Nachfolge des LAZARILLO und des BUSCON. Cervantes uneinheitliche Haltung zum pikaresken Roman kompliziert die Sachlage zusätzlich, denn einerseits spricht sich der Verfasser des DON QUIJOTE an verschiedenen Stellen seines Werks gegen die pseudoautobiographische Fiktion der *novela picaresca* aus, andererseits jedoch stehen seine Werke in einer gewissen thematischen Nähe zum Schelmenroman.

Die Unmöglichkeit, einen archetypischen Text zu finden und anhand seiner Gestalt eindeutige Kriterien der Gattungszugehörigkeit zu definieren, hat zu dem skurrilen Ergebnis geführt, daß die Existenz des Genres „Schelmenroman" grundsätzlich bestritten worden ist. So hat Daniel Eisenberg bei einer Durchsicht der Sekundärliteratur festgestellt, daß allein der erste Teil des zweibändigen GUZMAN DE ALFARACHE als Schelmenroman allgemein anerkannt sei; ein halber Roman sei jedoch schlechterdings zu wenig, um eine ganze Gattung zu begründen.[18]

Auch Eisenberg erkennt, daß das Problem aus der Unterschiedlichkeit zwischen dem LAZARILLO und dem GUZMAN resultiert [19], aber die Verneinung seiner Frage „Does The Picaresque Novel Exist?" ist dennoch voreilig. Sie verkennt, daß gerade diese Unterschiedlichkeit die Voraussetzung der Genree-

volution ist. Außerdem scheint Eisenberg von der irrigen Voraussetzung auszugehen, die Gattungsmerkmale - also die Anzeichen für die Zugehörigkeit
eines Textes zu einer bestimmten Textsorte - müßten in ihm selbst unmittelbar
enthalten sein, wenn er schreibt: „I would, however, point out that in the case
of genres such as these there must be a clearly identifiable and well-defined
body of works which belong to the genre for a usuable definition to be obtai-
ned."[20]

Die Uneinheitlichkeit, die das Erscheinungsbild des pikaresken Romans bestimmt, wird durch seine rezenten Vertreter verstärkt. Bei der sogenannten
„Wiederkehr der Schelme" [21] in zeitgenössischen Erzählwerken treffen nämlich traditionelle und innovative Momente auf eine Art und Weise zusammen,
die das Kompositum „neo-pikaresk" trotz seines inflationären Gebrauchs angemessen zum Ausdruck bringt.[22] Gerade die wechselseitige Durchdringung
von Strukturkomponenten des Bildungs- und des Schelmenromans, die an Erzählwerken des 20. Jahrhunderts zu beobachten ist, offenbart, daß das Konzept eines in sich abgeschlossenen Genres („well-defined body of works") den
Begriff der Gattung ad absurdum führt, macht dieser der Naturwissenschaft
entliehene Terminus doch nur Sinn, wenn es eine Umwelt und damit andere
Gattungen gibt, mit denen sich ein literarisches System wie der Schelmenroman im Austausch befindet.

Das Reinheitsgebot, demzufolge die Vermischung von Textsorten untersagt
ist, um ihre Unterscheidbarkeit sowie die eindeutige Zugehörigkeit der Werke
sicherzustellen [23], verstellt den Blick für die Entstehung der literarischen
Arten, da sich eine Weise der Welterzeugung stets aus anderen ergibt (Vgl.
hierzu Abschnitt 1.5). Daher ist die Festlegung einer thematischen oder strukturellen „Dominante" fragwürdig, wenn diese ahistorisch als „Invariante" verstanden und eindimensional zum alleinigen Kennzeichen der Gattung hypo-
stasiert wird.[24] Um den Fortbestand, d.h. die Entwicklungs- und Anschlußfähigkeit eines literarischen Systems zu gewährleisten, muß es zur Reorganisation nicht nur seiner akzidentellen, sondern auch seiner wesentlichen Eigenschaften in der Lage sein. Folglich gehören auch jene Innovationen, die das
System einer Gattung „sprengen", zu seiner Geschichte.

Es geht daher bei einer Vergleichsstudie pikaresker und neopikaresker Erzählwerke nicht um die Kodifizierung einer bestimmten Interpretation, sondern um den Prozeß der Semiose, in den zahlreiche Schreibweisen und Lesarten einbezogen sind. Denn wenn „die verschiedenen literarischen Gattungen
bestimmte Welten konstruieren" [25], und sich die Geschichte des Schelmenromans als eine unregelmäßige Abfolge von divergenten Versionen des pikaresken Universums darstellen läßt [26], dann bringt dieser Prozeß eine Streu-
ung der Weltbilder mit sich, die verhindert, daß es einen ultimativen Schel-

menroman oder eine definitive Deutung des pikaresken Universums gibt. Wenn jedoch alles Schaffen ein Umschaffen ist, das bei einer Weltversion beginnt und bei einer anderen (vorübergehend) endet [27], wenn „nicht nur die Parodie, sondern jedes Kunstwerk als Parallele und Antithese zu irgendeinem Muster geschaffen" wird [28], dann ist es sinnlos, eine Gattung auf einen Archetypus zurückführen, einen Kanon phänotypischer Werke etablieren oder ein thematisch-strukturelles Zentrum festlegen zu wollen. Entscheidend ist vielmehr die periphere „Verwandlungszone" [29], die Reibungsfläche, an der der schöpferische Funke von einer Textsorte zur anderen bzw. von einem Roman zum nächsten überspringt. Es gibt folglich keine Gattungsgrenze, die prinzipiell nicht überschritten, kein Merkmal, das nicht verändert, keinen Ursprung, der nicht auf ihm Vorausliegendes zurückgeführt werden könnte. An die Stelle der Suche nach einem archetypischen Text tritt der Nachweis, wie sich ein Genre gerade aus der Gegensätzlichkeit der Erzählkonzepte entwickelt, wie verschiedene narrative Weisen der Welterzeugung zur Komposition des pikaresken Universums und seiner Modulationen beitragen.

„Damit ein Land eine Romanliteratur bekommt, müssen mehrere Romanciers unterschiedlicher Altersstufen nebeneinander eine ähnliche bis antagonistische Arbeit in fortwährender Anstrengung und ständigem Experimentieren mit der Technik geleistet haben", erklärt Alejo Carpentier in seinem Buch STEGREIF UND KUNSTGRIFFE. „Daraus resultiert, daß der Roman, wie wir ihn heute verstehen - der Roman innerhalb einer definierbaren Romanliteratur - eine spanische Erfindung ist. Diese spanische Erfindung ist der Schelmenroman."[30] Während die Unterschiedlichkeit des LAZARILLO und des GUZMAN für die Infrastruktur des pikaresken Universums bzw. die Binnendifferenzierung der Gattung von ausschlaggebender Bedeutung ist, steht der pseudoautobiographischen Machart, die diese Werke bei aller Unterschiedlichkeit verbindet, die cervanteske Art und Weise der Welterzeugung gegenüber, der auch Fielding verpflichtet ist. So gesehen läßt sich anhand des DON QUIJOTE oder des TOM JONES die Schnittstelle von „Genre and Countergenre"[31] bestimmen. Diese Schnittstelle wird dann, etwa bei John Barth, zu einem Bezugspunkt innerhalb der literarischen Landschaft. Walter Reeds exemplarische Romangeschichte „The Quixotic versus the Pícaresque" stellt die elaborierte Fassung dieses komparatistischen Ansatzes dar, der im Anschluß an Michail M. Bachtin das dynamische Moment der Intertextualität betont.

Die irreführende organologische Gattungskonzeption wird also durch ein mehrdimensionales Forschungsdesign ersetzt, das von vornherein mit dem Faktor „Zeit" und dem Modus der „Differenz" rechnet. Denn wenn auch nicht jede Interpretation eines Schelmenromans zu einem neuen Erzählwerk führt, so erzeugt sie doch immerhin eine neue Version des pikaresken Universums, das sich auf diese Weise modulativ reproduziert. Generell gilt, daß es überall dort, wo im Anschluß an die Lesbarkeit der Welt bzw. ihre Konzeption als Text perspektivische Zugänge zu einem Territorium eröffnet werden, Anknüpfungspunkte für Reversionen und Inversionen gibt - Anschlußmöglichkeiten, die schreibend oder lesend ausgeführt werden können (was nicht voraussetzt, daß dies unaufhörlich geschieht).

Die Kehrseite dieses diskontinuierlichen Entwicklungsvorgangs ist, daß jeder Text zwar als physikalischer Gegenstand in Form einer bestimmten Verteilung von schwarzen Flecken auf weißem Papier erhalten bleibt [32], nicht aber die Vorstellungswelt, die er erzeugt. Denn diese unterliegt wie alle Bewußtseinszustände dem Dauerzerfall, der psychischen Systemen eigen ist.[33] Dieser Zerfall führt dazu, daß Vorstellungen nie identisch reproduziert werden können, sondern immer wieder von neuem (d.h. unter veränderten Bedingungen mit veränderten Ergebnissen) konstruiert werden müssen. Daher existieren wohl die einzelnen Romane als Druckwerke oder Manuskripte unabhängig davon, ob sie gelesen werden, doch der Bestand des Diskursuniversums, das in der Interaktion von Text und Leser aufgebaut wird, ist an die Prozeßzeit dieser Interaktion gebunden. Schreiben und Lesen unterscheiden sich nämlich dadurch, daß beim Schreiben Bewußtseinszustände in einen Text, beim Lesen jedoch Texte in Bewußtseinszustände übersetzt werden, so daß die Gedanken im ersten Fall schriftlich tradiert, im zweiten Fall jedoch zeitlich kassiert werden. Daran ändern auch literaturwissenschaftliche Arbeiten nichts, da sie ebenfalls nur als Texte vorliegen und damit den gleichen produktions- und rezeptionsästhetischen Bedingungen wie die literarischen Werke selbst unterliegen.

Infolgedessen sollte von vornherein klar sein, daß Gattungskonzepte das Ergebnis von Lektürevorgängen sind und Verständnisrahmen darstellen, innerhalb derer sich die Leser ein Bild von literarischen Werken machen. Solche Verständnisrahmen können im Verlauf der soziokulturellen Evolution zwar institutionalisiert werden, so daß sie eine gewisse Rolle im Kommunikationssystem „Literatur" spielen, aber sie sind nicht Bestandteil der Texte, über die dieses System prozessiert.

Faßt man Gattungen in diesem Sinne als heuristische Konstruktionen, als Verständnisrahmen auf [34], so wird ohne weiteres deutlich, warum Text und Genre nicht auf derselben logischen Ebene liegen und Eisenbergs Kritik das Problem der Gattung verfehlt: der Rahmen ist kein Bestandteil des Bildes, das er erfaßt und begrenzt; er hebt das Bild von seinem Hintergrund ab, rückt es in den Vordergrund und eröffnet so eine bestimmte Zugangsweise zu ihm. Wie jeder Verständnisrahmen ist auch der einer Gattung exklusiv und inklusiv zugleich, er schließt manches aus der Betrachtung aus und anderes ein, kann aber jederzeit verändert oder ausgetauscht werden. Seine semiotische Funktion ist folglich die einer metakommunikativen Interpretationsvorgabe, mit deren Hilfe die Entschlüsselung der einzelnen Texte erleichtert wird.[35]

In diesem Sinne markiert der Verständnisrahmen der Gattung zwar ein bestimmtes Diskursuniversum mit dem ihm eigenen Erwartungshorizont; seine Demarkationslinien verlaufen jedoch jenseits der Texte.[36] Dergestalt entspricht das Verhältnis einer Gattung zu dem von ihm bezeichneten Diskursuniversum dem Verhältnis einer Karte zu ihrem Territorium: sie darf nicht mit ihm verwechselt werden, denn sie stellt eine codierte Fassung, eine unter mehreren möglichen Versionen bzw. Zugangsweisen dar. „Der Text als die Sache ist niemals als solcher, sondern immer nur in einer bestimmten Weise gegeben, die durch das Bezugssystem entsteht, das zu seiner Erfassung gewählt worden ist."[37]

Wenn aber Gattungen das Ergebnis bestimmter synoptischer Lesarten sind, die Verbindungen zwischen verschiedenen Texten herstellen, dann gilt, daß erst die Karte das Territorium konstruiert.[38] So wie die Vorstellungswelt jedes einzelnen Romans einen transitorischen Bewußtseinszustand darstellt, der in der Lektüre geschaffen wird, ist das Diskursuniversum einer Gattung von der Synopse solcher (Re-) Konstruktionen abhängig. Die Konstitution einer Gattung erfolgt mithin nicht durch einen archetyischen Text, sondern durch einen Interpreten, der einzelne Schreibweisen aufeinander bezieht und dadurch das Diskursuniversum der Gattung kartographiert.

Was dabei vom Territorium in die Karte gelangt, sind zunächst einmal Unterschiede - Höhendifferenzen, Abstände usw. -, die maßstabsgerecht wiedergegeben werden müssen, wobei zu beachten ist, daß sich der Maßstab nicht aus der Sache selbst, sondern aus der Eigenart der Vermessungsinstrumente, insbesondere der menschlichen Sinnesorgange ergibt.[39] Unterschiede aber sind ihrem Wesen nach immer Beziehungen, die einen Vergleich implizieren. Das wiederum bedeutet, daß nicht die Dinge an sich, sondern Zeichen für einen Zusammenhang wahrgenommen werden, denn die menschliche Wahrnehmung funktioniert stets systemisch oder relational.[40] Erst ein Unterschied, der in diesem Sinne einen Unterschied macht, vermittelt dem Interpreten eine Idee, eine Vorstellung von dem, was wahrgenommen wird.[41]

Aus diesem systemischen Charakter des ästhetischen und kognitiven Differenzierungsvermögens folgt nun aber, daß es für den Menschen keine Welt außerhalb der Perspektiven geben kann, die seine Weise der Welterzeugung involviert. Da der Mensch kein von allen Versionen unabhängiges Weltmerkmal finden kann [42], besteht seine „geistige Welt nur aus Karten von Karten ad infinitum."[43] Das Territorium selbst kommt also nie direkt, sondern immer nur indirekt über eine kartographische Tätigkeit in den Blick, die es im doppelten Sinn des Wortes verzeichnet. Die Welt verschwindet gleichsam hinter ihren verschiedenen Fassungen.[44]

Der Irrtum, dem Eisenberg erliegt, beruht also darauf, daß er die Diskontinuität von Karte und Territorium mißachtet, da er die Gattungsmerkmale auf der Ebene der Texte sucht und den Verständnisrahmen, der doch nichts anderes als ein heuristisches Konstrukt sein kann, mit der Sache selbst verwechselt. Paradoxerweise lassen sich Texte zwar als Vertreter dieser oder jener Gattung ausweisen, aber dieser Ausweis ist nicht den Werken selbst, sondern lediglich der kognitiven Landkarte eingeschrieben, die sich ein Leser bei der Erfassung bzw. Zusammenfassung der Werke macht.[45] Zwischen der Gattung als einer Klasse von Texten und ihren Elementen, den Texten selbst, besteht eine unaufhebbare Ebenendifferenz: die Karte ist nicht das Territorium [46], und jede Mißachtung dieser Differenz führt zu einem Zirkelfehler.[47] Worauf es bei der Relation von Karte und Territorium vor allem ankommt, ist also das Moment der Diskontinuität.

Es ist in diesem Zusammenhang höchst aufschlußreich, daß die einfachste Form der Land- oder Seekarte die Aufzeichnung einer Strecke, d.h. ein gezeichneter Reisebericht ist. Wie Italo Calvino gezeigt hat, involviert der Versuch, die Dimensionen von Raum und Zeit in einem Bild zusammenzubringen, die Idee der Erzählung.[48] Diese Ineinander-Übersetzbarkeit von Karte und Text besteht auch dort, wo die vermessene Strecke nicht mehr linear auf einer Papierrolle abgetragen, sondern in ein Planquadrat eingetragen wird. Die Transversalität von Text und Karte auf der einen und von Reise und Lektüre auf der anderen Seite läßt sich im Hinblick auf die Differenz von Struktur und Prozeß generalisieren: die Karte bzw. der Text entsprechen der Struktur insofern, als diese aus Relationen von Elementen über die Zeit hinweg bestehen, die als solche reversibel sind und stets mehr als eine Möglichkeit der Erfahrung offerieren.[49] Demgegenüber kann, wer eine Reise unternimmt oder ein Buch liest, immer nur einen Weg auf einmal beschreiten und ist dabei an die irreversible Abfolge seiner Erfahrungen in der Zeit gebunden. Während auf einer Karte bzw. in einem Text prinzipiell jeder Punkt mit jedem anderen verbunden werden kann, muß ein Weg, um gangbar zu sein, diese Komplexität auf eine von vielen möglichen Strecken zwischen zwei Punkten reduzieren, die dann im Bewußtsein, daß es auch noch andere Routen gibt, in nur jeweils einer Richtung durchmessen werden kann.[50] Damit jedoch kommt das Kontingente jeder Erfahrung, Reise oder Lektüre ins Spiel.

„Jede Erfahrung, die diesen Namen verdient, durchkreuzt eine Erwartung" [51], ist also an einen Erwartungshorizont gebunden, der den Raum der Erfahrung zugleich strukturiert und offenhält. Da dieser Raum in seiner allgemeinsten Form die gesamte Welt umfaßt, die ihrerseits die Einheit der Differenz von aktuellen und potentiellen Erfahrungen bildet, gibt es stets mehr Möglichkeiten sinnhaften Erlebens und Handelns, als in einem bestimmten Moment realisiert werden können.[52] Denn Erfahrungen sind zeitpunktfixierte Ereignisse, in denen nicht alles auf einmal bewußt werden kann. Damit verbleibt ein Bereich der Kontingenz, der einerseits weltimmanent und andererseits (zum jeweils gegebenen Zeitpunkt) erfahrungstranszendent, zunächst nur dem Möglichkeitssinn zugänglich ist, den Robert Musil bezeichnenderweise in einem Roman namhaft gemacht hat.[53] Der Roman nämlich ist keine bloße Bestandsaufnahme der Wirklichkeit und erschöpft sich auch nicht in der mimetischen (Re-)Präsentation des empirisch Vorgegebenen. „Angelegt auf einen breiten Weltentwurf, auf ein Entwerfen neuer Wirklichkeit" [54], kommt er ohne Möglichkeitssinn gar nicht zustande.

Dabei darf das Kontingente, weil es weder notwendig noch unmöglich ist, nicht mit dem Jenseits verwechselt werden. Es ist vielmehr jener Bereich des Diesseits, der zwar noch nicht erfahren wird, aber als erfahrbar vor- und dargestellt werden kann. „Alle möglichen Welten liegen innerhalb der wirklichen" [55] - eben das unterscheidet sie von den unmöglichen Welten. Daher handelt es sich nur scheinbar um einen Widerspruch, zu sagen, daß das Kontingente an die Empirie gebunden und der Möglichkeitssinn des Menschen an tatsächliche Erfahrungen gekoppelt ist.

Um diesen paradoxen Zusammenhang zu bezeichnen, bietet sich der Begriff der Enzyklopädie an, ein von italienischen Renaissancegelehrten gebildeter Neologismus [56], für den der Gedanke entscheidend ist, daß das mögliche Wissen über die Welt zwar als Gesamtheit konzipiert, aber immer nur ausschnittsweise erfahren werden kann; genau so wie der Leser eines Lexikons nie den gesamten Text, sondern immer nur einzelne Stichwörter zur Kenntnis nimmt.

Die enzyklopädische Konzeption des Wissens beruht wie das analytische Kalkül der Anatomie auf dem Glauben an die Lesbarkeit der Welt, auf der Annahme, daß die Welt durch das Sortieren der Erfahrung lektüregerecht strukturiert werden kann. Wenn das Verfassen eines Romans also einen „kosmologischen Akt" [57] und die Rekonstruktion seines Diskursuniversums im Verlauf der Lektüre eine kartographische Tätigkeit darstellen, dann ist der Roman als eine enzyklopädische oder paraenzyklopädische Weise der narrativen Welterzeugung ausgewiesen, die in ihrer Machart Kontingenz und Empirie verbindet. (Der Zusatz „para-" ist zur genaueren Spezifikation jenes enzyklopädischen Erzählens gedacht, das von den Möglichkeiten der Synekdoche, Parabel usw. Gebrauch macht.)

Für das Erzählen gilt dabei, daß seine Grundfunktion, die „perspektivische Artikulation" [58] zur Folge hat, daß die Welt im Buch nicht symmetrisch reproduziert wird. Die notwendige Reduktion ihrer Komplexität, die die Ausschnitthaftigkeit der Erzählperspektive(n) leistet, führt zu einem Symmetriebruch, der verhindert, daß der Text im Maßstab 1:1 auf die Erfahrungswirklichkeit bezogen werden kann. Da er eine codierte, an die Selektivität der verwendeten Symbolschemata gebundene Fassung ist, muß der Leser bei der Bezugnahme vom Text auf die Welt einen reziproken Übertragungsprozeß vornehmen, weshalb im Prinzip jeder Text den epistemologischen Status einer Metapher besitzt. Die Textsorte Roman zeichnet sich nun eben dadurch aus, daß ihre Metaphern (para-) enzyklopädisch angelegt sind.

Das gilt bereits für die Antike, da schon der griechische Roman „eine gewisse enzyklopädische Allseitigkeit" [59] anstrebte und in der Entfaltung perspektivischer Zugänge zur Welt ermöglichte. Obwohl der Begriff der Enzyklopädie also erst der Prämoderne, der Übergangsphase zwischen dem Mittelalter und der Neuzeit, entstammt, läßt er sich auf ältere Phänomene anwenden, und so ist denn auch das Mittelalter „eine Epoche der Enzyklopädien" [60] genannt worden. Im Gegensatz zum „orbis disciplinarium" der modernen Wissenschaften sind die mittelalterlichen Textsorten der „Summa" oder des „Spiegels" jedoch noch nicht durch die Dialektik von Empirie und Kontingenz geprägt. Der Universalismus jener Epoche beruht auf der Analogie von Mikro- und Makrokosmos, die ihrerseits den Partikularismus und Separatismus der damaligen Lebensverhältnisse kompensiert.[61] Den Sinnzusammenhang zu entdecken, heißt im Rahmen dieses Epistems, nach Ähnlichkeiten zu forschen und von den sichtbaren Ähnlichkeiten auf das Unsichtbare zu schließen.[62] Daher werden Erfahrungen zu Summen addiert und als Spiegel der Welt verstanden, ganz so, als ob die Erfahrung nie von der Erwartung abweichen könnte.

Die Ereignisse der Neuzeit lehren jedoch, daß diese Kompatibilität nicht einfach vorausgesetzt werden darf, weil die Erfahrungen nicht mehr ohne weiteres durch die Erwartungen gedeckt sind.[63] Das aber hat für die alltäglichen Verständnisrahmen wie für das Epistem insgesamt Folgen, die auch die Erzählkunst betreffen. Das Denken gelangt nunmehr über die Methode des Analogieschlusses hinaus, denn „die Ähnlichkeit ist nicht mehr die Form des Wissens, sondern eher die Gelegenheit des Irrtums" [64]; denkbar ist, daß der Schein in solch einem Ausmaß trügt, daß der Mensch sich nicht mehr einfach auf seine Sinne verlassen kann: „Durch den kopernikanischen Schock wird uns demonstriert, daß wir die Welt nicht sehen, wie sie ist, sondern daß wir ihre „Wirklichkeit" gegen den Eindruck der Sinne denkend vorstellen müssen, um zu „begreifen", was mit ihr der Fall ist." [65] Das bloße Sammeln von Sinnesdaten genügt nicht mehr, man muß auch wissen, wie die Daten aufeinander zu beziehen sind, wie sich Wort und Sache, Welt und Beschreibung zueinander verhalten.

Die Enzyklopädien, die im Gefolge der Renaissance erscheinen, tragen daher häufig die Bezeichnung „Theater" im Titel [66], denn das Theater verdoppelt die Welt anders als der „Spiegel" auf eine Art und Weise, bei der Analogie nicht einfach vorausgesetzt werden kann. Um (Selbst-)Täuschungen zu vermeiden, muß das, was auf der Bühne der Vorstellung zur Darstellung gelangt, übersetzt werden; das Theater ist eine Metapher, ein Vergleich, keine Kopie. Gerade weil es nicht mit der Welt identisch ist, und sich dennoch auf sie bezieht, verdeutlicht es, daß die Welt von ihrer Darstellung oder Vorstellung zu unterscheiden ist. Zum Kreis des Wissens gehört daher das Bewußtsein dieser Differenz ebenso wie die Kenntnis der Übersetzungs- und Übertragungsverfahren, d.h., das Moment der Diskontinuität wird im Epistem der Neuzeit institutionalisiert. Daher enthält der enzyklopädische Text neben der Akkumulation der Daten Relevanzkriterien und Kombinationsregeln für die selegierten Wissensbestände; er gibt ähnlich wie die Legende einer Karte auch die jeweils relevante Weise der Welterzeugung an.

Dabei wird der Modus der Differenz, der den der Analogie ersetzt, sogar zu Erkenntniszwecken instrumentalisiert, wenn der Mensch Versuchsanordnungen erfindet, in denen Erwartung und Erfahrung aufeinanderprallen. So gesehen ist der enzyklopädische Impuls der neuzeitlichen Wissenschaft - wie die Leitidee der Anatomie - zugleich analytisch und synthetisch: er zerlegt die Welt in Versuchsanordnungen und fügt zu einem neuen Erwartungshorizont zusammen, was nach der Methode von *trial-and-error* im Entscheidungsexperiment bis zum Beweis des Gegenteils von der Erwartung übrigbleibt.

Diese empirische Form der Weltaneignung verändert mit den Enyzklopädien auch die paraenzyklopädische Gattung des Romans. Standen in den mittelalterlichen Summen wie in der epischen Dichtung jener Zeit phantastische und realistische Abschnitte ohne quellenkritische Differenzierung unterschiedslos nebeneinander, so werden die Glaubensartikel nun zunehmend aus dem Bereich des Wissens verbannt.[67]

Auch der Roman partizipiert an dieser Rationalisierung der Weltbilder, seine diskursive Ordnung unterliegt der Ordnung des neuzeitlichen Epistems. Was den narrativen vom wissenschaftlichen Diskurs unterscheidet, ist also keineswegs Irrationalität, sondern seine besondere Art und Weise der Welterzeugung, seine spezifische Form der Rationalität. Während sich die Praxis der empirischen Wissenschaften ausschließlich an der Unterscheidung von wahren und falschen Aussagen orientiert, verläuft die Entwicklung des Romans entlang der Differenz von wahrscheinlichen, respektive realistischen und unwahrscheinlichen, respektive phantastischen Erzählweisen.

Die fiktionale Weise der Welterzeugung wird also durch einen anderen Mediencode als die empirische Wissenschaft reguliert, aber beide operieren innerhalb desselben Epistems, da sowohl für wissenschaftliche Theorien wie für literarische Texte gilt, daß sie die Welt nicht mimetisch kopieren oder reproduzieren, sondern in Versionen übersetzen, die der Wirklichkeit angemessen sein sollen. Zugleich gilt, daß diese kognitiven Landkarten nicht mit dem Territorium selbst verwechselt werden dürfen, und daß jeder Verständnisrahmen vor dem Hintergrund kontingenter Lesarten steht. Daher muß auch die Literaturwissenschaft zwischen den verschiedenen Weisen der literarischen Welterzeugung einerseits und den dergestalt erzeugten Welt-Versionen andererseits unterscheiden: Was im synthetischen Vorgang des Schreibens und Lesens nicht zu trennen ist, läßt sich analytisch dadurch unterscheiden, daß ein Text sowohl als Struktur wie als Strukturation aufgefaßt wird, als ein imaginäres Universum, das die Lektüre rekonstruiert, und als eine Relationierung von Beschreibungsweisen und Deutungsmustern, die im Prinzip auch ganz anders hätte ausfallen können.[68]

Der Diskurs der Literaturwissenschaft mag von der Bestätigung bis zur völligen Inversion aufgestellter Deutungen reichen, er eröffnet dadurch doch immer nur perspektivische Zugänge zu seinem Gegenstandsbereich - so wie ein Roman Zugänge zur Welt eröffnet. Die kartographische Tätigkeit muß folglich als ein Prozeß begriffen werden, der von einer Interpretation zur nächsten, von einer Karte zur anderen gelangt und dergestalt die Bewegung reproduziert, die die Literatur von einem Text zum nächsten und von einer Weltversion zur anderen trägt. Daher sind die Karten, die sie erstellt, lediglich versuchsweise Konstruktionen, die jederzeit modifiziert, über den Rand des gewählten Verständnisrahmen hinaus erweitert oder völlig umgeschrieben werden können, wenn sich der Maßstab, also die Einstellung der Wissenschaft zu ihrem Gegenstand, ändert.

Daß solche Änderungen möglich sind, hängt damit zusammen, daß sowohl die Wissenschaft als auch die (Erzähl-)Kunst auf bereits bestehende Denk- und Sprachstrukturen aufbauen, also „sekundäre modellbildende Systeme" [69] sind, denen das Moment der Diskontinuität eingeschrieben ist, denn Diskontinuität impliziert, daß es keine eindeutige Zuordnung von Wort und Ding, Welt und Sprache gibt. Im Roman zeigt sich das vor allem an seiner Tendenz, eigene und fremde Symbolschemata nicht nur zum Mittel, sondern auch zum Gegenstand der Erzählung zu machen.[70] Die Notwendigkeit dazu ergibt sich aus dem Faktor Zeit, denn da der Roman „an den steten Wechsel und die Vielfalt des Lebens, nicht an strenge Formgesetze" gebunden ist [71], muß er ein Erprobungsgelände seiner selbst, ein „Laboratorium des Berichtens" sein.[72] Nur in dem auf die Geschichte bezogenen eigenen Wandel hält er mit der laufenden Entwicklung Schritt, kann er sie im Hinblick auf neue Horizonte überholen. Prinzipiell gilt das Aktualitätsgebot zwar für alle literarischen Gattungen, aber im Falle des Romans als des komplexesten aller Genres bietet sich ungleich mehr Gelegenheit als in vielen anderen Textsorten, den Dialog mit der Außenwelt im Binnenraum der Erzählung zu reproduzieren und dergestalt auf „Konfrontationskurs" [73] mit eigenen und fremden Weisen der Welterzeugung zu gehen.

Bei dieser Selbstthematisierung innerhalb eines binären Bezugssystems, in dem Text gegen Text, Ästhetik gegen Ästhetik steht, wird die eine Position nicht etwa durch die andere negiert, vielmehr geraten beide in ein Verhältnis der „Ko-Opposition".[74] Man kann auch sagen: der Text reproduziert seine intertextuellen Bezugsgrößen innerhalb der eigenen Grenzen durch Subtexte, um dergestalt über sie verfügen zu können, und er nutzt diese Verfügungsgewalt, um über seine eigenen Grenzen hinauszugelangen, die jeweils Grenzen zu einem bestimmten historischen Zeitpunkt sind. Die Rückkopplung des Romans an die Welt geschieht also dadurch, daß er ihre Erfahrungsweise in Form seiner Erzählweise nachempfindet: jede gewählte Perspektive steht vor dem Hintergrund kontingenter Möglichkeiten, und keine aktuelle Interpretation schöpft das Bedeutungspotential des Textes aus.[75]

Die Fähigkeit zur Selbstthematisierung - die im übrigen die Fähigkeit zur Selbstdistanzierung und Selbstrelativierung ist -, eröffnet der Literaturwissenschaft wiederum die Möglichkeit, bei ihrer kartographischen Tätigkeit auf maßstabsgerechte Modelle in ihrem Gegenstandsbereich zurückzugreifen. Denn wenn es im Objektbereich der Analyse selbst einen Gegenstand mit anatomischem Charakter gibt, dann kann die Zerlegung dieses maßstabsgerechten Analyse-Modells eine Legende zum pikaresken Universum liefern. Ein solcher Text befindet sich unter den 1613 von Miguel Cervantes de Saavedra (1547 - 1616) veröffentlichten NOVELAS EJEMPLARES: DAS GESPRÄCH DER HUNDE CIPION UND BERGANZA (EL COLOQUIO DE LOS PERROS CIPION Y BERGANZA) stellt eine mit den Mitteln der Erzählkunst betriebene Analyse des Schelmenromans, eine De-Komposition der *novela picaresca* dar.[76]

1.2 Warnung vor dem Hunde

Den beiden Wachhunden des Auferstehungshospitals zu Valladolid, Cipión und Berganza, ist für zwei aufeinanderfolgende Nächte die Gabe der menschlichen Sprache verliehen worden, was sie befähigt, einander ihre Lebensgeschichten zu erzählen. Das jedenfalls behauptet der Fähnrich Campuzano, der die Tiere während der ersten Nacht ihrer Unterredung belauscht und Berganzas pikareske Vita getreulich aufgezeichnet haben will.

Da dieser Fähnrich in einer anderen, dem COLOQUIO unmittelbar vorausgehenden Novelle eine zwielichtige Rolle als betrogener Betrüger und Heiratsschwindler spielt, ist er als eine Figur ausgewiesen, die es mit der Wahrheit nicht allzu genau nimmt. Infolgedessen meldet denn auch der Lizentiat Peralta heftige Zweifel an der Glaubwürdigkeit der Geschichte von den sprechenden Hunden an, läßt sich aber gleichwohl zu ihrer Lektüre bewegen.

Was er dabei erfährt, ist neben Berganzas immer wieder von Cipión unterbrochener Selbstdarstellung vor allem, wie sich die menschliche Gesellschaft aus dem Blickwinkel dieser beiden Tiere ausnimmt. Auf diese Weise verbindet Cervantes Novelle mit dem pseudoautobiographischen Erzählstrang, der von Berganzas Hundeleben handelt, einen paraenzyklopädischen Erzählstrang, der in verschiedenen Episoden das Bild einer verkehrten Welt entwirft. Dergestalt knüpft das Gespräch der beiden Hunde an die Tradition der Menippeischen Satire an, die, nach dem Kyniker Menippos von Gadara benannt, eine Travestie des philosophischen Streitgesprächs darstellt, dessen seriöses Vorbild der platonische Dialog ist. Die bekanntesten Vertreter der Menippeischen Satire sind Lukians LÜGENGESCHICHTEN, zu denen lange Zeit auch LUCIUS ODER DER ESEL gezählt wurde, eine Fabel, die von der Verwandlung eines allzu neugierigen Menschen in einen Esel erzählt und Apuleius den Stoff für seine META-MORPHOSEN lieferte.

Daher ist es ein Hinweis auf die Tradition der Menippeischen Satire, wenn Cervantes Berganza auf seiner Odyssee einer Hexe begegnen läßt, die ihn irrtümlich für einen verwunschenen Menschen hält und im Hinblick auf die Wiedererlangung seiner urprünglichen Gestalt wünscht, „es wäre so leicht, wie Apuleius es im GOLDENEN ESEL erzählt, wo nur eine Rose zu fressen ist" („que fuera tan fácil como el que se dice de Apuleyo en EL ASNO ORO, que consistía en solo comer una rosa").[77]

Daß Cervantes seine Novelle vor dem literarhistorischen Hintergrund der Menippeischen Satire verstanden wissen wollte, wird auch an jener Stelle deutlich, an der Cipión eine von Berganzas Schimpftiraden mit der Bemerkung unterbricht: „Al murmurar llamas filosofar? Así va ello! Canoniza, canoniza, Berganza, a la maldita plaga de la murmuración, y dale el nombre que quisieres; que ella dará a nosotros el de cínicos, que quiere decir perros murmuradores", d.h., „Diese Lästerung nennst du Philosophieren? So geht es! Sprich immer die verwünschte Plage der Lästersucht heilig, Berganza, und gib ihr einen beliebigen Namen, sie wird uns doch den Namen Kyniker eintragen, und das heißt lästernde Hunde."[78]

Der Grundeinfall von Cervantes Novelle besteht also darin, die Metapher vom kynischen Hund wörtlich zu nehmen [79], aber Cipións Bemerkung verdient über den Hinweis auf dieses Konzept hinaus Beachtung, weil sie die Beliebigkeit der Namensgebung und damit die manipulativen Möglichkeiten der Sprache ins Blickfeld rückt. Von diesen Möglichkeiten nämlich zeugt Berganzas Geschichte auf eine höchst zwiespältige Art und Weise: zum einen haben seine Lebenserfahrungen unmittelbar mit den verbalen Betrugsmanövern von Menschen zu tun, denen Berganza begegnet ist, und zum anderen wendet er diese Erfahrungen bei seiner eigenen Erzählung zynisch an. Diese mit einem Wandel vom Opfer zum Täter, vom Unschuldslamm zum Vertrauensschwindler verbundene Korrumpierung Berganzas durch die Menschen entspricht aber genau der Persönlichkeitsentwicklung, von der die *novela picaresca* handelt.

Cervantes stellt den für den Schelmenroman kennzeichnenden Bedingungszusammenhang zwischen der Unredlichkeit der Menschen im gesellschaftlichen Umgang und der Unaufrichtigkeit der pikaresken Selbst- und Weltdarstellung wiederum metaphorisch dar, indem er Berganza von der Enttarnung der Schäfer erzählen läßt, denen er vorübergehend als Hirtenhund gedient hat. Diese nämlich hetzen Berganza Nacht für Nacht hinter Wölfen her, die angeblich im Begriff sind, ihre Herde anzufallen, bis sich herausstellt, „que los pastores eran los lobos, y que despedazaban el ganado los mismos que le habían de guardar", d.h., „daß die Schäfer selbst die Wölfe waren, und daß die, die die Herde hüten sollten, sie zugrunde richteten."[80] In dieser Episode wird die Scheinheiligkeit und Doppelzüngigkeit der Menschen anschaulich auf den Punkt gebracht: die vermeintlich guten Hirten sind Wölfe in Schafspelzen; ihre Selbstdarstellung als besorgte Schäfer verschleiert ihre wahren, keineswegs fürsorglichen Absichten.

Berganza erkennt die Abhängigkeit dieser Vorspiegelung falscher Tatsachen von den manipulativen Möglichkeiten der Sprache, die daraus resultieren, daß zwischen den Worten und den Dingen, auf die sie bezugnehmen, lediglich eine diskontinuierliche Beziehung besteht. Als nun ihm selbst die Gabe der menschlichen Sprache zuteil wird, macht auch er von diesen Möglichkeiten Gebrauch, erliegt auch er der Versuchung, den Spielraum der Diskontinuität für verbale Manipulationen auszunutzen. Cipión kommt ihm jedoch auf die Schliche und bemerkt: „Según eso, Berganza, si tú fueras persona, fueras hipócrita, y todas las obras que hicieras fueran aparentes, fingidas y falsas, cubiertas con la capa de la virtud, sólo porque te alabaran, como todos los hipócritas hacen", d.h., „Nach diesen Äußerungen zu schließen, Berganza, wärest du, wenn du ein Mensch wärst, ein Heuchler, und alle Handlungen, die du verrichtest, wären nur zum Schein, erlogen und falsch, bedeckt mit dem Mantel der Tugend, nur damit du Lob erntest, wie alle Heuchler."[81]

Mit anderen Worten: Berganzas Rede steht unter demselben Verdacht wie das Verhalten der von ihm Verlästerten, er ist als Moralprediger ein falscher Apostel, „un diablo predicador", wie es im Spanischen sinnfälligerweise für den Wolf im Schafspelz heißt. Da zwischen seiner Welt- und Selbstdarstellung und der Wirklichkeit keine Relation der Über-Einstimmung besteht, bedarf sie einer kritischen Lesart, wie sie Cipión, stellvertretend für den Leser, vornimmt. Indem er die Schelte auf den Schelm zurückwendet, unterzieht er Berganzas Geschichte einer Komplementärlektüre, d.h., die verkehrte Welt, die der kynische Hund entwirft, wird unter umgekehrten Vorzeichen als selbstgefällige Darstellung eines Heuchlers entlarvt.[82]

Damit liefert Cervantes Warnung vor dem Hunde eine Leseanweisung für den Schelmenroman, der die gleiche Art und Weise der narrativen Welterzeugung wie Berganzas Geschichte aufweist. Hier wie dort wird ein paraenyzklopädischer, gesellschaftskritischer Erzählstrang in der Tradition der Menippeischen Satire im Medium der fingierten Autobiographie abgewickelt; hier wie dort bedarf die Unzuverlässigkeit der pikaresken Selbst- und Weltdarstellung einer Komplementärlektüre, die sich an der Reversibilität der Perspektiven orientiert. Doch im Gegensatz zu der als Prosa-Dialog angelegten Novelle von Cervantes wird diese Reversibilität der Perspektiven beim Schelmenroman nicht im Text selbst durchgeführt: in der *novela picaresca* ist Cipións Position nicht besetzt, und daher ist der Leser bei seinem Versuch, dem Schelm auf die Schliche zu kommen, auf sich selbst angewiesen.

Die eigentliche Pointe von Cervantes Novelle liegt jedoch darin, daß sie den Verdacht nahelegt, Cipións Kritikfähigkeit beruhe auf seiner Komplizenschaft, denn erstens begreift sich auch Berganzas Kumpán als kynischen Hund, und zweitens läßt die Ankündigung des Fähnrichs Campuzano, er werde Cipións Lebensgeschichte nachliefern, wenn Berganzas Erzählung Gefallen finde, erwarten, daß sie nach dem gleichen Muster gestrickt ist. Das aber bedeutet, daß es eines nicht mehr unschuldigen Wissens bedarf, um dem Schelm auf die Schliche zu kommen, und damit wird die pikareske Gesellschaftskritik frei nach dem Motto „Mitgefangen-Mitgehangen" wieder in ihr Recht gesetzt.

Darüber hinaus ist sowohl Berganzas Geschichte als auch die mögliche Fortsetzung des COLOQUIO durch seine Einbettung in die Novelle von der betrügerischen Heirat als eine Erfindung Campuzanos ausgewiesen. Dieser Verständnisrahmen weist zum einen auf die Nähe der Rollenprosa zum Schelmenstreich hin, geht es doch in beiden Fällen um Formen verbaler Verstellungskunst. Zum anderen reflektiert er die Zwiespältigkeit des kynischen Dialogs: gerade weil der Heiratsschwindler Campuzano selbst eine pikareske Figur ist, verfügt er über die zweifelhafte Autorität desjenigen, der weiß, wovon er im Gewande der Tierfabel spricht. Natürlich ist auch Campuzano nur eine fiktive Figur, aber damit wird das Problem der Zwiespältigkeit nicht gelöst, sondern nur in seiner Abhängigkeit von der doppelbödigen Anlage aller Rollenprosa bewußt gemacht.

Zumindest unterschwellig klingt damit in Cervantes Novelle die Affinität
von Pícaro und Künstler, Schelm und Poet an, die nicht nur Thomas Mann in
seinen BEKENNTNISSEN DES HOCHSTAPLERS FELIX KRULL zu einem Vergleich ihrer
beiden Schicksale als Außenseiter der etablierten Gesellschaft veranlaßt hat.
Die Möglichkeit zur autoreflexiven Thematisierung und Problematisierung der
Kunst im Medium des Schelmenromans war Cervantes zweifellos bewußt, tritt
doch in seinem DON QUIJOTE mit Ginés de Pasamonte alias Maese Pedro eine
Figur zunächst als Pícaro und dann als Puppenspieler auf, wobei das Puppen-
spiel innerhalb des Romans Cervantes eigene Weise der literarischen Welterzeugung modellartig widerspiegelt.

Schließlich enthält das COLOQUIO mit der Episode von den wölfischen Schä-
fern eine metaphorische Abbreviatur der Gesellschaftskritik, die der Schelmenroman an den Verhältnissen übt, die den Mensch zum Wolf des Menschen
machen und die zwischenmenschlichen Beziehungen mit wechselseitigem Mißtrauen vergiften. Dieses Mißtrauen hängt wiederum unmittelbar mit den manipulativen Möglichkeiten der Sprache zusammen, da niemand auf Anhieb erkennen kann, ob sein Gegenüber lügt oder die Wahrheit spricht. Weil selbst
die Beteuerung der Aufrichtigkeit ein Täuschungsmanöver sein kann, mit dem
sich der Wolf im Schafspelz tarnt, muß der Pícaro selbst ein in der Wolle ge-
färbtes, schwarzes Schaf sein, wenn er sich im großen Wolfsspiel der Gesellschaft behaupten will.

Daher hängt das spezifische Entlarvungspotential, das der Interpret eines
Schelmenromans im Verlauf der Komplementärlektüre aktualisieren soll, mit
der doppelbödigen Anlage des pikaresken Romans als einer unzuverlässigen
Ich-Erzählung zusammen, die den allgemeinen *status corruptionis* der Gesellschaft über die Korrumpierung des Erzählers anschaulich erfahrbar macht. Wie
dies funktioniert, macht der dubiose Fall des LAZARILLO DE TORMES deutlich:

1.3 Der dubiose Fall des Lazarillo de Tormes

LA VIDA DE LAZARILLO DE TORMES, Y DE SUS FORTUNAS Y ADVERSIDADES (1554) scheint,
oberflächlich betrachtet, bloß eine lose Aneinanderreihung komischer Episoden von höchst unterschiedlicher Länge zu sein, erweist sich, genau besehen,
jedoch als ein höchst raffiniert ausgeklügelter Text, dessen Kohärenz sich erst
im Verlauf der Lektüre erschließt.[83]

Schon der Name der Titelfigur ist äußerst beziehungsreich: Noch heute in
der Bedeutung von „Blindenführer" gebräuchlich, weist „Lazarillo" - eine Ver-
kleinerungsform von „Lázaro" - Assonanzen zu „lacería" (= Not, Elend, Plage)

auf.[84] Für die Zeitgenossen des anonymen Autors war „Lazarillo" der sprich-
wörtliche Name für einen chronischen Hungerleider.[85] Diese Bedeutung geht
auf das GLEICHNIS VOM ARMEN UND REICHEN im Lukas-Evangelium (16,19-31) sowie auf die Totenerweckung des Lazarus zurück, von der Johannes im 11.Ka-
pitel seines Evangeliums berichtet.

Es spricht viel dafür, daß die eine biblische Gestalt wegen ihrer Namens-
gleichheit mit der anderen verwechselt wurde; für die mittelalterlichen Gläubi-
gen war der Arme, der Hungers sterben mußte, weil ihm der Reiche keine Hilfe
gewährte, die gleiche Person wie der Mann aus Bethanien, den Jesus wunder-
barerweise ins Leben zurückgerufen haben soll. Angesichts der tiefen ökono-
mischen Krisen und der unausgewogenen Sozialstrukturen des Feudalsystems
mußte gerade die Verbindung der beiden Bibelstellen eine starke Faszination
auf die Menschen jener Zeit ausüben, zumal sie durch die figuraltypologische
Homiletik dazu angehalten wurden, ihr eigenes Dasein auf das vorbildliche
Schicksal alt- und neutestamentarischer Gestalten zu beziehen.[86] Vor diesem Hintergrund nehmen sich die Beinahetode, die Lazarillo de Tormes vor
Hunger stirbt, als signifikante Ereignisse in einem symbolischen Stationendra-
ma aus, das an jener Stelle seinen makabren Höhepunkt erreicht, an der der
ausgemergelte Protagonist einem Leichenzug begegnet und in seinem Wahn,
vom Hunger verfolgt zu werden, meint, man trage ihm den Toten bzw. den Tod
persönlich ins Haus.[87]

Für Leser des 20.Jahrhunderts ist es schwer, die grotesken Züge in Lázaros
Lebensbericht vollauf zu würdigen, weil sie nicht wie die Menschen des 16.Jahr-
hunderts die karnevaleske Parodie der Bibelgleichnisse durch jene Legenden
kennen, in denen Lazarus vor seiner Wiedererweckung in die Hölle gerät. Die
Hölle nämlich stellt einerseits eine spiegelbildliche Umkehrung der weltlichen
Verhältnisse und andererseits ein Symbol für die unteren Regionen des menschlichen Leibes dar, aus denen heraus sich das Leben in einem ganz und gar profanen Sinne erneuert.[88]

Dagegen dürfte auch dem heutigen Leser sofort die fragmentarische, diskontinuierliche Machart des LAZARILLO DE TORMES auffallen. Das aus einem Prolog und sieben Kapiteln bestehende Buch zerfällt in zwei ganz und gar ungleiche Hälften: während die Kapitel 1 bis 3 eine mehr oder weniger ausführliche
und zusammenhängende Schilderung der Kindheit und Jugend des Ich-Erzählers enthalten, hinterlassen die Kapitel 4 bis 6 einen unvollständigen und unzu-
sammenhängenden Eindruck, zumal der Erzähler in diesen Abschnitten nur eine
unbedeutende Nebenrolle bei den dargestellten Ereignissen zu spielen
scheint.[89] Das siebte Kapitel und der Prolog rahmen diese asymmetrische
Reihenkomposition insofern ein, als sie auf die Situation bezugnehmen, die
Lázaro überhaupt dazu veranlaßt hat, seine Geschichte zu erzählen.

Die Bedeutsamkeit der Zäsur zwischen dem 3. und dem 4. Kapitel zeigt sich daran, daß zwischen den beiden ungleichen Hälften der Erzählung genau jene Peripetie ausgespart bleibt, die den erwachsenen Lázaro von Lazarillo unterscheidet. Die signifikante Leerstelle, die dergestalt entsteht, hält den Leser an, die einzelnen Phasen der pikaresken Vita aufeinander zu beziehen und die Stellung, die Lázaro erreicht hat, mit seinen früheren Lebenslagen zu vergleichen.

Die diskontinuierliche Machart des Textes verweist also auf einen Hiatus zwischen erzähltem und erzählendem Ich, der nicht einfach mit dem Hinweis auf die retrospektive Anlage der Erzählung erklärt werden kann. Die Unstimmigkeiten in Lázaros Bericht lassen es vielmehr erforderlich erscheinen, seine Selbst- und Weltdarstellung einer Komplementärlektüre zu unterziehen. Während Lázaro dem Leser weismachen möchte, auf dem Gipfel seines Glücks angekommen zu sein, weil er es geschafft hat, trotz widriger Umstände das begehrte Amt eines öffentlichen Ausrufers der Stadt Toledo zu ergattern, erweist sich dieser Höhepunkt seiner pikaresken Karriere in moralischer Hinsicht als Tiefpunkt seiner Persönlichkeitsentwicklung.[90] Zum einen läßt der Erzähler im Vertrauen durchblicken, daß ihm sein öffentliches Amt zahlreiche Schmiergelder einträgt, und zum anderen wird die Bestechlichkeit, der er sich damit schuldig macht, durch den Umstand unterstrichen, daß seine Berufung zum Ausrufer auf einem höchst anrüchigen Kuhhandel beruht: um seiner Existenz eine vermeintlich sichere Grundlage zu verschaffen, hat Lázaro sich nämlich darauf eingelassen, die Kebse des Erzpriesters von Toledo zu ehelichen und mit dieser Heirat das illegitime Verhältnis des Geistlichen zu decken.

„Wer die Hure zur Ehe nimmt, ist ein Schelm oder will einer werden" [91], heißt es im Volksmund, und daher ist es nicht verwunderlich, daß in Lázaros Nachbarschaft schlimme Gerüchte über die *ménage à trois* entstanden sind, auf die er sich eingelassen hat. Diese Gerüchte wiederum sind jener Instanz zu Ohren gekommen, an die sich Lázaros Erzählung nach Art eines Rechenschaftsberichts wendet. Der gesamte Text des LAZARILLO DE TORMES ist als ein Brief an „Vuestra Merced", wie Lázaro den Adressaten seiner Erzählung unterwürfig nennt, fingiert [92], und die Art, wie sich der Erzähler im Prolog um den dubiosen Fall herumwindet, zu dem er Stellung beziehen soll, läßt erahnen, in welcher Zwickmühle er sich aufgrund seiner Doppelbindung an „Vuestra Merced" auf der einen und dem Erzpriester von Toledo auf der anderen Seite befindet.[93] Angesichts dieser Zwickmühle ist die ausführliche Darstellung seiner Kindheit und Jugend nichts weiter als ein groß angelegtes Ablenkungsmanöver: anstatt den dubiosen „caso" in aller Deutlichkeit zu erklären, was ihn selbst wie den Erzpriester kompromittieren würde, läßt sich Lázaro umständlich über seine Vergangenheit aus, spart dabei jedoch die heiklen Punkte der eigenen Biographie gewissenhaft aus.

Einer dieser heiklen Punkte betrifft den guten Ruf seiner Mutter, die sich nach der Verhaftung ihres des Diebstahls überführten Gatten mit einem Neger einläßt, der fortan für sie und ihre Kinder sorgt. Diese Fürsorge endet jedoch abrupt, als auch dieser Stiefvater des Diebstahls überführt wird, nachdem seine Vergehen von Lazarillo in einem Verhör verraten worden sind. Es ist nun von ausschlaggebender Bedeutung für die Interpretation des LAZARILLO DE TORMES, die Ähnlichkeit zwischen dieser Verhörszene und der Situation zu sehen, in der sich Lázaro befindet, als er von „Vuestra Merced" zu jenem dubiosen Fall vernommen wird, der den Anlaß seiner Erzählung bildet. Lazarillo hatte sich, wenn auch nur unter Drohungen, entschieden, die Wahrheit zu sagen. Die unmittelbare Folge dieser Ehrlichkeit war die, daß er seinen Ernährer verlor und deswegen von seiner Mutter der Obhut eines blinden Bettlers überantwortet werden mußte. Damit aber begann sein Elend als Prügelknabe und Hungerleider. Aufgrund dieser einschlägigen Erfahrung mit den Folgen der Aufrichtigkeit entscheidet sich Lázaro, um seine inzwischen erreichte Position nicht erneut zu gefährden, anders als Lazarillo, gegen die Wahrheit. Ohne die um seine Person entstandenen Gerüchte rundweg leugnen zu können, muß er sie mit den Mitteln der Erzählkunst entkräften.

Diese spezifische Motivation der apologetischen Schelmenbeichte rückt den Roman in die Nähe der Gnaden- und Ablaßbriefe, die Natalie Zemon Davies am Beispiel der französischen „lettres de remission" untersucht hat.[94] Ohne auf den LAZARILLO DE TORMES einzugehen, führt Davies aus, daß solche Bittgesuche unter Beteuerung der Wahrheit gut „fingiert", d.h. erzählerisch ausgestaltet sein mußten, wenn sie Erfolg haben sollten. Da die Voraussetzung für die Einreichung eines Gnaden- oder Ablaßbriefes die Geständigkeit des Absenders war, konnten die aufgrund ihrer Schuld zum Tode Verurteilten nur dann den Kopf aus der Schlinge ziehen, wenn sie eine Geschichte zu bieten hatten, die genauso spannend wie überzeugend war und unauffällig die Beschreibung all jener Umstände vermied, die gegen ihre eigene, euphemistische Version des Tathergangs sprachen. Anstelle nachprüfbarer Tatsachenaussagen enthielten die Gnaden- und Ablaßbriefe daher eine bunte Fülle von nebensächlichen Details, deren Unterhaltungswert den Adressaten von der Hauptsache, dem eigentlichen Verbrechen, ablenken sollte. Nicht zuletzt aufgrund der vielen eingestreuten Schlüpfrigkeiten erinnern viele Petitionen an die frivolen Erzählungen eines Boccaccio oder Chaucer und verwenden jene zum Teil unfreiwillig komische Rhetorik der Zitate, die auch für Lazarillos Prolog kennzeichnend ist.

Ohne den anonym verfaßten LAZARILLO DE TORMES nun zu einem archivalischen Fundstück umzudeuten, kann die frappante Ähnlichkeit seiner Machart mit der Erzählanlage der „lettres de remission" doch die scheinbare Inkohärenz in Lázaros Bericht als das Ergebnis seines rhetorischen Kalküls erklären:

wie die Verfasser der Gnaden- und Ablaßbriefe muß Lázaro ein Halsrätsel
lösen und seinen Kopf allein mit den Mitteln der Erzählkunst aus der Schlinge
ziehen, die „Vuestra Merced" ausgelegt hat.

Dabei reflektiert der Antagonismus, der Lázaro in seiner Eigenschaft als
Selbstdarsteller an den Adressaten seiner Geschichte bindet, zum einen die agonale Beziehung, die dieser unzuverlässige Ich-Erzähler zum empirischen Leser unterhält, und zum anderen das konfliktträchtige Verhältnis zwischen Lazarillo und seinen früheren Bezugspersonen. Auf allen drei Ebenen - der Ebene
der dargestellten Handlung, der Darstellung und der Deutung - findet also eine
Art Duell statt.[95] Während die Auseinandersetzungen mit dem blinden Bettler im ersten, mit dem Priester im zweiten und dem Junker im dritten Kapitel
Lázaro befähigen, „Vuestra Merced" die Stirn zu bieten [96], wird der Leser
durch die Nacherzählung dieser Auseinandersetzungen in den Stand versetzt,
dem Schelm auf die Schliche zu kommen.

Lazarillos Beziehung zum blinden Bettler ist durch eine verdeckte Rivalität
gekennzeichnet, die darin zum Ausdruck kommt, daß er zugleich als Komplize und als Konkurrent seines Lehrmeisters agiert. Lazarillos Aufgabe besteht
darin, dem blinden Gesundbeter Passanten zuzuführen, die ihm seine Litanei
mit Almosen vergelten; er hilft dem Bettler also, fromme Worte, die umsonst
zu haben sind, in klingende Münze zu verwandeln. Trotz seiner guten Dienste
muß er sich jedoch immer neue Tricks einfallen lassen, um seinen Anteil an
den gemeinsam erwirtschafteten Essensvorräten zu erhalten, wobei er riskiert,
furchtbar durchgeprügelt zu werden, wenn ihn der Blinde beim Stibitzen er-
wischt. Von besonderer Bedeutung ist in diesem Zusammenhang jene Szene,
in der Lazarillo von seinem Herrn zunächst übel zugerichtet und dann öffentlich zum Gespött gemacht wird, denn indem der Blinde jene Streiche zum
besten gibt, für die er seinen Kumpan zuvor bestraft hat, demonstriert er sowohl den Unterhaltungswert der Schelmenstücke als auch die doppelte Moral,
nach der er sich verhält.

Eben diese doppelte Moral ist es, die Lazarillos zweiter Herr, ein Geistli-
cher, mit äußerster Perfidie beherrscht. Auch er läßt sich seine rein verbalen
Dienstleistungen als Seelsorger naturaliter entgelten, hält Lazarillo jedoch zu
Mäßigung und Enthaltsamkeit an, damit er sein täglich Brot nicht teilen muß.
Die Diskrepanz zwischen der Freigebigkeit dieses Priesters in bezug auf Er-
mahnungen und seiner Knauserigkeit als Brotherr führt erneut zu einem verdeckten Duell zwischen Lazarillo, der sich den ungehinderten Zugriff auf die
Brottruhe dieses Heuchlers verschaffen will, und der Umsicht, die dieser dar-
auf verwendet, seinen Diener von der Teilnahme am Abendmahl auszuschließen. Trotz einiger Teilerfolge wird Lazarillo schließlich aus dem Hause dieses
Pharisäers exkommuniziert, der wie der Reiche im Bibelgleichnis nicht mit dem

Armen und Bedürftigen teilen mag.

Das Dienstverhältnis, das Lazarillo daraufhin bei einem völlig mittellosen, aber gleichwohl auf seine Herrenallüren bedachten Junker eingeht, beruht im wesentlichen auf einer gegenseitigen Vorspiegelung falscher Tatsachen. Während Lazarillo vorgibt, keinen Hunger zu leiden, um nicht gleich zu Beginn seiner Anstellung als gefräßig zu erscheinen, besteht das einzige Kapital, mit dem der Hidalgo zu wuchern vermag, in seiner hochstaplerischen Fähigkeit, die eigene Bedürftigkeit als Ausweis einer Ehre hinzustellen, die es ihm angeblich verbietet, einer geregelten Tätigkeit nachzugehen. Infolgedessen kehrt sich das Abhängigkeitsverhältnis von Herr und Diener um, denn Lazarillo sorgt durch jene Bettelei, die ihm der Blinde beigebracht hat, für seinen und des Junkers Unterhalt. Dieser Fürsorge kontrastiert die Treulosigkeit, mit der sich der Hidalgo klammheimlich aus dem Staube macht und Lazarillo im Stich läßt, als seine Gläubiger ihre Schulden einzutreiben versuchen. Die Lehre, die dieser Vertrauensschwindel für Lazarillo enthält, besteht in der Erkenntnis, daß es bei der Ehre lediglich auf die Glaubwürdigkeit, nicht auf das wirkliche Vorhandensein derselben ankommt, denn der Junker erhielt auf die bloße Angabe hin, ein vermögender Herr von edler Abstammung zu sein, überall Kredit. Wie der Bettler und der Priester lebt also auch er allein von den Täuschungsmöglichkeiten, die die Sprache offeriert: solange das Opfer eines Betrugs nur an die Übereinstimmung der Aussagen mit der Wirklichkeit glaubt, brauchen den Worten keine Tatsachen zu entsprechen; wer seine Mitmenschen geschickt zu manipulieren weiß, erreicht mit einer Lüge, die den Anschein der Wahrheit erweckt, mehr als mit jener Aufrichtigkeit, die die eigene Kreditwürdigkeit ruiniert.

Es ist nun überaus bezeichnend, daß Lázaro an keiner Stelle seine Erfahrungen mit dem Bettler, dem Geistlichen und dem Junker resümiert. Die Darstellung seiner gegenwärtigen Lebenssituation im 7. Kapitel zeigt jedoch, daß er von diesen Lektionen einen zynischen Gebrauch macht. Wie der Blinde spekuliert er gegenüber „Vuestra Merced" auf den Unterhaltungs- und Ablenkungseffekt der Schelmenstreiche, die mit dem eigentlichen Anlaß seiner Erzählung nur insofern zu tun haben, als sie scheinbar beiläufig suggerieren, daß ein ehrlicher Mensch verhungern müßte, so wie die Dinge in dieser Welt nun einmal liegen.

Lázaros Versuch, Verständnis für das unrühmliche Arrangement zu wecken, das er getroffen hat, beruht folglich wie der Erfolg des Geistlichen oder des Junkers auf purer Heuchelei. „Lázaro is a wolf in a sheep's clothing".[97] Der Schein, den er als biederer Bürger, Gatte und Inhaber eines öffentlichen Amtes wahrt, trügt, ist aber dadurch gedeckt, daß die Wahrheit, käme sie ans Licht, nicht nur ihn selbst, sondern auch seine Mitmenschen kompromittieren würde.[98] Wenn es daher am Ende von Lázaros Bericht heißt, daß er mit seiner Frau und dem Erzpriester im besten Einverständnis lebe und von seinen Nachbarn nicht mehr behelligt werde, seitdem er versichert habe, die Reputation seiner Gattin notfalls beschwören zu können, dann bindet diese Selbstverpflichtung seine Umwelt in die Wahrung der bestehenden Verhältnisse ein, sind doch auch seine Nachbarn von ihrem geistlichen Herrn, dem Erzpriester, abhängig.

Die Doppeldeutigkeit des Textes beruht daher nicht nur auf der Zwiespältigkeit von Lázaros Charakter, sondern, weil sein Verhalten systemisch, d.h. in Relation zu seinen Bezugspersonen bewertet werden muß, auf der Ambivalenz einer Gesellschaft, deren *ultima ratio* die Unredlichkeit ist. Zwischen dem Schelm und seinen Mitmenschen besteht ein stillschweigendes Einverständnis, den Schein zu wahren, denn jeder von ihnen kann sich nur solange als Unschuldslamm gebärden, solange er sich nicht um die anderen in ihrer Wolle gefärbten Schafe schert.

Bei dieser Rückkopplung der individuellen Korrumpierung des Ich-Erzählers an die doppelte Moral des sozialen Kollektivs arbeitet der paraenzyklopädische, gesellschaftskritische Erzählstrang, den Lazaros autobiographischer Diskurs enthält, mit den Mitteln der Synekdoche: der blinde Bettler, der heuchlerische Priester und der hochstaplerische Junker stehen stellvertretend für die drei repräsentativen Stände der zeitgenössischen Gesellschaft - die Klasse der Unterprivilegierten, den Klerus und den Adel.[99]

Dem Bettler kommt innerhalb dieser Typenrevue, die sich in den Kapiteln 4, 5 und 6 fortsetzt, insofern eine herausgehobene Stellung zu, als er Lazarillo in das pikareske Universum einführt: indem er den Kopf des ihm anvertrauten Jungen gegen einen Stein schlägt und ihm dadurch auf nachhaltige, weil schmerzhafte Weise die Augen über eine Welt öffnet, in der Vertrauensseligkeit unangebracht ist, lehrt er ihn - im doppelten Sinn des Wortes - die List der Verschlagenheit.

Die Umkehrbildlichkeit, die hier darin besteht, daß der Blinde sehend macht, bestimmt auch den weiteren Verlauf des Duells zwischen Herr und Knecht, wie sich am Ende von Lazarillos Dienstzeit zeigt: indem der Blindenführer seinerseits den Bettler gegen einen Stein rennen läßt, zahlt er ihm sein Lehrgeld mit gleicher Münze heim und demonstriert, daß er die Lektion begriffen hat. Auf diese Weise macht Lazarillos Initiation in das Wechselspiel von Lug und Trug deutlich, daß das Prinzip der Inversion ein Interaktionsmuster ist, auf das Lázaro bei seiner Umkehr des inquisitorischen Prozesses zurückgreifen kann: die Reversibilität der Werte und Perspektiven, die Lazarillo *peu à peu* im Gesellschaftsvollzug entdeckt, strukturiert seinen gesamten Diskurs. Wenn er beispielsweise im Prolog einräumt, nicht heiliger als seine Nachbarn zu sein („Yo no ser más sancto que mis vecinos") [100], dann bedeutet dies umgekehrt eben auch, daß seine Umwelt nicht besser als er selbst sein kann. Daher ist Lázaros Schlußbemerkung, auf dem Gipfel seines Glücks ange-langt zu sein, ironisch zu verstehen - „wer die Hure nimmt zur Eh', bedarf keines Unglücks mehr."[101] Lázaros vermeintliche Erfolgs-Story ist, genau besehen, die Geschichte eines Hahnreis, der mit dem Gipfel seines Glücks auch den Höhepunkt seiner Abhängigkeit vom Wohlwollen anderer erreicht hat. Indem die Komplementärlektüre das Prekäre seiner Situation als Ehemann ei-ner Kebse entdeckt, aktualisiert sie das Entlarvungspotential, das der LAZARIL-LO DE TORMES birgt.

Auf der einen Seite setzt der Ausrufer von Toledo also die Autonomie, die er als Autor seiner eigenen Geschichte besitzt, ein, um den inquisitorischen Pro-zeß, den „Vuestra Merced" gegen ihn angestrengt hat, zu unterlaufen, und der Gesellschaft seinerseits den Prozeß zu machen.[102] Daraus resultiert die sa-tirische Bedeutung des Textes. Auf der anderen Seite kommt der *status cor-ruptionis* über Lazarillos Korrumpierung in den Blick, was Lázaro selbst ver-dächtig macht, und die in den ersten drei Kapiteln provozierte Identifikation von Leser und Erzähler konterkariert. Somit eröffnet der LAZARILLO DE TORMES zumindest zwei komplementäre Lesarten, je nachdem, ob das Bild der durch Lug und Trug verkehrten Welt, das der Erzähler entwirft, als glaubwürdige Erklärung seines Verhaltens oder als unglaubwürdiger Versuch gedeutet wird, die eigenen Verfehlungen durch den Hinweis auf die Verhältnisse zu rechtfer-tigen, die ihm angeblich keine andere Wahl lassen, als mit den Wölfen zu heulen.

Diese im Text strukturell angelegte Doppeldeutigkeit hängt mit der Fiktio-nalisierung jener kommunikativen Rollen zusammen, die der Praetext der Vita, der Prolog, präsupponiert, da er die gesamte Erzählung als einen Brief ausgibt und das Szenarium des Verhörs etabliert. Indem Lázaro mit „Vuestra Merced", dem „lector in fabula" (Eco), eine übergeordnete Instanz, eine Art Richter, ent-gegengesetzt wird, veranschaulicht die im Rahmen der fiktiven Kommunika-tionssituation getroffene Rollenverteilung die Aufgabe, die dem Interpreten des LAZARILLO DE TORMES zukommt: er soll den elliptischen, weil ergänzungsbedürf-tigen Diskurs des unzuverlässigen Ich-Erzählers einer kritischen Komplemen-tärlektüre unterziehen.

Diese Komplementärlektüre kann sich auf verschiedene Anhaltspunkte im Text stützen: auf die ausgesparte Peripetie der Persönlichkeitsentwicklung, die Lázaro von Lazarillo unterscheidet und mit dem asymmetrischen Bruch seiner Geschichte zwischen dem 3. und 4. Kapitel zusammenhängt [103], sowie auf den Schatten, den der Prolog und das 7. Kapitel auf die Vertrauenswürdigkeit des Erzählers werfen. Darüberhinaus verweist Lázaro selbst an zwei Stellen seiner Geschichte auf die signifikanten Leerstellen, die sie enthält. Als er vom

Junker aufgefordert wird, sein Leben zu erzählen - und das ist schließlich genau die Aufforderung, die er aus der an ihn gerichteten Anfrage betreffs des dubiosen „caso" ableitet -, heißt es: „Con todo eso, yo le satisface de mi persona lo mejor que mentir supe, diciendo mis bienes y callando lo demás, porque me parecía no ser parte en cámara", d.h.: „Indessen stellte ich ihn in bezug auf meine Person zufrieden, so gut ich eben zu lügen verstand, wobei ich ihm meine Vorzüge darlegte und das übrige verschwieg, denn mir schien das nicht am Platze zu sein."[104] Und am Ende des 4. Kapitels, als Lazaro seinen Dienst bei einem Mönch quittiert, meint er: „Y por esto, y por otras cosillas que no digo, salí dél." D.h.: „Und deswegen und noch andrer hübscher Dinge wegen, die ich lieber nicht erzähle, ging ich von ihm fort."[105]

So bestätigt die Analyse des LAZARILLO DE TORMES den elliptischen Charakter der *novela picaresca*, den Cervantes in seinem COLOQUIO reflektiert. Da die stillschweigenden Voraussetzungen dieser dialogischen, ergänzungsbedürftigen Erzählweise als produktions- und rezeptionsästhetische Rahmenbedingungen der Welterzeugung fungieren, die der Schelmenroman leistet, kommt es im nächsten Schritt der Analyse darauf an, diese Präsuppositionen namhaft zu machen.

1.4 Elliptischer Diskurs und Komplementärlektüre

Der Pícaro ist der Protagonist des Schelmenromans, der als fingierte Autobiographie angelegt ist und mit der fragwürdigen Selbstdarstellung des Vertrauensschwindlers das satirische Bild einer verkehrten Welt entwirft: indem der Pícaro auf seiner Lebensreise horizontal durch die Landschaft, vertikal durch die verschiedenen Klassen der Gesellschaft und gleichsam diagonal durch die zeitgenössische Mentalität wandert [106], läuft seinem pseudoautobiographischen ein paraenzyklopädischer Erzählstrang parallel.

Diese beiden Erzählstränge werden dadurch miteinander verbunden, daß der Protagonist des Schelmenromans sich und die Welt vornehmlich in der Auseinandersetzung mit wechselnden Antagonisten erfährt, die als Ständevertreter fungieren. Während der retrospektive Charakter der pikaresken Selbst- und Weltdarstellung eine Dissoziation in erzähltes und erzählendes Ich mit sich bringt, die auf die intrapersonale, psychologische Dimension der verschiedenen Konflikte verweist, bezieht sich die Bipolarität von Schelm und Widersacher auf ihre interpersonelle, soziologische Dimension. Da infolgedesssen jede biographische Station an eine Konfliktsituation gebunden ist, und der Schelm mit jeder Auseinandersetzung in eine neue Lebenslage gerät, besteht die pikareske Karriere im wesentlichen aus einer Reihe von Initiationsszenen. Das Konzept der „initiation story" [107], das nicht nur im Schelmenroman zur Anwendung gelangt, geht auf jene Eingemeindungs- und Vergesellschaftungsriten zurück, die in primitiven Kulturen den Übergang von der Kindheit zum Erwachsenenalter regeln und im Rahmen des mythischen Selbst- und Weltverständnisses dieser Kulturen als ein Vorgang gedeutet werden, bei dem der Initiant einer symbolischen Sequenz von Tod und Wiedergeburt überantwortet wird. Diese oft traumatische Grenzerfahrung findet sich in säkularisierter Form in jedem interaktionell vermittelten Sozialisations- und Enkulturationsprozeß, bei dem ein Unwissender oder Außenstehender in einen geschlossenen Personenkreis und das von den Mitgliedern dieser Gruppe geteilte Geheimwissen eingeführt wird. Das Lernen bestimmter Tricks und Kunstgriffe, das Offenlegen der „rules of the game" [108], wird auf diese Weise mit einer Art Erweckungserlebnis verbunden, auch wenn dieses „Aha"-Erlebnis die mythische Dimension verloren hat, die es bei den sogenannten Primitiven besitzt.[109]

Die spezifische Instrumentualisierung der Initiation als Erzählkonzept besteht nun im Falle des Schelmenromans darin, daß der Pícaro gerade nicht in den offiziellen Sinnzusammenhang der etablierten Gesellschaft, sondern ganz im Gegenteil in eine verkehrte Welt, beispielsweise den kriminellen Untergrund, eingeführt wird. Dadurch gelangt er in eine Subkultur, in der die herkömmlichen Wertmaßstäbe von Gut und Böse auf den Kopf gestellt werden. Dergestalt bewirkt seine Initiation - als Sonderform der persönlichen Konversion - eine Inversion der für die zeitgenössische Kultur repräsentativen Optik. Die Juxtaposition offizieller und inoffizieller, zynischer und kynischer Weltbilder, die auf diese Weise möglich wird, reflektiert die doppelte Moral der Gesellschaft. Entscheidend nämlich ist, daß die Initiation sozial vermittelt und damit in einen interaktionellen Verständnisrahmen eingebettet ist, so daß das Selbst- und Weltverständnis des Pícaro ein Ergebnis seiner Umweltprägung ist. Dank dieser systemischen Konzeption trägt der Schelmenroman - respektive die in ihm angelegte Polarität von Pícaro und Umwelt - keimhaft die Ansätze zum Entwicklungsroman auf der einen und zum Gesellschaftsroman auf der anderen Seite in sich.[110]

Die Hauptrolle, die der Pícaro als Protagonist des Schelmenromans spielt, ist bezeichnenderweise eine Doppelrolle, da er zugleich als Subjekt und als Objekt der Schelmenbeichte in Erscheinung tritt. Wie alle Rollenprosa ist auch seine fingierte Autobiographie das Ergebnis einer kointentionalen Inszenierung des literarischen Diskurses [111], bei der sich der Leser ebenso spielerisch auf den vorgegebenen Part eines „lector in fabula" (Eco) appliziert, wie sich der Verfasser seinerseits der „Genreform-Maske" [112] des „unreliable narrator"

(Booth) bedient. Diese doppelbödige Anlage, bei der die textintern präsupponierte Kommunikationssituation zwischen dem Pícaro und seinem „Beichtva-
ter", dem Adressaten der Schelmenbeichte, der Vermittlung eines textexternen
Dialogs von Autor und Interpret dient, zielt auf eine ironische Identifikation
ab.[113] Um dem Schelm auf die Schliche zu kommen und den asymmetrischen Bruch in seiner einseitigen Selbst- und Weltdarstellung zu (re-)konstru-
ieren, müssen sich Verfasser und Leser transitorisch auf die pikareske Sicht
der Dinge einlassen.

Damit zeichnen sich, analog zum Produktionsprozeß drei Phasen der Rezeption ab: der Inlusion, die den Leser in die Lage des „halben Außenseiters"
[114] versetzt, folgt jene ironische Identifikation, die schließlich zur Relativierung der pikaresken Perspektivik führt. Diesem Lektüreverlauf entspricht der
Handlungsverlauf insofern, als der Initiation des Ich-Erzählers in die verkehrte
Welt der Schelme, die ihn eigentlich erst zum Pícaro macht, die retrospektive
Beschreibung seiner dubiosen Karriere folgt, einer Karriere, von der er sich
häufig im Nachhinein distanziert.

In produktionsästhetischer Hinsicht bietet diese Erzählanlage den „Vorteil"
des Verfremdungseffekts, der dadurch entsteht, daß die imaginäre Verrückung
in die marginale Position des halben Außenseiters eine unkonventionelle Schilderung der bestehenden Verhältnisse ermöglicht. In rezeptionsästhetischer Hinsicht hat diese Aktstruktur den „Nachteil", daß der Ausflug in die verkehrte
Welt des Pícaro womöglich die Optik des Interpreten selbst verändert. Daher
nimmt die Interaktion von Text und Leser eine agonale Form an, stehen doch
zumindest zwei Betrachtungsweisen - die des halben Außenseiters und die in
aller Regel weniger exzentrische Sicht des Lesers - zur Debatte. Dergestalt reproduziert die Interaktion von Text und Leser auf der Ebene der Deutung den
Konflikt bzw. Dissens, der sich auf der Ebene der Handlung in der Auseinandersetzung des Protagonisten mit seinen wechselnden Antagonisten findet. Hier
wie dort geht es um die Divergenz der Auffassungsperspektiven von ego und
alter. Der springende Punkt an der bipolaren Anlage des pikaresken Universums ist also, daß sie an eine Umkehrbarkeit der Betrachtungsweisen gebunden ist, steht die einseitige Selbst- und Weltdarstellung des Pícaro doch vor
dem Hintergrund der konfliktsymmetrischen Sichtweisen seiner Widersacher.

Wenn jedoch der asymmetrische Bruch in der pikaresken Selbst- und Weltdarstellung, bei der die alternativen (Gegen-) Darstellungen ausgespart werden, seiner unzuverlässigen Ich-Erzählung den Status eines elliptischen, ergänzungsbedürftigen Diskurses verleiht, so ist der Schelmenroman auf eine Komplementärlektüre hin angelegt, die den vorgegebenen Verständnisrahmen einer Modulaton unterzieht. Bei dieser Modulation wird der systemische Charakter der Schelmenbeichte relevant, da ja alles, was der Protagonist sagt und

verschweigt, vor dem Hintergrund der kontingenten Versionen seiner Antagonisten zu sehen ist. Diese kontingenten Versionen bilden die Szenographie der Schelmenbeichte: die Schelmenbeichte evoziiert die Schelmenschelte, die aus der Umkehrung der Betrachtungsweisen entsteht.[115]

Eben diese Reversibilität der Auffassungsperspektiven verhindert jedoch zugleich, daß der Leser die pikareske Selbst- und Weltdarstellung einfach anhand einer imaginären Symmetrieachse auf die präsupponierte Konfliktsituation zurückspiegelt und mit der reziproken Sicht seiner Gegner verrechnet, denn er weiß nicht nur um die Parteilichkeit des Protagonisten, sondern auch um die seiner Antagonisten. Infolgedessen bedarf der elliptische Diskurs des Pícaro zwar einer Komplementärlektüre, und das ironische Konzept des Schelmenromans geht auch erst auf, wenn der Leser dieses Entlarvungspotential aktualisiert, aber die Pointe dieser narrativen Weise der Welterzeugung besteht gerade darin, daß jede Modulation anfällig für weitere ist. Die Zwiespältigkeit des Eindrucks, den die apologetische Schelmenbeichte in ihrer Ambivalenz, in ihrer Umkehrbarkeit zur Schelmenschelte, hinterläßt, widersteht jedem interpretativen Versuch der Vereinheitlichung. Daher bleibt zwischen der Leitidee der ganzen Wahrheit, die die Interaktion von Text und Leser reguliert, indem sie die Komplementärlektüre stimuliert, und der Rekonstruktion des pikaresken Universums stets eine unüberbrückbare Kluft bestehen.

Aus dieser Diskontinuität bezieht die Gattung des Schelmenromans ihre autopoietische Kraft. Indem die Auffassungsperspektiven von ego und alter dauerhaft reversibel gehalten werden und jede Interpretation unaufhörlich zwischen komplementären Versionen des pikaresken Universums oszilliert, kann der Schelmenroman immer neue Schreibweisen und Lesarten provozieren, bleibt die Gattung offen für weitere Weisen der Welterzeugung.

Das allen sprachlichen Formen der Selbst- und Weltvermittlung eingeschriebene Moment der Diskontinuität wird also anhand der komplementären Lesarten erfahrbar, die der Leser zu keinem einheitlichen, eindeutigen Bild zusammenfassen kann.[116] Die Sekundärliteratur bietet zahlreiche Beispiele für diese Komplementarität. So argumentiert etwa Stuart Miller ganz im Sinne der pikaresken Apologie: „If the world is tricky, peopled by tricksters, the pícaro must either give up his personality to join the trickery or else perish. The pícaro always joins. But, and this must be underscored, the pattern of education into roguery by the world reflects on the world more than on the pícaro. It is the world that is picaresque; the pícaro only typifies that world in his dramatic change from innocent to trickster."[117]

Gegen diese Interpretation hat Peter Dunn eingewandt: „Since the pícaro is the writer, it may be his view of it, rather than society itself which is problematic, because the nature and significance of his society are established retroactively as that which enhances his own nature and significance, to himself. The social world in these novels is, in part at least, a symbolic projection of the pícaro's own desires."[118]

Die doppelbödige Anlage des pikaresken Romans als Schelmenbeichte läuft also darauf hinaus, daß der Erzähler zugleich ermächtigt und verdächtigt wird. Wer beichtet, hat etwas auf dem Kerbholz und ist dadurch als fragwürdiger Charakter und unzuverlässiger Erzähler diskreditiert. Gleichzeitig ist jeder Delinquent jedoch bei seinen Geständnissen mit einer gewissen Narrenfreiheit ausgestattet, einer Lizenz, die Wirklichkeit ungeschminkt darzustellen.

Dem Einsatz der Genreform-Maske korrespondiert daher die unglaubwürdige Wahrheitsbeteuerung des Pícaro, die seiner Demaskierung Vorschub leistet. Seit Lukians Lügendichtung nämlich ist die unzuverlässige Wahrheitsbeteuerung ein literarisches Lügensignal par excellence und als solches an den Topos der verkehrten Welt gekoppelt.[119] Denn das Prinzip der Inversion findet sich auch bei der Lüge: es ist das kleine Wörtchen „nicht", dessen Hinzufügung oder Weglassung die Wahrheit einer Aussage in ihr Gegenteil verkehrt.[120]

Das ironische Verfahren der unglaubwürdigen Wahrheitsbeteuerung, das im erzählstrategischen Kalkül des Schelmenromans eine so wichtige Rolle spielt, hängt seinerseits mit dem „Paradox der Inkommunikabilität von Aufrichtigkeit" [121] zusammen, dank dem jede Erklärung, es ehrlich zu meinen, kontraproduktiv wirkt und Argwohn erweckt. Bei jeder Kommunikation läßt sich nämlich zwischen dem Akt der Mitteilung und dem Mitgeteilten, der Information, unterscheiden. Mit dieser Differenz ist jedoch stets die Möglichkeit der Nicht-Übereinstimmung gegeben, die Möglichkeit, daß die Mitteilung einem anderen Zweck als der bloßen Botschaftsübermittlung dient. Daher läßt sich zwar beteuern, daß die Mitteilung keinen Hintergedanken enthalte und aufrichtig sei, doch diese Beteuerung hebt die Differenz keineswegs auf, sie weist vielmehr erst recht auf die Möglichkeit der Nicht-Übereinstimmung hin. Da von außen nicht zu entscheiden ist, ob die innere Zustimmung des Mitteilenden zu seiner Mitteilung, die sogenannte Assertion, vorliegt oder nicht, kann folglich kein Kommunikant bedenkenlos annehmen, daß hinter einer Behauptung - und sei es die Wahrheitsbeteuerung selbst - keine Täuschungsabsicht steckt.

Dieses Paradox der Inkommunikabilität von Aufrichtigkeit wird nun in literarischen Werken durch das Paradox überlagert, daß sowohl die Annahme, die Aussagen eines fiktionalen Textes seien wahr, als auch die Annahme, sie seien falsch, zu Widersprüchen führt. Das Verifikationsproblem, das sich aus der virtuellen Differenz von Gesagtem und Gemeinten in nonfiktionalen Kommunikationssituationen ergibt, wird hier in ein „Spiel mit dem Verifikationsprinzip" [122] überführt, weil die Situationsenthobenheit literarischer Werke mit den pragmatischen Determinanten der alltäglichen Kommunikation auch die situative Eindeutigkeit der Referenzinstanz Wirklichkeit aufhebt. Indem der literarische Text jenseits der Wahr-Falsch-Dichotomie angesiedelt wird, ist der Verfasser des Verdachts der Vorspiegelung falscher Tatsachen enthoben und kann doch im Rahmen der dar- bzw. vorgestellten Welt das Problem der Aufrichtigkeit aufwerfen: die Wahrheitsbeteuerung einer fiktiven Gestalt imitiert einen alltäglichen kommunikativen Akt, ohne dessen Kontext zu reproduzieren, denn die Bezugnahme auf die faktische Lebenswelt ist lediglich vorgegeben.[123]

Wenn aber die unglaubwürdige Wahrheitsbeteuerung einer literarischen Gestalt das Verifikationsproblem ins Spiel bringt, ohne seine Lösung nach dem Kriterium der Übereinstimmung von Aussage und Wirklichkeit zu ermöglichen, dann kann diese Bezugnahme auf die angebliche Wahrheit nur noch autoreflexiv verstanden, also auf die Erzählung selbst zurückbezogen werden. Der Verweis eines Erzählers auf die Übereinstimmung seiner Version mit der Wirklichkeit muß als Aufforderung gelesen werden, die Stimmigkeit seiner Darstellung zu überprüfen, d.h., die paradoxe Bezugnahme auf eine textexterne Referenzinstanz soll den Leser veranlassen, textintern nach Widersprüchen und Unstimmigkeiten zu fahnden. (Die Einführung weiterer Erzähler ändert daran prinzipiell nichts, denn die unterschiedlichen Versionen verschiedener Erzähler sind eben allesamt Teile des Textes, und jede Korrespondenz zwischen ihnen ist daher eine Angelegenheit der Textkohärenz. Gleichwohl macht die Einführung weiterer Erzähler den beschriebenen Zusammenhang besonders transparent, weil die textinternen Bezüge dann zugleich Figurenrelationen sind.)

Unter dieser Voraussetzung ergeben sich zwei Varianten der pikaresken Welterzeugung, je nachdem, ob der Verfasser eines Schelmenromans den elliptischen Diskurs seines unzuverlässigen Ich-Erzählers von sich aus um textinterne Relativierungsinstanzen ergänzt, oder ob er auf solche Relativierungsmomente verzichtet. In diesem Fall ist der Leser bei seinem Versuch, dem Schelm auf die Schliche zu kommen, allein auf sein eigenes Kombinationsvermögen beschränkt, während er sich bei seiner Komplementärlektüre im zuerst genannten Fall neben den signifikanten Leerstellen der Schelmenbeichte beispielsweise auf die Schelmenschelte der Figuren stützen kann, die neben dem Pícaro zu Wort kommen.

Als Beispiele für jene Machart des Schelmenromans, die sich auf den elliptischen Diskurs des Pícaro beschränkt, sind der LAZARILLO DE TORMES, der BUSCON und der TRUTZ SIMPLEX anzusehen, sofern man die sogenannte „Zugab des Autors" zur LEBENSBESCHREIBUNG DER ERTZBETRÜGERIN UND LANDSTÖRTZERIN COU-

RASCHE einmal unberücksichtigt läßt. Die komplementäre, digressive Konzeption des Schelmenromans läßt sich am GUZMAN DE ALFARACHE, am SIMPLICISSIMUS TEUTSCH, am GIL BLAS und - mit Abstrichen - am RODERICK RANDOM illustrieren. Daß diese Unterscheidung relativ ist, weil die beiden Ansätze nicht immer in Reinkultur erscheinen, - MOLL FLANDERS, LE PAYSAN PARVENU und BARRY LYNDON sind solche Mischformen -, zeigt, daß ihre Komplementarität eine koevolutionäre Funktion erfüllt: ein Ansatz vermittelt dem anderen Impulse, sodaß der einzelne Roman aus der wechselseitigen Durchdringung beider Erzählkonzepte entstanden sein kann.

Dieser Binnendifferenzierung des pikaresken Genres läßt sich, wie bereits angedeutet, die cervanteske Art und Weise der Welterzeugung gegenüberstellen, der auch Fielding verpflichtet ist. Seine Romane und der DON QUIJOTE stehen in einer Ko-Opposition zum Schelmenroman, d.h., sie wenden sich gegen dessen pseudoautobiographische Machart, sind aber gleichwohl in thematischer Nähe zum pikaresken Universum angesiedelt.

Da der Roman „keiner seiner Unterarten die Möglichkeit gibt, sich zu stabilisieren" [124], läßt sich die Gattungsgeschichte mithin als ein Agon rivalisierender Erzählkonzepte, als ein intertextueller Dialog zwischen verschiedenen Weisen der narrativen Welterzeugung fassen. So unterzieht Quevedo mit seinem BUSCON Alemáns pikareskes Weltbild einer Kontrafaktur, während Cervantes das Medium der fingierten Autobiographie insgesamt problematisiert. Später entwirft dann Fielding mit den Mitteln der auktorialen Erzählkunst eine Vorstellungswelt, die in vielerlei Hinsicht eine Kombination pikaresker und cervantesker Motive oder Topoi darstellt.

Wenn aber der pikareske Roman in seiner Ambivalenz nicht nur komplementäre Lesarten, sondern auch komplementäre Schreibweisen provoziert, und ein Roman andere auf den Plan ruft, dann findet eine diskontinuierliche Reproduktion des pikaresken Universums durch die Texte statt, die differente Versionen von ihm erzeugen.

So gesehen strukturiert die Reversibilität der Anschauungsperspektiven nicht nur die Interaktion von Text und Leser, sondern auch die Evolution des Genres. Weil es hier wie dort unmöglich ist, eine ultimative Version des pikaresken Universums herzustellen, bleibt die semiotische Kraft des einzelnen Romans, immer neue Lesarten zu erzeugen [125], ebenso erhalten wie die autopoietische Kraft der Gattung, immer neue Schreibweisen zu provozieren.[126]

Daß die Auffassungen reversibel bleiben und die Komplementarität von Schelmenbeichte und Schelmenschelte die Textsorte des pikaresken Romans anschlußfähig für weitere Erzählwerke hält, hängt, wie in Abschnitt 1.1 ausgeführt, mit der Dialektik von Struktur und Prozeß bzw. Text und Lektüre zusammen. Das aber bedeutet, daß die semiotische und autopoietische Kraft des

Schelmenromans mit dem Prinzip der Schriftlichkeit zusammenhängt. Die spezifische Produktions- und Wirkungsästhetik dieser Gattung ist auf eine Rezeption bezogen, die erst im Rahmen der sogenannten „Gutenberg-Galaxis" (Marshall McLuhan) möglich wurde. Die für den gesamten Medienhaushalt der abendländischen Kultur bedeutsame Erfindung des Buchdrucks befördert den Leser nämlich zu einer „autonomen Kommunikationsinstanz".[127]

Da die indirekte Kommunikation via Buch weder an die körperliche Präsenz eines Gesprächspartners noch an die alltagspragmatischen, situativen Determinanten der Kommunikation gebunden ist, entsteht mit dem mehrdeutigen Bedeutungsraum des Textes auch die Freiheit des Lesers, zwischen verschiedenen Bezugsgrößen oder Referenzinstanzen zu wählen.[128] Einerseits ist er dabei ganz auf sich allein gestellt, weil von der Möglichkeit der versichernden Rückfrage abgeschnitten; andererseits kann er auch nicht mehr anders als durch die Mitteilung selbst zur Zustimmung oder Ablehnung des Mitgeteilten bewogen werden.

Mit der Mimik und der Gestik, den rezeptionssteuernden Begleitprogrammen der oralen Kommunikation, entfällt zugleich die Notwendigkeit zur wechselseitigen Synchronisation des Dialogs. Die daraus resultierende Fähigkeit der Literatur, Weisen der Selbst- und Weltverständigung über Zeiten hinweg disponibel zu halten, ist ein entscheidender Kulturfaktor, der jedoch mit dem Nachteil der Reduktion jener Komplexität erkauft wird, die mehrdimensionale, nichtschriftliche Kommunikation von der Uniformität skripturaler Texte unterscheidet. Diese Reduktion muß vom Leser im Rezeptionsprozeß dadurch kompensiert werden, daß er sich die Bedingungen des Mitteilungsaktes zur Mitteilung hinzudenkt. Er ergänzt den Text sowohl um jene Kontexte, auf die er ihn bezieht, als auch um die stillschweigenden Voraussetzungen, die Präsuppositionen, auf denen er basiert. Daher gehört zu den Vorstellungsakten, die sich auf die dargestellte Welt eines Romans beziehen, auch die Reflexion der Rahmenbedingungen dieser Darstellung, der sogenannten Erzählsituation.

Während also mündliche Kommunikation als interpersoneller Dialog in den Verständnisrahmen einer realen Erfahrungssituation eingebettet ist, ereignet sich schriftliche Kommunikation mithin auch bei nonfiktionalen Texten als intrapersonaler Dialog.[129] Lesen vollzieht sich wie Schreiben als ein intellektuelles Rollenspiel von ego und alter ego [130], denn „Literatur schreibt und liest man als man selbst und als ein anderer, als biographische Person und literarische Person."[131] Dabei fungiert die Alterität des Textes gegenüber der eigenen Art und Weise der Welterzeugung als ein Widerstand, an dem Möglichkeiten und Unmöglichkeiten der (Selbst-) Verständigung erfahren werden.

Die Doppelstrategie des Schelmenromans, die sich aus der Juxtaposition von ironischer Identifikation und Komplementärlektüre ergibt, setzt genau an die-

ser Stelle an. Dabei ist die kommunikative Rolle des Lesers durch den *lector in fabula* vorgeprägt, dessen Part der Rezipient übernimmt, wenn er sich auf die Eigenart des Textes kalibriert, um über die Erfüllung oder Nicht-Erfüllung seiner Erwartungen im Verlauf der Lektüre die interpretative Kompetenz zu erwerben, die er zur Rekonstruktion des imaginären Universums benötigt.[132]
    Daraus läßt sich wiederum die Annahme ableiten, daß die Alterität der Texte gegenüber der je eigenen Konstruktivität die Funktion einer Korrekturinstanz übernimmt, die zur Reformulierung der eigenen Weisen der Selbst- und Welterzeugung dient. In diesem Sinne ist Dialogizität ein für alle psychischen und sozialen Systeme grundlegendes Verfahren, das anhand der Ko-Opposition von präsenter und absenter Rede in einem literarischen Text lediglich besonders augenfällig wird.

1.5 Zur Vorgeschichte des Schelmenromans

Einunddreißig Jahre vor der Erstveröffentlichung des LAZARILLO DE TORMES erschien 1513 eine spanische Ausgabe von Apuleius METAMORPHOSEN unter dem Titel EL ASNO ORO.[133] Von dem eingeschobenen Märchen AMOR UND PSYCHE einmal abgesehen, stellt Lucius Geschichte eine Reihung von Dienstverhältnissen dar, die der Ich-Erzähler nach seiner Verwandlung in einen Esel bis zu seiner als Wiedergeburt akzentuierten Erlösung von der Tiergestalt durchläuft.[134] Die Rolle des menschlichen Tieres, in die Apuleius Handlungsreisender durch Leichtsinn und Neugier gerät, entfremdet ihn seiner Umwelt und läßt diese aus seiner verrückten Perspektive verfremdet erscheinen, bewirkt also eine doppelte Optik: „so vollkommen ich auch dem Äußeren nach von Lucius zu Meister Langohr geworden, so war ich doch innerlich Mensch und ganz ich selbst geblieben."[135]
    Indem Lucius durch verschiedene Glückswechsel von einem Herrn zum nächsten gelangt, wird seine fragmentarische Autobiographie zu einer satirischen Gesellschaftsrevue, die den Chronotopos des abenteuerlichen Reiseromans mit der alltäglichen Erfahrungswirklichkeit verknüpft und aus dieser Überblendung ihre Komik bezieht.[136] Das aber ist genau das narrative Konzept des Schelmenromans, nur mit dem Unterschied, daß die marginale Position des Pícaro nicht aus seiner Verwandlung in einen Esel, sondern aus seiner sozialen Randstellung resultiert.
    Die Koinzidenz von pseudoautobiographischem und paraenzyklopädischem Erzählstrang dient bei Apuleius wie im Schelmenroman einer satirischen Intention: der Erzeugung einer verkehrten Welt durch die perspektivische Um-

kehr der bestehenden Verhältnisse seitens eines aus der Bahn des gewöhnlichen Lebens geworfenen Beobachters. Daß es sich bei dieser satirischen zugleich um eine parodistische Erzählanlage handelt, macht Lucius gegen Ende seiner Irrfahrten deutlich, wenn er seine Geschichte mit leiser Ironie auf das Vorbild der ODYSSEE appliziert. „In der Tat, der göttliche Sänger der Griechen hat recht, wenn er von seinem Helden singt: Nur dadurch habe er die höchste Staffel der Weisheit erreicht, daß er vieler Menschen Städte gesehen und Sitten gelernt und so viel unnennbare Leiden erduldet. Auch ich habe in dieser Beziehung meinem Esel viel zu verdanken. Unter seiner Hülle bin ich in so mancherlei Leiden geübt und wo nicht mit Weisheit, doch wenigstens mit Wissen bereichert worden."[137]

Nach seiner Rückverwandlung in einen Esel durchläuft Lucius einen spirituellen Läuterungsprozeß und läßt sich zum Priester weihen. Dieses Bekehrungsschema ist für den pikaresken Roman ebenfalls von Relevanz, weil es im christlichen Abendland Schule macht. Der Vorgang der Bekehrung ist das zentrale narrative und ideologische Konzept der auf Augustinus CONFESSIONES verpflichteten Bekenntnisliteratur und Hagiographie. Dabei wird das biographische Schema der Konversion an die Inversion der Lebens- und Weltanschauung gekoppelt, die der Konvertit vor und nach seiner Bekehrung hat.

Wenn dieses Schema nun auf sich selbst angewandt wird, wenn also die spirituelle Konversion einer Inversion unterzogen wird, mutiert die Bekehrung des Sünders zur Geschichte einer profanen Desillusionierung: anstatt geläutert zu werden, arrangiert sich der Held mit der sündigen Welt. So gesehen reformuliert der Schelmenroman das Erzählformular der Bekehrungs- und Bekenntnisliteratur, die Beichte, in einer Art und Weise, deren Pointe darin liegt, daß sie ihr Vorbild zwar einer Travestie unterzieht, damit aber auch eine Vergleichsgröße für die pikaresken Geständnisse anvisiert, vor deren Hintergrund die Zwiespältigkeit der Schelmenbeichte deutlich wird.

Diese dialogische, gleichermaßen satirische wie parodistische Bezugnahme auf etablierte Formen der Selbst- und Weltvermittlung, verbindet den Schelmenroman wiederum mit der Gattung der Menippeischen Satire, in deren Nachfolge Apuleius METAMORPHOSEN stehen.[138] Als kynisches Instrument der Kritik und Invektive entstanden, überführt die Menippeische Satire die Stimmen und Meinungen, die in den seriösen Textsorten auf das Telos der Übereinstimmung und den Logos der Wahrheit verpflichtet sind, in ein perspektivisches Spiel mit dem Ergebnis, daß die geistige Verfassung der Welt selbst reversibel erscheint.[139] Auf ähnliche Weise entsteht auch die pikareske Sicht der Dinge in Abweichung von der vorherrschenden Lesart der gesellschaftlich verfaßten Wirklichkeit inklusive der für diese Auffassung repräsentativen Texte: indem der Verfasser eines Schelmenromans seinen vorgeschobenen Erzähler Redensarten und Gemeinplätze verwenden läßt, die er zugleich als problematisch indiziert, rückt mit der alltäglichen Erfahrungswirklichkeit auch ihre geistige Verfassung, die zeitgenössische Mentalität, ins Blickfeld. Dieses Verfahren ist besonders geeignet, Idealität und Realität gegeneinander auszuspielen.[140] So sind beispielsweise die frommen Sprüche, mit denen der Priester im 2. Kapitel des LAZARILLO DE TORMES den Titelhelden zur Enthaltsamkeit ermahnt, um nicht das Brot - den Leib des Herrn - mit dem mittellosen Hungerleider teilen zu müssen, ein von seinem Geiz diktiertes Ablenkungsmanöver. Indem das Bibelgleichnis vom armen Lazarus auf den Klerus selbst angewandt wird, kommt über die Bezugnahme auf einen Text - in diesem Fall ist es das Evangelium - die vom evozierten Ideal abweichende Realität ins Blickfeld.

Ähnlich wie der pseudoautobiographische Erzählstrang des Schelmenromans über das Schema der Konversion auf die Gattungen der Konfessionen und Heiligenlegenden verweist, deren säkulare Variante das Epos des christlichen Ritters ist, nimmt der paraenzyklopädische Erzählstrang mit seiner inversiven Tendenz auf bestimmte Genres der mittelalterlichen Literatur wie die Narrenrevue, den Totentanz oder die Visionen bezug.

Alle drei Gattungen sind auf einen repräsentativen Querschnitt durch die Gesellschaft angelegt und an den Topos der verkehrten Welt gebunden: die Narrenrevue oder Ständesatire entwirft das Bild einer aus den Fugen geratenen Welt, die anstatt von Demut und Vernunft von Hochmut und Torheit beherrscht wird. Der Zusammenhang mit dem pikaresken Roman wird schon dadurch deutlich, daß die Besatzung der Narrenschiffe, die im Gefolge von Sebastian Brants Prototyp vom Stapel laufen, weitestgehend mit der Schelmenzunft identisch ist, als die denn auch Thomas Murner die Narren bezeichnet. Auch der Totentanz, bei dem die Vertreter der einzelnen Stände der Feudalgesellschaft, ihrer Privilegien enthoben, vor dem Auge des Betrachters vorbeidefilieren, weist die erwähnte Tendenz zur Inversion einer gesellschaftlichen Totalität auf.

Die Visionsliteratur, deren berühmtestes Beispiel Dantes DIVINA COMMEDIA darstellt, berichtet von Wanderungen durch das Jenseits des Himmels oder der Hölle, wobei das Bild, das diese Traumberichte vom Jenseits zeichnen, zumeist aus der spiegelbildlichen Verkehrung des Diesseits entsteht: „die Guten werden im Jenseits belohnt, die Bösen bestraft, irdisches Leid (insbesondere freiwilliges) bekommt durch den Hinweis auf diese Vergeltung einen Sinn."[141] Das Prinzip der Inversion wird in dieser Textsorte also in den Dienst der Theodizee gestellt, die ja auch für die Faszinationskraft des Gleichnisses vom armen Lazarus ausschlaggebend ist.

Neben ihrer Bedeutung als eine an den Topos der verkehrten Welt gekoppelten paraenzyklopädischen Gattung hatten die Visionen mit ihrer Symbolik

Einfluß auf den Schelmenroman: bei Aegidius Albertinus erscheint die Welt als eine irdische Hölle, als LUZIFERS KÖNIGREICH, und auch Simplicius Simplicissimus Odyssee durch das Inferno des 30-jährigen Krieges weist diese Konnotation auf. Noch bei Smollett ist es der Teufel selbst, der Roderick Random wie einen Tennisball vor sich her durch die Welt, den Vorhof der Hölle, treibt. Dabei kann, wie im Fall der religiösen Erbauungsliteratur, von einer Reformulierung des Erzählformulars der Visionen durch den Schelmenroman gesprochen werden, weil die an der Vertikalen orientierte Unterscheidung des Jenseits in Himmel und Hölle im pikaresken Universum auf die Horizontale des Diesseits projiziert wird, das als irdische Hölle erscheint.

Das pikareske Universum enthält also die Sedimente verschiedener mittelalterlicher Textsorten, unter denen die Schwankzyklen insofern eine besondere Stellung einnehmen, als sie in Form komischer Fallbeispiele von zwischenmenschlichen Konflikten handeln und eine an die Weisheit der Sprichwörter angelehnte Welt- und Lebenserfahrung vermitteln. An diese antagonistische Konfrontation von Figuren innerhalb einer alltäglichen Situation knüpft der Schelmenroman an. Indem die Auseinandersetzungen des Pícaro jedoch nicht mehr vom Standpunkt eines unbeteiligten Erzählers, sondern aus der Sicht des Betroffenen selbst zur Darstellung gelangen, geht mit der perspektivischen Akzentuierung der Konflikte ein Symmetriebruch einher. So übernimmt der Schelmenroman zwar die inversive Tendenz der paraenzyklopädischen Gattungen, den Chronotopos des Alltags und die konfliktträchtige Anlage der Schwankzyklen, unterzieht diese Weisen der narrativen Welterzeugung jedoch einer perspektischen Brechung, indem er sich am Vermittlungsmodus der Konfessionen und Visionen orientiert, die als Ich-Erzählungen konzipiert sind. Dabei wird die fingierte Autobiographie als unzuverlässige Schelmenbeichte spezifiziert und durch diese Spezifikation als revisionsbedürftig markiert. Eben dieser agonale Charakter der Interaktion von Text und Leser stellt das entscheidende Novum des Schelmenromans sowohl gegenüber den (pseudo-) autobiographischen als auch gegenüber den (para-) enzyklopädischen Gattungen dar, auf denen die Erzeugung des pikaresken Universums aufbaut.

Eine womöglich entscheidende Anregung für diese doppelbödige Anlage dürfte Erasmus ENCOMIUM MORIAE aus dem Jahre 1509 gewesen sein. Als perfide Lobrede auf die menschliche Torheit verfaßt, übt diese Schrift unter dem falschen Vorschein, eine Apologie zu sein, Kritik an der Unvernunft, die die Welt regiert und in das Gegenteil dessen verkehrt, was das Evangelium für das Seelenheil der Menschen vorsieht. Dadurch wird die bestehende Ordnung als Ausdruck eines umfassenden Verblendungszusammenhangs entlarvt. Erasmus erzählstrategisches Kalkül zielt also darauf ab, daß der Leser sein ironisches LOB DER TORHEIT einer Komplementärlektüre unterzieht und so die inversive

Tendenz dieses Textes seinerseits einer perspektivischen Reversion unterzieht. Eben dieses Kalkül verfolgt auch der Verfasser eines Schelmenromans, indem er den Pícaro zugleich zum Erzähler ermächtigt und als unzuverlässig verdächtigt, denn das läßt die Interaktion von Text und Leser zu einem agonalen Spiel werden, das auf der Reversibilität der Perspektiven, der Umkehrbarkeit der Schelmenbeichte in eine Schelmenschelte beruht.

1.6 Die Berührung mit dem Schelm macht unehrlich

Der Schelmenroman übernimmt also von der Ständesatire und den ihr verwandten Gattungen die enzyklopädische Erzählanlage und inversive Tendenz der Darstellung, akzentuiert diese verkehrte Welt jedoch aus der Perspektive des unzuverlässigen Ich-Erzählers. Die marginale Position des halben Außenseiters, die den Pícaro zu einem höchst zwiespältigen Charakter macht, hat neben ihren dezidiert literarischen Ursachen realhistorische Gründe, die an der Etymologie von „pícaro" und „Schelm" abzulesen sind.

Das Wort „pícaro" wird erstmals von Mateo Alemán auf die Hauptfigur eines Schelmenromans angewandt. Den Zeitgenossen galt Alemáns überaus erfolgreicher GUZMAN DE ALFARACHE als „el libro del pícaro" schlechthin, sie sahen aber auch, wie aus der Behandlung des Schelmenromans im DON QUIJOTE hervorgeht, den LAZARILLO DE TORMES als maßgeblichen Vorläufer des Pícaro Guzmán an.[142]

Etymologisch betrachtet, stammt das Wort „pícaro" von der lateinischen Wurzel „pic" ab, die sich beispielsweise in „picus" (Specht) oder „pica" (Lanze) findet. Im antiken Rom wurde beim Verkauf von Sklaven eine Lanze neben der „Ware Mensch" in den Boden gerammt - vielleicht ein erstes Indiz für die Assoziation des Wortes mit Menschen aus dem niederen, unterprivilegierten Milieu. Das spanische Verb „picar", eine Derivation aus der Bettler- und Gaunersprache, erinnert in seiner Bedeutung von „stechen", „hacken", „(auf-) picken" wiederum an das lateinische „picus".[143] Bedenkt man, daß viele Schelme vom Aufpicken und Aufschnappen dessen leben, was andere übriglassen, läßt sich auch auf diesem Wege eine Verbindung zum „pícaro" herstellen.[144]

Als die spanischen *novelas picarescas* in andere europäische Sprachen übersetzt wurden oder fremdsprachige Adaptionen fanden, wurde „pícaro" im Englischen zumeist mit „rogue" (Schurke, Schelm), im Deutschen jedoch häufig mit „Landstörtzer" (Landstreicher, Fahrender, Vagabund) übersetzt, obwohl das Spanische eher die Bedeutung von „Küchenjunge" nahelegt (Guzmán verdingt sich am Anfang seiner pikaresken Karriere als Küchenjunge). Auch der ursprüngliche Sinn von „Schelm" weicht erheblich von der Bedeutung „Spitzbube", „Schurke" oder „durchtriebener Kerl" ab, die das Wort erst allmählich angenommen hat. Vom althochdeutschen „scelmo" abgeleitet, meint Schelm zunächst „Aas", „Kadaver" oder „Leichnam" und wird dann als Berufsbezeichnung auf den „Schinder", „Abdecker" oder „Henker" angewandt, die allesamt mit toten Körpern zu tun haben.[145]

Die Tätigkeit des Scharfrichters gehörte zu den sogenannten „ehrlosen Berufen", die mit einem Standesmakel behaftet waren und nur am Rande der Gesellschaft ausgeübt werden durften. Zum Teil aus Aberglauben, zum Teil aus Ekel vor ihrem Gewerbe wurden der Henker, der Schinder und der Abdecker von der Wahrnehmung repräsentativer Ämter, ja mitunter sogar von der Teilnahme am gemeinsamen Abendmahl ausgeschlossen, eine Ächtung, die sonst nur jenem zwielichtigen Gesindel widerfuhr, das sich aus Betrügern, Treubrüchigen und Meineidigen zusammensetzte.

Im Mittelalter war es nämlich Rechtsbrauch, Lügner und säumige Schuldner, Fahnenflüchtige oder Handwerker, die gegen die Zunftgebote verstoßen hatten, vor aller Welt Schelme zu schelten und dadurch öffentlich zu brandmarken.[146] Die Androhung der Schelmenschelte diente der Beglaubigung von Verträgen und Urkunden, und wurde im Falle eines Falles mit einem Scheltbrief, einem Schandgemälde oder dem Aufstellen einer Neidstange vor der Wohnung des Betroffenen wahr gemacht.[147]

Wer zum Schelm erklärt wurde, verlor die Teilhabe an der Gemeinschaft, die zugleich Rechts- und Glaubensgemeinde war, d.h., er wurde aus der *communio*, der er seit seiner Taufe angehörte, exkommuniziert. Durch die Schelmenschelte wurde ein Mensch also auf die gleiche Stufe wie die Angehörigen der Scharfrichtersippe und der übrigen ehrlosen, weil nicht zunftgebundenen Berufe gestellt und an den Rand der Siedlungen in den anrüchigen Dunstkreis der Dirnen, Bader und Huren, der Schinder und Abdecker verbannt.

Die isolierende, entehrende Wirkung dieses Odiums zeigt sich an der in vielen Sagen überlieferten Warnung, daß schon die Berührung mit dem Schelm unehrlich mache.[148] Man kann folglich davon ausgehen, daß die pejorative Bedeutung von Schelm für die Menschen des späten Mittelalters und der frühen Neuzeit ein überdeutlicher Hinweis auf die Unredlichkeit und Unehrenhaftigkeit jeder Person oder literarischen Figur war, die mit diesem Schimpfwort belegt wurde. Daher läßt sich die Komplementarität von Schelmenschelte und Schelmenbeichte anhand der Wort- und Sozialgeschichte auch im außerliterarischen Bereich belegen. Der genealogische Zusammenhang zwischen der janusköpfigen Gestalt des Spitzbuben und Vertrauenschwindlers, als der sich der Pícaro erweist, und dem Schinder, Abdecker und Henker wird in ver-

schiedenen Schelmenromanen angedeutet. So ist der Onkel von Quevedos
Buscón Scharfrichter, was seinen Neffen mit tiefer Scham erfüllt.[149]

Darüber hinaus verweist die Zugehörigkeit des Schelms zur Randgruppe
der ehrlosen Leute auf die enge Verbindung zwischen dem literarischen Genre
des Schelmenromans und den folkloristischen Gattungen des mittelalterlichen
Karnevals. Denn wenn die alltägliche Ordnung an Fastnacht auf den Kopf
gestellt wird, führen der Henker und der Abdecker, gefolgt von Prostituierten,
Bordellwirten und Kloakenreinigern, den Maskenumzug an, der durch die verschiedenen Stadtviertel zum Markplatz, dem Zentrum des bunten, karnevalesken Treibens zieht.[150] Dieser Maskenumzug ist eine von hinten aufgerollte
Sozialrevue, ein von oben nach unten gekehrter, mit dem Volkskörper identi-
fizierter Mikrokosmos. Ähnlich wie der Totentanz präsentiert also die Narren-
maskerade eine gesellschaftliche Totalität als verkehrte Welt; in beiden Fällen
koinzidiert das Prinzip der Inversion mit einem enzyklopädischen Geltungsanspruch.

Die satirisch-gesellschaftskritische Tendenz des pikaresken Romans knüpft
an diese Konstellation an, durchläuft der Schelm auf seiner Lebensreise doch
verschiedene Klassen der Gesellschaft, entwirft er in seiner Lebensbeichte doch
das Bild einer verkehrten, aus den Fugen geratenen Welt. So versorgen die
kulturellen Analogien, mit denen der Schelmenroman unterschwellig angerei-
chert ist, den Leser mit einer Reihe von Bezügen, die seine Deutung beeinflussen ohne unmittelbar aus dem einzelnen Werk selbst hervorzugehen. Infolgedessen hat das Absterben karnevalesker, mündlicher Traditionen zu einem
Verlust von Bedeutungen und Deutungsmöglichkeiten geführt, die für die
Zeitgenossen eines Cervantes oder Grimmelshausen naheliegender als die oft
idealistisch inspirierten Interpretationen ihrer Werke waren, die erst die Nach-
welt hervorgebracht hat. Wie für den LAZARILLO gilt auch für den DON QUIJOTE
oder den SIMPLICISSIMUS TEUTSCH, daß sie karnevalesken Erzählkonzepten verpflichtet sind. Die Heimholung des Ritters von der Traurigen Gestalt nach Art
eines Maskenumzugs (Vgl. Abschnitt 2.6), Simplicius' Hanauer Narreninitia-
tion (Vgl. Abschnitt 2.3) oder das o.a. Duell zwischen dem chronischen Hungerleider Lazarillo und dem blinden Bettler stehen im Zeichen jener Karnevalisierung der Literatur, die Michail M. Bachtin vornehmlich an Rabelais GAR-
GANTUA ET PANTAGRUEL beschrieben hat. Die Spuren dieser wechselseitigen
Durchdringung von Folklore und Erzählkunst, von oraler und skriptural
Kultur verlieren sich dann mit der Verlustgeschichte des Körpers im komischen
Roman, die ihrerseits zum Prozeß der Zivilisation (Elias) gehört, der zur wei-
testgehenden Verbannung aller kreatürlichen, obszönen und skatologischen
Vorgänge aus dem erhabenen Bereich der sog. schöngeistigen Literatur
führt.[151]

Ein Indiz für den Verlust folkloristischer Bedeutungsdimensionen ist die Wandlung, die das Wort „Schelm" durchgemacht hat. Vor allem die Popularität von Thomas Manns BEKENNTNISSEN DES HOCHSTAPLERS FELIX KRULL hat dazu beigetragen, gegenwärtig unter „Schelm" einen harmlosen Vertrauensschwindler und sympathischen Lebenskünstler zu verstehen - ein Verständnis, das weder durch die ursprüngliche Bedeutung des Wortes noch durch die frühen Vertreter des Schelmenromans gedeckt ist. Gerade die irreduzible Pluralität der Entfaltungsmöglichkeiten, die den Rogue, Landstörtzer oder Pícaro auszeichnen, ist jedoch eine Voraussetzung für die Vielfältigkeit der Gattung gewesen. In seiner proteanischen Gestalt als Rollenspieler und Verwandlungskünstler ist der Held des pikaresken Romans in immer neuen Masken auf der literarischen Bühne erschienen, ohne sich um irgendwelche Kleiderordnungen zu kümmern.

Daß sein Auftritt ausgerechnet in Spanien erfolgte, hat vermutlich mit der wechselseitigen Überlagerung und Verstärkung von Unsicherheiten im sozialen Alltag zu tun, die sich in dieser Weise nur auf der iberischen Halbinsel fanden. Hier verband sich das Problem der Aufrichtigkeit, das sich in der Unzuverlässigkeit der apologetischen Schelmenbeichte literarisch manifestiert, zunächst einmal, wie überall in Europa, mit der schwierigen Unterscheidung echter und falscher Bettler. Wer im Mittelalter aufgrund einer körperlichen Behinderung nicht arbeiten konnte und auf die Unterstützung seiner Mitmenschen angewiesen war, erhielt die Erlaubnis, öffentlich um Almosen zu bitten, für die er sich mit Fürbitten zu bedanken hatte. So boten Bettler wie Lazarillos Lehrmeister der christlichen Gesellschaft Gelegenheit, ihre Mildtätigkeit unter Beweis zu stellen. Aber neben den ehrlichen Bettlern gab es viele Ganoven, die ein Gebrechen lediglich vortäuschten; Mateo Alemán beschreibt solch einen durchtriebenen Tiefstapler in seinem GUZMAN DE ALFARACHE (1.Teil, 3.Buch, 5.Kap.). Vor den Kniffen dieser Bettler und Gauner warnte eine ganze Sparte der Literatur, deren berühmtestes Werk das LIBER VAGATORUM von 1510 ist.

In Spanien, dem Ursprungsland der *novela picaresca* verband sich das Problem der Unterscheidung echter und falscher Bettler nun mit verschiedenen anderen Unwägbarkeiten im zwischenmenschlichen Verkehr. Bettler waren ja nicht seßhaft, sie zogen von Ort zu Ort. Die im Gefolge der Pestepedemien einsetzende Landflucht machte aber prinzipiell jeden Fremden verdächtig, da von ihm die Gefahr der Ansteckung drohte. Argwohn gegenüber Vagabunden war also durchaus angebracht. Das allgemeine Mißtrauen wurde durch die sogenannten „Estatutos de liempieza de sangre" verschärft, auf deren Grundlage die Inquisition bemüht war, mit dem „wahren Glauben" auch die „Reinheit des Blutes" vor der Verunreinigung durch falsche Christen und falsche Adlige zu wahren. Die Tätigkeit der Inquisitoren richtete sich daher neben den „conversos", den vorgeblich zum Christentum bekehrten Mauren und Juden, auch gegen die Hochstapler unter den „hidalgos".[152] Schließlich gab es im Spanien des *Siglo de Oro* Frühformen der organisierten Kriminalität, wie sie etwa Cervantes in seiner Novelle RINCONETE Y CORTADILLO schildert (Vgl. Abschnitt 2.5). Diese Banden von Bettlern, Taschendieben und anderen Gaunern waren in Städten wie Madrid oder Sevilla ein zusätzlicher Faktor der Unsicherheit. Die Virulenz der Vertrauensfrage, die durch die Inquisition und durch die Landflucht geradezu zur Überlebensfrage gemacht worden war, durchzieht die literarische Darstellung des zwischenmenschlichen Verkehr in der *Novela Picaresca*, insbesondere im GUZMAN DE ALFARACHE (Vgl. Abschnitt 2.1).

Trotz dieser realhistorischen Hintergründe läßt sich der Pícaro in seiner wesentlichen Eigenschaft als Kunstgeschöpf nur anhand der Romane selbst erfassen, die ihn in immer neuen (Kon-) Figurationen vorstellen, zumal diese Erzählwerke neben sozialgeschichtlichen auch an mythologische und folkloristische Prädispositionen anknüpfen. Die zum Teil bizarre Route des Schelms durch das pikareske Universum folgt den „Fußstapfen des Diogenes" [153] ebenso wie der ausgetretenen Spur des „Sisyphos" [154] und kreuzt immer wieder die Wege des „Hermes" [155], der seinerseits mit dem Trickster verwandt ist.

1.7 Lachfigur und Lachkultur: Trickster und Verkehrte Welt

Der Trickster-Mythos kann aufgrund seiner pankulturellen Verbreitung erklären, warum der Schelm trotz Spaniens Anwartschaft auf die Begründung der *Novela Picaresca* an verschiedenen Orten unter unterschiedlichen Umständen eine jahrhundertelange Faszination auf Autoren und Leser ausgeübt hat.[156] Da er die Geschichte eines der bestehenden Gesellschaft gegenüber feindlich eingestellten einzelnen mit einer Erzählweise verbindet, die den Akzent auf die Bewegung setzt [157], darf der Trickster-Mythos als die wohl archaischste Form pikaresker Erzählkunst angesehen werden.[158] Die iterative Struktur der mündlich tradierten Geschichten verweist auf die Sprunghaftigkeit des Trickster, der in Umkehrung des gewöhnlichen Eingliederungsprozesses die sozialen Bindungen abstreift, alle zivilisatorischen Techniken verlernt und durch diese Verwilderung zu den ursprünglichen Lebensquellen zurückkehrt. Obwohl er sich in dieser freiwilligen Abkehr von der Gesellschaft vom Schelm unterscheidet, der Außenseiter wider Willen ist [159], genießt der Trickster in seiner Eigenschaft als ambivalente Lachfigur doch die pikareske Freiheit, stellvertretend für Erzähler und Publikum gegen jene Ordnung zu verstoßen, die von den Menschen im Alltag zwar als notwendig anerkannt, aber nicht unbedingt geliebt wird.[160]

Elias Canetti hat dem Trickster eine kleine Skizze gewidmet, in der er die Forschungen von Paul Radin, Karl Kerényi und C.G.Jung hinsichtlich ihrer Relevanz für den Schelmenroman zusammenfaßt: „DER TRICKSTER. In ihm treffen sich die Wirkung des Befehls und der Verwandlung, und wie von keiner anderen menschlichen Figur, die man kennt, läßt sich von ihm das Wesen der Freiheit ablesen... er führt den Gehorsam seiner Leute ad absurdum und wird sie so los... Kaum ist er allein, kann er zu allen Dingen und Wesen sprechen. Er will sich isolieren und ist nur auf seine Verwandlungen aus... Er wandert ziellos umher und hat Gelüste. Er unterhält sich mit Teilen seines Körpers, die ein Eigenleben führen... Seine rechte Hand gerät in Streit mit der linken... Er ahmt alles falsch nach, findet sich nirgends zurecht... Er legt Tiere und Leute herein, wenn er Hunger hat, aber er wird auch von ihnen hereingelegt, er ist nichts weniger als Held und Sieger. In seiner Isolierung kann ihm alles geschehen, was es an Lebensmöglichkeiten gibt. Aber eben durch diese Isolierung verfehlt es seinen Zweck, wirkt sinnlos und ist so belehrend. Er ist der Vorläufer des Schelms, keine Zeit und keine Gesellschaft, die nicht ihren Schelm hervorbringen könnte und immer wird er die Leute interessieren. Er belustigt sie, indem er ihnen alles durch Umkehrung verdeutlicht."[161]

Als ein betrogener Betrüger, der nicht nur über andere, sondern auch über sich selbst lachen kann, ist der Trickster zudem besonders geeignet, die Gegensätze zu vermitteln, die die Struktur des Mythos bestimmen, denn er ist nicht nur dies oder jenes, sondern immer beides zugleich: Mensch und Tier, Schöpfer und Zerstörer, gut und böse, sympathisch und unsympathisch.[162] Einerseits veranschaulicht er ein undifferenziertes Bewußtseinsstadium, das sich ausschließlich auf den gegenwärtigen Augenblick bezieht [163], andererseits befriedigt er das Bedürfnis der Menschen nach Alterität: als „Schatten" hält er die im Zivilisationsprozeß abgespaltenen, kreatürlichen Komponenten der menschlichen Natur in einem komplementär-kompensatorischen Verhältnis zum zensierten, gebändigten Ich.[164]

Dabei entspricht die marginale Persönlichkeit des Trickster seiner peripheren Position: er steht - wie der Pícaro - zugleich außerhalb und innerhalb der Gesellschaft bzw. zwischen ihren gegensätzlichen Gruppierungen und betrachtet die Welt aus einer exzentrischen Perspektive. Seine duale Persönlichkeit, seine kognitive Dissonanz und Gefühlsambivalenz machen deutlich, daß das Konzept der Figur am Prinzip des Dialogs, der Reversibilität der Perspektiven und der Inversion der Positionen orientiert ist.[165]

Eine dem Trickster eng verwandte Figur ist die des Panurge in GARGANTUA ET PANTAGRUEL, wobei diese Figur zugleich für die Affinität pikaresker Gestalten zum Topos der verkehrten Welt steht. Panurge tritt erstmals im 9. Kapitel des 2. Buchs von Rabelais fünfteiligem Romanzyklus (1532-1564) in Erschei-

nung. Alles, was er sagt und tut, steht im Zeichen einer umfassenden Ambivalenz: auf der einen Seite verfügt er über ein enzyklopädisches, zum Teil esote-
risches Wissen, auf der anderen Seite läßt er sich leicht ins Bockshorn jagen
und kopfscheu machen. Einerseits haben seine Schelmenstreiche fast immer
eine erotische oder obszöne Komponente, in der seine Triebhaftigkeit zum
Ausdruck kommt, andererseits fürchtet Panurge beständig, zum Hahnrei zu
werden und sich dadurch lächerlich zu machen. Seiner Prahlsucht steht seine
Feigheit, seiner Übermütigkeit seine Verzagtheit entgegen.[166] Trickster-like
weist Panurge einander widersprechende Charakterzüge und Verhaltensweisen auf und stellt damit ein literarisches Verbindungsglied zwischen dieser mythopoetischen Figur und dem Pícaro dar, wobei seine eigene Zwiespältigkeit
vor allem an die Figur des Hermes erinnert, der sowohl als Gott der Diebe und
Betrüger als auch als Seelenführer und *poeta minor* (gegenüber Apoll) in Erscheinung tritt.

Panurge vermittelt also die empirische Sphäre mit dem Mythos, d.h., seine
pikareske Persönlichkeitshälfte wird durch seine übersinnlichen Fähigkeiten
ergänzt. So vollzieht er an Epistemon das Lazarus-Wunder der Totenerwek-
kung, nachdem diesem bei einer kriegerischen Auseinandersetzung der Kopf
vom Rumpf getrennt worden ist. Ins Leben zurückgekehrt, berichtet Epistemon von seiner Jenseitswanderung durch die Hölle (2.Buch, 30.Kapitel), die
sich als groteske Umkehrung der irdischen Gesellschaft erweist.[167] Während die Mächtigen und Reichen in der Unterwelt degradiert werden, kommt
den Armen sowie den verachteten Philosophen dort eine herausgehobene Stellung zu.

Epistemons Theodizee stellt damit die karnevaleske Version der Visionsliteratur im Anschluß an die mittelalterlichen Lazaruslegenden dar, deren anti-
kes Vorbild Lukians MENIPPOS SEU NECYOMANTIA ist.[168] Die über den Topos
der verkehrten Welt herbeigeführte Verschmelzung von Traumgesicht und
Gesellschaftskritik, die Epistemons Unterweltbericht leistet, ist ein integraler
Bestandteil der von Michail M. Bachtin sogenannten „Lachkultur" des mittelalterlichen Karnevals, zu dessen Inventar stets auch die „Hölle" gehörte, in die
Kaiser und König für die Dauer des närrischen Treibens verbannt wurden.

Was an Fastnacht gefeiert wird, ist vor allem die Unsterblichkeit des grotesken Leibes, der für den Volkskörper insgesamt steht. Dieser hebt das Prinzip
der Individuation, der Identifizierung des einzelnen mit einer bestimmten Gestalt und einem sterblichen Körper zugunsten eines kollektiven Gefühls der Zusammengehörigkeit auf.[169] Der groteske Leib stellt daher einerseits eine
Projektion der menschlichen Physis und Physiologie auf die Welt und andererseits das Körperdrama im universellen Maßstab dar. Die hypertrophe Ver-
selbständigung einzelner Körperregionen, vor allem des Bauches - die der

Trickster am eigenen Leib erfährt - steht hier im Zeichen einer umfassenden Verschmelzung von Volk und Welt. Wie der Trickster-Mythos ist der mittelalterliche Karneval am Prinzip der Inversion, der Tabuverletzung und der Entbindung des einzelnen von alltäglichen gesellschaftlichen Verpflichtungen orientiert: Während die ambivalente Lachfigur die Fülle der individuellen Lebensmöglichkeiten vorführt, bezieht sich die Leitidee des grotesken Leibes, die das karnevaleske Treiben bestimmt, auf das Kollektiv, auf den Volkskörper. Indem er sich die gesamte Welt einverleibt und ausscheidet, wird der groteske Leib zum Sinnbild einer Agrarkultur, die auf den Wechsel der Jahreszeiten und die Fruchtbarkeit des Bodens angewiesen ist. Das Sinnbild des grotesken Leibes zeugt mithin davon, daß der Mensch sein Dasein der großen Mutter Erde verdankt, die gibt und nimmt, Geburt und Tod bestimmt. Daher spielen in den Karneval die Vegetationskulte um das Apertum des Frühlings, der Glaube an die Wirksamkeit der chthonischen Mächte, vor allem jedoch alle Vorgänge der Vitalsphäre hinein: Essen, Trinken, Gebären, Sterben. [170] Der groteske Leib regeneriert sich durch einen symbolischen Tausch von Leben und Tod, bei dem der Einzelne für das Ganze bzw. den Kreislauf der Regeneration geopfert wird.

Dieser symbolische Tausch wird bei Rabelais in der Episode vom „Krieg der Würste" anschaulich in Szene gesetzt.[171] Nachdem die Würste in den Krieg gezogen und in großen Mengen auf dem Schlachtfeld zurückgeblieben sind, kommt ein überdimensionaler Eber in seiner Eigenschaft als Ahnherr und Schutzpatron der Würste mit Windmühlenflügeln herangeflogen und kreist, „Fastnacht, Fastnacht" schreiend, über dem Heer der Krieger, um Senf in ihre Wunden zu streichen; dieser Balsam macht die Verletzten wieder gesund und die Toten lebendig. So wie in dieser Episode jede einzelne Wurst in den Kreislauf von Leben und Tod einbezogen und als integraler Bestandteil des kollektiven Leibes unsterblich ist, bezeugt die groteske Mimesis des Volkskörpers die Unvernichtbarkeit des menschlichen Lebens. Dabei nimmt das karnevaleske Treiben bei Rabelais den Charakter einer inversiven Enzyklopädie an: die Verwortung der Welt dient ihrer geistigen Einverleibung und Anverwandlung; die Parodie mittelalterlicher Textsorten und Berufssprachen - insbesondere der Jurisprudenz - hat, ebenso wie die zahlreichen Wort- und Satzverdrehungen, die Funktion, die bestehenden Verhältnisse mit den Mitteln der Literatur auf den Kopf zu stellen.[172] Ähnlich wie die kollektive Inszenierung der mittelalterlichen Fastnacht ist Rabelais Phantasie dem agonalen Prinzip des Dialogs und der Idee von der Kultur als Spiel verpflichtet: der Text wird nach Art der Menippeischen Satire zu einer Arena, in der seriöse und unseriöse Zitate, polyhistorische und pseudoethymologische Exkurse gegen den Kanon der etablierten Weltversionen Sturm laufen.[173]

Diese Arena ist das literarische Analogon des Marktplatzes, der sich während des Karnevals in eine nach allen Seiten hin offene Bühne verwandelt, auf der jeder Schauspieler und Zuschauer zugleich ist.[174] Hier wird die verkehrte Welt zunächst durch die Wahl eines Narrenkönigs etabliert, dessen Regime die bestehenden Verhältnisse auf den Kopf stellt und Kaiser oder König für die Dauer des Festes in die „Hölle" verbannt.

Wenn die Fastnachtsspiele beendet, der Maskenumzug vorüber und der fette Prinz Karneval im Zweikampf mit dem Stellvertreter der Fastenzeit besiegt worden ist, wird der Narrenkönig entthront, zum Sündenbock gemacht und in einem symbolischen Exorzismus als Strohpuppe verbrannt.[175] Wie im gesamten Karneval spielen dabei mythische Relikte eine bedeutsame Rolle. Die Wahl eines Ersatzhäuptlings, der für einen Tag die Macht übernimmt, um dann hingerichtet zu werden, ist ein bei vielen primitiven Stämmen verbreitetes Ritual, um die Macht des eigentlichen Herrschers zu demonstrieren, wobei die Hinrichtung durch eine „mock execution" ersetzt werden kann.[176] In Francisco de Quevedos Schelmenroman BUSCON wird das karnevaleske Konzept der Wahl eines Hahnenkönigs in den Dienst der pikaresken Welterzeugung gestellt; im DON QUIJOTE erinnert Sancho Pansas Statthalterschaft an das lächerliche Regime des Narrenherrschers.

Zumindest für das Mittelalter gilt jedoch, daß der Karneval im Dienst der bestehenden Ordnung steht. Seine rituelle Anarchie ist ein Ventil für die Emotionen, die im nomokratischen Feudalsystem aufgestaut werden. Die Kontrolle der närrischen Ausschreitungen durch die weltlichen und geistlichen Mächte ist jedoch nicht vollständig, das Gedränge der Massen kann eine Eigendynamik entwickeln, und daher wird der Karneval, „weil er in die Sprache des politischen Protests übersetztbar" ist [177], seitens der Ordnungskräfte mit zunehmendem Argwohn betrachtet.

Der moderne Prozeß der Zivilisation untergräbt die mittelalterliche Lachkultur, und die Literatur spielt dabei eine zwiespältige Rolle. Einerseits fördert sie die Idee der Subjektivität und katalysiert damit die Individualisierung, die das Empfinden für die Einbettung des Einzelnen in den Volkskörper zurückdrängt. Gerade im komischen Roman, an dessen Anfang Rabelais steht, findet eine zunehmende Tabuisierung der Vitalsphäre statt, eine Vergeistigung durch den Humor, der bezeichnenderweise nach Sterne nicht mehr als physiologisches Moment, als Körpersaft, sondern als eine bestimmte mentale Einstellung zur Welt begriffen wird.[178] Andererseits gilt für die erste Etappe der Romangeschichte, also die Zeit vor Sterne, daß der Roman zum Ort einer karnevalistischen Zeichenpraxis wird, da er, ständig gegen den Kanon der hohen Kultur verstoßend, das Fremde, Andere, Triebhafte thematisiert.

Insbesondere der pikareske Roman enthält zahlreiche Motive aus dem folkloristischen Inventar der mittelalterlichen Fastnacht. Die pikareske Erzählperspektive stellt die Dinge auf den Kopf, profaniert das Heilige und macht das Erhabene gemein. Wie seine mythischen und folkloristischen Vorfahren, deren Eigentümlichkeit darin bestand, fremd auf dieser Welt zu sein und daher verfremdet wahrnehmen zu können, was der etablierten Gesellschaft scheinbar selbstverständlich erscheint, agiert der Pícaro in jenem rechtsfreien, anomischen Bereich, wo Wahrheit und Lüge, Gut und Böse konvertibel sind.[179]

Die mäeutische Funktion der perspektivischen Inversion ist im Rahmen der kynischen Erzählstrategie des Schelmenromans darauf gerichtet, den vorherrschenden Zynismus der Gesellschaft zu entlarven, steht also im Dienst der Gesellschaftskritik. „Das satirische Verfahren - d.h. der eigentliche methodische Kraftkern von *Kritik* - besteht, wie Marx im Hinblick auf Hegel vortrefflich ausgesprochen hat, darin, daß man die Dinge *umkehrt*".[180] Das methodische Verfahren der Inversion muß also nicht unbedingt satirisch verwendet werden. Wie die Wissenschaftshistorikerin Marie Boas gezeigt hat, beruht auch die Kopernikanische Wende auf diesem Prinzip: Kopernikus Hauptwerk mit dem bezeichnenden Titel DE REVOLUTIONIBUS stellt Kapitel für Kapitel eine Neufassung des ALMAGEST von Ptolemäus unter weitestgehender Beibehaltung seiner Grundkonzeption dar, nur daß das Verhältnis der Himmelskörper zueinander „verkehrt" wird.[181] „Seit Kopernikus rollt der Mensch aus dem Centrum ins X" [182], überführt die „Erkenntnis der perspektivischen Natur des Denkens und damit der Relativität aller Wahrheit" [183] das abgeschlossene Universum des Mittelalters in ein Multiversum, verläuft der Diskurs der Wissenschaften von „einer fertig vorgefundenen Welt zum Erzeugungsprozeß einer Vielfalt von richtigen und sogar konfligierenden Versionen oder Welten."[184]

In diesen umfassenden Zusammenhang gestellt, partizipiert der pikareske Roman dank des Prinzips der Inversion an der modernen „Mobilmachung der Weltbilder" (Sloterdijk), denn die veritablen Schelmenromane bleiben nicht einfach bei einer starren Antithetik der Weltbilder stehen. Weil die exzentrische Sicht des Pícaro stets vor dem Hintergrund der komplementären Betrachtungsweisen seiner Gegenspieler steht, zeigt der Schelmenroman, daß die gesellschaftliche Konstruktion der Wirklichkeit auf mehr als eine Weise vor sich gehen kann. Wahlmöglichkeiten zu haben bedeutet aber, Entscheidungen treffen zu müssen, und Entscheidungen involvieren psychische und soziale Konflikte.

So gesehen reflektiert die doppelbödige Anlage des pikaresken Romans das Paradox, das sich aus der politischen Dimension der menschlichen Existenz ergibt. In seiner Eigenschaft als *zoon politikon* wird der einzelne Mensch einerseits von der Gesellschaft definiert, zu der er gehört. Andererseits wird jedoch die Gesellschaft wiederum insofern durch ihre Mitglieder definiert, als sie aus dem Geltungsbereich jener Regeln des Zusammenlebens besteht, auf die sich diese verständigen.[185] Dabei gehören Konsens und Dissens gleichermaßen zur Verständigung, denn soziale Systeme werden nicht ein für alle Mal durch Volksentscheid institutionalisiert, sondern im konkreten Gesellschaftsvollzug (Interaktion und Kommunikation) immer wieder von neuem hergestellt bzw. aufrechterhalten.[186]

Diese prinzipielle Unabschließbarkeit des wechselseitigen Bestimmungsprozesses von Individuum und Kollektiv, Gesellschaftssystem und Gesellschaftsvollzug, die als Bedingung der Möglichkeit sozialer Koexistenz und Koevolution anzusehen ist, wird in der Literatur, als einem bestimmten Teilsystem der Gesellschaft, durch den Prozeß der potentiell unendlichen Semiose nachempfunden. In seiner Eigenschaft als halber Außenseiter mit Trickster-Zügen leistet, so gesehen, auch der Pícaro einen Beitrag zur Viabilität psychischer und sozialer Systeme. Er eröffnet als unberechenbarer Statthalter der Kontingenz stets einen Horizont weiterer Lebensmöglichkeiten.[187]

2. DER PIKARESKE ROMAN ODER:
ERZÄHLKUNST UND KARNEVAL

2.1 Mateo Alemán: Guzmán de Alfarache (1599/1604)

Der erste Teil des GUZMAN DE ALFARACHE erschien 1599, 45 Jahre nach der Erst-veröffentlichung des LAZARILLO DE TORMES, von dem er sich so deutlich unter-scheidet, daß er als weltanschauliche Inversion seines Vorgängers bezeichnet worden ist.[1] Zu dieser Lesart verleitet vor allem der Umstand, daß sich Alemáns Buch als eine Bekehrungsgeschichte in der Tradition der Konfessions-literatur gibt, als die Erzählung eines ehemaligen Galeerensträflings, der seine Randexistenz als warnendes Beispiel *ex negativo* verstanden wissen will. Zum Eindruck der Gegensätzlichkeit zwischen dem LAZARILLO und dem GUZMAN trägt ferner Alemáns digressive Erzählweise bei, die ganz und gar der barocken Tendenz zur Amplifikation entspricht. Davon abgesehen unterscheidet sich Guzmáns pikareske Karriere in zweierlei Hinsicht von Lázaros Vita: erstens wählt er „el oficio de la florida picardía", „das Handwerk der blühenden Schel-merei" [2] aus freien Stücken, und zweitens kann er, da er es zum Meister seines Faches bringt, sogar einen Gesellen namens Sayavedra anstellen, des-sen Geschichte einen pikaresken Mikroroman innerhalb von Guzmáns Erzäh-lung bildet.[3]

An der Figur des Sayavedra übt Alemán stellvertretend Rache an jenem Juan Martí, der ihn mit einer apokryphen Fortsetzung zu einer Abänderung seiner eigenen Pläne für den zweiten Teil des GUZMAN gezwungen hatte. Das Verhält-nis zwischen dem Meisterdieb Guzmán und seinem Gesellen, der als Martís Bruder ausgegeben wird, spiegelt im Rahmen der Fiktion das Verhältnis von Urheber und Plagiator wider: nachdem Sayavedra zunächst Guzmáns Koffer gestohlen hat, wird ihm zwar großmütig verziehen und ein Platz an der Seite des ihm in allen Belangen überlegenen Pícaro eingeräumt, aber schließlich ertrinkt er, wahnsinnig geworden, im Meer. So sühnt Alemán die ihm durch Martís geistigen Diebstahl entstandenen Nachteile durch einen literarischen Exorzismus, wie ihn wenige Jahre später auch Cervantes verwenden wird, um seinen ingeniösen Ritter von der Traurigen Gestalt von jenem hochstaplerischen Imitat eines gewissen Avellanada abzusetzen, der, wie es im originären DON QUIJOTE heißt, im Tollhaus endet.

Der zweite Teil des GUZMAN, den Alemán 1604 in Druck gab, unterscheidet sich vor allem durch seinen moralischen Anspruch von Martís Machwerk. Diesen Anspruch unterstreicht der Untertitel der autorisierten Fortsetzung, derzufolge sie als „atalaya de la vida humana", als „Wachturm über das menschliche Leben" konzipiert ist.[4] Das erzähltechnische Problem, das sich aus diesem Konzept ergibt, besteht darin, daß die Vogelperspektive des „atalaya" mit der Froschperspektive des pikaresken Romans nur schwer zu vereinbaren ist.[5] So nimmt der GUZMAN DE ALFARACHE mehr und mehr die Form eines „hybriden Kunstwerks" an, wie es Stanislaw Lem in anderem Zusammenhang beschrieben hat.[6] Seine Zwitterhaftigkeit resultiert aus der beständigen Überlagerung der Handlung durch Kommentare, die die möglichen Auslegungen des Textes antizipieren und dazu führen, daß die Differenz zwischen der Ebene der Darstellung und der Ebene des Dargestellten weitestgehend aufgehoben wird.

Zuweilen sieht Guzmán selber ein, daß er den Bogen der Reflexion überspannt, etwa wenn er bemerkt: „Pues aún conozco mi exceso en lo hablado: que más es dotrina de predicación, que de pícaro", d.h.: „Noch erkenne ich, daß ich im Reden des Guten zuviel tue: solche Lehre steht einem Prediger besser als einem Schelmen" [7], doch noch auf derselben Seite fährt er nach Art eines Selbstgesprächs in seinem „großen und verdrießlichen Exkurs" („larga digresión y enojosa") fort. Dergestalt gibt sich Alemáns Roman als ein Bewußtseinsprotokoll, das beständig zwischen den ad-hoc-Eingebungen Guzmáns hin- und herirrt.[8] Wie bei der Abfolge von Lemmata und Artikeln in einem Lexikon liefert sich der Erzähler Stichworte für Abschweifungen in alle möglichen und unmöglichen Richtungen. Diese Kontrapunktik von szenischanschaulichem Bericht und Räsonnement verweist auf Guzmáns duale Persönlichkeitsstruktur, auf den inneren Konflikt, den der bekehrte Pícaro mit seinem früheren Ich, mit seinem Schatten führt.[9]

So gesehen nimmt sich die spezifische Machart des Textes als strukturelles Äquivalent der in ihm thematisierten Problematik aus, die darin besteht, daß der Konvertit trotz seiner guten Vorsätze immer wieder vom rechten Pfad der Tugend und Wahrhaftigkeit abkommt. Die Spannung zwischen *confessio* und *apologia*, die für die Ambivalenz der Schelmenbeichte kennzeichnend ist, wird also durch die hybride Erzählanlage von Alemáns Roman reproduziert.

Ist das Moment der Zwiespältigkeit erst einmal als auslegungsrelevante Strukturkomponente des GUZMAN erkannt, läßt sich der Widerspruch auflösen, der die Sekundärliteratur zu diesem Text bestimmt, weil jene Deutungen, die in ihm ein „Werk religiöser Unterweisung" [10] sehen, mit seiner Interpretation als Ergebnis perfider Verstellungskunst scheinbar unvereinbar sind. Da diese Paradoxie ein Ergebnis des rezeptionsstrategischen Kalküls ist, kann es nicht verwundern, daß die Kontroverse der Interpreten um Guzmáns „Generalbeichte" („confesión general"), wie er selbst sie nennt [11], vom Erzähler mit dem Stoßseufzer vorweggenommen wird: „Que aquesto más malo tienen los malos, que vuelven sospechosas aun las buenas obras que hacen y casi con ellas escandalizan, porque las juzgan por hipocresía", d.h.: „Das ist ja das Schlimme bei den Schlimmen, daß selbst ihre guten Werke verdächtig wirken und daß man beinahe Anstoß daran nimmt, weil man meint, sie wären geheuchelt."[12]

Die Vertrauensfrage, die Guzmáns Geschichte vor allem im Hinblick auf seine angebliche Bekehrung aufwirft, ist folglich ein integraler Bestandteil der Lebensproblematik, von der Alemáns Werk handelt, und nicht nur eine jenseits seiner Thematik angesiedelte hermeneutische Schwierigkeit. Daher dient die Zwiespältigkeit des Eindrucks, den Guzmáns Schilderung seiner Bekehrung sowie die beständige Beteuerung seiner Reumütigkeit hervorrufen, dem Zweck, den Leser die Virulenz der Vertrauensfrage anhand seiner eigenen Reaktionen auf den Text erfahren zu lassen: einerseits erklärt Guzmán ohne Umschweife, daß er durch seinen liederlichen Lebenswandel sein „eigener Henker" („verdugo de mí mismo") geworden sei [13], und verbindet dieses Geständnis mit der Warnung an den Leser: „haz de manera que aborrezcas lo que me derribó", d.h.: „handle so, daß du verabscheust, was mich zum Stürzen brachte."[14] Andererseits läßt sich ein regelrechter Indizienbeweis gegen die Glaubwürdigkeit der Bekehrung führen, die Guzmán absolviert haben will.[15]

Gegen die Aufrichtigkeit seines Sinneswandels spricht beispielsweise, daß er nur unter dem Druck jener ausweglosen Lage erfolgt, in die der Pícaro nach seiner Verurteilung zum Dienst auf den Galeeren geraten ist. Aus dieser Lage befreit er sich, vollkommen unsolidarisch mit seinen Leidensgenossen, indem er ihren bevorstehenden Aufstand durch Verrat vereitelt.[16] Obwohl dieser Verrat vor dem Hintergrund der Guzmán zuvor von seinen Mitgefangenen angetanen Übel plausibel ist, widerspricht die Unerbittlichkeit der Rache, die er an ihnen übt, doch der Barmherzigkeit, die den reuigen Sünder eigentlich auszeichnen und milde stimmen sollte. Daß Guzmáns vermeintliche Läuterung weniger seiner Bußfertigkeit als seiner Durchtriebenheit entspringt, macht auch sein früheres Verhalten wahrscheinlich, hatte er sich doch schon einmal vom Schelmendasein abgewandt, um nach kurzer Zeit rückfällig zu werden.[17]

Die hybride Machart des Textes führt dazu, daß Guzmán stets die möglichen Einwände gegen seine apologetische Schelmenbeichte im vorhinein zu entkräftigen sucht, d.h., er ist sich jederzeit der öffentlichen Meinung bewußt und perhorresziert voll schlechten Gewissens, wie sich seine pikareske Karriere, vom Wachturm des Lebens aus betrachtet, ausnimmt.[18] Infolgedessen steht der unzuverlässige Ich-Erzähler seiner Leserschaft ebenso argwöhnisch gegenüber wie sich selbst: „Que la sospecha es terrible gusano del corazón...

pues conforme a las costumbres de cada uno, se pueden recelar dél", d.h.: „Verdacht ist ein schrecklicher Wurm, der am Herzen nagt..., denn der Verdacht entspricht dem Lebenswandel."[19]

Wie Joan Arias in ihrer Analyse von Alemáns Roman gezeigt hat, geht es dem „unrepentant narrator" daher vor allem um die Streichung aller kontingenten Perspektiven: der Leser soll nach Möglichkeit keine Alternative zu Guzmáns eigener Version seiner Geschichte haben. Diese Version aber läuft darauf hinaus, die eigenen Missetaten durch den Hinweis auf die allgemeinen Mißstände zu entschuldigen.[20]

Bei dieser Argumentation bedient sich Guzmán einer dem Tierreich entlehnten Metaphorik, die den Antagonismus des Gesellschaftsvollzugs als kataklysmisches Wolfsspiel ausweist. Der Terminus „Kataklysma", das griechische Wort für „Sintflut", ist hier als Antonym zu „Strategie" zu verstehen. Während ein Stratege davon ausgeht, daß prinzipiell alles machbar ist, geht derjenige, der eine kataklysmische Lebenseinstellung hat, davon aus, daß er gegen die Naturgewalt des Schicksals oder die vorgegebenen Umstände so gut wie gar nichts auszurichten vermag.[21] Die Pointe der kataklysmischen Argumentation, die Guzmán verfolgt, besteht nun darin, daß sie Teil seines strategischen Kalküls ist: die Aussichtslosigkeit der Lebensumstände, die ihm angeblich keine andere Wahl lassen, als gute Miene zum bösen Spiel zu machen und mit den Wölfen zu heulen, ist gleichsam der Schafspelz, mit dem der Pícaro seine Wolfsnatur bemäntelt.

Der Beitrag, den Alemáns Roman zur Exposition des pikaresken Universums liefert, besteht zu einem nicht unerheblichen Teil in der Metaphorik, die er im Rahmen der apologetischen Schelmenbeichte entfaltet, und die sich sowohl in anderen Schelmenromanen als auch im zeitgenössischen philosophischen Diskurs, etwa bei Hobbes, wiederfindet: „no hallarás hombre con hombre", erklärt Guzmán, „todos vivimos en asechanza los unos de los otros", d.h.: „Du findest keinen Menschen unter Menschen, wir alle stellen im Leben dem anderen nach."[22] Die Menschen „publican buenos deseos y ejercítanse en malas obras; hácense ovejitas de Dios y esquílmalas el diablo", d.h., sie „haben nach außen hin die besten Wünsche und üben sich in bösen Taten; sie machen sich zu Schäflein Gottes, doch schert sie der Teufel."[23] Wer nicht „im Schafspelz herumläuft" („con piel de oveja") [24], gerät daher rasch in jene bedrohliche Situation, in der sich Guzmán am Anfang seiner Karriere befand: „hallábame entre miedos y esperanzas el despenadero a los ojos y lobos a las espaldas", d.h.: „Ich stand zwischen Furcht und Hoffnung; vor mir gähnte der Abgrund und hinter mir heulten die Wölfe."[25] Da sich Guzmán in dieser Not entschlossen hat, mit den Wölfen zu heulen, muß er sich angesichts seiner Moralpredigten selbstkritisch fragen: „Cuáles quejas podrá dar el carnicero lobo

del simple cordero?", d.h.: „Wie kann der reißende Wolf sich über das einfältige Lämmlein beklagen."[26]

Die um die Formel „homo homini lupus est" zentrierte Metaphorik von der
Wolfsnatur des Menschen stellt nicht nur eine Abbreviatur von Guzmáns Welt-
und Menschenbild dar. Vielmehr bildet sie, wie Cervantes im COLOQUIO andeutet, das ideologische Substrat des pikaresken Universums und damit eine Korrespondenztextur, dank der die einzelnen Schelmenromane unterschwellig
miteinander verbunden sind (siehe Kapitel 3). Da diese Korrespondenztextur
von zahlreichen kulturellen Analogien (Tierfabeln, Sprichwörtern etc.) gesät-
tigt ist, läßt sich ihre Bildlichkeit auf viele Erfahrungsbereiche übertragen: hat
der Leser erst einmal einen Anknüpfungspunkt zwischen dem pikaresken Universum und seiner eigenen Welt entdeckt, so überwindet die metaphorisch
akzentuierte Gesellschaftskritik leichter als eine diskursive Argumentation die
geistigen Sperrbügel, die der prekären Erkenntnis von der Allgegenwart des
Wolfsspiels im zwischenmenschlichen Verkehr vorgeschaltet sind. Dergestalt
hebelt der Schelmenroman mit subversiver Energie die Selbstgefälligkeit aus,
mit der manche Interpreten seine Gesellschaftskritik als historisch überholte
Anklage feudaler Zustände abtun.

Da der Schelm jedoch nach dem Motto „Mitgefangen - Mitgehangen" in das
wölfische Treiben der Gesellschaft einbezogen ist, liefert seine Schilderung
dem Leser zugleich Anlässe zur Komplementärlektüre. Wenn Guzmán beispielsweise die Unredlichkeit im Umgang der Menschen miteinander darauf
zurückführt, daß es „keinen verbreiteteren Stand als den der Schelme" gibt („no
hay estado más dilatado que el de los pícaros") [27], dann koinzidieren in seiner
Rede Denunziation und Selbstentlarvung. „Quien buscare a la verdad, no la
hallará con la Mentira ni sus ministros; a la postre de todo está y allí se mani-
fiesta", d.h.: „Wer die Wahrheit sucht, findet sie nicht bei der Lüge und ihren
Dienern; sie geht ganz hinten am Schluß, und dort offenbart sie sich."[28]

Die für den Schelmenroman charakteristische Doppeldeutigkeit resultiert
also in Guzmáns Fall daraus, daß seine Beteuerung, als reumütiger Sünder
nunmehr die Wahrheit zu sagen, sowohl ein Ausdruck seiner Scheinheiligkeit
als auch eine Schutzmaßnahme Alemáns ist, um in der Genreform-Maske des
Pícaro einmal ungeschminkt die Wahrheit sagen zu können - ein Schelm, wer
Böses dabei denkt. Francisco de Quevedo y Villegas aber war solch ein Schelm.
Er erkannte, daß der Pícaro durch die spezifische Erzählanlage des pikaresken
Romans - Stichwort: Schelmenbeichte - zugleich als Zyniker verdächtigt und
zur kynischen Darstellung der sozialen und politischen Mißstände ermächtigt
wird, und schrieb in seiner Eigenschaft als Vertreter der bestehenden Ordnung
und vorherrschenden Ideologie gegen diese subversive Gattung an.

2.2 Francisco de Quevedo y Villegas: Vida del Buscón (1626)

DIE LEBENSGESCHICHTE DES BUSCON, GENANNT DON PABLOS; BEISPIEL DER LANDSTREI-
CHER UND SPIEGEL DER GAUNER wurde zwar bereits in den ersten Jahren des
17.Jahrhunderts geschrieben, aber erst 1626 in Saragossa gedruckt.[29] Das
Ironiegefälle, das den BUSCON vom GUZMAN abhebt, legt die Vermutung nahe,
Quevedo habe seinen Zeitgenossen den *gusto picaresco* mit dem *estilo picar-
esco* austreiben wollen. Zu diesem Zweck unterläuft Quevedo die pikareske
Art und Weise der narrativen Welterzeugung mit einem karnevalesken Erzähl-
konzept, das die Literaturwürdigkeit der Schelmenbeichte in Frage stellen soll.

Wie bei jeder Parodie wird die kritisierte Textsorte dabei jedoch zugleich
hyperbolisch imitiert und - als Imitat - konserviert, denn der Autor muß sich
der Genreform-Maske des unzuverlässigen Ich-Erzählers bedienen, um den
pikaresken Vertrauensschwindler zu demaskieren. „Quevedo deconstructs the
picaresque novel as he knew it, dismantles its formality and ideology from
within" [30], wobei zu beachten ist, daß bei dieser Verfahrensweise eine Komplementarität zwischen destruktiven und konstruktiven Anteilen besteht.[31].
Weil der BUSCON als Rollenprosa verfaßt ist, verläuft die Entlarvung seines
Maulhelden über dessen eigenen Diskurs. Infolgedessen enthält Quevedos
Subversion des Schelmenromans mit der für ihn typischen Machart auch eine
Version des pikaresken Universums.

Gattungsgeschichtlich betrachtet tritt der BUSCON daher in ein Verhältnis der
Ko-Opposition zum LAZARILLO und zum GUZMAN, denn indem Quevedo den
Anspruch des Pícaro, ein wahrheitsgetreues Bild der Welt zu entwerfen, gegen
den Strich liest, macht er lediglich explizit, was die Genreform-Maske auch
schon bei seinen Vorgängern impliziert. Mit der parodistischen Reproduktion
der pikaresken Weise der narrativen Welterzeugung im Medium der fingierten
Autobiographie überträgt sich freilich ihre Doppeldeutigkeit auf den BUS-
CON.[32]

Wie diese Form der Dialektik funktioniert, zeigt ein Vergleich der kontro-
versen Deutungen, die Quevedos Buch erfahren hat. Während die Psychologen unter den Literaturwissenschaftlern Pablos Erzählung als eine sozialkriti-
sche Studie über den negativen Einfluß der Umwelt auf einen Heranwachsen-
den verstehen und den Erzähler einer einfühlsamen Untersuchung unterziehen
[33], lehnen ihre Gegner diese Behandlungsart mit dem Hinweis ab, Quevedo
habe mit seinem Spitzbuben (= buscón) gar keinen seelisch faßbaren Charakter, sondern eine groteske Karikatur erschaffen, deren Innenleben sich auf jene
rudimentäre Verdauungstätigkeit beschränke, die der skatalogische Humor des
Verfassers notwendigerweise voraussetze.[34] Ein genauer Vergleich dieser
beiden scheinbar inkompatiblen Lesarten zeigt jedoch, daß sie, auf ihre Aus-

gangspunkte zurückgeführt, zwar zunächst in verschiedene Richtungen streben, dann aber doch wieder aufeinander zulaufen, um sich in der ideologiekritischen Einschätzung des BUSCON zu treffen.

Der psychologische Deutungsansatz rekurriert auf die heftigen Schamgefühle, die Pablos wegen seiner niedrigen Herkunft hegt. Die vielen Schmähungen, die er als uneheliches Kind einer stadtbekannten Hure erleiden muß, wachsen sich im Rahmen dieses Verständnisses zu einem massiven Inferioritätskomplex aus, den der Buscón mit immer gewagteren Schelmenstreichen zu kompensieren sucht. Schon das erste Kapitel läßt diesen Hang zur Hochstapelei deutlich werden, und Pablos Entschluß, „mit den Schurken ein Schurke zu sein und, wenn möglich, ein größerer als alle zusammen" („ser bellaco con los bellacos, y más, si pudiese, que todos") [35], liegt in der Konsequenz seiner negativen Identität, die dadurch ensteht, daß ihm positive Anerkennung versagt bleibt.[36] „Die Negativerfahrungen mit seinem Lehrer Cabra, in dessen Kolleg er jede Art physischer Qual erleidet, sowie die erniedrigenden Einstandsprüfungen an der Universität von Alcalá... lassen ihn schließlich zur Selbsthilfe greifen. Er sucht und findet Anerkennung in immer ausgefeilteren Schelmereien" [37], was zugleich bedeutet, daß Pablos Schelmenstreiche systemisch in bezug auf jene signifikanten anderen bewertet werden müssen, die sein Verhalten provozieren.[38]

In diesem Zusammenhang spielt jene Wahl zum Hahnenkönig, durch die der Buscón nachhaltig traumatisiert wird, eine besonders wichtige Rolle: Im zweiten Kapitel des ersten Buchs wird Pablos anläßlich einer spontan inszenierten „fiesta del rey de gallos" öffentlich zum Gespött gemacht, indem man ihn auf einem schäbigen Gaul durch die Straßen seiner Heimatstadt treibt und mit Gemüse bewirft, bis er zu Boden stürzt und - im wahrsten Sinn des Wortes - durch den Schmutz gezogen wird. (Ein Vorbild für diese Szene könnte Guzmáns Ritt auf einem Schwein im 5. Kapitel des 2. Buchs im 1. Teil des GUZMAN DE ALFARACHE gewesen sein.) Auf diese Schmach bezugnehmend, bekräftigt der Buscón später: „Nunca se me olvidara la afrenta de cuando fui rey de gallos", d.h.: „Nie werde ich die Schande vergessen, als ich Hahnenkönig war."[39]

Pablos Trauma wiederholt sich jedoch, als er versucht, unter dem ebenso falschen wie beziehungsreichen Namen Ramiro de Guzmán Wohlstand und Ansehen zu erwerben. Denn als diese mit einem Heiratsschwindel verknüpfte Hochstapelei auffliegt, und Pablos auf einem gestohlenen Pferd vor seinen Häschern flieht, wird er erneut abgeworfen, in eine Pfütze geschleudert und kräftig durchgeprügelt. Da er damit wieder in die Niederungen seiner marginalen Existenz zurückgestoßen wird, verläuft sein Leben im *circulus vitiosus* des Traumas der sozialen Ächtung: jedesmal wenn Pablos sich zu einem eh-

renwerten Mitglied der Gesellschaft aufzuschwingen versucht, wird er gemäß
eines unabänderlichen Sisyphos-Rhythmus von seinem hohen Roß auf den
schlüpfrigen Boden der Tatsachen zurückgeholt.

Während diese zyklische Handlungsführung von den Vertretern der psychologischen Methode dahingehend interpretiert wird, daß Pablos die gesellschaftliche Integration unter Hinweis auf seine mangelnde persönliche Integrität vor-
enthalten wird, obwohl dieses Stigma überhaupt erst gemeinschaftlich erzeugt
worden ist, erklären ihre Gegner, diese humanistische Aufwertung des Buscón
zu einem bemitleidenswerten Subjekt laufe Quevedos Intentionen zuwider. Für
sie beruht die Machart des Textes darauf, daß die folkloristische „fiesta del rey
de gallos" nicht nur als Motiv auf der Ebene der Handlung, sondern als Erzählkonzept verwendet wird. Demnach wäre Quevedos Roman ein anschauliches Beispiel für die von Michail M. Bachtin beschriebene Karnevalisierung
der Literatur: Das Institut des Narren- oder Hahnenkönigs, der für einen Tag
die verkehrte Welt regiert, um dann mit Schimpf und Schande zum Sündenbock gemacht und davongejagt zu werden, dient im BUSCON dazu, die pikareske Perspektivik ironisch aufzubrechen. Das karnevaleske Schema von Inthro-
nisierung und Entthronung wird hier auf den unzuverlässigen Ich-Erzähler, die
Dialektik von Maskierung und Demaskierung auf den Schelm angewandt, so
daß Quevedos Roman als Juxtaposition zweier kontroverser Texte erscheint:
der elliptische Diskurs der pikaresken Rollenprosa enthält sowohl Pablos euphemistische Version seiner Geschichte als auch ihre karnevaleske Inversion.[40] Im Rahmen dieses Verständnisses erscheint Pablos nicht als leiden-
des Subjekt, sondern als ein Spott- und Demonstrationsobjekt ohne Anspruch
auf Sympathie, dessen Würdelosigkeit für Quevedo von vornherein feststand.
Für ihn war Pablos ein „Unreiner" und in seinem Anspruch auf Gleichberechtigung ebenso vermessen wie die literarische Prätention des Schelmenromans.

So gesehen scheint die Unmöglichkeit einer emphatischen Anteilnahme des
Schöpfers an seinem Geschöpf die Möglichkeit auszuschließen, sein Buch als
psychologisch plausible Sozialstudie zu verstehen. Sieht man das karnevaleske Erzählkonzept der Degradierung allerdings unter ideologiekritischem
Aspekt, verweist es im Umkehrschluß auf Quevedos Furcht vor einem Um-
sturz der bestehenden Verhältnisse. Pablos Aspirationen sind dann eine Projektion von Quevedos Angst, der eigenen Privilegien enthoben und deklassiert
zu werden.

Aus heutiger Sicht läuft daher sowohl die psychologische Deutung des BUS-
CON als auch die literarhistorische Rekonstruktion seiner karnevalesken Machart auf die für den Schelmenroman charakteristische Reversibilität der Perspektiven hinaus: da die spezifische Instrumentualisierung des Karnevals als Ausdruck einer repressiven Gesinnung zu werten ist, wird Pablos so oder so gegen

Quevedos Absicht rehabilitiert: „Sein zynischer Gegenentwurf zur bisherigen Pikareske, in dem er nur formale Strukturmuster der Vorgänger nachahmt, ist der beste Beweis für die ursprüngliche Intention der novela picaresca. Gegen seinen Willen wird Pablos zum Ankläger einer Herrschaftsideologie, der die realen Verhältnisse widersprechen."[41]

Zu Quevedos Ehrenrettung sollte allerdings nicht verschwiegen werden, daß er diesen realen Verhältnissen gegenüber keineswegs blind war. Wie schon die Charakterisierung seines Schelmenromans als BEISPIEL DER LANDSTREICHER UND SPIEGEL DER GAUNER andeutet, verbindet auch er mit dem pseudoautobiographischen einen paraenyzklopädischen Erzählstrang, der ganz im Zeichen der Gesellschaftskritik steht. Dabei verweist der Umstand, daß die Beschreibung der zeitgenössischen Unsitten als Narrenrevue angelegt ist, wiederum auf das Motiv- und Figurenarsenal des Karnevals. Das erklärt, warum Pablos auf seiner pikaresken Odyssee sowohl den typischen Vertretern bestimmter Berufsstände als auch individuellen Gestalten begegnet, deren Absonderlichkeit aus fixen Ideen resultiert.[42] Der Akzent der Gesellschaftskritik liegt mithin auf persönlichen Verfehlungen, nicht auf der feudalen Verfassung des menschlichen Daseins; die Ständesatire wird als Moralsatire vorgetragen.

Dieselbe Tendenz weisen auch Quevedos SUEÑOS auf, die ein anschauliches Beispiel für die thematische und strukturelle Nähe der Visionsliteratur karnevalesker Prägung zum Schelmenroman sind. In seinen Träumen vom Jenseits macht sich Quevedo über die Narreteien der Heuchler und Angeber, Aufschneider und Hochstapler her und tadelt die Unredlichkeit bestimmter Berufe, wobei er ebensowenig wie im BUSCON mit antisemitischen Ausfällen geizt. Der Teufel, der den in die Hölle Verdammten in Quevedos Auftrag eine Standpauke hält, spricht die Verrücktheit der irdischen Gesellschaft direkt an, wenn er erklärt: „So heißt ihr Menschen, die ihr alles verkehrt versteht, jenen einen Dummkopf, der nicht habgierig, kein Aufrührer, kein Lästermaul ist; klug nennt ihr Menschen von böser Sinnesart, die Unruhe stiften und Ärgernis erregen; tapfer ist, wer die Ruhe stört, feige, wer gute Sitten hat..."[43]

Der sich in diesem Zitat erneut abzeichnende Zusammenhang zwischen der inversiven, paraenzyklopädischen Tendenz des Schelmenromans und der Narrenrevue, zwischen Jenseitswanderung und Moralsatire, ist auch im Hinblick auf Grimmelshausen bedeutsam, wie zum Beispiel die Mummelsee-Episode im SIMPLICISSIMUS zeigt, denn „der teutsche Nam „Mummelsee" gebe genugsam zu verstehen, daß es um ihn, wie um eine Maskerade, ein verkapptes Wesen seie, also daß nicht jeder seine Art sowohl als seine Tiefe ergründen könne".[44] Die Verbindung von Satire und Vision im SIMPLICISSIMUS rührt vermutlich daher, daß der erste Teil der GESICHTE PHILANDERS VON SITTEWALT, die Grimmelshausens literarisches Vorbild Moscherosch 1644 herausgab, eine

Adaption von Quevedos Visionen sind. Dabei ist das spezifische Verständnis der „Satyre", das Grimmelshausen von Moscherosch übernimmt, von erheblicher Bedeutung für seine Version des pikaresken Universums.

2.3 Grimmelshausen: Simplicissimus Teutsch/Continuatio (1668/69)

„Satyra", heißt es bei Moscherosch, „hat seinen vrsprung von den Satyris. Satyri waren ein Geschlecht der Heyden Wald-Götter: deß oberen halben Leibs alß Maenschen / ausserhalb daß sie Hoerner vnd lange spitze Ohren hatten/ vnden zu alß haarichte Geißböcke gestaltet / wie du auff dem Titul des Erßten Theils im Kupfferstuck getruckt siehest."[45]

Eine Abbildung derselben grotesken Gestalt schmückt auch das Frontemblem des SIMPLICISSIMUS TEUTSCH, der damit als eine satyrische Erzählung in der Nachfolge Moscheroschs ausgewiesen ist. Da der Titelkupfer für Grimmelshausens Roman die Funktion einer piktogrammatischen Vorrede besitzt [46], sei hier die der pictura beigegebene subscriptio zitiert: „Ich wurde durchs Fewer wie Phoenix geborn. Ich flog durch die Lüffte! ward doch nit verlorn, Ich wandert durchs Wasser, Ich raißt über Landt, in solchem Umbschwermen macht ich mir bekanndt, was mich offt betrüebet und selten ergetzt, was war das? Ich habs in diß Buche gesetzt, damit sich der Leser, gleich wie ich itzt thue, entferne der Thorheit und lebe in Rhue."

An dieser Vorrede, die die autobiographische und paraenzyklopädische Konzeption des Romans sowie seinen rhetorischen-didaktischen Charakter anspricht, fällt vor allem auf, daß zwischen dem Bild des Satyr und der zitierten Unterschrift kein unbedingt zwingender Zusammenhang besteht. Die pictura wird von der subscriptio weder kommentiert, noch ist der Text ohne die Figur unverständlich.

Das Moment der Diskontinuität, das die in sich differente Struktur dieses emblematischen Verständisrahmens kennzeichnet [47], ist für die Interpretation des gesamten Romans von ausschlaggebender Bedeutung. Denn der SIMPLICISSIMUS TEUTSCH ist die fingierte Autobiographie eines Einsiedlers, der sein Leben und die Welt rückblickend zu verstehen sucht. Daher liegt der Akzent von Grimmelshausens Version des pikaresken Universum noch stärker als im GUZMAN auf dem intrapersonalen Aspekt der Auseinandersetzungen, die der Protagonist mit wechselnden Antagonisten führt. Die Annäherung von Schelm und Satyr, Narr und Tor, die im SIMPLICISSIMUS TEUTSCH vorgenommen wird, ist ein Ausdruck dieser Akzentverschiebung.

Die diskontinuierliche Beziehung, die zwischen der Erzählsituation und dem

Inhalt der Erzählung besteht, wird dadurch unterstrichen, daß Simplicius ganz allein für sich auf einer Insel lebt, die von der übrigen Welt - und das heißt vor allem: von der menschlichen Gesellschaft - abgeschnitten ist. Die Dissoziation in erzähltes und erzählendes Ich, die jede retrospektive Selbstdarstellung mit sich bringt, wird also durch eine raumzeitliche Kluft verstärkt, die als Indiz sozialer Abgeschiedenheit zu verstehen ist.

Diese Kluft wird auch symbolisch durch den Gegensatz von Kreis und Labyrinth veranschaulicht. Während die Welt im alltäglichen Dasein aus der jeweils beschränkten Sicht des Einzelnen als ein Labyrinth erfahren wird [48], bei dem immer erst im Nachhinein zu sagen ist, ob ein eingeschlagener Weg nicht in die Irre führt, weist die in sich geschlossene, übersichtliche und vollkommene Figur des Kreises die Insel als einen gleichsam exorbitanten, utopischen Ort aus. Der Unterschied zwischen dem Erfahrungserwerb und der literarischen Erfahrungsverarbeitung, zwischen der empirischen Welt und dem archimedischen Punkt, von dem aus sie der Erzähler in den Blick nimmt, führt dazu, daß Simplicissimus innerweltliches Dasein ein signifikanter Hiatus von seiner nachträglichen Rahmung trennt: das Bild, das er von der Welt entwirft, verhält sich zu seiner nachträglichen Einfassung wie die pictura eines Emblems zu ihrer subscriptio.

Daher gilt es das Moment der Diskontinuität gerade im Hinblick auf jene Interpretationen des SIMPLICISSIMUS TEUTSCH hervorzuheben, die den Roman moralisch-theologisch verstehen und darauf rekurrieren, daß der Entschluß zur Einsiedelei jene Lehren ratifiziere, die Grimmelshausens Held zunächst in den Wind schlägt, nämlich „sich selbst erkennen, böse Gesellschaft meiden und beständig verbleiben".[49] Dieser Darstellung zufolge hat sich der Ich-Erzähler von seinem früheren Dasein durch das berühmte „Adjeu-Welt"-Kapitel endgültig losgesagt, um für sich allein ein gottgefälliges Leben zu führen. Demnach wäre Grimmelshausens Roman eine in ihrer Umständlichkeit typisch barocke Absage an das irdische Dasein. Im Rahmen dieses Verständnisses wird Grimmelshausens Roman als ein dem LANDSTÖRTZER GUSMAN von Aegidius Albertinus literarisch zwar überlegenes, ideologisch jedoch verpflichtetes Werk eingestuft, als ein „Bekehrungsroman" [50], bei dem im Idealfall die Überzeugung des Lesers dem Sinneswandel des Erzählers entspricht.[51]

Aegidius Albertinus hatte den ersten Teil von Alemáns GUZMAN DE ALFARACHE zum Zwecke der Gegenreformation umgeschrieben und durch einen von ihm selbst verfaßten zweiten Teil ergänzt, der die Geschichte des Landstörtzer nach dem vierfachen Schriftsinn einer unmißverständlichen Deutung unterzog. Eben diese weltanschauliche Geschlossenheit weist der SIMPLICISSIMUS TEUTSCH jedoch nicht auf.

Der wichtigste Einwand gegen die moralisch-theologische Vereinnahmung

von Grimmelshausens Roman ist, daß er zwar eine Reihenkomposition darstellt, daß aber das Motiv der Einsiedelei keinen alle Episoden vereinheitli-
chenden Verständnisrahmen um diese Komposition bildet.[52] Zu jenem Aufenthalt beim Einsiedler, der angeblich aller Erfahrung des Helden mit seiner
empirischen Umwelt vorausgeht, kommt es nämlich überhaupt erst durch eine
traumatische Erfahrung des Helden mit dem *mundus perversus* des 30-jähri-
gen Krieges.

Grimmelshausen verdeutlicht Simplicius Trauma, indem er sich der für den
Schelmenroman charakteristischen Wolfsmetaphorik bedient: Zunächst wächst
Simplicius im Spessart, einer friedlichen Oase inmitten des 30-jährigen Krieges, auf; zum Hirten erzogen, soll er die Säue, Ziegen und Schafe seines Knans
„vor dem Wolf beschützen", obwohl er „den Wolf ebensowenig kennet als
meine eigene Unwissenheit".[53] Anstatt diese Wissenslücke zu beheben, beschränkt sich der Knan auf den vagen Hinweis, „was der Wolf für a feyerfeus-
siger Schelm iß".[54] Derart darüber im Unklaren gelassen, wie er sich und
seine Herde vor diesem Schelm schützen soll, stimmt Simplicius als „Remedi-
um gegen den Wolf" [55] lautstark einen Gesang an, der eine vorbeikommen-
de Horde räuberischer Soldaten auf ihn und den Hof seines Knans aufmerksam macht. Die schlimme Ahnung, die Simplicius bei ihrem unverhofften
Auftauchen überkommt - „die seind die vierbeinigen Schelmen und Dieb, dar-
von dein Knan sagte" [56] -, trügt keineswegs. Die scheinbare Fehlapplikation
erweist sich leider als ein nur allzu hellsichtiger Vergleich, und dieser Vergleich enthält einen metaphorischen Schlüssel für alle folgenden Episoden des
Romans bereit. Das Bild vom Menschen als Wolf konstituiert einen Verständnisrahmen für die Welt, in der Grimmelshausens Roman angesiedelt ist: Simplicius traumatische Initiation in diese Welt ist wie das gesamte Szenarium des
30-jährigen Krieges unter dem Vorzeichen der Wolfsnatur des Menschen zu
sehen.

Dabei kommt die symbolische Bedeutung der Initiation als einer Art Feuer-
taufe - man denke an den Phönix-Vergleich in der emblematischen Vorrede -
dadurch zum Ausdruck, daß einer der Soldaten auf den flüchtenden Simplicius schießt, der vor Schreck wie tot auf der Erde liegenbleibt und wahrscheinlich nur deshalb mit dem Leben davonkommt.[57] Daß es sich bei Simplicius
Einführung in die verkehrte Welt um eine schockartige, sein Menschenbild
nachhaltig prägende Erfahrung handelt, macht nicht zuletzt der Umstand deutlich, daß er den ersten Menschen, dem er nach seiner Flucht in den Wald begegnet, eben den Einsiedler, anfangs auch für einen Wolf hält: „weil ich ihn
nicht kennete, konnte ich nichts anders ersinnen, als dieser alte Greis müßte
ohn Zweifel der Wolf sein". Auch kostet es den Einsiedler große Mühe, Simplicius, der auf einer Sackpfeife bläst, um „diesen greulichen Wolf zu vertrei-

ben", von seiner Harmlosigkeit zu überzeugen, denn je mehr er den völlig Verängstigten zu beruhigen sucht, desto heftiger ruft dieser aus: „O du frißt mich! du bist der Wolf und willst mich fressen."[58]

Entgegen der in so vielen Deutungen des SIMPLICISSIMUS TEUTSCH vertretenden Ansicht, der Lebenslauf des Titelhelden werde durch das Motiv der Einsiedelei moralisch-theologisch eingefaßt, geht dieser angeblichen Einbettung der Geschichte also eine Einleitung voraus, die den Leser mit einem psychosoziologischen, systemischen Vorverständnis versorgt: die traumatische Initiation des Ich-Erzählers in das grausame Wolfsspiel des 30-jährigen Krieges wird im Rahmen einer metaphorisch zu verstehenden Konfrontation von Unschuldslamm und Wolf vermittelt. So findet die erste Begegnung des Simplicius mit der Welt des 30-jährigen Krieges nicht nach, sondern vor der Bekanntschaft mit jenem geistigen Mentor statt, der sich später als sein leiblicher Vater erweisen wird.

In diesem Zusammenhang verdient die Beschreibung, die der Erzähler von dem Einsiedler anläßlich ihrer Bekanntschaft mitten im Walde gibt, besondere Beachtung, da sie der Ikonographie des Wilden Mannes verpflichtet ist: „da wurde ich eines großen Manns gewahr, in langen schwarzgrauen Haaren, die ihm ganz verworren auf den Achseln herumlagen, er hatte einen wilden Bart... und sahe sonst in meinen Augen so scheußlich und förchterlich aus, daß ich anfienge zu zittern wie ein nasser Hund".[59]

Der Wilde Mann ist eine legendäre, mit dem mittelalterlichen Karneval assoziierte Figur: er verkörpert einerseits den Rückfall ins Tierhafte, der dem Menschen droht, wenn er der Gemeinschaft mit anderen entbehrt und, auf sich allein gestellt, verroht. Andererseits überquert der Wilde Mann dabei jene Grenze zwischen Zivilisation und Wildnis, die der *homo sociologicus* für immer hinter sich gelassen hat. Infolgedessen repräsentiert der Wilde Mann zwar das Andere, Fremde und Ausgestoßene, also die kontingenten Daseinsmöglichkeiten, die im Prozeß der Zivilisation verdrängt werden, aber zu diesen Möglichkeiten gehört auch der Rückgriff auf jene natürlichen Lebensgrundlagen, nach denen sich der vergesellschaftete Mensch mitunter sehnt. Die Ambivalenz des Wilden Mannes erinnert daher an die des Trickster, der sich von seinen Mitmenschen isoliert, um Tier zu werden, um Einszuwerden mit der Natur.

Der Legende zufolge gibt es zwei Möglichkeiten, wie ein Mensch zum Wilden Mann werden kann. Die erste Möglichkeit besteht im Ausstoß aus der Gemeinschaft: „Frühe mittelalterliche Gesetzsprechung verbannt den, der sich außerhalb des Friedensschlusses, außerhalb des Gesetzes begibt, aus den menschlichen Siedlungen" in die Wildnis des Waldes. Dort „zu überleben ist allein möglich durch Degeneration: Der Verstoßene soll werden wie ein Wolf,

wie ein Tier."[60] Die andere Möglichkeit, die der Einsiedler im SIMPLICISSI-
MUS TEUTSCH aufzeigt, besteht im „wild werden aus Verzweiflung an der gewalttätigen Normalität" [61], d.h., die Natur wird dort zur letzten Zufluchts-
stätte, wo die Gesellschaft selbst so verwildert, daß sie das Überleben des
Menschen eher verhindert als ermöglicht.

Wie sich an Jupiter zeigt, der aus Verzweiflung über die gewalttätige Normalität verrückt geworden ist, in seiner Verrückung aber hellsichtig die Verkehrtheit der Welt erkennt, erfährt der Betroffene den Krieg als Kataklysma:
ist das gegenseitige Morden erst einmal im Gange, kann es paradoxerweise
nur noch mit kriegerischen Mitteln, mit Waffengewalt, beendet werden. Wenn
aber der Teufel nur mit dem Beelzebub auszutreiben ist, werden Unterschei-
dungen wie gut und böse, falsch und richtig, vernünftig und unvernünftig konvertibel. Jupiters geistige Verwirrung entspricht daher dem *mundus perversus*,
dem irdischen Inferno, das Grimmelshausen mit dem Vers beschreibt: „Durch
innerlichen Krieg und brüderlichen Streit, wird alles umgekehrt und folget lau-
ter Leid."[62]

Infolgedessen ist es weit mehr als ein unbedeutendes Detail am Rande, daß
sich Simplicius nach seiner traumatischen Initiation in die Welt des 30-jähri-
gen Krieges in die Büsche schlägt, und daß er diese Fluchtbewegung später
wiederholt, daß er wie Nabuchodonosor (= Nebukadnezar), mit dem er sich
mehrmals vergleicht, zum Wilden Mann wird. Als Simplicius während seiner
zweiten Einsiedelei in der Nähe des Mummelsees einigen Waldbauern begegnet, kommt er ihnen bezeichnenderweise „wie ein wilder Mann" [63] vor, also
genauso, wie ihm selbst einst sein Vater erschienen war.

Daher ist die Vater-Sohn-Beziehung aufgrund der Ähnlichkeit ihrer Verhaltensweisen als eine Beziehung der Nachfolge, die wiederholte Flucht in die
Wälder als Hinweis auf die iterative Struktur des anhaltenden Kriegstraumas
zu sehen, das zwei Generationen vor eine unhaltbare Alternative stellt: entweder innerhalb des gesellschaftlich etablierten Wolfsspiels oder außerhalb der
menschlichen Gemeinschaft dehumanisiert zu werden. Die groteske Gestalt des
Titelkupfers, die halb Mensch, halb Geißbock ist, verkörpert dieses Dilemma,
denn der Satyr ist ein paradoxes *mixtum compositum*: er veranschaulicht, wie
nahe die *dignitas* des Menschen - seine Gottesebenbildlichkeit - seiner *anima-
litas* - seiner Ähnlichkeit mit dem Tier - ist.[64]

Der Handlungsverlauf des SIMPLICISSIMUS TEUTSCH muß also dergestalt interpunktiert werden, daß die Einsiedelei keinen Rahmen um die übrigen Episoden bildet, sondern Teil der Reihenkomposition ist, bei der solche Passagen,
in denen sich der Held versuchsweise auf die Welt der Menschen einläßt, mit
jenen Erzählabschnitten abwechseln, in denen er der Gesellschaft entflieht.
Diesem Handlungsverlauf korrespondiert die Erzählweise insofern, als den

realistisch-satyrischen Weltausschnitten im SIMPLICISSIMUS TEUTSCH mit der
Mummelsee-Episode, dem Traum vom Ständebaum, Jupiters Visionen und der
Beschreibung des Wiedertäuferreichs phantastisch-utopische Gesellschaftsent-
würfe gegenüberstehen.[65] Dabei verweist die Komplementarität satyrischer
und utopischer Passagen auf den Abstand von Idee und Wirklichkeit, den auch
die Allegorie ausmißt. Denn da der repräsentative Praetext der Allegorese im
Barock die Hl. Schrift ist, macht auch der Vergleich zwischen Grimmelshausens Text und dem Evangelium die Diskrepanz zwischen der ideellen und der
realen Verfassung der Welt deutlich.

Die Nähe sowohl der Satyre als auch der Utopie zur Allegorie, die im Lateinischen bezeichnenderweise „inversio" heißt, weil ihre Schlüsselelemente einmal so und einmal anders herum gelesen werden können [66], ergibt sich also
daraus, daß alle drei Darstellungsmodi komparative Möglichkeiten enthalten,
deren Nutzung im SIMPLICISSIMUS TEUTSCH dem Nachweis der Nicht-Übereinstimmung zwischen dem christlichen Selbst- und Weltverständnis der Gesellschaft und dem unchristlichen Wolfsspiel, das sie veranstaltet, dient.

Da sich dieser Widerspruch im Rahmen der bestehenden Gesellschaftsord-
nung bzw. -unordnung nicht auflösen läßt, flieht Simplicius auf eine Insel, doch
der springende Punkt der CONTINUATIO besteht darin, daß Simplicius seiner
Natur - und d.h. eben auch, seiner sozialen Bedürftigkeit - nicht entfliehen
kann.[67] Daran ändert auch die fromme Einkleidung seines Wunsches nach
Gemeinsamkeit - „ich wünschte oft, daß ehrliche Christenmenschen bei mir
waren, die anderwärts Armut und Mangel leiden müssen" [68] - nichts. Simplicius Rückzug auf die Insel bzw. seine Weigerung, diese zu verlassen, sind
ein Versuch, mit der Gesellschaft auch den Versuchungen zu entgehen, die
seiner zwischen Weltsucht und Weltflucht hin- und hergerissenen Natur zuset-
zen könnten.[69]

Gemessen an der Kritik, die Baldanders an seiner früheren Einsiedelei geübt hat, entbehrt Simplicius auch auf seiner Insel der „Leutseligkeit". Baldanders nämlich hatte Simplicius vorwurfsvoll gefragt: „was tust du? Du liegst
halt hier auf der faulen Bärenhaut und dienest weder Gott noch den Menschen!
wer allein ist, wann derselbe fällt, wer wird ihm wieder aufhelfen? ists nicht
besser du dienest deinen Nebenmenschen und sie dir hingegen widerum, als
daß du hier ohn alle Leutseligkeit in der Einsambe sitzt wie ein Nachteul? bist
du nicht ein totes Glied des menschlichen Geschlechts, wenn du hier ver-
harrst?"[70]

Demzufolge verstößt die Einsiedelei insofern gegen Gottes Willen, als die
Schöpfung den Menschen zu einem gemeinschaftlichen Dasein verpflichtet.[71] Wer sich dieser Verpflichtung überhebt und der Nächstenliebe als einer spezifischen Form des Gottesdienstes entsagt, macht sich der Hybris, der

Hoffart schuldig, deren Verurteilung schon auf der ersten Seite des SIMPLICISSI-
MUS TEUTSCH einsetzt. Der Widerspruch, den Simplicius auch dadurch, daß er
der Welt „Adjeu" sagt, nicht zu überwinden vermag, beruht also darauf, daß
es angesichts des realen Infernos zwar kein wahres Leben im falschen (Adorno), aber außerhalb des menschlichen Zusammenlebens auch kein gottgefälliges Leben geben kann. Wenn die Hoffart durch Selbsterkenntnis zu überwinden ist, „denn wann sich einer selbst kennet, und weiß wo er her ist und endlich hinkommt, so ist unmüglich, daß er mehr so ein hoffärtiger Narr sein kann"
[72], dann gehört zu dieser Erkenntnis die Einsicht in die Ambivalenz des
menschlichen Daseins, wie sie der Satyr veranschaulicht.

   Da der Mensch ein in sich gespaltenes Wesen ist, entspricht seiner Janus-
köpfigkeit jene doppelte Perspektivik, die Grimmelshausen in Moscheroschs
Satyre vorgebildet fand. Einerseits stehen die GESICHTE PHILANDERS VON SITTE-
WALT in der von Brant und Murner begründeten Tradition der mittelalterlichen
Narrenrevuen, die in ihrem weltanschaulichen Gehalt der christlichen Tugend-
lehre verpflichtet sind: Närrisch ist, wer gegen Gottes Gebote verstößt, den
Versuchungen der Welt erliegt und sich durch ein lasterhaftes Leben das ewige Seelenheil verwirkt. Andererseits setzt Moscherosch diesem Narrentum eine
andere Form der Verrücktheit entgegen: „Man kann närrisch sein, indem man
sich auf die Welt einläßt - man kann aber auch närrisch sein, indem man sich
aus ihr heraushält... Dem Narren vor Gott begegnet der Narr vor den Augen
der Welt."[73]

   Diese doppelte Optik bestimmt nun auch die Vorgänge am Hanauer Hof,
wo Simplicius nach dem Tod des Einsiedlers wieder in die Gesellschaft einge-
gliedert wird, indem man ihn zum Narren macht. Dabei ist es gerade die Befolgung der Lebensregeln des Einsiedlers, die Simplicius in den Augen der
Welt als Simplicissimus erscheinen läßt: „wann ich mit der Hl. Schrift hervor-
wischte, oder sonst treuherzig abmahnete, so hielten mich die Leut vor einen
Narren."[74] Wenn daher der Gubernator über Simplicissimus sagt: „Ich halte
ihn vor einen Narren, weil er jedem die Wahrheit so ungescheut sagt" [75],
entspricht diese Charakterisierung genau dem Bild, das Moscherosch von den
Satyren entworfen hat, die „jedem Maenschen / was jhm vbel anstunde / alle
Laster und Vntugenden / vngeschewt vnder gesicht sagten: vnd was sonst Niemand auß forcht sagen dorffte / oder sagen wolte / das thaten Sie / mit laecher-
lichen hoenischen geberden / mit grossem gelaechter..."[76]

   Da Simplicius seiner Umwelt in diesem Sinne wie ein Tor vorkommt,
zwängt man ihn in ein Kalbsfell, streift man ihm das Narrenkleid über die
Ohren, macht man aus dem Menschen ein halbes Tier. Durch seine Akzentuierung als „Mummenschanz" ist Simplicius Initiation als karnevaleske Verkehrung des Zivilisationsprozesses ausgewiesen: anstatt daß seine Vergesellschaf-

tung ihn vermenschlichen würde, degradiert sie ihn zum Satyr.[77]

Die Pointe dieser Verkehrung aber besteht darin, daß der Betroffene diese Rollenzuweisung unterläuft, indem er sie scheinbar akzeptiert. Simplicius nutzt die mit seiner Rolle als Simplicissimus verbundene Narrenfreiheit, um seiner Umwelt den Spiegel vorzuhalten.[78] Auch diese Nähe der Satyre zum Karneval hatte bereits Moscherosch angesprochen, als er schrieb: „Solche Orgya Bacchi / solch Zusammenkunfften vnd Waldfahrten wurden den Satyren zu gehorsammen Ehren gehalten; auf welchen sie... tag und nacht in grossem geschrey vnd fatzerey zubrachten / schwarmfest und faßnacht hielten / Einander durchzogen; dahero die Faßnacht als Fassnacht oder Fatznacht jhren vrsprung vnd Namen bekommen."[79]

Da es im Karneval stets um die Kreatürlichkeit des Menschen geht, gehört zu den wesentlichen Erfahrungen, die Simplicius am Hanauer Hof macht, die Entdeckung, daß der Mensch auch einen Leib besitzt, daß seine kreatürliche, triebhafte Natur seiner rationalen, sittlichen Veranlagung widerstreitet. Nachdem ihm seine eigenen Gedärme eine skatalogische Posse gespielt haben, wird Simplicius am Hanauer Hof unfreiwilliger Zeuge einer Kopulation. Die Entdeckung des eigenen Körpers und der Leiblichkeit der anderen, vor allem aber die mit dieser Entdeckung verbundene Neugier und (Fleisches-)Lust, machen Simplicius trotz der Warnung des Einsiedlers immer wieder anfällig für die schlimme Gesellschaft. Was zunächst nur ein Mummenschanz, ein Schabernack war, wird so zur Lebensproblematik: der Widerspruch zwischen Weltsucht und Weltflucht, Lebensbejahung und Lebensverneinung. Die Juxtaposition zwischen der Moral des Einsiedlers und der unmoralischen Welt, die Grimmelshausens Satyre bestimmt, wird zu Simplicius Simplicissimus persönlichem Konflikt.

Daher kommt den Ereignissen in Hanau eine in mehrfacher Hinsicht für das Gesamtverständnis des SIMPLICISSIMUS TEUTSCH ausschlaggebende Bedeutung zu: Zunächst einmal verweist der grausame Schabernack, den man Simplicius spielt, auf den Umstand, daß sein Rollenspiel als Reaktion auf die Vergewaltigung durch seine Bezugspersonen, also im Rahmen der agonal-antagonistischen Verhaltensmuster zu sehen ist [80], die das Gesellschaftsspiel kennzeichnen: *mundus vult decipi - ergo decipiatur,* „die närrische Welt will betrogen sein."[81] Die Verfügungsgewalt, die Simplicius durch seine innere Distanz zu der Rolle des Hofnarren gewinnt, die er nach außen hin spielt, läßt sich jedoch nur ausüben, solange er die Diskontinuität zwischen dem, was er sagt, und dem, was er denkt, verheimlicht. Der Name Simplicius Simplicissimus macht diesen Zusammenhang deutlich: einerseits beziehen sich beide Namensteile auf die gleiche Person, erwecken also *prima facie* den Eindruck der Identität; andererseits unterscheidet der Namensträger selbst sehr wohl zwischen seinem Wesen, dessentwegen ihn der Einsiedler Simplicius getauft hat, und dem Part, den er in der verkehrten Welt als Simplicissimus mimt. Dasein bedeutet in Grimmelshausens Roman, weil dieses Dasein stets gesellschaftlich verfaßt ist, eine Rolle zu spielen; und da es stets mehr als eine Rolle gibt, regiert im Zwischenmenschlichen die Uneigentlichkeit und Unbeständigkeit. Das eigene Rollenspiel zu kontrollieren aber setzt Verstellungskunst voraus, und es ist eben diese Kunstfertigkeit, die Simplicius Simplicissimus in Hanau erwirbt.

Deshalb muß der Leser mit der Möglichkeit rechnen, daß auch die Selbst- und Weltdarstellung des Erzählers auf Verstellungskunst beruht, räumt Simplicius Simplicissimus doch an einer Stelle seines Lebensberichts freimütig ein: „wann mich aber irgends ein Fürwitziger meiner Seltsamkeit wegen aufnahm, um etwas Wunderlichs von mir zu hören, so traktierte ich denselben wie ers haben wollte, und erzählte ihm allerhand Storgen, die ich hin und wieder auf meinen weiten Reisen gesehen, gehört und erfahren zu haben vorgab; schämte mich auch gar nicht, die Einfall, Lugen und Grillen der alten Skribenten und Poeten vorzubringen und vor eine Wahrheit darzugeben, als wann ich überall mit dabeigewest wäre."[82]

Wie für Simplicius phantastische Odyssee gilt für seine lebensgeschichtlichen Metamorphosen, zu denen auch die vom Akteur zum Autor gehört, daß sie unter dem Vorzeichen des Rollenspiels zu sehen sind. Dabei gehört zu jeder Rolle eine entsprechende Kulisse: vor dem Hintergrund der verkehrten Welt am Hanauer Hof setzt Simplicius die Tarnkappe des Hofnarren auf; in der Fortunawelt des 30-jährigen Krieges vertauscht er das Narrenkleid mit dem grünen Gewand des Jägers von Soest; für die dekadente Pariser Gesellschaft mimt er den Beau Aleman im Adamskostüm; in das marode Deutschland zurückgekehrt wird er zum Merodebruder; und schließlich erscheint er auf seiner Insel dem holländischen Schiffskapitän Joan Cornelissen und seiner Besatzung als zugleich weiser und Wilder Mann. Denn die Ikonographie des monströsen Heiligen [83], die das letzte Portrait des Simplicius Simplicissimus als Robinson prägt, stammt aus der RELATION, gibt also den Eindruck wieder, den Joan Cornelissen vom Einsiedler empfängt.

Mit der RELATION wird zugleich die Einheitlichkeit der Erzählperspektive zerstört, die den Roman bis dahin bestimmt. Erweckt die CONTINUATIO zunächst den Eindruck, eine direkte und lineare Fortsetzung der in den ersten fünf Büchern erzählten Lebensgeschichte zu sein, so ergeben sich im Verlauf ihrer Lektüre mehr und mehr Hinweise auf den fiktionalen Charakter des gesamten Textes und die Künstlichkeit der Schreibsituation, aus der heraus dieser Text angeblich verfaßt ist.[84] Die vielen kleinen Inkongruenzen zwischen der „rhetoric of dissimulation" (Booth), die die ersten fünf Bücher des SIMPLICISSIMUS bestimmt, und ihrer Relativierung in der CONTINUATIO markieren also eine Diskontinuität, die auf die Künstlichkeit des Inselexils verweist. Wenn aber die Insel gar kein empirischer Ort ist, und der archimedische Punkt, von dem aus die Welt als Totalität in den Blick kommt, als fiktionale Konstruktion dergestalt offengelegt wird, dann wird der signifikante Bruch zwischen der Erfahrungswirklichkeit und jener Warte, von der aus sie beschrieben wird, auslegungsrelevant. Zum Teil erzählt Simplicius sein Leben „von einem am Schluß des Romans gewonnenen Standpunkt aus und mißt seine früheren Erlebnisse an den Erfahrungen des Alters. Zum Teil jedoch verläßt er diesen Standpunkt, um sich völlig in die erzählte Lage hineinzuversetzen" [85], d.h. er ist auch als Erzähler Simplicius und Simplicissimus zugleich, ein zwischen Weltflucht und Weltsucht hin- und hergerissener Satyr.

Die für jede Satire charakteristische Diskrepanz zwischen der moralischen Haltung ihres Verfassers und den unmoralischen Gegenständen seiner Geschichte bestimmt den SIMPLICISSIMUS TEUTSCH also nicht nur rein strukturell, sondern auch thematisch: das Problem des Erzählers, für seine Erfahrungen einen angemessenen Verständnisrahmen zu finden, reflektiert das Problem seines Lebens, sich angesichts der realen Verhältnisse an den idealen Vorgaben des Einsiedlers zu orientieren. Hier wie dort besteht wie im Verhältnis von pictura und subscriptio beim Emblem eine Diskontinuität, die jede eindeutige Zuordnung bzw. Einrahmung der Geschehnisse unmöglich macht. Diese Diskontinuität, die das Verhältnis von Erfahrung und Auslegung, Bild und Verständnisrahmen, pictura und subscriptio bestimmt, verhindert eine spirituelle Gesamtdeutung des Romans ebenso wie eine rein empirische Interpretation.[86] Anstatt dem Leser des SIMPLICISSIMUS TEUTSCH einen kontinuierlichen Lebenslauf und ein stimmiges Weltbild zu präsentieren, läßt Grimmelshausen ihn an den gerade in ihrer Unzulänglichkeit exemplarischen Versuchen eines Menschen teilhaben, sein Leben unter chaotischen Umständen zu gestalten. Damit aber wird die Literatur, statt lediglich wie bei Aegidius Albertinus ein rhetorisches Instrument zu sein, zum Medium der Reflexion: die im SIMPLICISSIMUS TEUTSCH präsupponierten Deutungsschemata werden nicht einfach angewandt, sondern in ihrer Anwendbarkeit problematisiert. Das setzt eine zumindest partielle Emanzipation der Erzählkunst von jenen weltanschaulichen Vorgaben voraus, die Aegidius Albertinus zum Zwecke der Gegenreformation verfaßtes Werk bestimmen.

Diese Freisetzung der semiotischen Kraft der Literatur, die eben darin besteht, daß der literarische Diskurs selbst die Präsuppositionen unterläuft, die aus der ideologischen Befangenheit des Verfassers resultieren, ermöglichte zum einen der 1626 von Martin Frewdenhold veröffentlichte dritte Teil des LAND-STÖRZER GUSMAN, der die paraenzyklopädische Anlage des Romans zum Anlaß

für zahlreiche Länder- und Völkerbeschreibungen nahm. Die damit verbundene Akzentverschiebung von der spirituellen auf die empirische Dimension der
Geschichte veränderte auch das Erzählkonzept, denn „da Frewdenhold ständig
einen neuen Vorwand suchen mußte, um seinen Gusman auf die Reise schik-
ken zu können, ersetzte er die dogmatische Struktur des albertinischen Textes
durch eine Wellenstruktur" [87], die sich nicht nur in jenen Teilen des SIM-
PLICISSIMUS TEUTSCH wiederfindet, in denen von Simplicius Irrfahrten durch
exotische Gefilde die Rede ist.

Die Befreiung von einer ideologisch kontaminierten Ästhetik wurde zum
anderen durch Grimmelshausens Lektüre der VRAI HISTOIRE COMIQUE DE FRANCION
von Charles Sorel verstärkt, die 1662 in einer deutschen Ausgabe erschienen
war. Sorel erzählt in seiner amoralischen Lügengeschichte von den pikaresken
und erotischen Eskapaden einer illustren Gesellschaft, in deren Mittelpunkt der
adlige Freidenker und Lebenskünstler Francion steht.[88] Die Daseinsfreude,
die Sorels literarische Libertinage kennzeichnet, läßt den Roman zu einer Art
selbstregulativem System werden: da die Handlung allein dem Gebot der Lebendigkeit, der Abwechslung, unterworfen ist, bleibt sie stets anschlußfähig
für eine Weiterführung. „Das schönste Buch, welches ihr lesen könntet", sagt
Francion an einer Stelle des Romans, „ist die Erfahrung der Welt" [89], die als
ein unendlicher Text begriffen wird, der aus dem Zusammenleben der Menschen entsteht, setzt doch auch Sorel „Welt" weitestgehend mit „Gesellschaft"
gleich. Daher sind es nicht nur einzelne motivische Anregungen, etwa für die
Jupiterepisode, das Pariser Abenteuer oder Olivers Lebenslauf, die der
SIMPLICISSIMUS TEUTSCH dem FRANCION verdankt, sondern vor allem die empirische Erzählhaltung, derzufolge das Urteil über die Welt nicht a priori fest-
steht und überholt werden kann.[90]

2.4 Grimmelshausen: Trutz Simplex = Lebensbeschreibung der Ertzbetrügerin und Landstörtzerin Courasche (1670)

Die Reversibilität aller Betrachtungsweisen liegt auch dem Verhältnis des TRUTZ
SIMPLEX zum SIMPLICISSIMUS TEUTSCH sowie ihrer beider Fortsetzung durch den
SPRINGINSFELD zugrunde. Bei der Beurteilung von Courasches Selbst- und Weltdarstellung gilt es nämlich die Kommunikationssituation zu beachten, die der
Text präsupponiert: Daß Courasche ihre Schelmenbeichte „dem weit und breit-
bekannten Simplicissimo zum Verdruß und Widerwillen" hat aufschreiben und
veröffentlichen lassen, macht schon der Titelkupfer deutlich. Der Gegensatz,
in den sie sich zu Simplicius setzt, besteht vor allem darin, daß ihre Erzählung

keine Bekehrung enthält und auch nicht um der Wahrheit willen zustande-kommt. Vielmehr ist Courasches schonungslose Offenlegung der eigenen Ver-dorbenheit von Rachegelüsten bestimmt, glaubt sie sich doch durch Simplici-us Darstellung ihrer Affaire im Sauerbrunnen denunziert. Hatte dieser sie als „mehr mobilis denn nobilis" [91] bezeichnet, so erklärt die Courasche in ihrer Gegendarstellung: „Ich war kaum acht Tage im Saurbrunnen, als Herr Sim-plicius Kundschaft zu mir machte, dann gleich und gleich gesellt sich gern".[92]

Mit dieser Bemerkung, die an Lázaros Behauptung, nicht heiliger als seine Nachbarn zu sein, erinnert, gibt die Courasche dem Leser einen Verständnis-rahmen vor, dessen Unangemessenheit es in der Komplementärlektüre heraus-zufinden gilt: indem der Leser anhand von Courasches eigener Darstellung ihre Behauptung widerlegt, daß Simplicius nicht besser als sie selber sei, aktuali-siert er das Entlarvungspotential, das ihre von Rachsucht getriebene Selbstent-blößung enthält. Diese doppelbödige Anlage des TRUTZ SIMPLEX macht auch Grimmelshausens Nachbemerkung deutlich, wenn es dort heißt, daß die Cou-rasche „zu eigner Schand ihren ganzen liederlich geführten Lebenslauf an Tag gibt".[93]

So tritt das Komplementaritätsprinzip innerhalb der SIMPLIZIANISCHEN SCHRIF-TEN als Verbindungsglied von Texten, als dialogischer Vermittlungsmodus von Weltversionen auf, die aus einander wechselseitig ergänzenden Perspektiven rivalisierender Personen erzeugt werden. Indem die Courasche Simplicius ver-höhnt, wird dessen Version zur Referenzinstanz ihrer Darstellung. Da jeman-dem „trutzen" aber nicht nur bedeutet, ihn zu verhöhnen, sondern auch, ihn „herauszufordern" [94], ist es nicht verwunderlich, daß Simplicius seinerseits den Schreiber Trommenheim bei der Abfassung des SPRINGINSFELD anweist, den Lesern kundzutun, „daß sein Sohn der leichtfertigen Courage Hurenkind nicht seie" [95], wie sie behauptet habe.

Damit stellt sich Courasches Darstellung im intertextuellen Zusammenhang der SIMPLIZIANISCHEN SCHRIFTEN als verkehrt heraus, wendet sich ihre Trotzreak-tion gegen sie selbst. Während ihre Version der Sauerbrunnenaffaire Simplici-us Bericht einer Reversion unterzieht, läuft der SPRINGINSFELD diesbezüglich auf eine Komplementärlektüre des TRUTZ SIMPLEX hinaus. Den thematischen Anlaß dieser Inversionen bildet die Geschlechterrivalität, die in Courasches Fall da-durch forciert wird, daß sie Hosen unter den Röcken trägt [96], und ihre Reize als Waffe gegen die Männer einsetzt. In der sogenannten „Zugab des Autors" warnt Grimmelshausen seine Leser ausdrücklich vor dieser weiblichen Kriegs-list: „lasset euch auch fürterhin diese *Lupas* nicht betören; dann einmal mehr als gewiß ist, daß bei Hurenlieb nichts anders zu gewarten als allerhand Unrei-nigkeit, Schand, Spott, Armut" etc.[97] Die Bezeichnung der Courasche als

Wölfin bezieht sich also unmittelbar auf ihre sexuelle Aggresivität - eine keineswegs okkasionelle Metapher: schon im antiken Rom wurden Prostituierte als „lupae" bezeichnet, galt die Wölfin der Sage nach doch als unersättliche Liebhaberin.[98]

Die eheähnlichen Verhältnisse, die Grimmelshausens Pícara nach Art einer Landsknechthure u.a. mit Simplicius Kumpan Springinsfeld führt [99], zeigen, daß sie in einer verkehrten Welt lebt und die gewöhnlichen Machtverhältnisse in der Ehe auf den Kopf stellt.[100] Das geschieht jedoch nicht mechanisch, sondern wird psychologisch durch den Versuch der Männer motiviert, sie zu unterdrücken. „Die Nachstellungen der Männer sind demnach ebenso wichtig für Courasches Beurteilung wie ihre Natur" [101], d.h., ihr Verhalten ist als Reaktion auf die Attacken ihrer Partner zu verstehen.

Dieser systemische Charakter der Figurenzeichnung relativiert insbesondere jene Deutungen des Romans, denen zufolge die Courasche eine Personifikation der mittelalterlichen Frau Welt sein soll, also jener ambivalenten Figur, die sich, von vorne betrachtet hübsch und anziehend, von hinten gesehen jedoch häßlich und abstoßend ausnimmt.[102] Obwohl diese Lesart im Text angelegt ist, muß doch bezweifelt werden, ob sie das endgültige Urteil über die Courasche sein kann. Schließlich beruhen alle Anhaltspunkte für eine solche Allegorese auf Courasches eigenen, großsprecherischen Angaben, also auf der Legende, die sie von sich, Simplex zum Trotz, erzeugt; „im ganzen Buch hält der Autor den Sprechton einer vom Krieg gezeichneten Frau durch, die illusionslos am Ende ihres Lebens kein Blatt mehr vor den Mund nimmt".[103]

Diese stringente Verwendung der Genreform-Maske des pikaresken Romans trägt, wie die akkurate Einbettung von Courasches Geschichte in den historischen Kontext des 30-jährigen Krieges [104], wesentlich zum Eindruck der Authentizität bei, den der Roman erweckt, zumal Courasches Bezugnahme auf den SIMPLICISSIMUS TEUTSCH sowohl ihre eigene als auch Simplicius Lebensgeschichte beglaubigt. Während Simplicius hybride Bekehrungsgeschichte in der Nachfolge des GUZMAN und seiner digressiven Weise der Welterzeugung steht, erinnert Courasches doppelbödige Schelmenbeichte folglich an Lázaros oder Pablos elliptischen Diskurs.[105]

Im Gegensatz zum SIMPLICISSIMUS TEUTSCH verfolgt Grimmelshausen im TRUTZ SIMPLEX also „jene Möglichkeit des pikaresken Romans, die in der Psychologisierung, oder vorsichtiger, in der konsequenten perspektivischen Auffassung des Erzählstoffes lag" [106], aber seine souveräne Verwendung und Verbindung beider Erzählkonzepte der pikaresken Tradition innerhalb der SIMPLIZIANISCHEN SCHRIFTEN veranschaulicht die autopoietische Kraft des perspektivischen Spiels, das der Schelmenroman entfaltet: da keine der drei differenten Versionen, die Simplicius, Courasche und Springinsfeld von ihrer gemeinsamen Lebenswelt erzeugen, für sich in Anspruch nehmen kann, das letzte Wort über das pikareske Universum zu sein, bleibt der Korpus der SIMPLIZIANI-SCHEN SCHRIFTEN bzw. die Gattung des Schelmenromans anschlußfähig für weitere Versionen. Das ständige Wiederauftauchen der Simplicissimus-Figur in anderen Werken Grimmelshausen beweist die Unerschöpflichkeit des narrativen Potentials, aber auch die Virulenz des Schelmenromans, der dank seiner bipolaren, konfliktträchtigen Anlage wie keine andere zeitgenössische Gattung das gesellschaftliche Problem der menschlichen Existenz zu veranschaulichen in der Lage war.

2.5 Miguel de Cervantes: Rinconete y Cortadillo (ersch. 1613)

Die Bipolarität von Schelm und Gesellschaft, die sich in der Koinzidenz von pseudoautobiographischem und paraenzyklopädischem Erzählstrang niederschlägt, hat auch Cervantes beschäftigt. Was im Falle des pikaresken Romans allerdings nur analytisch aufzulösen, im synthetischen Vorgang des Schreibens oder Lesens jedoch nicht zu trennen ist, hat Cervantes in seiner 1604 verfaßten Novelle RINCONETE Y CORTADILLO in eine zeitliche Abfolge überführt und dadurch als distinkte Strukturkomponenten nachvollziehbar gemacht: im ersten Teil der Novelle wird beschrieben, wie sich die beiden Nachwuchsschelme, die der Titel beim Namen nennt, kennenlernen und beschließen, gemeinsam nach Sevilla zu gehen, wo der zweite Teil der Geschichte angesiedelt ist. Hier wendet sich die Aufmerksamkeit von Rinconete und Cortadillo der verkehrten Welt des Oberhalunken Monipodio zu, die ein satirisches Zerr- und Spiegelbild der zeitgenössischen Gesellschaft darstellt.[107]

Tatsächlich gab es in Sevilla um 1600 rechtsfreie Räume wie den sogenannten Ulmenhof („Corral de los Olmos"), wo sich Diebe, Betrüger und andere Halunken trafen, um ihre „Geschäfte" zu besprechen.[108] Die Pícaros bildeten den Nachwuchs dieser Banden, die mit ihrem speziellen Ehrenkodex eine regelrechte Subkultur darstellten, zu der auch eine eigene Sprache gehörte.[109] Dieser Gaunerjargon („jerga de germanía") war zur Hauptsache eine Wortverdreherei, die mit der metaphorischen Verrückung von Begriffen operierte.[110] Die „Schenke" wurde so zur „Einsiedelei"; jemandem „die Fliegen vom Rükken zu verscheuchen", bedeutete, wie Rinconete am eigenen Leib erfahren muß, öffentlich ausgepeitscht zu werden.

Die inversive Tendenz des Schelmenromans knüpft also durchaus an die zeitgenössische Realität an, und das heißt auch, daß die Leser des 17. Jahrhunderts aufgrund ihrer einschlägigen Erfahrungen mit den authentischen Pícaros wußten, wie sie eine Schelmenbeichte aufzunehmen hatten: als rhetorische Manipulation der Wirklichkeit. „The Rogue did what the artist in the course of painting often does; he inverted the picture."[111]

Die Verfahren der perspektivischen Inversion und der verbalen Manipulation, mit deren Hilfe der Schelm eine Gegenwirklichkeit erzeugt, spielt jedoch in Cervantes Novelle nicht nur eine thematische Rolle. Vielmehr bestimmt dieses Prinzip auch ihre Erzählstruktur, die durch eine Art Achsensprung gekennzeichnet ist: während Rinconete und Cortadillo zunächst aus der Außensicht eines nicht in das Geschehen involvierten Beobachters beschrieben werden, erfolgt die Innenansicht von Monipodios verkehrter Welt von einer Warte aus, die sich aus dem Blickwinkel dieser beiden Pícaros ergibt.[112] Dergestalt wird die Einführung des Lesers in den kriminellen Untergrund über die Initiation Rinconete und Cortadillos in Monipodios Geheimbund abgewickelt.

Cervantes macht also sowohl auf der Ebene der dargestellten Handlung als auch auf der Ebene ihres vorstellungsmäßigen Nachvollzugs die Abhängigkeit der Weltverkehrung von der pikaresken Bekehrung deutlich. Da Rinconetes und Cortadillos Verbrechen für ihn zur Hauptsache aus der Wahl einer unangemessenen Betrachtungsweise besteht, ergibt sich aus dieser Erzählanlage im Umkehrschluß die Notwendigkeit, sich von der schelmischen Sicht der Dinge zu distanzieren. Diese Distanzierung deutet sich am Ende der Erzählung an, als Rinconete im stillen beschließt, Cortadillo zu raten, „no durasen mucho en aquella vida tan perdida y tan mala, tan inquieta, y tan libre y dissoluta", also: „nicht gar zu lange in einem so verworfenen, schlechten, unruhigen, frechen und gesetzlosen Leben [zu] verharren", wie es Monipodios Bande führt.[113] Die Eindeutigkeit dieser Verurteilung des pikaresken Universums aber wird nur dadurch möglich, daß Cervantes Novelle nicht als fingierte Autobiographie angelegt ist, also von vornherein Abstand zu dem Milieu wahrt, das sie ironisch beschreibt.

2.6 Miguel de Cervantes: Don Quijote de la Mancha (1605/1614)

Ironische Distanz ist ein für Cervantes Erzählkunst zentraler Begriff.[114] Dies zeigt sich unter anderem in jenem 22. Kapitel des 1. Teils seines DON QUIJOTE, in dem der Ritter von der Traurigen Gestalt einer Reihe von Sträflingen begegnet, die gerade auf die Galeeren deportiert werden. Unter ihnen befindet sich ein gewisser Ginés de Pasamonte, der damit prahlt, eine so vortreffliche Darstellung seines eigenen Lebens verfaßt zu haben, „daß Lazarillo de Tormes nur gleich einpacken kann und mit ihm alle die Bücher, die sonst noch in dieser Art geschrieben sind oder geschrieben werden." („Es tan bueno - respondió Ginés -, que mal ano para Lazarillo de Tormes y para todos cuantos de aquel género se han escrito o escribieren.")[115]

Ginés behauptet ferner, seine Autobiographie enthalte eine „so hübsche und ergötzliche Wahrheit, daß es keine Lügen geben kann, die ihr gleichkämen." („verdades tan lindas y tan donosas, que no puede haber mentiras que se le igualen") Die Zweideutigkeit dieser Angabe reflektiert unverkennbar die Ambivalenz der Romane in der Nachfolge des LAZARILLO, die, wie Ginés Formulierungen zu entnehmen ist, für Cervantes eine eigenständige Gattung darstellten.

Cervantes Hinweis auf die Unglaubwürdigkeit der pikaresken Selbstdarstellung steht im Zusammenhang mit der strukturell bedingten Unfähigkeit aller autobiographischer Dichtung zur Distanz gegenüber ihrem Stoff. Als Don Quijote Ginés fragt, ob sein Buch abgeschlossen sei, lautet die Antwort erwartungsgemäß: „Wie kann es ganz beendet sein, da mein Leben noch nicht beendet ist?" („Como puede estar acabado, si aún no está acabada mi vida?") Dergestalt verweist Cervantes auf den Umstand, daß die Erfahrungen eines Menschen von ihm selbst zwar nacherzählt, im Erzählvorgang aber nie vollständig eingeholt werden können, daß immer eine Kluft zwischen dem schon Erzählten und dem noch zu Erzählenden verbleibt.[116]

Der autobiographische Diskurs ist jedoch nicht allein aus zeitlichen Gründen asymptotisch, er ist vor allen Dingen elliptisch, und das widerstreitet dem Wahrheitsanspruch der Schelmenbeichte. Die Unfähigkeit des Betroffenen, sein Leben anders als aus seiner eigenen Sicht zu sehen, bewirkt eine Einseitigkeit der Darstellung, gegen die sich zwar anschreiben, die sich jedoch nie ganz vermeiden läßt. Diese Einseitigkeit zeigt sich in Ginés Fall an seiner Unbelehrbarkeit und Selbstgefälligkeit, hält er seine Verurteilung doch für eine Ungerechtigkeit, die aus Fortunas Mißgunst entstanden ist, „porque siempre las desdichas persiquen al buen ingenio", d.h.: „denn einen guten Kopf verfolgt immer das Unglück."

Die Pointe der Begegnung Don Quijotes mit Ginés de Pasamonte ergibt sich nun daraus, daß die pikareske Tendenz zur Verstellungskunst, die auf der Differenz von Rolle und Person, Darstellung und Wirklichkeit basiert, auf eine Figur trifft, die selbst größte Schwierigkeiten hat, Fiktion und Realität zu unterscheiden, weil sie zwischen den Büchern und der Welt keinen Unterschied macht. Folglich fällt Don Quijote prompt auf Ginés herein und schließt aus seinen Angaben, daß „die verkehrte Beurteilung von seiten des Richters die Ursache eures Verderbens" sei. („el torcido juicio de juez hubiese sido causa de vuestra perdición").

Da es Don Quijote in seiner Ritterlichkeit für seine Pflicht hält, allen Bedrängten zu Hilfe zu eilen, befreit er den Schelm, ohne weitere Erkundigungen einzuziehen, aus seiner mißlichen Lage. Der offenkundige Unsinn dieser Befreiungsaktion macht sowohl Don Quijotes Irrsinn als auch die Mißverständlichkeit bewußt, die dem Schelmenromans in seiner Eigenschaft als fingierte Autobiographie zukommt. Das unglückliche Zusammentreffen von Don Quijotes Fehlrahmung der Wirklichkeit mit jener Realitätsverzerrung, die entsteht, wenn die Schelmenbeichte keiner Komplementärlektüre unterzogen wird, demonstriert in Form einer komischen Katastrophe *ex negativo* den „Als-Ob-Charakter" aller Fiktion. Um diesen „Als-Ob-Charakter" zu erkennen, bedarf es jedoch einer Distanz, die weder Ginés als Leser/Schreiber seiner eigenen Geschichte noch Don Quijote besitzen.

So veranschaulicht der zu geringe Sicherheitsabstand, den Alonso Quijano zu Ginés wahrt, im Umkehrschluß die Diskontinuität, die zwischen Buch und Welt besteht. Allerdings besteht Don Quijotes Wahn nicht etwa darin, daß er seine Lektüreerfahrungen auf die Welt überträgt, sondern darin, daß er sich dabei einer unangemessenen Metapher bedient.[117] Seine Verwechslung zeigt, daß es eben auf die Art und Weise der Rahmung ankommt.[118]

Indem Cervantes Roman das Verhältnis von Buch und Welt im Modus der Fiktionalität zur Sprache bringt und eine erzählerische Problematisierung narrativer Welterzeugung vornimmt, wird er zu einer reflexiven Allegorie des Schreibens und Lesens. Dabei gilt die Thematisierung der produktions- und rezeptionsästhetischen Rahmenbedingungen immer auch dem Problem der Kognition, denn „die Kunst erkennt die Welt durch die Strukturen ihres Gestaltens (die darum nicht formal, sondern ihr eigentlicher Inhalt sind)."[119]

Don Quijote entgeht, daß der Anspruch der Ritterbücher, von seriösen Historikern verfaßte Chroniken zu sein, Teil ihrer Fiktion, ihrer „rhetoric of dissimulation" ist.[120] Cervantes sieht in dieser Rhetorik, wie die Diskussion der Ritterbücher im 46. und 47. Kapitel des ersten Teils seines Romans offenbart, einen Verstoß gegen den aristotelischen Grundsatz der Wahrscheinlichkeit, der es verbiete, phantastische Abenteuer als geschichtliche Ereignisse auszugeben.

Trotz dieser Kritik verurteilt Cervantes die Ritterbücher nicht in Bausch und Bogen: als der Pfarrer und der Barbier Don Quijotes Bibliothek durchmustern, überantworten sie keinesfalls jedes Buch dem Feuer. Die Sorgfältigkeit, mit der sie eine Auswahl unter den Ritterbüchern treffen, läßt sich allerdings auch dahingehend interpretieren, daß sie selbst wenigstens teilweise der Faszination dieser Werke erlegen sind. Die Doppeldeutigkeit, mit der Cervantes das Thema der chevaleresken Literatur behandelt, zeigt sich zudem darin, daß es nicht er selbst, sondern ein Freund ist, der seine erzählerischen Absichten im Prolog darauf reduziert, daß das ganze Buch „nur ein Angriff auf die Ritterbücher" sei („todo él es una invectiva contra los libros de caballerías").[121]

Für die Distanz, die Cervantes gegenüber solch einer eindimensionalen Aus-legung seines Werkes gehabt haben mag, spricht, daß der groteske Exorzis-mus, den der Pfarrer, der Barbier und Sansón Carrasco veranstalten, indem sie Don Quijotes Ritterwahn mit den Mitteln der Fechtkunst bekämpfen, diese In-tention ironisch reflektiert. Daß es „von Seiten Cervantes ein ebenso verrück-tes Unterfangen wie nur irgendein Windmühlen-Abenteuer seines Don Quijo-te" gewesen wäre, „ein Buch von tausend Seiten zusammenzuschreiben, bloß um einer Sache den Todesstoß zu versetzen, die solcher Mühe weder wert noch bedürftig war" [122], dürfte Cervantes selbst klar gewesen sein, war die um 1500 mit der Veröffentlichung des AMADIS DE GAULA von Garcí Ordonez de Montalvo entstandene Mode der Ritterbücher zu seinen Lebzeiten doch bereits im Abklingen. Daher ist die Darstellung von Don Quijotes Wahn nicht der Zweck, sondern das Mittel, dessen sich Cervantes bedient, um das Verhältnis von Text und Welt, Literatur und Leben ganz allgemein aufs Tapet zu bringen.

Unter diesem Gesichtspunkt ist die oft vermerkte restriktive Geltung des Wahns, an dem Don Quijote leidet, nicht nur die Voraussetzung seiner Hei-lung.[123] Daß die Vernunft im vorübergehenden Zustand der Unvernunft erhalten bleibt, veranschaulicht vielmehr die Spielregel aller Fiktion, die von Autoren und Lesern die transitorische Übernahme einer irrealen Rolle bei gleichzeitiger Wahrung ihres Realitätssinns verlangt. Don Quijotes Problem besteht darin, daß er immer nur abwechselnd, also nacheinander, sein kann, was der Verfasser und der Leser eines Romans zugleich sind: reale Person und fiktive Figur.[124] „Don Quixote is the antithesis of an actor, being complete-ly incapable of seeing himself in a role" [125], und daher auch vollkommen unfähig, Distanz zu seinem Verhalten zu gewinnen. Erst nachdem er in einem ritterlichen Zweikampf mit seinen eigenen Waffen besiegt worden ist und Sansón Carrasco versichert, sein Narrenkleid, die Ritterrüstung, abzulegen, wird mit der Einsicht in die Diskontinuität von Buch und Welt auch wieder jener Verständnisrahmen in Alonso Quijanos Bewußtsein justiert, der sein In-genium anstatt auf die Verwirklichung des Ritterideals auf die Bewältigung der antiidealistisch verfaßten Wirklichkeit lenkt.[126]

Ein nicht unerheblicher Unterschied zwischen dem verrückten Don Quijote und den Pícaros besteht darin, daß der sinnreiche Junker den schmerzhaften Zusammenprall seiner Ideen mit der Wirklichkeit lange Zeit nicht zum Anlaß nimmt, seine idealistische Konzeption der Realität zu überdenken. Dagegen hat der Empirismus der Prügel im Schelmenroman geradezu charakterbilden-de Gewalt. Der Körper des Pícaro ist als „Matrix einer Inschrift von Sprache und Kultur" [127] von zahlreichen Blessuren stigmatisiert. Die Verschlagen-heit des Pícaro bildet sich aus dem Geschlagensein, seine Durchtriebenheit entsteht aus dem Umhergetrieben- und Herumgestoßenwerden.[128] Unter diesem gewalttätigen Aspekt sind die oft rüden Schelmenstreiche zu sehen, bedeutet „Streich" doch soviel wie „Hieb".

Dagegen hält Don Quijote trotz der vielen Prügel, die er bezieht, an seiner Mission fest, obwohl er sehr wohl um den Anachronismus der Ritteridee weiß. Genau genommen, besteht sein Wahn nämlich gerade darin, daß er aus diesem Anachronismus nicht die Unzeitgemäßheit seines eigenen Tuns, sondern die Unritterlichkeit seiner Zeit ableitet und glaubt, nur deshalb in ein eisernes Zeitalter versetzt worden zu sein, um in ihm das Goldene zur Auferstehung zu wecken. „Sancho amigo, has de saber que yo nací, por querer del cielo, en esta nuestra edad de hierro, para resucitar en ella la de oro, o la dorado, como suele llamarse."[129] Don Quijotes ingeniöse, der pikaresken Inversion der Perspektiven durchaus ähnliche Umkehr der Betrachtungsweisen besteht also darin, daß er aus seiner Andersartigkeit nicht die Verkehrtheit seiner selbst, sondern die Notwendigkeit der Bekehrung aller übrigen ableitet. Folglich bekennt er sich, größenwahnsinnig und halsstarrig zugleich, zur Nachahmung ritterlicher Torheiten und läßt unter keinen Umständen von einer Einstellung ab, die die Welt für Wahnsinn hält.

Dabei kommt ihm die Immunisierungstendenz zu Hilfe, die das ethische System des Rittertums von sich aus in der Idee der Standhaftigkeit allen Anfeindungen gegenüber mit sich bringt. Ein guter Ritter darf sich nicht von seinem Idealismus abbringen lassen, besteht dieser doch gerade in dem Versuch, sich von einer antiidealistisch verfaßten Gesellschaft nicht desillusionieren zu lassen. Daher unterstreicht jeder Hinweis darauf, daß die Idee des Rittertums der Welt nicht angemessen sei, in Don Quijotes Augen die Notwendigkeit seiner Mission, dieser Idee (wieder) zum Durchbruch zu verhelfen.

Das strategische Kalkül, das Don Quijotes Sendungsbewußtsein umfaßt, erklärt sowohl die restriktive Geltung als auch die pikareske Instrumentalisierung seines Wahns, beispielsweise dann, wenn es gilt, solch eine materialistische Forderung wie Sanchos Verlangen nach Entlohnung mit standesgemäßer Eloquenz zurückzuweisen: „Mira, Sancho: yo bien te senalaría salario, si hubiera hallado en alguna de las historias de los caballeros andantes ejemplo que me decubierse y mostrase por algún pequeno resquicio qué es lo que solían ganar cada mes, o cada ano", d.h.: „Sieh, Sancho, gewiß würde ich dir einen Lohn bestimmt haben, hätte ich in irgendeiner der Geschichten der fahrenden Ritter ein Beispiel gefunden, das mich durch ein kleines Ritzchen nur hätte sehen lassen und belehrt hätte, wieviel die Knappen denn eigentlich auf jeglichen Mond oder jegliches Jahr zu verdienen pflegten."[130]

Nicht nur in dieser Szene erinnert der Dialog zwischen Don Quijote und Sancho Pansa, der Cervantes Roman durchzieht, an Lazarillos Unterredung mit dem Junker im Tratado Tercero des LAZARILLO DE TORMES, und wie bei jenem Hidalgo ist auch beim Ritter von der Traurigen Gestalt nur schwer auszumachen, ob er mehr sich selbst oder andere täuscht. Jedenfalls zeigt sich Don Quijotes Ingenium nicht nur darin, daß er sich seine Abenteuer selbst besorgt, indem er jene katastrophalen Situationen heraufbeschwört, in denen er sich und der Welt sein Rittertum beweisen kann.[131] Seine möglicherweise unfreiwillige Genialität besteht vielmehr vor allem darin, daß er mit seinem Wahn alle Dinge auf den Kopf stellt und jedermann verwirrt, wie eines seiner Opfer bemerkt: „Tú eres loco, y si lo fueras a solas y dentro de las puertas de tu locura, fuera menos mal, pero tienes propriedad de volver locos y mentecatos a cuantos te tratan y communcian", d.h.: „Du bist ein Narr, und wärst du es für dich allein und bliebest an der heimatlichen Wohnstätte deiner Narrheit, so wär es nicht so arg; aber du hast die Eigentümlichkeit, alle anderen, die mit dir umgehen und verkehren, auch zu Narren und zu Verrückten zu machen."[132]

Ohne seinen Schildknappen würde dem Ritter von der Traurigen Gestalt allerdings der Steigbügelhalter seines Wahns fehlen. In seiner Eigenschaft als Analphabet ist der Nicht-Leser Sancho Pansa dem Viel-Leser Don Quijote komplementär zugeordnet [133], er ist der Vertreter der mündlichen Kultur, während sein Herr „als langer magerer Graphismus" [134] die schriftliche Kultur repräsentiert. Während Don Quijotes Hirn von literarischen Stereotypen okkupiert wird, scheint Sancho Pansa (= Wanst) ein Sack voller Sprichworte zu sein.[135] In ihrer Komplementarität bilden die beiden ein komisches Paar, das sich gegenseitig in die Bredouille manövriert.[136]

Was für Alonso de Quijano die Ritterbücher sind, sind für den Bauerntölpel Sancho jene Gespräche, in denen ihn sein Herr von der Existenz übersinnlicher Mächte überzeugt.[137] Daher bildet der Floh, den Don Quijote Sancho Pansa mit der Wunschvorstellung von einer Statthalterschaft ins Ohr setzt, das Pendant zu seiner eigenen fixen Idee, der Beschützer einer gewissen Dulcinea von Toboso zu sein. Umgekehrt wiederum gilt Kafkas Spruch: „Das Unglück Don Quixotes ist nicht seine Phantasie, sondern Sancho Pansa" [138], denn indem der Schildknappe zu Beginn des 2. Teils Dulcinea in eine Bauerndirne verwandelt, verleiht er den Illusionen seines Herrn eine paradoxe Realität. Solange Dulcinea eine rein persönliche Einbildung Don Quijotes war, konnte er über sie verfügen, nun ist sie seiner Gewalt entzogen und führt insofern ein Eigenleben, als sich der fahrende Ritter nach der Phantasie der anderen richten muß.

Auch im 1. Teil des Romans gab es bereits einen ähnlichen Umschlag der Einbildung in die Wirklichkeit, als der Pfarrer und der Barbier jenes Zimmer in Don Quijotes Haus, „wo die Bücher gestanden, vermauerten und mit einer Leinwand verschlossen, damit er, wenn er wieder aufstünde, sie nicht mehr fände - weil vielleicht, wenn man die Ursache beseitigte, die Wirkung aufhören würde -, und sie wollten ihm sagen, ein Zauberer habe die Bücher und das Zimmer und alles auf und davon geführt." („Uno de los remedios que el Cura y el Barbero dieron, por entonces, para el mal de su amigo fue que le murasen y tapiasen el aposento de los libros, porque cuando se levantase no los hallase (quizá quitando la causa, cesaría el efeto), y que dijesen que un encantador se los había llevado, y el aposento y todo, y así fue hecho con mucho presteza.")[139]

Damit aber liefern sie ihrem Freund, weit davon entfernt, ihn zu kurieren, den fatalen Beweis für die Richtigkeit seiner Annahme, von Zauberern verfolgt und wirklich ver-rückt worden zu sein.[140] Indem Don Quijote sich nach seiner ersten Ausfahrt in einer tatsächlich veränderten Welt - seinem umgebauten Haus - wiederfindet, ohne diese Veränderung vernünftig erklärt zu bekommen, entfällt die Realität als Korrektiv seiner Vorstellungswelt.

Als nun Sancho Pansa jene Erfindung, der Don Quijote den Namen Dulcinea gegeben hatte, - wenn auch nur in verzauberter Gestalt - wirklich findet, sind reale und irreale, faktische und fiktive Welten überhaupt nicht mehr auseinanderzuhalten. Daher läuft die Unterredung, die Don Quijote und Sancho Pansa zwischen ihren Abenteuern führen, auf der Basis ihrer Komplementarität auf eine reziproke Schismogenese mit wechselseitigem Verstärkereffekt hinaus.[141] Die Quijotisierung Sancho Pansas und die Sanchosierung Don Quijotes, die de Madariaga als erster beschrieben hat [142], läßt sie beide als gespaltene Persönlichkeiten erscheinen [143], wobei es nicht nur für den Pfarrer den Anschein hat, „als hätten die beiden ihre Torheiten in der nämlichen Form gemünzt, und die Narreteien des Herrn wären ohne die Albernheiten des Dieners nicht einen Pfennig wert" („que parece que los forjaron a los dos en una mesma turquesa, y que las locuras del senor sin las necedades del criado no valían un ardite").[144] Dieser Bedingungszusammenhang entgeht nämlich auch den Betroffenen nicht: „A fe, Sancho - dijo don Quijote -, que, a lo que parece, que no estás tú más cuerdo que yo". „Auf mein Wort, Sancho", sprach Don Quijote, „du kommst mir vor, als wärest du ebensowenig bei Verstand wie ich."[145]

So läßt sich Sanchos Part als Zerr- und Spiegelbild seines Herrn „mit der Rolle der mittelalterlichen Parodien in bezug auf die hohe Ideologie und den Kult, mit der Rolle des Possenreißers in einer seriösen Zeremonie, mit der Rolle der fetten Tage gegenüber der Fastenzeit vergleichen" [146], die in Don Quijotes asketischer Erscheinung traurige Gestalt annimmt. „Der dicke Bauch von Sancho" - man denke an einen Kuhpansen - „sein Appetit und sein Durst sind zutiefst karnevalesk" [147], und Cervantes weist auf diese Konnotation an vielen Stellen seines Romans hin, beispielsweise wenn er eine der vielen Prügelszenen mit den Worten beschreibt: „Y allí, puesto Sancho en mitad de la manta, commenzaron a levantarle en alto, y a holgarse con él, como con perro por carnestolendas", d.h.: „Und hier legten sie Sancho mitten auf die Bettdecke und begannen ihn in die Höhe zu schnellen und hatten ihren Spaß mit ihm wie mit einem Hunde auf Fastnacht."[148]

Demgegenüber ist Don Quijote ein personifiziertes Paradoxon, eine traurige Gestalt zum Lachen, mit der sich jedermann einen Schabernack erlauben kann - so wie der Barbier Nikolas, der, „da er Don Quijotes Sparren so gut kannte, noch Öl ins Feuer gießen und den Spaß weitertreiben (wollte], damit sie alle was zu lachen hätten." („Nuestro Barbero, que a todo estaba presente, como tenía tan bien conocido el humor de don Quijote, quiso esforzar su desatino y llevar adelante la burla, para que todas riesen.")[149] Daher läßt sich das Interaktionsmuster der Schismogenese, das die Entwicklung des komischen Paares bestimmt, verallgemeinern: „Der ganze Bau des Romans erhebt sich auf der Basis eines reziproken Geschehens zwischen dem Wahn Don Quijotes, durch den er sich selbst täuscht, und dem Ulk der übrigen, durch den er getäuscht wird."[150]

Cervantes Version des Wolfsspiels besteht, so gesehen, darin, daß prinzipiell jeder jeden zum Narren hält und deswegen selbst närrisch ist oder wird. Auch dem Verfasser des DON QUIJOTE geht es also um den systemischen, interaktionellen Charakter des Gesellschaftsvollzugs, nur daß er dabei weniger auf die antagonistischen Züge des *homo homini lupus* als auf den simulatorischen Charakter der Devise *mundus vult decipi - ergo decipiatur* abhebt. Daher wird im DON QUIJOTE an vielen Stellen auf die Metapher vom *theatrum mundi* angespielt, die Cervantes sowohl auf die verkehrte Welt, in der Don Quijote lebt, als auch auf die komischen Exorzismen bezieht, die an Fastnacht inszeniert werden.

Im ersten Teil des DON QUIJOTE nimmt diese Karnevalsierung der Geschichte folgende Vollzugsform an: nachdem sich Don Quijote aufgrund seiner fixen Idee zum Narren gemacht und die Welt auf den Kopf gestellt hat, wird er auf seiner zweiten Ausfahrt wie ein Tollwütiger, wie ein Wilder Mann, gefangengesetzt und gefesselt, bis „man den Käfig herbeibrachte, ihn darin einsperrte und die Balken so fest vernagelte, daß sie nicht so leicht zu brechen waren." („que fue que, trayendo allí la jaula, lo encerraron dentro, y le clavaron los maderos tan fuertemente, que no se pudieran romper a dos tirones.")[151]

Dann wird der (Karnevals-) Wagen, auf dem sich der Käfig befindet, von verschiedenen Personen mit Larven vor dem Gesicht eskortiert, in Don Quijotes Heimatdorf geschleppt. Das ganze Verfahren der Heimholung des fahrenden Ritters ist also eine Art Mummenschanz unter lebhafter Anteilnahme der Bevölkerung, denn „die Einwohner standen alle auf dem Marktplatz herum, über den Don Quijotes Karren mitten darüberfuhr." („la gente estaba toda en la plaza, por mitad de la cual atravesó el carro de don Quijote.")[152]

Im zweiten Teil wird das karnevaleske Tableau noch deutlicher ausgeführt. Nicht nur, daß der Ritter im Narrengewand beständig auf Personen trifft, die schelmisch genug sind, ihm einen Streich zu spielen, vielmehr wird die gesamte Handlung überhaupt erst durch Sansón Carrascos Versuch motiviert, Don Quijote zu einer weiteren Ausfahrt zu bewegen. Indem er den gemeingefährlichen Spinner erneut auf die Welt losläßt, um ihm als Spiegelritter aufzulauern und den Wahn mit Don Quijotes eigenen Waffen auszutreiben, nimmt Sansóns gutgemeinte Intrige aberwitzige Züge an. Den Höhepunkt der Verrücktheit aber erreicht der Roman am Hof des Herzogs und der Herzogin, die aufgrund ihrer Kenntnis des ersten Teils beschlossen haben, „Don Quijote einen Possen zu spielen, der ganz ausgezeichnet und der Manier der Ritterbücher wohl angepaßt sein sollte, einer Manier, in der sie ihm noch andere Streiche spielten, alle so sachgemäß und so gescheit angelegt, daß es die besten Abenteuer sind, die in dieser großen Geschichte vorkommen." („los dos dieron traza y orden de hacer una burla a don Quijote, que fuese famosa y viniese bien con el estilo caballeresco, en el cual le hicieron muchas tan propias y discretas, que son las mejores aventuras que en esta grande historia se contienen.)[153]

Zunächst werden Sancho Pansa und sein Herr mit verbundenen Augen auf eine Karikatur des Trojanischen Pferdes gesetzt, durchgerüttelt und in den Dreck geschleudert, dann läßt man Don Quijote von einem falschen Edelfräulein umgarnen, während Sancho Pansa zum Statthalter einer „Insul auf dem festen Lande" gekürt wird. Seiner Inthronisation nach Art des Narrenkönigs folgt erwartungsgemäß eine Degradierung, die der Schildknappe jedoch angesichts der Hölle, die man ihm auf der Insel bereitet hat, um ihn von der fixen Idee der Statthalterschaft zu heilen, mit den Worten herbeisehnt: „laßt mich wieder mein vergangenes Leben aufsuchen, damit ich auferstehe aus diesem jetzigen Tode." („dejadme que vaya a buscar la vida pasada, para que me resucite de esta muerte presente")[154]

Auch Don Quijotes Bedarf an Abenteuern ist fürs erste gedeckt, auch er wünscht, der „Folterkammer" [155] zu entkommen, die der Herzog und die Herzogin in ihrem überschäumenden Humor für ihn eingerichtet haben. Das aber bedeutet, daß sich die Welt der Ritter, die er wiederherstellen wollte, in der Wirklichkeit als Alptraum erweist. Das chevareleske Simulakrum am Hof des Herzogspaares zeigt sowohl im Hinblick auf die Intentionen seiner Urheber als auch im Hinblick auf Don Quijotes fixe Idee, daß die Übertragung der ritterlichen Ideale in die Realität eine grausam verkehrte Welt erzeugt. Wie jede Übertragung ist auch die des chevaleresken Konzepts (vom Mittelalter in die Neuzeit) imstande, den Sektor, auf den sie angewandt wird, zu reorganisieren. Die Frage ist nur, ob diese Reorganisation sinnvoll oder unsinnig, nützlich oder schädlich ist. Das chevalereske Konzept ist offenbar, wie Don Quijote am Ende seines Lebens erkennt, eine unangemessene, nicht praktikable Metapher, obwohl sie eine wichtige heuristische Funktion erfüllt, da sie den Abstand von Idealität und Realität erfahrbar macht. Eben deshalb kommt es, wie Don Quijote allmählch erkennt, auf diesen Abstand an.

Damit diese Erkenntnis dem Leser nicht entgeht, hat Cervantes an fast jeder Stelle seines Romans eine Ebenendifferenz etabliert, die verhindert, daß die Distanz des Lesers zum Erzählten trotz seiner transitorischen Identifikation verlorengeht. So gibt er sich selbst lediglich als einen „Stiefvater" Don Quijotes aus und schiebt in den ersten acht Kapiteln einen anonymen und anschließend Cide Hamét Benengelí als eigentlichen Verfasser der Geschichte vor, einer Geschichte, die er selbst angeblich nur nacherzählt. Dergestalt erscheint Cervantes als der erste Leser des DON QUIJOTE, d.h., die Verdoppelung der narrativen Vermittlungsstruktur macht den Autor zum *lector in fabula*.

Der Witz an dieser Reduplikation ist, daß Cervantes vermeintliche Abhängigkeit von Cide Hamét Benengelí seine auktoriale Macht eher vergrößert als verkleinert, da sie ein Moment der Kontingenz in die Erzählung einführt. Weil es so, wie es Benengelí berichtet, aber auch anders gewesen sein kann, steht Cervantes stets mehr als nur eine Möglichkeit der Darstellung zur Verfügung, und diese Erweiterung seiner Vorstellungswelt dehnt auch den Spielraum der Lesarten aus, den der Roman eröffnet.

Damit nicht genug, reflektiert Cervantes den Umstand, daß er selbst nicht direkt auf Don Quijotes Geschichte, sondern auf eine ihrer möglichen Versionen bezugnimmt, dadurch im Roman, daß die Figuren des zweiten Teils den ersten Teil kennen und ihrer Begegnung mit dem Ritter von der Traurigen Gestalt eine Lektüre vorgeschaltet ist. Dieser ingeniöse Einfall, die Figuren des zweiten auf den ersten Teil des DON QUIJOTE bezugnehmen zu lassen, erlaubt es Cervantes, neben der Welt das Buch zur Referenzinstanz zu machen. Es findet also eine Verdoppelung der Bezugssysteme statt, wobei die Welt außerhalb des Romans die Fremdreferenz und die Welt innerhalb des Romans die Selbstreferenz bilden. Mit der dadurch gewonnenen Möglichkeit, zwischen verschiedenen Referenzinstanzen zu wählen, erhält Cervantes Gelegenheit, seine Erzählung durch die Bezugnahme auf sich selbst zu beglaubigen.[156]

Das eigentlich Revolutionäre dabei jedoch ist, daß diese Bezugnahme ihren Zweck erfüllt, obwohl ihr eine Beglaubigungskraft im empirischen Sinne fehlt: das Konzept der Mimesis, demzufolge die Wirkung der Kunst aus der Nachahmung der Wirklichkeit resultiert, die ihr Signifikat bildet, wird durch ein Verfahren unterlaufen, bei dem der Referent „Welt" durch den Signifikanten „Text" ersetzt wird. Dergestalt wird die mimetische Beziehung in eine intertextuelle umgewandelt, und die Wechselseitigkeit des Übertragungsprozesses nachvollziehbar gemacht, auf der Cervantes spezifische Weise der Welterzeugung beruht. Konsequenterweise verfolgt Cervantes in seinem Roman einen radikalen Perspektivismus, denn alles, was sich ereignet, wird immer nur aus der Warte einer der handelnden Personen für den Leser nachvollziehbar gemacht.[157] Dabei kommt den Fehlrahmungen der Figuren die Funktion zu, die Relativität aller Konzeptualisierungen bewußt zu machen.

Aus der Beschränkung aller Sichtweisen und Lesarten, Wahrnehmungen und Interpretationen folgt jedoch, daß es auf die Abstimmung der Perspektiven im zwischenmenschlichen Dialog ankommt. Wie Don Quijotes Wahn und das chevareleske Simulakrum des Herzogspaares komplementär veranschaulichen, kommt es zu einer individuellen oder kollektiven Fehlkonstruktion der Wirklichkeit, wenn jeder mit jedem Ulk treibt: „Mirad si son han de ser ellos locos, pues los cuerdos canonizan sus locuras!" „Bedenkt nur, müssen sie nicht zu Narren werden, wenn ihre Narrheiten von den Verständigen heiliggesprochen werden" [158], wendet ein Geistlicher gegen die Inszenierungen des Herzogs und der Herzogin ein, von denen Cide Hamét Benengelí wohl nicht zu Unrecht meint, daß sie „ebensolche Narren seien wie die Gefoppten." („Y dice más Cide Hamete: que tiene para sí ser tan locos los burladores como los burlados")[159]

So gesehen, führt Cervantes das Wahrheitsproblem auf eine ethische Problematik zurück.[160] Gerade weil die Wirklichkeit als eindeutiges Korrektiv ausfällt, kommt es auf die Verantwortung an, die jeder Mensch für sich und seine Umwelt trägt; die verschiedenen Welt-Versionen müssen verbindlich aufeinander abgestimmt werden. Wie Cesare Segre gezeigt hat, basiert Cervantes Einsicht in den relativen und perspektivischen Charakter aller Welterzeugung auf einer Abkehr von seiner eigenen, ursprünglichen Konstruktion der Wirklichkeit: „Cervantes schien am Anfang des Romans davon auszugehen, daß es Bezugspunkte und Maßstäbe außerhalb der menschlichen Erfahrung gebe. Es lasse sich demnach unterscheiden zwischen Narrheit und Vernunft, zwischen Lüge und Wahrheit.; das Ergebnis war statt dessen eine Ablehnung des Wirklichkeitsbegriffs, eine neue Auffassung von Kunst als ars combinatoria, die Erkenntnis eines Relativismus, der, je nach Gesichtspunkt, eine endlose Veränderung der Situationen und Zusammenhänge ermöglicht."[161]

Demnach wäre der DON QUIJOTE ein Protokoll der kopernikanischen Wende in der Erzählkunst. Die Ritterbücher, an denen sich Cervantes Ingenium stieß, warfen mit ihrer „rhetoric of dissimulation" das Problem der fingierten Authentizität auf. Wenn aber die fiktionale Vermittlung von Welt den Eindruck der Unmittelbarkeit erzeugen und über ihre eigene Modalität hinwegtäuschen kann, dann ist es nicht verwunderlich, daß manche Leser zu der Annahme verführt werden, zwischen ihrer Lebenswirklichkeit und dem literarischen Universum bestünde keine Diskontinuität. Don Quijotes grotesker Versuch, den eigenen Körper mitzunehmen in die Welt der Bücher, ist das Ergebnis seiner Unfähigkeit, die Differenz zwischen diesen verschiedenen Sphären der Erfahrung zu erkennen, denn er setzt dort eine Kontinuität voraus, wo eine unüberbrückbare Kluft besteht.[162]

Cervantes entscheidende Entdeckung besteht aber nicht darin, daß sich das Fiktive an seinem Vergleich mit dem Faktischen zeigt, sondern daß sich diese Beziehung umkehren läßt, daß sie reflexiv gelesen werden kann: einerseits erweist sich die Fiktionalität eines Textes an seinem Abstand zur Wirklichkeit; andererseits bestimmt sich das Faktische durch seine Nicht-Übereinstimmung mit dem Fiktiven, das insofern seine konstitutive Bezugsgröße bildet. Die Unterscheidung zwischen den verschiedenen Weltbildern und der Welt selbst, die immer nur indirekt über eine Fassung und nie direkt zugänglich ist, impliziert, daß auch der Wirklichkeitssinn eine Vermittlung oder Übersetzung der Welt in bestimmte realistische Versionen vornimmt.

Damit enden, wie es Michel Foucault formuliert hat, „die alten Spiele der Ähnlichkeit" [163], die das mittelalterliche Epistem der Analogieschlüsse bestimmt hatten. „Don Quijote hat alle wichtigen Stereotypen der Ritterromanhandlung gespeichert. Die Wirklichkeit braucht ihm nur ein Merkmal (eine Ähnlichkeit) vor Augen zu führen, und schon ruft er das ganze Stereotyp ab und verhält sich danach."[164] Doch diese Applikation funktioniert nicht; zwischen dem chevaleresken Text und dem Text der Welt besteht eine unaufhebbare Differenz. „Die Schrift und die Dinge ähneln sich nicht mehr" und daher wird Don Quijotes Desillusionierungsprozeß „eine Entzifferung der Welt", ja, eine Entzifferung der Differenz selbst sein.[165] Seine Verrücktheit ist ein Zeichen dafür, daß der Modus der Ähnlichkeit keinen angemessenen Verständnisrahmen mehr darstellt und die Übereinstimmung von Text und Welt nicht als selbstverständlich vorausgesetzt werden darf.

Wenn es aber im DON QUIJOTE um die Differenz von Karte und Territorium geht, und Cervantes deutlich macht, daß es Metaphern sind, die unsere Weltversionen bestimmen, weil kein direkter Zugang zur Wirklichkeit besteht, dann wird die Frage nach der Wahrheit so diffizil wie die Frage nach Dulcineas Existenz. Als die Herzogin Don Quijote auf die Möglichkeit aufmerksam macht, daß es vielleicht gar keine Dulcinea von Toboso gibt, entgegnet der Ritter von der Traurigen Gestalt salomonisch: „Darüber läßt sich viel sagen. Gott allein weiß, ob es eine Dulcinea gibt in der Welt oder nicht, oder ob sie ein Traumbild ist oder nicht; dies gehört nicht zu den Dingen, deren Ergründung man bis zum letzten Punkt durchführen darf." („En eso hay mucho que decir. Dios sabe si hay Dulcinea, o no, en el mundo, o si es fantástica, o no es fantástica; y estas no son de las cosas cuya averiguación se ha de llevar hasta al cabo.")[166]

3. DAS GROSSE WOLFSSPIEL

Die relative Geschlossenheit des pikaresken Universums läßt sich über die bereits dargestellten Bezugspunkte und Verbindungslinien hinaus anhand einer Reihe von Indizien belegen. Sowohl die Ähnlichkeit der Titel und Untertitel als auch die Häufigkeit bestimmter, immer wiederkehrender Motive zeigen, daß die Verfasser der einzelnen Romane bewußt an eine Tradition anknüpften, die zwar noch keinen bestimmten Namen, aber doch immerhin ein fest umrissenes Erscheinungsbild aufwies. Howard Mancing hat in diesem Zusammenhang sogar von einer „self-awareness of the picaresque novel" [1] gesprochen, und die Häufigkeit, mit der Schelmenromane von anderen als den ursprünglichen Verfassern fortgesetzt oder umgeschrieben worden sind, als Argument für dieses Selbst-Bewußtsein des Genres angeführt.[2]

Die ideologische Zusammengehörigkeit der verschiedenen Texte läßt sich jedoch vor allem an der Metaphorik des Wolfsspiels festmachen, die dem pikaresken Universum seine imagologische Einheitlichkeit verleiht. Dabei handelt es sich um eine Reihe von Metaphern und Topoi, die sich in unterschiedlicher Dichte durch die einzelnen Romane ziehen und verschiedene Aspekte des gesellschaftlichen Bedingungsgeflechts der pikaresken Karriere veranschaulichen.

Zu diesen Bildern, Emblemen und Motiven gehört natürlich der Chronotopos der verkehrten Welt („mundus perversus"), der über das Motto „mundus vult decipi - ergo decipiatur" einerseits mit der Metapher vom „theatrum mundi" und andererseits mit dem Stereotyp der „inconstantia mundi" verbunden wird, wobei sich die Unbeständigkeit der Welt wiederum aus dem unberechenbaren Walten der „fortuna bifrons" ergibt. Diese Szenographie bildet den Hintergrund für das große Wolfsspiel, das auf der Weltbühne gemäß der Devise „homo homini lupus est" aufgeführt wird.

Die Volkstümlichkeit der Bildlichkeit des Wolfsspiels zeigt sich an seiner Affinität zu vielen Sprichwörtern und Redensarten, in denen sich pikareske Erfahrungen niedergeschlagen haben: „Wer sich zum Schafe macht, den fressen die Wölfe", denn „der Wolf findet leicht eine Ursache, wenn er das Schaf fressen will". „Wo der Wolf Schafhirt ist, da geht es nicht bloß an die Wolle, sondern auch ans Fell", doch „wenn der Wolf gefangen ist, stellt er sich wie ein Schaf."

Solche und ähnliche Lebensweisheiten reflektieren nicht nur bruchstückhaft das Weltbild des Schelms, sie spiegeln zugleich das gespannte Verhältnis wider, das Mensch und Wolf verbindet. Auf der einen Seite ist der Wolf jahrhundertelang das einzige Raubtier in Europa gewesen, das dem Menschen ernsthaft gefährlich werden konnte; auf der anderen Seite ist der Mensch selbst aufgrund seiner Grausamkeit immer wieder mit diesem Tier verglichen worden. Ein Grund für diese Doppelkodierung des Wolfs als Feind- und Sinnbild des Menschen dürfte das Konkurrenzverhältnis sein, in dem beide Lebewesen lange Zeit standen. Bis weit ins 19. Jahrhundert hinein war das bevorzugte Beutetier des Wolfs, das Schaf, auch das wichtigste Zuchttier des Menschen, das gemeinsame Objekt ihrer Begierde: während die arbeitsteilige Organisation der Wolfsrudel der gemeinsamen Jagd diente, stand der Zusammenschluß der Hirten zu Jägern im Zeichen der Wolfsabwehr.[3] Das wechselseitige Mißtrauen von Mensch und Tier hat hier ebenso seine Ursache wie die vielen Vorurteile über die nicht zu domestizierende „Bestie". Den Schafzüchtern galt der Wolf als ein wilder und verschlagener Räuber; der Wolf hatte umgekehrt im Menschen seinen schlimmsten Feind und Verfolger zu fürchten; jeder mied daher des anderen Nähe, so gut es eben ging.

Der Respekt und die Furcht, die Hirten und Bauern gegenüber ihrem „natürlichen" Widersacher empfanden, ließen den Wolf zu einer zwiespältigen Symbolfigur werden. In der Gegenüberstellung mit dem Wolf erfuhr der Mensch sowohl seine Verletzlichkeit als auch seinen Hang zur Gewalttätigkeit. Die nahezu vollständige Ausrottung des europäischen Wolfes, den seine Jäger, hatten sie den Schafdieb gestellt, wie einen Mörder aufhängten - in manchen Gegenden Europas heißt der Galgen bezeichnenderweise „Wolfsbaum" - ist ebenso vor diesem Hintergrund zu sehen wie die exorzistische Funktion vieler Märchen und Tierfabeln, in denen der gefürchtete Räuber als ein von schlauen Bauern und Füchsen leicht zu überlistender Trottel porträtiert wird.[4]

Zur metaphorischen Bedeutung des Wolfs trug dabei im christlichen Abendland insbesondere das Neue Testament bei, das den Gegensatz zwischen Unschuldslämmern und Wölfen, guten Hirten und bösen Tieren symbolisch generalisierte: „Hütet euch vor den falschen Propheten", warnt Jesus seine Jünger in der Bergpredigt: „Sie kommen zu euch in Schafskleidern, inwendig aber sind sie reißende Wölfe." Und bei der Aussendung der Apostel sagt er: „Seht, ich sende euch wie Schafe mitten unter die Wölfe" (Lukas-Evangelium 10,3), die dergestalt mit den Menschen identifiziert werden.

Schon im 2.Jahrhundert nach Christus galt der Wolf im wörtlichen wie im übertragenen Sinne als Sündenbock: „Man klagt den Wolf an, ganz gleich, ob er schuldig ist oder nicht", bemerkt Zenobius.[5] Und der Volksmund weiß: „Wenn das Schaf gestohlen ist, so sagt der Schäfer: der Wolf hat's getan." Eben dieses Verfahren, den Verdacht von sich selbst abzulenken, kritisiert ja Cer-

vantes in seinem COLOQUIO. Auch die Verteidigungsstrategie, der sich der
Schelm in seiner apologetischen Beichte bedient, läuft, wie Guzmáns Beispiel
zeigt, auf die Behauptung hinaus, man müsse „mit den Wölfen heulen", wenn
man, so wie die Dinge in dieser Welt nun einmal liegen, nicht verhungern
wolle.

Die folkloristische Version des Wolfsspiels, die sich aus Sprichwörtern,
Tierfabeln und Märchen kompilieren ließe, hebt also wie der unzuverlässige
Ich-Erzähler auf die Zwiespältigkeit aller Erscheinungen und die Unwägbarkeiten im menschlichen Verkehr ab. Das Prekäre an der sozialen Verfassung
des menschlichen Daseins, das daraus entsteht, daß der eine auf den anderen
angewiesen ist, ohne ihm vorbehaltlos vertrauen zu können („Trau, schau
wem"), offenbart sich gerade am „Wolf im Schafspelz" besonders deutlich, da
er veranschaulicht, wie sehr „der Schein trügt". Die Umkehrbarkeit der Perspektiven und das satirische Verfahren der Inversion, deren Möglichkeit die
Bedingung aller Täuschung ist, nehmen im Wolf, der sich als Unschuldslamm
gibt, fabelhaft Gestalt an.

Obwohl die Pícaros mit Ausnahme von Lunas LAZARILLO-Fortsetzung (und
Apuleius Lucius, sofern man ihn einmal als „pícaro" bezeichnen will), nicht in
Tiere verwandelt werden, hat der Schelmenroman sich daher immer eine Nähe
zu dem folkloristischen Genre der Tierfabel bewahrt, dessen berühmtester
Vertreter wohl die Geschichte von REINEKE FUCHS ist. Die Ambivalenz des Fuch-
ses zeigt sich gerade in dieser Geschichte daran, daß er zugleich Komplize und
Konkurrent des Wolfes ist, mit dem er sich am Ende sogar duelliert.

Die aus Indien stammende Fuchssage wurde von Äsop nach Europa vermittelt, dort mit der Zeit um diverse Schwankmotive erweitert und im Mittelalter
zum Versepos ausgestaltet. Goethes Version, die zuerst im zweiten Band seiner NEUEN SCHRIFTEN 1794 gedruckt wurde, lehnt sich an Gottscheds 1752 veröffentlichte Prosafassung des mittelniederdeutschen REYNKE DE VOS von 1498
an, von der er auch die satirische Verfremdung der mittelalterlichen Feudal-
ordnung übernahm.[6]

Obwohl der Fuchs von Goethe gleich im ersten der insgesamt Zwölf Ge-
sänge als „Schelm" eingeführt wird, muß er seinen Taten und Reden nach doch
zugleich als „Schalk" in der mhd. Bedeutung dieses Wortes, d.h. als arglistiger
Betrüger und Lügner aufgefaßt werden, wie sowohl seine heimtückische Er-
mordung des Hasen Lampe als auch seine demagogischen Fähigkeiten deutlich machen. „Denn ergriff er das Wort", heißt es im Vierten Gesang, „so floß
die zierliche Rede seiner Entschuldigung her, als wäre es lautere Wahrheit."
Daher bedarf die apologetische Schelmenbeichte, die Reineke vor dem königlichen Gericht ablegt, der Komplementärlektüre.

Gleichwohl stellt der Fuchs in seiner Verteidigungsrede, die mehr und mehr

zur Schelmenschelte gegen Löwe, Wolf und Bär gerät, die Wahrheit nicht einfach auf den Kopf, wenn er darauf hinweist, daß Richter und Ankläger mindestens eben solche Ganoven sind wie er selbst: „Raubt der König ja selbst so
gut als einer, wir wissens; Was er selbst nicht nimmt, das läßt er Bären und
Wölfen" (Achter Gesang), die „ohne Scheu und Scham auf Lämmer und Schafe
zu wüten" fortfahren (Sechster Gesang), während man gegen den Fuchs einen
Prozeß anstrengt. Reinekes Plädoyer offenbart daher, daß dieser Prozeß eine
einzige Farce darstellt, spricht doch schon die Gewaltherrschaft des Löwen über
die anderen Tiere jeder Idee von Gerechtigkeit Hohn, zumal Nobel nicht im
Ernst daran denkt, seinen unverzichtbaren Ratgeber wegen eines Verbrechens
zu bestrafen, dessen er selber schuldig ist.[7] Das ungerechte Gericht, dem
Reineke seinerseits den Prozeß macht, fungiert mithin als mikrokosmisches
Modell der durch Lug und Trug verkehrten Welt. Das Wolfsspiel, das im
mundus perversus der Tierwelt abläuft, ist Goethes metaphorisch-allegorische
Fassung des pikaresken Universums.

Der Widerspruch zwischen Gewaltherrschaft und Gerechtigkeit, Macht und
Wahrheit, auf den Goethes Fabel verweist, ist spätestens seit Niccolò Machiavelli (1469-1527) als gesellschaftliches Problem erkannt und mit dem Phänomen der doppelten Moral verbunden worden, von deren Allgegenwart der
Schelmenroman handelt. Da Machiavelli Lug und Trug, List und Tücke als
durchaus legitime Mittel der Herrschaftsausübung empfiehlt, kann man in ihm
einen Kronzeugen der pikaresken Philosophie sehen. Wie für Lázaro, Guzmán
oder Pablos ist auch für Machiavelli Unredlichkeit effizienter als Wahrhaftigkeit, Verschlagenheit wirkungsvoller als Offenherzigkeit. Daher rät er zumindest dem Fürsten, für den sein Leitfaden der Herrschaftsausübung bestimmt
war, sich zur rechten Zeit töricht zu stellen [8] oder bei passender Gelegenheit
sein Wort zu brechen.[9] Da der zwischenmenschliche Verkehr auf dem Antagonismus der egoistischen Triebe beruht, geht List im universalen Streit vor
Gewalt. Machiavelli veranschaulicht diese Weisheit bezeichnenderweise anhand eines Beispiels aus dem Tierreich: „Da also ein Fürst gezwungen ist, von
der Natur der Tiere den rechten Gebrauch machen zu können, muß er sich unter
ihnen den Fuchs und den Löwen auswählen; denn der Löwe ist wehrlos gegen
Schlingen und der Fuchs gegen Wölfe. Man muß also ein Fuchs sein, um die
Schlingen zu erkennen, und ein Löwe um die Wölfe zu schrecken."[10]

Infolge seiner strategischen Einstellung votiert Machiavelli gegen die kataklysmische Vorstellung, „die Dinge dieser Welt würden auf solche Weise
von Fortuna und von Gott geleitet, daß die Menschen mit ihrer Klugheit sie
nicht ändern könnten, ja überhaupt kein Mittel dagegen hätten", und vertritt
seinerseits die These, daß Fortuna ihre Macht nur dort zeige, „wo man nicht
die Kraft aufbringt, ihr zu widerstehen."[11] Zwar kann der Mensch das Schick-

sal nicht beeinflussen, aber wer sein Verhalten „nach dem Wind des Glücks und dem Wechsel der Umstände" [12] richtet, kann (wie Lázaro) auf der Welle des Glücks einen sicheren Hafen erreichen.

Machiavelli spielt hier auf das Bild vom Glücksrad an, anhand dessen im Mittelalter die Schicksalsmacht der *fortuna bifrons* veranschaulicht wurde. Die weitverbreitete Neigung des Menschen, die Welt zu einem Freund oder Feind und das Leben zu einem Partner oder Gegner zu hypostasieren [13], fand in diesem Sinnbild Ausdruck, da die unberechenbare Verteilung der *bona* und *mala* des janusköpfigen Glücks den einzelnen ebenso gut nach oben, auf den Gipfel der Wohlfahrt, wie nach unten, ins tiefste Unglück, befördern kann. Durch das Bild vom Glücksrad ergibt sich, wie in der VIDA DE LAZARILLO DE TORMES, Y DE SUS FORTUNAS Y ADVERSIDADES sowohl eine Beziehung zur Zeit, zum Auf und Ab im Kreislauf des Lebens, als auch zum Raum, insbesondere zum Topos der verkehrten Welt, ist die Schicksalsgöttin doch jederzeit in der Lage, alle Verhältnisse auf den Kopf zu stellen.

Auf diesen Vorstellungskomplex beruft sich Petrarca in seiner überaus populären Abhandlung DE REMEDIIS UTRIUSQUE FORTUNAE (1366), die in zahlreichen, oft prächtig illustrierten Ausgaben bis weit ins 17.Jahrundert hinein immer wieder aufgelegt worden ist. Als Vorbild für den Traum vom Ständebaum im SIMPLICISSIMUS TEUTSCH wird beispielsweise ein Holzschnitt des sogenannten Petrarca-Meisters angesehen, in dem der universale Streit von Glück und Unglück allegorisch dargestellt wird.[14]

Für Petrarca offenbart sich die *fortuna bifrons* darin, daß in dieser Welt, wie schon Heraklit wußte, alles gemäß dem Streit geschieht. „Durchprüfe und durchlaufe im Geiste alles, was da ist" [15], fordert Petrarca seinen Leser auf, überall herrscht Wettkampf, Krieg und Streit. „Eine Tierart hetzt die andere. Keinem Menschen ist Ruhe gegönnt."[16] Mikro- und Makrokosmos sind davon gleichermaßen betroffen, doch am schlimmsten ist, daß beide Seiten der *fortuna bifrons* zu fürchten sind: das Glück macht übermütig, das Unglück verzweifelt. Das einzige Heilmittel, das Petrarca zu nennen weiß, besteht in der Tugend des Gleichmuts, in der stoischen Gelassenheit (Ataraxia), die übrigens auch Rabelais angesichts der *inconstantia mundi* empfiehlt.[17] Diese Gelassenheit aber entsteht allein durch Gottvertrauen.

Nur scheinbar erweckt Petrarcas Konzeption der *fortuna bifrons*, die auf den Verfasser des LAZARILLO DE TORMES offenbar von großem Einfluß war [18], also den Eindruck kataklysmisch zu sein, denn genau besehen ist seine Rede lediglich im übertragenen Sinne auf die Glücksgöttin gemünzt, an die zu glauben, ein Verstoß gegen die christliche Weltanschauung gewesen wäre. Daher betont Petrarca, er habe die volkstümliche Ausdrucksweise von der Fortuna nur gewählt, weil er in seiner Abhandlung eher zu gewöhnlichen Menschen als zu

Philosophen spreche. [19] Sein metaphorischer Diskurs bedient sich der folkloristischen Bildlichkeit also lediglich, um am Ende die Heilsbotschaft zu verkünden, daß wahres Gottvertrauen dem Menschen die Kraft verleihe, die diesseitigen Wechselfälle des Glücks in der Hoffnung auf ein besseres Jenseits zu
ertragen.

Das aber ist genau jene unpolitische Art der Vertröstung, die der Schelm
nicht akzeptiert. Seine Verhaltensweise zeigt, daß die ungerechte Verteilung
von Glück und Unglück an der ungleichen Macht- und Rollenverteilung in der
bestehenden Gesellschaft liegt. Mit dieser profanen Ansicht erweist sich der
Pícaro als literarischer Phänotyp der Neuzeit mit ihrem zunehmend säkularen
Weltverständnis, dessen Hauptvertreter der freie Unternehmer ist. Für den
modernen Kaufmann ist die kataklysmische Vorstellung vom Glücksrad nicht
mehr akzeptabel, er ist - zumindest dem selbstgesteckten Anspruch nach - seines eigenen Glückes Schmied.[20]

Die Ambivalenz dieser strategischen Idee vom Glück besteht, wie der LAZA-
RILLO DE TORMES deutlich macht, in der Doppeldeutigkeit dessen, was in der
bürgerlichen Welt als tüchtig und erfolgreich gilt. Wie Defoes MOLL FLANDERS
unter direkter Bezugnahme auf den Merkantilismus zeigt, bleibt die Redlich-
keit beim Erwerbsstreben häufig auf der Strecke, hängt die Moral von Angebot und Nachfrage ab.

Auch Don Quijote ist die strategische Idee vom Glück vertrauter als das
Kataklysma der *fortuna bifrons*, da er Sancho Pansa erklärt, „daß es keine
Fortuna auf der Welt gibt, und daß alles, was auf Erden geschieht, mag es böse
oder gut sein, nicht durch den Zufall kommt, sondern durch die Schickung des
Himmels; und darum pflegt man auch zu sagen: jeder ist seines eigenen Glük-
kes Schmied." („Lo que te sé decir es que no hay fortuna en el mundo, ni las
cosas que en él suceden, buenas o malas que sean, vienen acaso, sino por par-
ticular providencia de los cielos, y de aquí viene lo que suele decirse: que cada
uno es artífice de su ventura.")[21]

Diese Ansicht vertritt auch Cervantes Zeitgenosse und Landsmann Balthasar Gracián, der in seinem HANDORAKEL DER WELTKLUGHEIT (1653) schreibt: „Es
gibt Regeln für das Glück: denn für den Klugen ist nicht alles Zufall. Die
Bemühung kann dem Glück nachhelfen."[22] Wie bei Machiavelli beruht diese Ansicht auch bei Gracián auf der Einsicht in den allgemeinen Streit um die
Glücksgüter, der das gesellschaftliche Dasein bestimmt. „Was für den einen
ein Mißgeschick, ist oft für den andern die glücklichste Begebenheit: denn
keiner könnte beglückt sein, wenn nicht viele andere unglücklich wären."[23]
Anders als für Petrarca ist der Streit ums Glück daher für Gracián ein strate-
gisch angelegtes Nullsummenspiel, bei dem der eine nur gewinnen kann, was
der andere verliert, da Verlust und Gewinn, gegeneinander aufgerechnet, Null

ergeben.[24] Weil die subjektiven Interessen von ego und alter einander diametral entgegengesetzt und zugleich auf dasselbe Objekt gerichtet sind, kommt Graciáns Vorstellung vom universalen Streit Hobbes Darstellung des *bellum omnia contra omnes* bereits sehr nahe.

Wer aber um die antagonistische Verfassung des menschlichen Zusammenlebens weiß, wird seine Absichten voller Mißtrauen gegenüber den anderen verheimlichen und gegebenenfalls zum Präventivbetrug greifen. Infolgedessen ist das Leben für Gracián wie für Guzmán ein ständiger Krieg des Menschen gegen die Bosheit des Menschen.[25] Weltklugheit besteht unter diesen Umständen vor allem darin, sich nicht in seinen Mitmenschen zu täuschen, welches die schlimmste und leichteste aller Täuschungen ist.[26] Die Gefahr einer solchen Täuschung lauert nämlich überall: da die Menschen sich in ihrer Bosheit nicht ertragen, machen sie sich voreinander unleserlich, verschlüsseln sie ihre Absichten und Gedanken. Wer das Handwerk der Entzifferung nicht versteht, wird zwangsläufig belogen und betrogen.[27] Daher gilt für Gracián: „So sehr als die Bücher, ist es nötig, die Menschen studiert zu haben."[28] Die Lesbarkeit der Menschenwelt rekurriert dabei stets auf die Möglichkeit, daß alles ganz anders ist, als es zu sein scheint, d.h., das Bewußtsein von der Umkehrbarkeit aller Verhältnisse, Werte und Betrachtungsweisen bildet den Dreh- und Angelpunkt der Weltklugheit.

„Das praktischste Wissen besteht in der Verstellungskunst. Wer mit offenen Karten spielt, läuft Gefahr, zu verlieren."[29] Zur Kunst wird die Verstellung freilich erst dadurch, daß man trotz aller Theatralik nicht als unaufrichtig gelten darf: „Die Offenherzigen werden geliebt, aber betrogen. Die größte Kunst bestehe darin, daß man bedecke, was für Betrug gehalten wird."[30] Das klingt wie eine Regieanweisung für den Pícaro, der bei Gracián wie bei Machiavelli lernt: „Unser Ansehen beruht auf dem Geheimhalten mehr als auf dem Tun."[31] Die Fähigkeit zur Tarnung aber setzt realistische Selbsteinschätzung und umfassende Kontrolle des eigenen Verhaltens voraus: „Keiner kann Herr über sich sein, wenn er sich nicht zuvor begriffen hat" [32], und: „Erst sei man Herr über sich: so wird man es nachher über andere."[33]

Diese Maximen nehmen vorweg, was moderne Sozialwissenschaftler „Stigma-Management" nennen, nämlich die Informationen über die eigene Person zu steuern: „Eröffnen oder nicht eröffnen, sagen oder nicht sagen... lügen oder nicht lügen; und in jedem Fall, wem, wie, wann und wo" [34], ist dabei die entscheidende Frage. Gracián drückt das auf seine Weise mit den Worten aus: „Nichts erfordert mehr Behutsamkeit als die Wahrheit: sie ist ein Aderlaß des Herzens. Es gehört gleichviel dazu, sie zu sagen und sie zu verschweigen zu verstehen."[35]

Wer also eine Eigenschaft besitzt, die ihn wie Pablos in den Augen seiner

Mitmenschen diskreditieren könnte - was nicht unbedingt an der Eigenschaft
selbst, sondern am Bewertungsmaßstab der Gesellschaft liegen mag [36] -, wird
wie der Pícaro erleben, „daß täuschen zu lernen eine Phase in der Sozialisation
der stigmatisierten Person und einen Wendepunkt in ihrem moralischen Wer-
degang darstellt."[37] Unter diesem Gesichtspunkt erscheinen Lázaros Verhalten, Guzmáns Argumentation und Pablos Kompensation des Traumas vom
Hahnenkönigtum ebenso wie Simplicius Subversion der Narrenrolle am Hanauer Hof oder Courasches Trotz-Reaktion anläßlich ihrer Diskreditierung
durch Simplicissimus als Formen des Stigma-Managements, das sich auch für
neopikareske Figuren wie beispielsweise den Protagonisten von Ralph Ellisons
INVISIBLE MAN nachweisen läßt.

Angesichts seines Wissens um die Tücken der Selbst- und Weltdarstellung
verwundert es nicht, daß Gracián die für den Schelmenroman grundlegende
Reversibilität aller Perspektiven direkt anspricht: „Dieselbe Sache nimmt sich,
in verschiedenem Lichte betrachtet, gar verschieden aus" [38], und daher gilt:
„Man muß die Sachen von beiden Gesichtspunkten aus durchdenken, sie sorg-
fältig von beiden Seiten betrachten und sie zu einem doppelten Ausgang vor-
bereiten" [39], um gegen die allgegenwärtige Gefahr der (Ent-) Täuschung
gewappnet zu sein. „Seinen heutigen Freunden traue man so, als ob sie morgen Feinde sein würden, und zwar die schlimmsten."[40]

Die konsequente Befolgung von Graciáns pikaresken Ratschlägen überführt
den Gesellschaftsvollzug in ein „milieu de simulacres" [41] und läßt die Welt
zur Bühne einer fadenscheinigen Inszenierung werden. „Unser Leben verwik-
kelt sich in einem Fortgang wie ein Schauspiel und entwickelt sich zuletzt
wieder: daher sei man auf das gute Ende bedacht" [42], mahnt Gracián. Aufgrund der (Selbst-) Verfremdung aber bleibt der Mensch „ein Fremdling unter
seinesgleichen. Die Abhängigkeit von der Gesellschaft zwingt ihn zu einem
Doppelleben: zum scheinhaften der Repräsentation und zum verborgenen der
unantastbaren Persönlichkeit".[43]

An diesem Punkt endet die Gemeinsamkeit von Graciáns Moralistik mit der
pikaresken Weltanschauung, denn der Schelmenroman demonstriert, daß die
äußere Korruption nicht von der inneren Korrumpierung zu trennen ist. Unter
den Bedingungen des Wolfsspiels nimmt jeder Mensch Schaden an seiner
Person. Gegen die Schlußsentenz des Handorakels: „Mit einem Wort, ein
Heiliger sein" [44]; damit sei alles gesagt, wendet der Pícaro ein, daß ein
Mensch, der mit den Wölfen heult, kein Unschuldslamm bleiben kann.

Ähnliche Bedenken wie Gracián gegenüber den möglichen Schlußfolgerungen seiner Bestandsaufnahme der sozialen Wirklichkeit scheinen auch Robert
Burton beschlichen zu haben, der in seiner ANATOMY OF MELANCHOLY (1621)
einerseits viel Raum darauf verwendet, die perfiden Mechanismen des Wolfs-

spiels aufzudecken, diesen kynischen Diskurs andererseits jedoch dadurch relativiert, daß er ihn als „Demokrits Vorrede an den Leser" ausgibt und erklärt: „Nicht ich, sondern Demokrit hat es gesagt. Man bedenke, was es heißt, in der Maske eines anderen, in seinem Namen und dem von ihm entliehenen Habitus zu sprechen" [45], um sich „auf diese Weise ein wenig mehr Redefreiheit" zu sichern.[46] Diese Formulierungen zeigen, wie bewußt Burton und seinen Zeitgenossen die subversiven Möglichkeiten der Rollenprosa und der Genreform-Maske der Menippeischen Satire waren, zu der „Demokrit Juniors Vorrede an den Leser" gezählt werden darf.[47]

Burtons Ausflucht in die Unbelangbarkeit des Narren, der die Wahrheit ungestraft sagen darf, verschafft ihm Gelegenheit, die allgemeinen Mißstände ungeschminkt darzustellen. Dabei lenkt er die Aufmerksamkeit der Leser wie sein Zeitgenosse Grimmelshausen auf den Zusammenhang zwischen dem verkehrten Zustand der Welt und der persönlichen Verblendung jedes einzelnen, wenn er sagt: „was ist der Grund all dieser Verwirrung: die fehlende Selbsterkenntnis" [48], denn die Menschen führen sich auf wie „zweibeinige Esel; jeder Ort quillt über von Geschwistern des Apuleius."[49]

Wie im pikaresken Universum ist es in Burtons närrischer Welt üblich, „ehrbare, fromme, rechtgläubige, gottesfürchtige und rechtschaffene Menschen zu Idioten und Eseln zu stempeln, weil sie nicht lügen und betrügen können oder wollen und unfähig sind zu heucheln, sich zu verstellen... und alles das zu praktizieren, was Sicherheit und Beförderung garantiert und die Betreffenden angeblich zu einem Ausbund des Glücks und der Klugheit werden läßt."[50] Was also auf der Bühne der verkehrten Welt zur Aufführung gelangt, ist nichts anderes als das intrigante Wolfsspiel: Ein „Schafdieb wird aufgeknüpft, weil er Mundraub begangen hat, um nicht zu verhungern - eine Tat, zu der ihn vielleicht unerträgliche Kälte, Hunger und Durst getrieben haben. Aber der Inhaber eines hohen Amtes darf gefahrlos ganze Provinzen ausrauben, Tausende verderben, plündern und auspressen... gleichwohl wird ihm das alles noch mit schwülstigen Titeln vergolten", was in letzter Instanz bedeutet: „ein Lamm wird hingerichtet, nachdem der Wolf das Urteil gesprochen hat."[51] Eine solche Darstellung des *mundus perversus* könnte ohne weiteres dem GUZMAN DE ALFARACHE entnommen sein. Dort hieß es von den Pícaros, „sie sind wie Fische, bei denen die großen die kleinen fressen." („son peces que se comen grandes a chicos")[52] Bei Burton ist von den Menschen zu lesen, sie lauerten „einander auf wie gefräßige Vögel, wilde Tiere, Raubfische - entweder täuschen oder getäuscht werden, andere zerfleischen oder sich selbst in Stücke reißen lassen, ein Drittes gibt es nicht."[53] Fazit: „Die Menschen, sie sind kaum wert des Namens der Menschen und an grimmiger Wut gehen sie den Wölfen vor."[54]

Eine nicht unerhebliche Ursache für diesen Krieg aller gegen alle besteht

für Burton darin, „daß der Reichtum der Maßstab der Wertschätzung ist und
man Vermögen und Glück gleichsetzt."[55] Es ist also die falsche Vorstellung
vom Glück, die den Menschen zum Wolf des Menschen macht. Wenn es aber
eine falsche Idee vom Glück gibt, so muß ihre Umkehrung zu einer richtigen
Vorstellung führen. Das aber heißt, daß sich auch in Demokrit Juniors Universum die verschiedenen Komponenten des großen Wolfsspiels - *theatrum mundi, mundus perversus, mundus vult decipi - ergo decipiatur, fortuna bifrons
und homo homini lupus est* - zu einem Bildkomplex zusammenfügen, dessen
kritische Funktion auf der Übertragbarkeit dieser Metaphern auf die Erfahrungswirklichkeit des Lesers beruht.

Während Burton vor allem an der Phänomenologie des Wolfsspiels interessiert ist, geht Thomas Hobbes (1588-1679) den Enstehungsbedingungen des
bellum omnia contra omnes nach. Auch für ihn hängt der Antagonismus, der
das menschliche Zusammenleben bestimmt, mit dem Egoismus der einzelnen
Gesellschaftsmitglieder und dem Mangel an erstrebenswerten Gütern zusammen, der sie entzweit und gegeneinander aufbringt.

Wie Machiavelli und Gracián meint Hobbes, daß der universale Streit un-
auflösbar ist, weil die reziproken Auffassungsperspektiven von ego und alter
jeweils gleichberechtigt, ihre diametral entgegengesetzten Interessen jedoch
unvereinbar sind: „die Gesinnungen und Leidenschaften der Menschen, so
verschieden sie auch immer sein mögen, haben dennoch eine so große Ähnlichkeit untereinander, daß jeder, sobald er über sich nachdenkt und findet, wie
und aus welchen Gründen er selbst handelt.., auch eben dadurch aller anderen
Menschen Gesinnungen und Leidenschaften, die aus ähnlichen Quellen entstehen, deutlich kennenlernt."[56] „Sooft daher zwei ein und dasselbe wünschen, dessen sie aber beide nicht zugleich teilhaftig werden können, so wird
einer des anderen Feind" [57], d.h. „der Wunsch nach Reichtum, Ehre, Herr-
schaft und jeder Art von Macht stimmt den Menschen zum Streit, zur Feind-
schaft und zum Kriege" [58], der von Hobbes als Nullsummenspiel begriffen
wird. Erst diese Prämisse, derzufolge die Gewinn-und-Verlust-Rechnung keinen Kompromiß zuläßt, macht den Menschen im Naturzustand zum Wolf des
Menschen.

Die Koinzidenz von Hobbes und Alemáns Menschenbild ist wiederholt kon-
statiert worden.[59] Übereinstimmung besteht aber auch zwischen Hobbes
Darstellung des *bellum omnia contra omnes* im Naturzustand und Jupiters
kataklysmischer Konzeption des Krieges, denn „in einem solchen Zustande
haben selbst die Namen gerecht und ungerecht keinen Platz."[60] Daher trifft
der Einwand von Jean-Jacques Rousseau (1712-1788), Hobbes habe nicht bedacht, daß der Wilde nicht böse sein könne, weil er nicht wisse, was gut sein
heißt [61], nicht zu, weist Hobbes doch ausdrücklich darauf hin, daß weder

Gerechtigkeit noch Ungerechtigkeit notwendige Eigenschaften des Menschen sind, d.h., auch er siedelt den Wilden jenseits von Gut und Böse an.[62]

Der entscheidende Unterschied zwischen den beiden Philosophen besteht darin, daß Rousseau dem hemmungslos egoistischen Menschenbild von Hobbes ein bedingt altruistisches entgegenhält, wenn er argumentiert, daß der Wille zur Selbsterhaltung, der den Menschen angeblich zum Feind des Menschen mache, durch den ihm angeborenen „Widerwillen seinesgleichen leiden zu sehen" gemäßigt werde.[63] Für Rousseau gilt daher, daß es nicht die Natur, sondern die unnatürliche Verfassung der Gesellschaft ist, die zum universalen Streit führt. „Es sind die Verhältnisse und nicht die Menschen, die den Krieg begründen" [64], und zwar konkret die Eigentumsverhältnisse, denn „nach des weisen Lockes Grundsatz, *gibt es kein Unrecht, wo kein Eigentum ist.*"[65] „Der erste, welcher ein Stück Land umzäunte, sich in den Sinn kommen ließ zu sagen: *dieses ist mein*, und einfältige Leute antraf, die es ihm glaubten, der war der wahre Stifter der bürgerlichen Gesellschaft. Wieviel Laster, wieviel Krieg, wieviel Mord, Elend und Greuel hätte einer nicht verhüten können, der die Pfähle ausgerissen, den Graben verschüttet und seinen Mitmenschen zugerufen hätte: *Glaubt diesem Betrüger nicht: ihr seid verloren, wenn ihr vergeßt, daß die Früchte allen, der Boden aber niemandem gehört.*"[66]

Für Rousseau beginnt das große Wolfsspiel der bürgerlichen Gesellschaft also mit der willkürlichen Begründung der Eigentumsverhältnisse, durch die eine zunehmende Ungleichheit zwischen Wohlhabenden und weniger Wohlhabenden entsteht, bis die Reichen die Armen zu Arbeitssklaven degradieren und in ihr Joch zwingen, „wie ausgehungerte Wölfe, die sobald sie Menschenfleisch nur einmal gekostet haben, alle andere Nahrung verwerfen und nichts als Menschen verschlingen wollen."[67] Pierre Joseph Proudhon (1809-1865) wird, dieser Argumentation folgend, sagen, daß Eigentum Diebstahl sei, doch diese Meinung vertritt der Pícaro seit eh und je. „Der Schelm darf wie der Narr die Wahrheit sagen und seine Wahrheit heißt: Eigentum ist Diebstahl."[68]

In seinem MONSTERVORTRAG ÜBER GERECHTIGKEIT UND RECHT hat Friedrich Dürrenmatt die Argumente von Hobbes und Rousseaus zusammengeführt und in seine Darstellung des „großen Wolfsspiels der bürgerlichen Gesellschaft" [69] integriert: „Daß einer über den anderen herfällt, daß zwischen den Menschen Krieg herrscht, daß jeder versucht, sich durchzusetzen und seinen Besitz und seine Macht auf Kosten der anderen zu vermehren, nimmt der klassische Bürger als natürlich an, er ist ein Realist. *Homo homini lupus*. Damit jedoch die egoistischen Eigenschaften der Menschen nicht zu einem Krieg aller gegen alle führen, hat sich jeder Wolf den andern Wölfen gegenüber zu gewissen Spielregeln verpflichtet, genauer: zwischen den Wölfen wurde ein Spiel etabliert" [70], über das, zumindest idealiter, Hobbes Leviathan - der Staat - wacht.

Bei diesem Spiel fungiert das Geld als Startkapital. Weil der Einsatz der
Beteiligten aufgrund der von Rousseau konstatierten Ungleichheit zwischen
den Menschen jedoch unterschiedlich hoch ist, besteht die Pointe des kapitali-
stischen Spiels darin, daß es zwar grundsätzlich im Interesse aller liegt, „die
Spielregeln einzuhalten, doch die Kompliziertheiten des Spiels verführen einerseits die raffinierten Spieler zu Mogeleien, welche die weniger raffinierten
Spieler zu spät bemerken, verleiten andererseits die spielsteinarmen Spieler
dazu, wieder freie Wölfe zu werden und die spielsteinreichen Spieler zu über-
fallen, um auf diese regelwidrige Weise besser ins Spiel zu kommen."[71]

Damit hat Dürrenmatt sowohl das große Wolfsspiel der bürgerlichen Gesellschaft als auch die Rolle des halben Außenseiters, die der Pícaro aufgrund
seiner Spielsteinarmut übernehmen muß, in ihrer Interdependenz beschrieben.[72] Das große Wolfsspiel der bürgerlichen Gesellschaft erweist sich als
eine Mogelpackung, weil der Einsatz ungleich verteilt ist, und die Regelverlet-
zung nur geahndet wird, wenn sie den reibungslosen Ablauf der Geschäfte stört.
Nicht das Falschspiel als solches, sondern dessen geschäftsschädigende Entlarvung ist dysfunktional.

Daher ähnelt der Spielbegriff, den Dürrenmatt verwendet, dem der Transaktionsanalyse, derzufolge Spiele „1. durch die Tatsache, daß sie von verdeckten
Motiven beherrscht werden und 2. durch ihren Nutzeffekt" [73] gekennzeichnet sind, so daß sie fast immer „insofern destruktiv sind, als ihre Triebkraft
verhüllt ist, und Verheimlichung das genaue Gegenteil von Intimität" [74] und
Solidarität darstellt.

Wendet man Dürrenmatts synoptische Metapher vom großen Wolfsspiel der
bürgerlichen Gesellschaft auf das pikareske Universum an, so ergibt sich fol-
gendes Bild: Die Handlung eines Schelmenromans läßt sich als eine Serie von
Konflikten zwischen dem Protagonisten und wechselnden Antagonisten auf-
fassen, wobei jeder Konflikt im Rahmen seiner (Re-)Konstruktion durch Erzähler und Leser als ein Dissens zwischen reziproken Auffassungsperspektiven bzw. Wertesystemen reproduziert wird. Während die Dissoziation in erzähltes und erzählendes Ich, das die pseudoautobiographische Erzählanlage des
pikaresken Romans mit sich bringt, auf die intrapersonale, psychologische
Dimension dieser Konflikte verweist, bezieht sich die Bipolarität von Ich und
Welt bzw. Pícaro und Gesellschaft, die der paraenyzklopädische Erzählstrang
entfaltet, auf ihre interpersonelle, soziologische Dimension.

Bei der sukzessiven Entfaltung dieser beiden Bedeutungsdimensionen wird
die allmähliche Korrumpierung des Pícaro anhand der „Zwickmühle des halben Außenseiters", der *status corruptionis* der Gesellschaft anhand des „großen Wolfsspiels" veranschaulicht. Um die Zwickmühle des halben Außenseiters nachvollziehen zu können, ist der Leser genötigt, sich das Regelwerk der

Gesellschaft zu vergegenwärtigen, das ihm diese Rolle zuweist. Darin besteht die gesellschaftskritische Aufgabenstellung der Lektüre. Bei dem Versuch, dieses Regelwerk zu durchschauen, kann der Leser jedoch nicht umhin, das ihm fremde, pikareske Universum mit seiner eigenen Erfahrungswirklichkeit zu vergleichen. Darin liegt das selbstkritische Pensum der Lektüre eines Schelmenromans.

Der Bedingungszusammenhang zwischen der Zwickmühle des halben Außenseiters und dem großen Wolfsspiel der bürgerlichen Gesellschaft ergibt sich dabei aus einem Paradox, das sich mittels einer zweifachen Unterscheidung zwischen 1. der offiziellen und der inoffiziellen Version des Gesellschaftsspiels und 2. seinen konstitutiven und seinen regulativen Spielregeln auflösen läßt: Der Pícaro weicht zwar von der offiziellen Version des Gesellschaftsspiels ab, derzufolge alle Teilnehmer übereingekommen sind, aufrichtig und friedlich miteinander umzugehen; da sich aber niemand an diese Vereinbarung zu halten scheint, ist seine Devianz eigentlich konventionell und entsteht auch erst als Reaktion auf das Falschspiel seiner Interaktionspartner. Indem der Pícaro mit den Wölfen heult, deckt er den zweifelhaften Charakter einer Gesellschaft auf, in der der asoziale Krieg aller gegen alle, der den Naturzustand bestimmt, unterschwellig fortgesetzt wird. Erst diese absichtliche oder unwillkürliche Demonstration, die alle Teilnehmer des großen Wolfsspiels kompromittiert, löst den Skandal und in seinem Gefolge die Exkommunikation des Spielverderbers aus.

Der Frevel, der den Pícaro zum halben Außenseiter macht, besteht also darin, daß er sich zwar an die konstitutive Spielregel - *homo homini lupus est* - hält, aber gegen die regulative Spielregel verstößt, die jeden Wolf verpflichtet, sich im Schafspelz zu präsentieren. Während die konstitutive, aber inoffizielle Spielregel das Wolfsspiel in Gang setzt, sichert die regulative Spielregel seinen reibungslosen Ablauf unter dem Deckmantel der offiziellen Version, derzufolge alle Wölfe Unschuldslämmer sind. Der gesamte Spiel- und Täuschungs-Mechanismus funktioniert allerdings nur, solange der ideologische Charakter dieses Verblendungszusammenhangs unerkannt bzw. unausgesprochen bleibt. Deswegen droht jedem Wolf, der die Wahrheit kundgibt, die Gefahr, als schwarzes Schaf abgestempelt und von der weiteren Teilnahme am Gesellschaftsspiel ausgeschlossen zu werden. Wer aber vom Spiel ausgeschlossen wird, muß nicht nur noch einmal von vorn, bei Null, anfangen, er muß auch eine Zugehörigkeit simulieren, die er nicht besitzt. Da sich jedoch die Kluft zwischen der sozialen Rolle, die der halbe Außenseiter hochstaplerisch spielt, und der gesellschaftlichen Position, die ihm eigentlich zukommt, auf Dauer nicht verheimlichen läßt, wird er früher oder später erneut als Vertrauensschwindler entlarvt und mattgesetzt.

Aus diesem Sisyphos-Rhythmus erklären sich die vielen Orts- und Rollenwechsel in der pikaresken Karriere, denn einerseits stirbt der Pícaro als Außenseiter der Gesellschaft beständig eine Art sozialen Tod, andererseits steht er wie Lazarus immer wieder auf, um erneut sein Glück zu versuchen. Wie auch immer sich der halbe Außenseiter verhält, er verstößt entweder gegen die regulative oder gegen die konstitutive Spielregel, denn als der Habenichts, der er ist, kann er sich nicht zugleich als Unschuldslamm gebärden und überleben. Da es weder ein wahres Leben im falschen noch außerhalb der Gesellschaft überhaupt ein Überleben gibt, besteht lediglich die Wahl, entweder mit den Wölfen zu heulen oder unterzugehen, gute Miene zum bösen Spiel zu machen oder zum Märtyrer zu werden.

Ob der Pícaro nun entsprechend der Moral, die zwar gepredigt, aber nicht praktiziert wird, oder im Widerspruch zur Norm handelt, seine kynische Erzählung deckt auf jeden Fall den zynischen Mechanismus des Wolfsspiels auf. Daher reflektiert das pikareske Universum nicht nur den antagonistischen Gesellschaftsvollzug, sondern auch die schizoide Mentalität, derzufolge die Welt „ein Kompositum aus zwei Welten" [75] darstellt - einer für die Schafsköpfe und einer für die Wölfe im Schafspelz. Aus diesem Schisma wiederum ergibt sich die Ambivalenz des Schelmenromans, läßt sich doch nicht abschließend und eindeutig beurteilen, ob die Darstellung der verkehrten Welt durch den halben Außenseiter glaubwürdig oder unglaubwürdig ist. Während der Pícaro seine Korrumpierung mit der allgemeinen Korruption entschuldigt, legt die Komplementärlektüre den Verdacht nahe, daß diese Korruption womöglich nichts weiter als eine schelmische Projektion darstellt. Daher entspricht der Janusköpfigkeit des halben Außenseiters, der um nichts besser oder schlechter als seine Bezugspersonen ist, die Doppeldeutigkeit des pikaresken Universums.

Eben diese Doppeldeutigkeit wird in den semipikaresken Romanen des 18.Jahrhunderts zugunsten einer Versöhnung von persönlichem Glücksstreben und Allgemeinwohl aufgelöst. Sowohl Defoe als auch Lesage, Marivaux und Smollett befreien ihre Helden aus der Zwickmühle des halben Außenseiters, der sich der verkehrten Welt weder vorbehaltlos anpassen kann noch vollständig von dem Wolfsspiel, an dem er parasitär partizipiert, auszuschließen ist. Dabei erfolgt die zunehmende Marginalisierung des pikaresken Universums bezeichnenderweise durch eine Akzentverschiebung innerhalb seiner Metaphorologie: immer stärker dominiert das Bild vom *theatrum mundi* die übrigen Komponenten. Der Schelmenroman wird dadurch in eine spielerische Sphäre transponiert, in der der Mensch nicht mehr in erster Linie der Feind des Menschen, sondern ein Schauspieler unter seinesgleichen ist.

Das strukturelle Äquivalent dieser weltanschaulichen Akzentverschiebung ist die wechselseitige Durchdringung narrativer und dramatischer Weisen der Welterzeugung, wie sie insbesondere im GIL BLAS, im PAYSAN PARVENU und im TOM JONES betrieben wird. Das Konzept des Schelmenstreichs, der zur Posse der gegenseitigen Übertölpelung führt, wird in diesen Werken durch das Konzept der Intrige ersetzt, das zur Pose der Heuchelei verführt. Die Intrige wiederum setzt eine strategische Auffassung vom Glück und eine bewußte Bejahung des Gesellschaftsspiels in seiner partiellen Unaufrichtigkeit voraus.

Das Motto *mundus vult decipi - ergo decipiatur* wird daher, wenn nicht unbedingt positiv, so doch zumindest nicht mehr negativ konnotiert, es drückt aus, wie es ist. Während Simplicius Simplicissimus hin- und hergerissen war zwischen Weltflucht und Weltsucht und je nach seiner momentanen Befindlichkeit entweder als ein Narr vor Gott oder als ein Narr in den Augen der Gesellschaft erschien, entscheidet sich Gil Blas ohne weitere Bedenken, sein „Glück in der Welt zu machen" („faire fortune dans le monde").[76] Seine Erfolgs-Story zeigt, daß es keinen Grund mehr gibt, einen solchen Entschluß zu bereuen, im Gegenteil: wer sich wie die pikaresken Nebenfiguren in Lesages Roman mit den bestehenden Verhältnissen nicht zu arrangieren vermag, ist seines eigenen Unglücks Schmied. Die Auflösung der Zwickmühle des halben Außenseiters setzt also die Entschärfung des Wolfsspiels voraus; die Entschärfung des Wolfsspiels gelingt, wenn selbst der Außenseiter erfolgreich mitspielen darf und als Mitspieler in die Gesellschaft aufgenommen wird, die sich zunehmend als Gesellschaft gleichberechtigter Bürger gibt. Wie das möglich ist, erzählt Daniel Defoe in THE FORTUNES AND MISFORTUNES OF THE FAMOUS MOLL FLANDERS.

4. DER SEMIPIKARESKE ROMAN ODER: ERZÄHLKUNST UND THEATER

4.1 Daniel Defoe: Moll Flanders (1722)

Bereits der Titel von Daniel Defoes 1722 erstmals veröffentlichtem Roman THE FORTUNES AND MISFORTUNES OF MOLL FLANDERS enthält eine Reminiszenz an den LAZARILLO DE TORMES, der ja ebenfalls von den FORTUNAS Y ADVERSIDADES seines Titelhelden handelt.[1] Auch Molls Name verweist auf ihre Verwandtschaft mit dem zwielichtigen Personal des Schelmenromans: „Moll" ist typischerweise der Name für eine Dirne oder Ganovenbraut, und mit den sogenannten „Women of Flanders" waren im zeitgenössischen England Prostituierte gemeint.[2]

Trotz dieser Anspielungen auf die einschlägige Tradition ist die Zugehörigkeit von Defoes Buch zur Gattung des Schelmenromans umstritten, denn die als Autobiographie fingierte Erzählung verwendet zwar eine Reihe pikaresker Motive - wie etwa das des wechselseitigen Heiratsschwindels -, aber diese Motive werden unter weitestgehendem Verzicht auf alle komisch-karnevalesken Möglichkeiten [3] in ein, wie manche Interpreten meinen, „völlig anderes Weltbild" integriert.[4]

Diese Transposition des pikaresken Universums wird in der Forschung damit erklärt, daß Defoes Roman ein Werk religiöser Unterweisung sei und „keine konsistente ironische Haltung" [5] des Verfassers gegenüber seiner Ich-Erzählerin vorliege: „Moll undergoes a spiritual awakening, a rebirth of the soul that leads to her repentance."[6] Dieser Auffassung zufolge ist die von Defoe verwendete Genreform-Maske des Schelmenromans lediglich ein funktionaler Bestandteil jener „rhetoric of dissimulation", mittels der Molls Geschichte als eine authentische Verbrecherbiographie ausgegeben wird - „written from her own MEMORANDUMS", wie es auf dem Titelblatt heißt.

Verbrecherbiographien waren zu Defoes Lebzeiten eine überaus populäre Textsorte, die als Flugschriften anläßlich öffentlicher Hinrichtungen verbreitet wurden. Die formale Nachahmung ihrer Konventionen schien daher geeignet, das Interesse zahlreicher Leser für eine Bekehrungsgeschichte zu wecken und deren moralische Wirkung zu steigern: „If Moll is capable of spiritual redemption and regeneration, then no one is beyond the merciful interventions of divine providence."[7]

Gemäß dieser moralisch-theologischen Lesart wird Moll in einem metaphysischen Sinne an genau jenem Ort „wiedergeboren", an dem sich ihre physische Geburt ereignete: im berühmt-berüchtigten Gefängnis Newgate, das für sie zweimal zur Pforte ins Leben wird. Die erste Hälfte des Romans beschreibt Molls pikareske Karriere bis zu ihrer Verhaftung und Verurteilung zum Tode; die zweite handelt von Molls Bekehrung, dank der sie zum Dienst in den amerikanischen Kolonien begnadigt wird, sowie von ihrer erfolgreichen Integration in die bürgerliche Gesellschaft. Die Signifikanz dieser Lebenskurve wird dadurch unterstrichen, daß Moll die Vorgeschichte ihrer Mutter wiederholt: beide werden wegen ihrer kriminellen Taten in Newgate arrestiert und beide versuchen erfolgreich, nach ihrer Begnadigung nicht mehr von der Justiz behelligt zu werden.[8]

Die lebensgeschichtliche Diskontinuität zwischen Moll, der bekehrten Sünderin, und Moll, der Dirne und Diebin, bildet daher das entscheidene Kriterium für die Glaubwürdigkeit ihrer Erzählung. Daraus ergibt sich im Umkehrschluß, daß jeder Hinweis, den der Text für eine Kontinuität von „Pícara" und „Gentlewoman" liefert, eine Aufforderung zur Komplementärlektüre darstellt und ein Einwand gegen die moralisch-theologische Lesart sowie die Behauptung ist, Defoe sehe seine Ich-Erzählerin ohne jede ironische Distanz.[9]

Ein erster Hinweis auf die Zweifelhaftigkeit von Molls Selbstdarstellung findet sich jedoch bereits im Vorwort, wenn Defoe vorgibt, er habe die vermeintlich authentische Geschichte in stilistischer Hinsicht überarbeitet und gekürzt, denn: „the Copy which came first to Hand, having been written in Language more like one still in Newgate, than one grown Penitent and Humble, as she afterwards pretends to be."[10]

Wenn sich aber so wenig an Molls Sprache, dem Medium ihrer Gedanken, geändert hat, dann ist ihre spirituelle Läuterung offenbar eine heikle Angelegenheit. Von Defoe mit diesem Anfangsverdacht ausgestattet, wird der Leser unschwer erkennen, daß Molls Bekehrung weniger einer inneren Überzeugung als vielmehr äußerer Notwendigkeit entspringt. Auf ihre Zeit in Newgate zurückblickend, bemerkt die Erzählerin: „I seem'd not to Mourn that I had committed such Crimes, and for the Fact, as it was an Offence against God and my Neighbour; but I mourn'd that I was to be punish'd for it; I was a Penitent as I thought, not that I had sinn'd, but that I was to suffer, and this took away all the Comfort, and even the hope of my Repentance in my own Thoughts."[11]

So gesehen, scheint Molls Bußfertigkeit eine bloße „Galgenreue" [12] und ein letzter verzweifelter Versuch zu sein, der Hinrichtung zu entgehen. Der springende Punkt in Defoes Roman nämlich ist, daß die Konversion von einer „Pícara" zu einer „Gentlewoman" nicht auf der Einsicht in die Frevelhaftigkeit ihres früheren Tuns, sondern darauf beruht, daß Moll sich nach ihrer Begnadigung mit dem während ihrer pikaresken Karriere erworbenen Kapital einen bürgerlichen Lebenswandel leisten kann. Moll selbst gesteht: „a worse gotten Estate was scarce ever put together to begin the World with."[13] Angesichts dieses Geständnisses erweist sich ihre im Zusammenhang der Bekehrungszene vorgetragene Beteuerung, „it appear'd to me to be the greatest stupidity in Nature to lay weight upon any thing tho' the most valuable in this World" [14], als pures Lippenbekenntnis.[15] Während Moll also einen Strich unter ihre Vergangenheit zu ziehen versucht, deckt die Komplementärlektüre die Kontinuität von „Pícara" und „Gentlewoman", die pekuniäre Abhängigkeit der feinen Dame von der Hure und Hehlerin, auf.

Im Gegensatz zur moralisch-theologischen Lesart, derzufolge Defoe die Genreform-Maske des pikaresken Romans für eine seriöse Bekehrungsgeschichte instrumentalisiert hat, zeigt die Komplementärlektüre, daß Molls Konversion die für den Schelmenroman typische Ambivalenz aufweist. Diese Ambivalenz besteht darin, daß Molls Bekehrung einerseits von einer Verkehrung der Wertesysteme überlagert wird, an der sie sich vor und nach ihrer Konversion orientiert, der Unterschied zwischen diesen beiden Wertesystemen andererseits jedoch lächerlich gering ist: oberflächlich betrachtet, führt die begnadigte Moll zwar ein Leben im Rahmen der puritanischen Moral, genau besehen ist ihr Moralverständnis aber ein Mißverständnis, das wie in Lazaros Fall auf der Verwechslung von Wohlstand mit Tugendhaftigkeit und Glück mit Geschicklichkeit basiert. Weil Moll erfolgreiche Lebensstrategien für legitim und gut, erfolglose dagegen für illegitim und schlecht hält [16], ist sie gar nicht in der Lage, den unmoralischen Zusammenhang zwischen der Art und Weise ihres Gelderwerbs und dem selbstgefälligen Einsatz ihres Vermögens zu erkennen.

So gesehen ist ihr gesellschaftlicher Erfolg eine Parodie des Merkantilismus, der den Aufstieg des eindimensionalen Menschen ermöglicht.[17] Molls Erweckungserlebnis besteht nämlich in der Erkenntnis, daß sie trotz finanzieller Armut mit ihrem attraktiven Körper über ein gewinnbringendes Kapital verfügt: „realising that she has been exchanging sex for money, she resolves to play society's game according to its rules."[18] Diese Regeln aber sind die Gesetze des Marktes. Als Molls Attraktivität nachläßt, wechselt sie daher einfach die Branche und verlegt sich kurzerhand auf Diebstahl, Hehlerei und Heiratsbetrug. Schließlich gelingt es ihr sogar, die unredlich erwirtschafteten Gelder mit dem guten Ruf der „Gentlewoman" reinzuwaschen, den sie sich nach Art einer self-made-Unternehmerin erworben hat.

Auf diese Weise hebt Molls formal erfolgreiche Integration in die bürgerliche Gesellschaft die Zwickmühle des halben Außenseiters auf, in der die früheren Pícaros befangen waren: während Guzmán und Pablos in ihrem Bemühen, eine arrivierte Position in der etablierten Gesellschaft einzunehmen, scheiterten, hat es Moll geschafft, ihren Kindheitstraum zu verwirklichen.[19] Sie ist genau solch eine „Gentlewoman" wie jene Frau geworden, die sie wegen ihrer Unabhängigkeit von anderen einst nachhaltig beeindruckte, denn „she does not go to Service nor do House-Work, and therefore I insisted that she was a Gentlewoman, and I would be such a Gentlewoman as that."[20]

Daß die feine Dame, die sich die kleine Moll zum Vorbild nahm, ausgerechnet ein leichtes Mädchen von denkbar schlechtem Ruf war, belegt Defoes ironischen Umgang mit der Geschichte seiner Titelheldin. Sein Vorwort hat daher, wie angedeutet, die Funktion, den Leser auf die Komplementärlektüre zu kalibrieren, der er Molls Selbstdarstellung unterziehen soll. Wenn Defoe also einleitend schreibt: „as the best use is made even of the worst Story, the Moral 'tis hop'd will keep the Reader serious even where the Story might incline him to be otherwise" [21], dann ist dies umso mehr ein Hinweis auf die Zwiespältigkeit dieser Moral, als die Bemerkung an den Prolog des LAZARILLO DE TORMES erinnert, in dem es heißt: „Sagt doch Plinius irgendwo, es gibt kein Buch, so schlecht es auch sei, das nicht irgendein Gutes enthält." („Y a este propósito dice Plinio que no hay libro por malo que sea, que no tenga alguna cosa buena.")[22]

Der Unterschied zwischen Lázaro und Moll zeigt sich am Ausgang ihrer Geschichten. Ähnlich wie der Ausrufer von Toledo erklärt, auf dem Gipfel seines Glücks angelangt zu sein, bemerkt Moll am Ende ihrer Erzählung: „Thus all this little difficulties were made easy, and we liv'd together with the greatest Kindness and Comfort imaginable."[23] Während Lázaros Glück jedoch auf tönernen Füßen ruht, ist Molls bürgerlicher Lebensabend an der Seite ihres Gatten in materieller Hinsicht bestens abgesichert. Daher markiert Defoes MOLL FLANDERS „a watershed" [24] in der Entwicklung des pikaresken Genres: zum ersten Mal partizipiert die Titelfigur eines Schelmenromans am Aufstieg des Bürgertums.

4.2 Daniel Defoe: Colonel Jack (1722)

Um die Verbürgerlichung des Schelms geht es auch in THE HISTORY AND REMARKABLE LIFE OF THE TRULY HONOURABLE COLONEL JACQUES; COMMONLY CALL'D COLONEL JACK, die Defoe noch im gleichen Jahr wie MOLL FLANDERS veröffentlichte. Die Geschichte des Ich-Erzählers verläuft zunächst ganz nach Art eines Schelmenromans. Schon als Kind auf seine Zungenfertigkeit bedacht - „I many times brought my self off with my Tongue, where my Hands would not have been

been sufficient" [25] -, schlägt sich Jack wie seine beiden Ziehbrüder mit Trick-
diebstählen durchs Leben, bis er in die Hände eines schurkischen Kapitäns
gerät, der ihn von England nach Virginia deportiert. Auf diese Weise ohne Gerichtsverhandlung zum Arbeitssträfling geworden, erkennt Jack, dem im Falle
einer Verhaftung und Verurteilung genau jenes Los beschieden gewesen wäre,
das ihn nun durch einen unglücklichen Zufall ereilt hat, „that I was brought
into this miserable Condition of a Slave by some strange directing Power, as a
Punishment for the Wickedness of my younger Years."[26]

Aus dieser unglücklichen Lage befreit ihn jedoch sein gütiger Herr, als er
Jacks reumütige Gesinnung erkennt und wegen guter Führung zum Aufseher
einer Tabakplantage befördert. Damit beginnt Jacks steile Karriere „from a
Pick-Pocket, to a Kidnapp'd miserable Slave in Virginia...then from a Slave to
a Head Officer, and Overseer of Slaves, and from thence to a Master Plan-
ter."[27]

Im Gegensatz zu Moll Flanders kann Jack sein Dasein als vermögender
Tabakhändler mit weltweiten Geschäftsverbindungen besten Gewissens genießen, da sein Wohlstand auf redlicher Arbeit beruht. Die pekuniäre Ausbeute
seiner pikaresken Karriere, die man zunächst in London für ihn verwahrt und
dann nach Virginia nachgeschickt hat, geht nämlich mit dem Transportschiff
unter, ein Verlust, den Jack mit den Worten kommentiert: „I had such an ab-
horrence of the wicked Life I had let, that I was secretly easie, and had a kind
of Pleasure in the Dissaster that was upon me about the Ship, and that tho' it
was a loss I could not but be glad, that these ill gotten Goods were gone, and
that I had lost what I had stolen; for I look'd on it as none of mine."[28] Im
Unterschied zu Moll Flanders ist Colonel Jack seiner Gesinnung nach von
Anfang an ein „Gentleman", wie bereits die Rückerstattung von Diebesgut vor
seiner Deportation nach Virginia deutlich macht, d.h., er verhält sich ihr gegenüber in moralischer Hinsicht ähnlich wie Simplicius Courasche gegenüber.

Nachdem sich Jack in der Welt etabliert und mit seiner pikaresken Vergangenheit in materieller wie in ideeller Hinsicht gebrochen hat, entwickelt sich
seine Erzählung zu einem Bildungsroman *avant la lettre*: zunächst führt ihn
ein Hauslehrer in die Anfangsgründe der lateinischen Sprache und des religiösen Lebenswandels ein, dann bricht Jack zu einer 22-jährigen Bildungsreise
auf, während der ihn das Leben selbst vor allem durch den Schaden klüger
macht, der ihm durch Piraten und Frauen entsteht. Obwohl der Roman streck-
kenweise zum „Journal of the Wars" [29] gerät, an denen Jack bis zu seiner
Ernennung zum Oberst teilnimmt, stehen seine Memoiren letztlich doch im
Zeichen jener Entwicklung, die auf die Integration des Individumms in die
bestehenden Verhältnisse bei gleichzeitiger Wahrung oder Wiedererlangung
seiner persönlichen Integrität hinausläuft.

Jacks Bestimmung zum „Gentleman" erweist sich dabei nicht zuletzt im Vergleich mit dem Schicksal seiner beiden Ziehbrüder, die trotz prinzipiell gleicher Bildungschancen am Galgen enden. Dagegen bestätigt die Läuterung seiner ersten Frau, die ihn zunächst zum „Cuckold" [30], zum Hanhnrei, gemacht hatte, daß Jacks Gesinnungswandel Modellcharakter besitzt. Diese Vorbildfunktion teilt Defoes Held mit Lesages Gil Blas, dem ähnlich wie Colonel Jack pikareske und semipikareske Gestalten als Kontrast-und Komplementärfiguren zur Seite gestellt werden. Was sich in COLONEL JACK erstmals abzeichnet, gilt, mit Ausnahme von LE PAYSAN PARVENU, auch für die nachfolgenden semipikaresken Romane: das Komplementaritätsprinzip wird ausschließlich in darstellungstechnischer Hinsicht wirksam.

4.3 Alain-René Lesage: Gil Blas de Santillana (1705-1735)

Alain-René Lesage (1668-1747) hatte sich bereits als Verfasser von Theaterstücken einen Namen gemacht, als er seine HISTOIRE DE GIL BLAS DE SANTILLANA in Angriff nahm, die in vier Büchern zwischen 1705 und 1735 veröffentlicht wurde. Sowohl mit der dramatischen als auch mit der narrativen Literatur Spaniens bestens vertraut, hat Lesage seinen Schelmenroman nach Art eines Schauspiels inszeniert, das vor der historischen Kulisse der Regierungszeit Philipps III. und Philipps IV. angesiedelt ist. Dabei bezieht Lesage einen nicht unwesentlichen Teil seines Stoffes aus der zeitgenössischen Memoirenliteratur.[31]

Gil Blas selbst versteht sich als Rollenspieler innerhalb eines Ensembles von Charakterdarstellern und Statisten, die unter Fortunas Regie in diverse Affairen und Intrigen verwickelt werden.[32] Dabei kommt es für den Emporkömmling darauf an, mit den jeweiligen Komparsen die richtige Aufführung zu verabreden („concerter la représentation")[33] und den eigenen Part stets so überzeugend vorzutragen, daß ihn die Gunst des Schicksals vom Parkett in die oberen Ränge der Gesellschaft befördert.

Die innere Distanz, die Gil Blas zu sich selbst als Komödiant besitzt - „J'étois toute la journée sur mon Théâtre, c'est-à-dire, chez le Duc; j'y jouois un role de Seigneur"; „den ganzen Tag war ich auf der Bühne, das heißt beim Herzog, und spielte den vornehmen Herrn" [34] - befähigt ihn, prinzipiell in jedem Fach den Erwartungen seiner Umwelt zu entsprechen, ganz gleich ob er den Liebhaber, den Höfling oder - als eine Maske unter anderen - den Pícaro mimen muß.[35]

Daher geht es in Lesages Kulissenwelt nicht etwa darum, die gesellschaftliche Rollenverteilung (sprich: Hierarchie) zu unterlaufen, sondern unter Beachtung aller Konventionen zu durchlaufen, selbst wenn diese Mimikry Heuchelei und Hochstapelei erforderlich macht. Sich auf eine gehobene soziale Stellung zu kaprizieren ist allemal honorabler, als sich den Forderungen der öffentlichen Meinung und Moral nach Anpassung zu widersetzen. So muß Gil Blas zwar vorübergehend mit den Wölfen heulen, bis er sein Schäfchen ins Trockene gebracht und eine Sekretärsstelle am königlichen Hof ergattert hat, aber dann darf er sich auch ohne falsche Bescheidenheit bescheinigen lassen, „eine recht schöne Rolle auf dem Welttheater" („un assez beau role sur le Théâtre du monde") zu spielen.[36]

Gil Blas Rollendistanz verhindert also einerseits, daß er durch seine Verwicklung in die vorherrschende Korruption als Charakter korrumpiert wird [37], ermöglicht andererseits jedoch seine persönliche Entwicklung von einem Vagabunden zum Edelmann.[38] So gerät er erst gar nicht in die Zwickmühle des halben Außenseiters, die den Pícaro existentiell bedrängt. Gil Blas herausragende Eigenschaft besteht in seiner Fähigkeit zum Kompromiß, er ist gleichsam die inkarnierte Erfüllung des bürgerlichen Wunschtraums von einem Ausgleich zwischen Eigennutz und Allgemeinwohl.

Eben diese Fähigkeit zum Kompromiß, durch den Lesages Erzählung auf den Bildungsroman vorausdeutet, unterscheidet Gil Blas von den pikaresken Anti-Helden, deren Lebensläufe seine letztlich antipikareske Karriere flankieren. Lesage arbeitet hier mit der dramaturgischen Technik des doppelten Registers: der Handlung auf der Hauptebene der Erzählung kontrastiert das Geschehen auf den Nebenschauplätzen, die solchen Randfiguren wie Don Raphael, Fabrice und Scipio vorbehalten sind.[39] Die unterschiedliche Entwicklung dieser Charaktere veranschaulicht, wohin Gil Blas eigenes Leben hätte führen können, wenn er sich nicht rechtzeitig zu Kompromissen mit der bestehenden Gesellschaft bereitgefunden hätte.[40]

Anders als im pikaresken Universum sind es nicht etwa die widrigen Umstände, sondern die persönlichen Unzulänglichkeiten eines Don Raphael oder einer Fabrice, die diese Figuren daran hindern, in Lesages Welt ihr Glück zu machen. Daher besitzt das Komplementaritätsprinzip im GIL BLAS wie in Defoes COLONEL JACK nur noch eine kompositorische Funktion: es stellt zwar Relationen zwischen den einzelnen Figuren her, dient aber nicht mehr der Korrektur des unzuverlässigen Ich-Erzählers. Dessen Verhalten hat vielmehr Vorbildcharakter, wie nicht zuletzt Scipios Versuch, Gil Blas nachzueifern, deutlich macht.[41]

Scipio selbst versteht sein Leben rückblickend als einen Beweis dafür, daß auch aus einem Spitzbuben ein rechtschaffener Mann werden kann [42], und sein Herr Gil Blas bestätigt diese Lesart, als er zu der in seine eigene Erzählung eingeschobenen Selbstdarstellung Scipios anmerkt: „Si dans son enfance

Scipion a été un vrai Picaro, il s'est depuis si bien corrigé, qu'il est devenu le modéle d'un parfait Domestique." („Wenn Scipio in seiner Kindheit ein wirklicher Pícaro gewesen ist, so hat er sich seitdem gebessert und ist das Muster eines vollkommenen Bedienten geworden.")[43]

Die Bemerkung zeigt, wie Lesage mit dem Erzählformular des Schelmenromans verfährt: es bildet für ihn eine literarische Vergleichsgröße, auf die seine Figuren im vollen Bewußtsein ihrer Nicht-Übereinstimmung bezugnehmen können. Das pikareske Universum ist für den Verfasser des GIL BLAS eine vorgestanzte Kulisse mit entsprechendem Zeitkolorit, die auf der Bühne seiner Vorstellung bei Bedarf aufgefahren und wieder abgefahren werden kann, ein literarhistorisches Simulakrum, das den pittoresken Hintergrund für ein vorbehaltlos dem schönen Schein verpflichtetes Sittengemälde bildet. Daher mutiert die *fortuna bifrons* zu einer dem Tüchtigen freundlich zublinkenden Glücksgöttin, daher wird der Sisyphos-Rhythmus ausgesetzt, der im veritablen Schelmenroman die Bemühungen des Pícaro strukturiert, seine soziale Rand- bzw. Mattstellung zu überwinden. Dem Verzicht auf essentielle Gesellschaftskritik entspricht die Entproblematisierung der pseudoautobiographischen Erzählanlage sowie die Marginalisierung des pikaresken Personals [44] - Akzentverschiebungen, die übrigens auch Lesages Bearbeitung des GUZMAN DE ALFARACHE (1732) kennzeichnen.[45]

Vom Standpunkt seiner Vorläufer aus betrachtet, ist es Lesage also gelungen, unter rein formaler Verwendung der Tradition ein antipikareskes Werk zu verfassen.[46] Gerade diese Modifikation jedoch hat den GIL BLAS, „der von den deutschen Begründern des Bildungsromans intensiv gelesen und hoch geschätzt wurde" [47], zu einem wichtigen Verbindungsglied zwischen der pikaresken Tradition und WILHELM MEISTER und seinen Brüdern werden lassen.

Dieser Zusammenhang läßt sich unter anderem an Goethes Vorwort zu den Memoiren Johann Christoph Sachses ablesen, denen er den bezeichnenden Titel DER DEUTSCHE GIL BLAS verlieh. Goethe schreibt dort, Sachses Beispiel verallgemeinernd: „Das Leben des Menschen aber, treulich aufgezeichnet, stellt sich nie als ein Ganzes dar; den herrlichsten Anfängen folgen kühne Fortschritte, dann mischt sich der Unfall drein, der Mensch erholt sich, er beginnt, vielleicht auf einer höheren Stufe, sein altes Spiel, das ihm gemäß war, dann schwindet er, entweder frühzeitig, oder schwindet nach und nach, ohne daß für jeden geknüpften Knoten eine Auflösung erfolgte."[48]

Bezieht man Goethes Bemerkung von der Fortsetzung des Lebens „auf einer höheren Stufe" auf Wilhelm Diltheys klassische Definition der Bildungsgeschichte als einer dem Komparativ verpflichteten Lebensgeschichte - „jede ihrer Stufen hat einen Eigenwert und ist zugleich Grundlage einer höheren Stufe" [49] -, wird der Zusammenhang zwischen dem semipikaresken und dem

Bildungsroman deutlich. Beide heben sich vom pikaresken Roman dadurch ab, daß sie auf „eine moralische Weltordnung" rekurrieren, „welche Mittel und Wege kennt, einen im Grunde guten, fähigen, rührigen, ja unruhigen Menschen auf diesen Erdenräumen zu beschäftigen, zu prüfen, zu ernähren, zu erhalten, ihn zuetzt durch Ausbildung zu beschwichtigen und mit einer geringen Ruhestelle zu entschädigen."[50]

Angesichts dieses Zusammenhangs sind jene Bemühungen, den Bildungsroman vom Schelmenroman idealtypisch abzugrenzen und zwischen diesen beiden Gattungen einen unüberbrückbaren Gegensatz zu konstruieren, durch die Literarhistorie nicht gedeckt. Darüber hinaus führt eine solch rein schematische Dichotomisierung der Erzählkunst, wie im folgenden Zitat, zu Amputationen auf beiden Seiten, weil der Schelmenroman jene Eigenschaften, die den Bildungsroman angeblich auszeichnen, nicht haben darf und umgekehrt: „Der Bildungsroman schreibt die Geschichte der Korrektur eines schwärmerischen Ich durch die Welt. Ihn prägt der Gedanke der Entwicklung. Seine Prämisse ist die aufklärerische Verbesserbarkeit der Welt und des Ich. Der Schelmenroman hingegen schreibt die Geschichte eines gleichbleibenden Ichs in einer unveränderbar schlechten Welt."[51]

Der Bildungsroman scheint damit die Inversion der pikaresken Version des Lebens zu sein, aber so einfach liegen die Dinge nicht. Kein einziger Schelmenroman schreibt wirklich die Geschichte eines gleichbleibenden Ichs. Allein der Umstand, daß die pikaresken Romane in aller Regel als fingierte Autobiographie angelegt sind und daher im Rahmen ihres Primärverständnisses einen Wandel der Hauptfigur vom Akteur zum Autor inklusive der damit verbundenen Bewußtseinsentwicklung implizieren, widerspricht dieser Behauptung. Darüber hinaus setzt das gesellschaftskritische Konzept des Schelmenromans, nämlich den bestehenden *status corruptionis* über die allmähliche Korrumpierung des Pícaro zu veranschaulichen, den Gedanken der Entwicklung voraus, selbst wenn dieser Gedanke noch nicht an das humanitätsphilosophische Telos der Persönlichkeitsperfektion gebunden ist. Auch das Motiv der Korrektur des Helden durch eine ernüchternde Welt ist bereits im Schelmenroman angelegt, stellen doch schon die allerersten Vertreter dieser Gattung Desillusionierungsprozesse dar, bei denen sich das Subjekt, wie Lazarillo am steinernen Stier von Salamanca, an den objektiven Gegebenheiten „die Hörner abläuft."[52] Zumindest für die semipikaresken Romane, die gewissermaßen vom Schelmen- zum Bildungsroman überleiten, gilt zudem, daß sie die Verbesserbarkeit der Welt und des Ichs stillschweigend voraussetzen.

Auch die in der Sekundärliteratur vielfach ventilierte Behauptung, der pikareske Roman sei episodisch oder exkursorisch, der Bildungsroman dagegen teleologisch und linear konzipiert, verfehlt den Zusammenhang der beiden

Gattungen. Allein WILHELM MEISTERS LEHRJAHRE, das Paradigma des Bildungsromans, „enthält derartig viel Episodisches, daß die Unterscheidung zwischen einem folgerichtigen und einem exkursorischen Erzählen hier unsinnig wird" [53], zumal der Schelmenroman ja nur oberflächlich betrachtet „episodisch" strukturiert ist. Da seine diskontinuierliche Machart darauf abzielt, das Kombinationsvermögen des Lesers zu aktivieren, der den Bedingungszusammenhang zwischen den inneren und den äußeren Konflikten des Pícaro rekonstruieren soll, läßt sich die für den Bildungsroman ausgemachte Interdependenz von persönlicher Integrität und gesellschaftlicher Integration bis an die Anfänge des Schelmenromans zurückverfolgen. Schon im LAZARILLO DE TORMES ist das Problem der Selbstbehauptung als ein Problem der sozialen Interaktion erkannt. Wenn also die Bipolarität von Ich und Welt eine konstitutive Komponente des Bildungsromans darstellt, denn „die Bildung des Helden findet statt in der Auseinandersetzung mit der Welt" [54], - sodaß seine Geschichte „beide Pole dieses spannungsreichen Prozesses sichtbar machen muß" [55] -, dann trifft dies ebenso auf den Schelmenroman zu.

Dergestalt läßt sich zwischen den semipikaresken Erzählwerken, die ihrerseits ohne den pikaresken Roman nicht denkbar sind, und dem Bildungsroman eher eine entwicklungsgeschichtliche Kontinuität als eine unüberbrückbare weltanschauliche Kluft postulieren. Für diesen Zusammenhang spricht auch, daß schon bei Marivaux und Fielding das Theater, das im WILHELM MEISTER als Bildungsanstalt firmiert, zum Medium der Selbstvermittlung des Charakters (PAYSAN PARVENU) oder zur Referenzinstanz der Welterzeugung (TOM JONES) avanciert.

4.4 Pierre Carlet de Marivaux: Le Paysan Parvenu (1734/5)

Ähnlich wie Lesages Schelmenroman-Attrappe ist auch Marivaux' PAYSAN PARVENU von der wechselseitigen Durchdringung narrativer und dramatischer Weisen der Welterzeugung gekennzeichnet. In Marivaux' Lustspielen geht es um echte und gespielte Leidenschaften [56], wobei der Zuschauer durch die unbestimmte Figurenrede in zweideutige Situationen verwickelt wird, in denen das Erkennen und Verkennen der Wahrheit dicht beieinanderliegen. Da diese doppelbödige Anlage auch die von Marivaux verfaßten Romane prägt, hat man sie zu Recht als mit den Mitteln der Erzählkunst verlängerte Monologe der Lustspielhelden bezeichnet [57], in denen sich der Protagonist einer psychologisch plausiblen Selbstbeschreibung und Selbstauslegung unterzieht.[58]

Infolgedessen tritt der paraenzyklopädische Erzählstrang im PAYSAN PARVENU hinter die retrospektive Selbstdarstellung des Ich-Erzählers zurück, deren elliptischer Charakter an verschiedenen Stellen deutlich wird. Anders als im GIL BLAS eröffnet die Geschichte vom BAUER IM GLÜCK daher die Möglichkeit einer Komplementärlektüre: Jacobs eigenen Angaben zufolge demonstriert sein gesellschaftlicher Aufstieg, wie ein unbedarfter Junge vom Land in der großen Stadt Paris sein Glück zu machen versteht, wenn er es nur zielstrebig verfolgt, denn der Zufall eilt dem Tüchtigen zur Hilfe. Nachdem sich Jacob durch eine reiche Heirat bereits der Notwendigkeit entledigt hat, sich mühsam als Dienstbote durchs Leben zu schlagen, hat er das unwahrscheinliche Glück, einer einflußreichen Persönlichkeit das Leben zu retten und sich dadurch ihrer zukünftigen Protektion zu versichern.

Dank dieser überaus günstigen Fügung kann Jacob gegen Ende seiner fragmentarischen Retrospektive verkünden: „Je n'étais plus ce petit polisson surpris de son bonheur, et qui trouvait tant de disproportion entre son aventure et lui. Ma foi! j'étais un homme de mérite, à qui la fortune commencait à rendre justice." („Ich war nicht mehr der kleine Schlingel, der sich über sein Glück wundert und ein so starkes Mißverhältnis zwischen seinem Abenteuer und der eigenen Person sieht. Auf Ehre, ich war ein verdienstvoller Mann, dem das Glück gerecht zu werden begann.")[59]

Daß diese Verdienste nicht unbedingt ein Ausweis seiner Ehre sind, offenbart die Version, die Jacobs Schwägerin von seiner Verheiratung liefert. Der selbstgefällige Ich-Erzähler zitiert diese Version, um Mme. Halbert der Eifersucht zu überführen, liefert damit aber auch eine Gegendarstellung zu seiner eigenen Fassung. In den Augen von Mme. Halbert hat sich ihre Schwester in einen mittellosen „kleinen Liederjahn" („petit fripon")[60] vergafft, der das sexuelle Nachholbedürfnis einer fast Fünfzigjährigen ausnutzt, um sich von einem Laufjungen zum Monsieur aufzuwerfen.

Getreu seiner Maxime „Aujoud'hui serviteur, demain maître" („Heute Diener, morgen Herr")[61] erreicht Jacob jedoch trotz Mme. Halberts Störmanövern sein Ziel und verschafft sich so Zutritt zur gehobenen Pariser Gesellschaft, in der er sich mittels weiterer Amouren nach oben arbeitet. Wie berechnend er dabei vorgeht, zeigt nicht zuletzt der Umstand, daß er seine Gattin nach der Eheschließung keines weiteren Wortes würdigt, daß er sie ebenso wie zuvor schon das Dienstmädchen Geneviève lediglich als Mittel zum Zweck gebraucht.

„Jacob devient le pícaro de l'amour" [62], und daher spielt die für den Schelmenroman charakteristische Reversibilität der Perspektiven in Marivaux' Roman eine wichtige Rolle. Da der Leser definitiv nicht entscheiden kann, ob beispielsweise Jacobs oder Mme. Halberts Darstellung zutrifft, ob er ein Heiratsschwindler oder sie eine neiderfüllte Heuchlerin ist, muß die Interpretation des PAYSAN PARVENU ein schwebendes Verfahren bleiben. Einerseits stellt die Zwickmühle des halben Außenseiters auch für den Bauer im Glück kein unüberwindbares Hindernis mehr dar; andererseits setzt seine erfolgreiche Integration voraus, daß weder er noch seine Mitmenschen persönliche Integrität zum Maßstab der Beurteilung ihres Verhaltens machen.

Soziale Mobilität hat im PAYSAN PARVENU einen Verzicht auf kritische Distanz zur vorherrschenden Lebenspraxis zur Bedingung. Die satirische Darstellung des Wolfsspiels der bürgerlichen Gesellschaft wird daher bei Marivaux durch das angenehme Geplänkel ersetzt, das Schäferstündchen zu begleiten pflegt. So partizipiert der PAYSAN PARVENU an der Transposition des pikaresken Universums in eine pittoreske Szenerie, die dem ästhetischen Ideal der Beschaulichkeit verpflichtet ist.

4.5 Henry Fielding: Joseph Andrews (1742) & Tom Jones (1749)

Wie bei Lesage und Marivaux, die Fielding mehrfach in seinen Romanen erwähnt [63], ist es auch bei ihm die Beschaulichkeit der Bühne, die als Leitbild der narrativen Weise der Welterzeugung fungiert.[64] Sowohl JOSEPH ANDREWS als auch TOM JONES sind daher szenisch gestaltete Romane: die jeweils im Vordergrund der Vorstellungsbühne angesiedelte Handlung wird durch einen Zwischenfall - ein unerwarteter Auftritt, ein Tumult hinter den Kulissen, eine Einmischung des Erzählers - unterbrochen und dadurch anschlußfähig für eine Fortsetzungsszene gehalten, so daß der narrative Diskurs über seine dramatischen Interruptionen vorankommt. Wie die beiden Franzosen verwendet dabei auch Fielding die Technik des doppelten Registers [65], die zur Juxtaposition einzelner Episoden sowie zur Dichotomisierung des Figurenensembles in glaubwürdige und unglaubwürdige, sympathische und unsympathische Charaktere führt.

Diese „Kunst der Kontraste", die ihre Wirksamkeit daraus bezieht, daß sich der Gegensatz als „vein of knowledge" durch „all the works of the creation" zieht [66], nutzt Fielding vor allem zur Entlarvung der Affektation, die aus Eitelkeit und Heuchelei entsteht. Denn: „From the Discovery of this Affectation arises the Ridiculous - which always strikes the Reader with Surprize and Pleasure; and that in a higher and stronger Degree when the Affectation arises from Hypocrisy, than when from Vanity; for to discover any one to be the exact Reverse of what he affects, is more surprizing, and consequently more ridiculous, than to find him a little deficient in the Quality he desires the Reputation of."[67]

Wie im Schelmenroman steht daher auch bei Fielding das Verfahren der Inversion im Dienst der Unterscheidung von Sein und Schein, aber die Zielscheibe dieser Kritik bildet nicht das Wolfsspiel als gesellschaftliche Institution, sondern der einzelne Mensch als mitunter unaufrichtiger Rollen- und Charakterdarsteller. Infolgedessen wird der Krieg aller gegen alle, der im pikaresken Universum vorherrscht, zu einer Familienintrige herabgemildert, bei der es neben Tätern und Opfern eine schiedsrichterliche Instanz gibt, die dafür sorgt, daß der Gerechtigkeit Genüge geleistet wird.

Darüberhinaus verschafft das dramatische Erzählkonzept der Intrige Fielding Gelegenheit, die Verwicklungs- und Verwechslungskomödie als subkutanes Genre in den Roman einzuschleusen und mit den Mitteln des Epos Theater zu spielen. Dabei spiegelt sich seine Raffinesse in der Perfidie der intriganten Agenten, die der Leser jedoch nicht erst als solche enttarnen muß, da ihn der Verfasser verläßlich über die lauteren und unlauteren Motive der *dramatis personae* informiert.

Fielding ersetzt also die Genreform-Maske des unzuverlässigen Ich-Erzählers durch das Kokettieren mit jener auktorialen Gewalt, die er auf das Vorbild von Hobbes LEVIATHAN appliziert, wenn er schreibt: „for as I am, in reality, the Founder of a new province of writing, so I am at liberty to make what laws I please therein. And these laws, my readers, whom I consider as my subjects, are bound to believe in and to obey; with which that they may readily and chearfully comply, I do hereby assure them, that I shall principally regard their ease and advantage in all such institutions: for I do not, like a *jure divino* tyrant, imagine that they are my slaves, or my commodity. I am, indeed, set over them for their own good only, and was created for their use, and not they for mine."[68]

Da diese Art und Weise der narrativen Welterzeugung keiner Komplementärlektüre bedarf, tritt an die Stelle der agonalen Interaktion von Text und Leser, die für den Schelmenroman kennzeichnend ist, eine Form der ironischen Komplizenschaft, die das Publikum an der Souveränität partizipieren läßt, mit der Fielding seine Marionetten handhabt. Das aber bedeutet, daß die kointentionale Inszenierung des literarischen Diskurses nicht auf die Erweckung von Illusionen, sondern auf die Offenlegung der Techniken abzielt, mit denen solche Illusionen erzeugt werden. Dieser delusorische Charakter des Erzählens zeigt sich insbesondere daran, wie Fielding die *fortuna bifrons* einsetzt, die bei ihm eine Art Mädchen für alles ist, da sie gleichermaßen dazu dient, den dramatischen Knoten der Intrige bis zur scheinbaren Unentwirrbarkeit zu schürzen, wie dazu, seine Auflösung dennoch herbeizuführen.[69] Wenn Fielding „fortune" schreibt, meint er die Macht, die er als Beherrscher seiner Figuren, als Souverän seines literarischen Reiches hat. Daher zeigt die Glücksgöttin stets dort ihren wetterwendischen Charakter („the Fickleness of her Disposition")[70], wo es aus dramaturgischen Gründen erforderlich ist, den Stand der Dinge umzukehren: „And now Fortune, according to her usual custom, reversed the face of affairs."[71]

Dieser augenzwinkernde Umgang mit der konventionellen Kaschierung auktorialer Willkür durch die Berufung des Verfassers auf das Schicksal führt dem Leser immer wieder den simulatorischen Charakter der Romane vor Augen. Genau auf diese Differenz zwischen Fiktion und Realität, Erfahrungswelt und Vorstellungswelt, kommt es Fielding auch bei seiner „Vergleichung der Welt mit der Bühne" an. Dabei weist er zunächst auf die Konventionalität der Metapher vom Welttheater hin, die so selbstverständlich geworden sei, „that some words proper to the theatre, and which were, at first, metaphorically applied to the world, are now indiscriminately and literally spoken of both."[72]

Wenn aber anstelle der Vergleichung, deren Erkenntniswert auf dem Kontrast von Wirklichkeit und Schauspiel beruht, die vollständige Angleichung, ja Verwechslung von Erfahrungswelt und Vorstellungswelt tritt, verliert das Bild seinen Erkenntniswert. Daher bedarf es einer Wiederherstellung der Ebenendifferenz, die zwischen der empirischen Welt und dem *theatrum mundi* als einer mit den Mitteln der Kunst erzeugten Metapher besteht. Denn die Fiktion bezieht sich nur im übertragenen Sinn auf die Realität, und daher ist bei jeder Vergleichung der Welt mit einer Bühne die Differenz zu berücksichtigen, die zwischen dem Theater im Kopf und dem Schauspiel der Wirklichkeit besteht. Infolgedessen zielt Fieldings delusorische Erzählweise darauf ab, im Verlauf der Lektüre das Bewußtsein dafür wachzuhalten, daß ein Roman nicht das Leben selbst ist, sondern lediglich perspektivische Zugänge zu ihm eröffnet, daß sich die Vorstellungswelt zur Erfahrungswelt wie die Karte zum Territorium verhält.

Der Vermittlungsmodus der Differenz, auf den Fielding immer wieder rekurriert, verbindet seine Weise der narrativen Welterzeugung mit der von Cervantes, auf dessen Vorbild er sich im Untertitel zu THE HISTORY OF JOSEPH ANDREWS, AND OF HIS FRIEND MR. ABRAHAM ADAMS. WRITTEN IN IMITATION OF THE MANNER OF CERVANTES, AUTHOR OF „DON QUIXOTE" beruft. Fielding knüpft also bewußt an jene Erzähltradition an, deren rezeptionsstrategisches Kalkül auf Distanz und Ironie statt - wie etwa Richardson - auf Identifikation und Empathie setzt. Daher folgt die ironische Darstellung des Abraham Adams der des Ritters von der Traurigen Gestalt, zumal Adams wie Alonso de Quijano beständig zu Fehlrahmungen der Wirklichkeit neigt, weil er zwischen Buch und Welt ebensowenig wie zwischen Rolle und Person einen Unterschied macht.[73] Adams Arglosigkeit hat unmittelbar mit dieser Unfähigkeit zur Unterscheidung zu tun. Da er nicht sieht, daß zwischen den Worten und den Dingen nur eine diskon-

tinuierliche Beziehung besteht, ist er unfähig, Heuchelei zu erkennen oder
selbst zu heucheln.

Wo ein quichotesker Charakter wie Abraham Adams auftritt, kann ein Sancho Pansa nicht fehlen. Bei Fielding findet er sich zwar nicht im JOSEPH AN-
DREWS, aber im TOM JONES in Gestalt des halbgescheiten Partridge. Wenn Cervantes Schildknappe einem Sack voller Sprichwörter glich, dann ist Partridge
bis unter die Haarspitzen mit lateinischen Redensarten gefüllt; was für Don
Quijotes Begleiter die fixe Idee von der einträglichen Statthalterschaft war,
stellt für Tom Jones Reisegefährten die Einbildung dar, er könne Allworthys
vermeintlichen Sohn nach Hause zurückbringen und dafür eine stattliche Be-
lohnung kassieren.

Die Beziehung, die zwischen Abraham Adams und Joseph Andrews auf der
einen und Tom Jones und Partridge auf der anderen Seite besteht, zeigt, wie
Fielding die cervanteske mit der pikaresken Weise der Welterzeugung und
Figurenzeichnung verbindet: Tom, der sich stets hart an der Grenze zu jener
Halbwelt bewegt, die von solch zwielichtigen Gestalten wie Black George oder
Molly Seagrim bevölkert wird, erhält einen Begleiter, dessen Erscheinungs-
bild karnevaleske Züge trägt. Dem sowohl in seiner Einfalt als auch in seinem
Edelmut an Don Quijote erinnernden Abraham Adams wird jedoch ein ritter-
licher Held anvertraut, dem es vor allem um die Verteidigung seiner eigenen
Ehre und der seiner Herzensdame geht. Daher hat Joseph, der in allem ein
Ebenmaß ist, im Gegensatz zu Tom auch nichts von einem Schelm an sich.[74]
In ihrer gegen alle Anfeindungen standhaften Treue erinnern er und Fanny bei
ihren Versuchen, die Hindernisse zu überwinden, die ihrer Heirat im Wege
stehen, an Heliodors berühmtes Liebespaar, wie ja überhaupt viele Motive bei
Fielding vor dem Hintergrund des klassischen Repertoires der Antike zu sehen
sind.

Auch die Beziehung von Tom Jones und Sophia Western weist in diese
Richtung, aber von Tom läßt sich immerhin sagen, daß er nicht ganz unschul-
dig an der Mattstellung ist, in die ihn Blifils Intrige manövriert. Seinen Versuchungen sowie den Nachstellungen Blifils steht jedoch der gute Einfluß entgegen, den Sophia, Allworthy und Frau Miller auf Tom ausüben. Daher bewegt
er sich als mittlerer Charakter genau auf der Grenzlinie zwischen den beiden
Sphären, in die Fieldings semipikareskes Universum zerfällt, d.h., seine Odyssee ist eine Gratwanderung, die wie im Mythos von vornherein unter dem
Vorzeichen der Rückkehr steht, der Rückkehr in Sophias Arme.[75] Ihr in fast
jeder Hinsicht untadeliger Charakter verbürgt, daß der von ihr Geliebte kein
wirklicher Schurke sein kann, wie es lange Zeit den Anschein hat. Am Ende
erweist sich THE HISTORY OF TOM JONES, A FOUNDLING als eine weitere Erzählung
vom verlorenen Sohn (bzw. Neffen), in der die Gottvaterfigur - der gute Onkel

Allworthy - dafür einsteht, daß die Wahrheit ans Licht kommt und das Gute siegt.[76]

Immerhin hat Fielding jedoch mit der Lebensbeichte des „Man on the Hill" im TOM JONES bzw. mit Wilsons Geschichte im JOSEPH ANDREWS zwei pseudoautobiographische Erzählungen in seine auktorial verfaßten Werke eingeschoben, die als pikareske Mikroromane bezeichnet werden können. Mateo Alemán hatte in seinen GUZMAN DE ALFARACHE sentimentale Kurzgeschichten und Novellen wie die von Osmin und Daraja aufgenommen, um die gefühlsarme Geschichte seines Ich-Erzählers aufzulockern, nun tauchen pikareske Einsprengsel in Erzählwerken auf, die zutreffenderweise nicht mehr als Schelmenromane bezeichnet werden können. Das umgekehrte Verhältnis von pikaresken und nonpikaresken Erzählabschnitten ist daher ein Indiz für Fieldings weltanschauliche Ko-Opposition zum Schelmenroman.

Tom Jones Kommentar zu der Erzählung des „Man on the Hill" bringt Fieldings Reserven gegenüber dem pikaresken Universum stellvertretend für den Verfasser selbst zum Ausdruck. „The Man on the Hill" hatte seine düstere Lebensgeschichte mit der Bemerkung beendet, der Mensch habe seine Natur durch Unehrlichkeit, Grausamkeit, Undankbarkeit und Verrat auf das Schändlichste entehrt. Gegen diesen pikaresken Rundumschlag wendet Tom Jones ein, er beruhe auf einem Irrtum, verursacht „by taking the character of mankind from the very worst and basest among them". „If there was", so fährt er fort, „indeed much more wickedness in the world than there is, it would not prove such general assertions against human nature, since much of this arrives by mere accident, and many a man who commits evil, is not totally bad and corrupt in his heart."[77]

Wenn Jones daher am Ende des Romans für Blifils schonende Behandlung votiert, erweist dies nicht nur seinen Edelmut, sondern vor allem die Richtigkeit der Kernthese, die Fieldings Vergleichung der Welt mit einer Bühne bestimmt: „for in this instance, life most exactly resembles the stage, since it is often the same person who represents the villain and the heroe; and he who engages your admiration to-day, will probably attract your contempt to-morrow... A single bad act no more constitutes a villain in life, than a single bad part on the stage."[78]

Die Vergleichbarkeit von Welt und Bühne basiert also nicht auf einer Analogie, sondern auf einer Homologie: weil hier wie dort Verstellungskunst regiert, verhält sich ein Mensch zu seiner gesellschaftlichen Selbstdarstellung wie ein Schauspieler zu seiner Rolle. Infolgedessen kommt es auf die zwischenmenschlichen Relationen an, d.h., das Verhalten eines Charakters ist von der gesellschaftlich vorgegebenen Situation abhängig und systemisch im Hinblick auf das Verhalten seiner Bezugspersonen zu beurteilen. Da mit den Rollen auch die Auffassungsperspektiven wechseln können, ergibt sich aus diesem Verständnis der Metapher vom *theatrum mundi* eine philanthropische Zurückweisung aller Versuche, über einen Menschen endgültig den Stab zu brechen.

Daher hat die Stilisierung der Charaktere und Szenen in Fieldings Roman zugleich eine ästhetische und eine kognitive Dimension. Sie reduziert die Komplexität jener Welt, auf die sich der Text bezieht, bietet also den heuristischen Vorzug, die Konturen deutlicher herauszuschälen, die im alltäglichen Betrieb aufgrund seiner Einbettung in die Unübersichtlichkeit der sich ständig veränderten Lebensverhältnisse nur verschwommen wahrzunehmen sind. Daher wird das ästhetische Ideal der Beschaulichkeit in den Dienst der Erkenntnis gestellt, die ein Roman vermitteln kann, wenn der Leser zwischen der Vorstellungswelt, die der Text in seiner Phantasie evoziert, und der Erfahrungswirklichkeit keine Identifizierung, sondern eine Vergleichung im Modus der Differenz vornimmt.

4.6 Tobias Smollett: The Adventures of Roderick Random (1748) & The Adventures of Peregrine Pickle (1751/58)

Smolletts Erstlingswerk wurde 1748, ein Jahr vor Fieldings TOM JONES, anonym veröffentlicht. Der programmatische Nachname der Titelgestalt weist auf die besondere Rolle hin, die der Zufall in diesem Roman spielt, der zu Recht als „novel of incident" bezeichnet worden ist [79], weil die einzelnen Gestalten den erzählten Abenteuern funktional ein- und untergeordnet sind. Daher ragen aus ihrer Mitte neben Roderick und seiner Geliebten Narzissa lediglich Strap und Mrs. Williams hervor, deren Lebensläufe nach Art des doppelten Registers die pikareske Karriere des Ich-Erzählers umrahmen. Alle anderen Charakterskizzen wirken ausgesprochen holzschnittartig, insbesondere die Besatzung der beiden Postkutschen, mit denen Roderick über Land fährt, ähnelt dem stereotypen Ensemble der *commedia dell'arte*.

Da selbst die nicht als Karikaturen angelegten Figuren aufgrund des permanenten Glückswechsels abrupt zwischen Sentimentalität und Grausamkeit, Haß und Liebe hin- und herschwanken, vermittelt RODERICK RANDOM den Eindruck einer psychologischen Absurdität *avant la lettre*. Einerseits hat dieser Eindruck verschiedene Interpreten dazu veranlaßt, in Smolletts Werk eine epigonale Schwundstufe des pikaresken Romans zu sehen [80]; andererseits wirkte das Buch gerade deswegen anregend auf einen Autor wie John Barth, der in Rodericks forciertem Hindernislauf ein Vorbild für die extremen Handlungsumschwünge in seinem SOT-WEED FACTOR fand.

Smollett selbst begründete die Radikalisierung des pikaresken Erzählkonzepts mit seiner satirischen Intention. Im Vorwort schreibt er, sich zwar an Lesages GIL BLAS orientiert zu haben, von diesem Buch aber in einem entscheidenden Punkt abgewichen zu sein, denn: „The disgraces of Gil Blas are for the most part, such as rather excite mirth than compassion; he himself laughs at them; and his transitions from distress to happiness, or at least ease, are so sudden, that neither the reader has time to pity him, nor himself to be acquainted with affliction. - This conduct, in my opinion, not only deviates from probability, but prevents that generous indignation, which ought to animate the reader, against the sordid and vicious disposition of the world."[81]

Daher ist RODERICK RANDOM von der ersten Seite an auf eine Schockwirkung angelegt, wie sie der böse Traum auslöst, den die Mutter des Titelhelden kurz vor der Geburt ihres Sohnes hat: „She dreamed, she was delivered of a tennisball, which the devil (who to her great surprize, acted the part of a midwife) struck so forcibly with a racket, that it disappeared in an instant..."[82]

Während die Konvention des pikaresken Romans lediglich vorsieht, daß der Schelm ein Spielball der Fortuna ist, was ein vergleichsweise harmloses Schicksal darstellt, wird Roderick vom Leibhaftigen durch eine Welt gejagt, die regelrechte Sadisten beherrschen: *Homo homini diabolus est.* Nach dem Tod seiner Mutter und dem mysteriösen Verschwinden seines Vaters wird Roderick durch eine Verschwörung um sein Erbteil gebracht und von seinem Großvater - der Inkarnation des Teufels - in die Welt verschlagen. So beginnt seine Wanderung durch das von Mißgunst, Heuchelei und Habgier regierte irdische Inferno, das er vor allem an Bord der Kriegsschiffe seiner königlichen Majestät erlebt. Da Roderick sich in London bei der englischen Marine bewirbt, mit der zur See zu fahren soviel bedeutet, wie zur „Hölle" zu fahren, erscheint die Hauptstadt rückblickend als „the devil's drawing room."[83]

Dem Ende seiner Qualen geht wiederum ein Traum voraus: nachdem Roderick seine spätere Frau Narzissa kennengelernt hat, erscheint ihm im Schlaf „the image of my dear Narzissa, who seemed to smile upon my passion, and offer her hand as a reward for all my toils."[84] In der Folgezeit kippt Smolletts Buch immer stärker von einem Schelmenroman in eine Liebesgeschichte um [85], d.h., die radikalisierte Version des pikaresken Universums wird durch die inserierten Liebesbriefe, die Beschreibung romantischer Gefühle und die Darstellung amouröser Begebenheiten in jene Welt der Empfindsamkeit transponiert, die vor allem Richardson in seinen zeitgenössischen Romanen kultiviert hatte.[86] Bei dieser lieblichen Entziehungskur aber bleibt der Teufel auf der Strecke.[87]

Vom *happy end* aus betrachtet - Roderick heiratet Narcissa, findet seinen Vater wieder und kehrt auf seinen angestammten Besitz zurück - erweist er sich

als ein von seinen Tantalusqualen erlöster Sisyphos, der weiteren Verfolgungen
durch das Böse mit Hilfe der engelsgleichen Narzissa entgeht, die eine Schwester von Sophia Western sein könnte. Auf seine spezifische Weise bezieht daher
auch RODERICK RANDOM seine Spannung aus der Spaltung der dargestellten Welt
in eine pikareske und eine völlig unpikareske Hemisphäre, wie sie das dichotome Universum von TOM JONES kennzeichnet. Rodericks Odyssee durch die
Welt ist letztlich nur ein alptraumhafter Umweg zur Überwindung jener mit
dem bürgerlichen Lebenswandel nicht zu vereinbarenden Veranlagungen, die
der Ich-Erzähler vor seiner Verheiratung mit Narzissa austoben darf.

Diese Interpretation wird im 34. Kapitel von Smolletts zweitem Roman THE
ADVENTURES OF PEREGRINE PICKLE (Erstveröffentlichung 1751, revidierte Fassung
1758) bestätigt. Dort heißt es nämlich, „that Mr.Random, in all appearance,
led a very happy life in the conversation of his father and bedfellow, by whom
he enjoyed a son and daughter."[88]

Auf solch ein glückliches Leben läuft auch Pickles eigene Geschichte hinaus, die der seines Vorgängers in vielerlei Hinsicht ähnelt.[89] Wurde Roderick von seinem Großvater verstoßen, so wird Peregrine von seiner Mutter
verleugnet; hatte Tom Bowling die Schirmherrschaft über Random übernommen, so steht Pickle unter dem besonderen Schutz Hawser Trunnions. Während jedoch Narzissa ohne jeden Fehl und Tadel war, entsteht zwischen Peregrine und seiner geliebten Emilia ein regelrechtes Liebesduell, da der Schwe-
renöter in seinem Hochmut nicht erkennen kann, „that her external deportment
might, like his own, be an effort of pride and resentment."[90]

Infolgedessen nimmt die Liebesgeschichte der beiden die Form eines amou-
reusen Wettstreits an, in dem es herauszufinden gilt, wessen Stolz zuerst gebrochen wird. Damit tritt an die Stelle des Rachegedankens und dem Wunsch
nach Gerechtigkeit, die den Handlungsverlauf von RODERICK RANDOM wesentlich bestimmt hatten, der Topos der Geschlechterrivalität, ohne daß Smollett
diesem Stereotyp besonders originelle Züge abzugewinnen vermocht hätte. Das
mag ein Grund sein, warum viele Abenteuer des Helden keinen Zusammenhang mit dem Emilia-Komplex aufweisen; mangels Leitmotiv werden sie vom
Zufallsprinzip regiert. Im Gegensatz zu Fielding, der in TOM JONES alle Hand-
lungsfäden durchgängig miteinander verknüpft, fasert Smolletts serielle Dra-
maturgie den Erzählstrang in unzählige Einzelepisoden auf. Den ersten 33 der
insgesamt 105 Kapitel, die in England spielen und neben der familiären Vorgeschichte die Jugend des Titelhelden behandeln, folgen 33 Kapitel, die ausschließlich mit einer Europareise befaßt sind, die so gut wie gar nichts zur
Entwicklung der Geschichte beiträgt. Diese kommt erst ab dem 66. Kapitel,
nach Peregrines Rückkehr auf die Insel, wieder in Gang und folgt dann der in
RODERICK RANDOM vorgezeichneten Bahn.

So führt Pickles Lebensweg durch eine Welt, „in der elegant gelogen und betrogen, kräftig geprügelt, viel gehauen und gestochen wird" [91], bis an jenen moralischen Tiefpunkt, der zu seiner Läuterung notwendigerweise erreicht werden muß. Wie Gil Blas, den Smollett auch in seinem zweiten Roman erwähnt, muß Pickle, um „in der Welt noch eine Rolle spielen zu können" („to make a figure in the world") [92], erst im Kerker landen, ehe er erkennt, daß sein Hauptwidersacher nicht die Gesellschaft, sondern der eigene Charakter ist. Die wahren Antagonisten von Smolletts Protagonist heißen Eitelkeit, Stolz und Jähzorn; sie verführen den Helden zu einem liederlichen Leben bis er, sich auf seine Tugenden und Emilias Zuneigung besinnend, zu der Einsicht gelangt: „It is now my business to approve myself worthy of her regard."[93]

Anstelle einer Komplementärlektüre bietet sich Pickles Geschichte daher, so wie sie der auktoriale Erzähler aus kritischer Distanz beleuchtet, als moralisches Lehrstück an. Peregrine muß durch selbstverschuldeten Schaden klug werden, bevor er die Erbschaft seines Vaters und die Ehe mit Emilia antreten darf; sein Hochmut steht seinem Glück im Weg. Daher taucht die Bildlichkeit des großen Wolfsspiels zwar noch am Rande auf, wenn einige Gestalten als „hungry wolves" [94] oder als „wolves in sheep's clothing" [95] bezeichnet werden, aber das perfide Regelwerk, um dessen Entlarvung der pikareske Roman bemüht war, rückt in PEREGRINE PICKLE aus dem Fokus der Aufmerksamkeit. Es sind nicht die gesellschaftlichen Umstände, sondern es ist Pickles Lausbubenphantasie, die ihn immer wieder dazu verführt, „to indulge himself in the exercise of that practical satire which was so agreeable and peculiar in his disposition."[96] Ähnlich wie Roderick Random darf sich also auch Peregrine Pickle austoben, bis seine Abenteuerlust - die Triebfeder von Smolletts Erzählkunst - gebändigt ist. Die formale und thematische Desintegration des Schelmenromans ist hier wie dort die Kehrseite der Integration des Helden in die bürgerliche Gesellschaft.

Ist Smolletts zweiter Roman also, was seine Makrostruktur, den dramatischen Spannungsbogen anbelangt, der des Vorgängers unterlegen, so erscheint seine Mikrostruktur differenzierter als die des Erstlingswerks. Vor allem die Charakterzeichnung profitiert davon, wie die Porträts von Tom Pipes, Lieutenant Hatchway und Commodore Trunnion zeigen. Hawser Trunnion erscheint geradezu als ein Wegbereiter für Sternes Uncle Toby und sein Steckenpferd. Das Haus des Commodore ist wie eine Festung durch Wassergraben und Zugbrücke gesichert, stellt also einen architektonischen Reflex der Fortifikationsmanie dar, die sein Besitzer mit Tristram Shandys Onkel teilt. Während jedoch Thema und Terminologie der Gespräche, die Hauptmann Shandy mit seinem kongenialen Diener Trim führt, ihrer kriegerischen Vergangenheit verpflichtet sind, bleiben Trunnion, Hatchway und Pipes in ihrer restringierten

Ausdrucksweise der Seemannsmetaphorik verhaftet, von der bereits Tom Bowling expansiven Gebrauch gemacht hatte. Ohne Rücksicht auf Verluste verwandelt das maritime Triumvirat jede Lebenslage in eine nautische Situation, und die witzigsten Szenen ergeben sich in Smolletts Roman dann, wenn Manöver, die vielleicht auf hoher See angebracht wären, unpassenderweise auf dem Festland durchgeführt werden, wo Trunnion und seine Besatzung regelmäßig Schiffbruch erleiden. So kreuzen die drei, als sie zur Hochzeit des Commodore unterwegs sind, mit ihren Pferden gegen den Wind, anstatt einfach querfeldein zu reiten. Und als Trunnions Roß mit dem Bräutigam durchgeht, läßt sich dieser wie ein aus dem Ruder gelaufenes Schiff in die von der entfesselten Natur vorgegebene Richtung treiben. Da Smollett Pegasus jedoch alsbald in die Parade fährt, endet dieser Parforceritt seiner Erzählkunst bevor er, über die periphere Verwandlungszone des Schelmenromans hinaus, in die Nähe von Uncle Tobys Refugium gelangen kann.

4.7 Laurence Sterne: The Life and Opinions of Tristram Shandy, Gentleman (1760-1767)

Das Empfehlungsschreiben, das der berühmte Schauspieler David Garrick Anfang 1760 von der Sängerin Catherine Fourmantel mit der Bitte erhielt, sich beim Londoner Publikum für eine freundliche Aufnahme des TRISTRAM SHANDY zu verwenden, war in Wirklichkeit von Laurence Sterne selbst verfaßt.[97] Trotz dieser pikaresken Werbestrategie wird das neunbändige Werk in aller Regel nicht als Schelmenroman behandelt, peilt es doch offenbar einen anderen Erfahrungsbereich als den des großen Wolfsspiels der bürgerlichen Gesellschaft an. Von John Lockes ESSAY CONCERNING HUMAN UNDERSTANDING (Erste Auflage 1690) nachhaltig beeinflußt, lenkt Sterne das Augenmerk des Lesers getreu seinem Motto von der materiellen auf die mentale Welt, denn: „Nicht die Dinge bringen die Menschen in Verwirrung, sondern die Ansichten über die Dinge."

Folgerichtig verlagert sich der Schwerpunkt der Aufmerksamkeit „vom öffentlichen Kosmos der *adventures* des Helden zur Privatsphäre seiner *opinions*" [98], die Tristram dadurch zur Diskussion stellt, daß er sie auf verschiedene Meinungsträger verteilt. Die Basiseinheit der Handlung ist das Gespräch, das nach szenischer Darstellung verlangt; die Titelgestalt tritt innerhalb des Ensembles ihrer Projektionsfiguren nur als Moderator eines diskontinuierlich geführten Symposiums auf. Diese indirekte Form der Selbstdarstellung verweist auf die Differenz von Kommunikation und Bewußtsein, die sowohl der Interak-

tion der dramatis personae als auch der Interaktion von Text und Leser eingeschrieben ist. Weder die Figuren des Buches noch sein Autor können die Kluft
zwischen ihrer Gedankenwelt und deren mündlicher oder schriftlicher Darstellung nahtlos überbrücken. Mit jeder Übersetzung ihrer persönlichen Vorstellungen in Allgemeinbegriffe ist die doppelte Gefahr verbunden, daß entweder
derjenige, der sich mitteilen möchte, seine Gefühle und Meinungen verfälscht,
oder derjenige, dem etwas mitgeteilt werden soll, die Worte mit ganz anderen
Ideen verbindet, so daß er die Mitteilung falsch versteht.

Während Locke in seinem VERSUCH ÜBER DEN MENSCHLICHEN VERSTAND gefor-
dert hatte, solche Mißverständnisse durch eine restriktive Auswahl und ratio-
nale Kontrolle der Zeichen zu unterbinden, die jemand verwendet, um sich
anderen mitzuteilen, problematisiert Sterne in seinem Roman diese logozentri-
stische Konzeption der menschlichen Verständigung. Dazu setzt er Lockes
allzu abstrakter und theoretischer Semiotik eine an konkreten Fallbeispielen
durchexerzierte Praxis der Konversation entgegen, die den Gedankenaustausch
der Figuren an den Dialog von Autor und Leser bindet und die eigene Subjektivität statt in Begriffe in Bilder und Figuren, in objektive Korrelate des Bewußtseins, überträgt.

„Writing, when properly managed", erklärt Tristram im 11.Kapitel des
2.Buchs, „is but a different name for conversation: As no one who knows what
he is about in good company would venture to talk all; - so no author who
understands the just boundaries of decorum and good breeding would presume
to think all: The truest respect which you can pay to the reader's understanding is to halve the matter amicably, and leave him something to imagine, in
his turn, as well as yourself."[99]

Eine Geschichte im Konversationsstil zu erzählen, bedeutet also, zwischen
Autor und Leser eine Arbeitsteilung zu etablieren, bedeutet, den Interpreten in
ein Gespräch hineinzuziehen, das eben von den Möglichkeiten und Unmöglichkeiten der zwischenmenschlichen Verständigung handelt. Diese Einbezie-
hung des Lesers geschieht vor allem durch jene geistvolle Neckerei, die Jonathan Swift zufolge der schönste Teil der Unterhaltung ist. Sterne erwähnt in
seinem Roman zwar nicht Swifts Artikel über DIE KUNST DER KONVERSATION, dem
diese Ansicht entstammt, wohl aber THE TALE OF A TUB. Gleichwohl bestehen
zwischen seinem Konversationsstil und Swifts Definition der Neckerei, von
der ja nicht auszuschließen ist, daß Sterne sie kannte, offensichtliche Paralle-
len. Bei der Neckerei kommt es, Swift zufolge, darauf an, durch einen vermeintlichen Tadel Lob zu spenden. Durch diese ironische Form der Schmei-
chelei wird dem Gesprächspartner nicht nur eine gewisse Zuneigung, sondern
auch die Notwendigkeit signalisiert, die Aussage von ihrer Formulierung zu
unterscheiden. Der Hinweis auf diesen Unterschied zwischen Gehalt und Ge-

stalt der Information, in dem sich die Differenz von Kommunikation und Bewußtsein offenbart, macht dem Empfänger der Botschaft klar, wie sehr seine wohlwollende Interpretation zum Gelingen der Verständigung beiträgt. Wer böse Absichten unterstellt, kann neckische Bemerkungen weder begreifen noch angemessen erwidern. Sowohl die Verbindlichkeit der Botschaft als auch die Verbindung zwischen Sender und Empfänger hängen wesentlich vom wechselseitigen Einfühlungsvermögen der Gesprächspartner ab.

Sternes „mock-epic" wendet sich allerdings nicht nur an ein unbestimmtes Einfühlungsvermögen, sondern dezidiert an den Humor seiner Leserschaft. Das burleske Spiel mit den konventionellen Erwartungen des Romanpublikums, das Tristram betreibt, kann jedenfalls nur genießen, wer zu seiner Rolle als Interpret einen gewissen Abstand wahrt. Diese rezeptive Distanz stellt Sterne durch die Einschaltung einiger karikaturenhaft gezeichneter Stellvertreter des Lesers her, von denen er erwarten darf, daß der empirische Interpret keineswegs mit ihnen verwechselt werden möchte. Indem er sich über die Naivität einer „Madam" und ihre Angewohnheit, einfach draufloszulesen, ohne nachzudenken (Vgl. I,20), amüsiert oder mit Tristram wettet, bestimmt nicht jener „Sir" zu sein, den Sternes Erzähler für einen ausgemachten Dummkopf hält (Vgl. I,11), spielt sich der Interpret auf das Niveau des Textes ein.

Um dieses Niveau zu halten, muß er stets zugleich Tristrams Komplize und Rivale sein. „It's a game, in short, we play with the author."[100] But: „Always the reader must know that he can be tricked."[101] Wenn er die Kluft, die seine Welt von der des Textes trennt, nicht beachtet, wird er wie „Madam" oder „Sir" zum Gespött des Erzählers. Daher stellen die meisten Leserappelle Sternes paradoxe Handlungsanweisungen dar, die zu erfüllen bedeuten würde, Don Quijotes Kardinalfehler zu wiederholen, der ja darin bestand, den eigenen Körper mit in das imaginäre Gelände zu nehmen, in das der Leser gedanklich verrückt wird.

Wohl an die 350 Mal appelliert der Erzähler an den Leser; immer wieder fordert er die Phantasie seines romaninternen und -externen Publikums heraus.[102] „How could you, Madam, be so inattentive in reading the last chapter?" (I,20) „Lay down the book, and I will allow you half a day to give a probable guess at the grounds of this procedure" (I,10); „Sit down, Sir, paint her to your own mind" (VI,38). Provokationen wie diese laufen im Kern allesamt auf „Imagine!", den Kardinal-Imperativ des Buches, hinaus.[103] Um den Leser zum Mitdenken anzuregen, macht Sterne außerdem häufig von der Aposiopesis, dem plötzlichen Versagen der Stimme mitten im Satz, Gebrauch. Diese Unterbrechung schafft eine Leerstelle, die der Interpret ausfüllen soll. Vor allem dort, wo die Auslassung Zweideutigkeiten betrifft, erhält dieses Verfahren einen besonderen Reiz, wie Tristrams eigene, unnachahmliche Erklärung der Aposiopesis deutlich macht: „Make this dash, - 'tis an Aposiopesis. - Take the dash away, and write Backside, - 'tis Bawdy. - Scratch Backside out, and put Covered way in, - 'tis a Metaphor" (II,6). Es geht also bei der Aposiopesis wie bei der Neckerei um den Unterschied zwischen Gesagtem und Gemeintem, ein Unterschied, der durch den signifikanten Bindestrich hervorgehoben wird.

Die Funktion des Gedankenstrichs ist an dieser und an vielen anderen Stellen des Romans mehrdeutig: Zunächst einmal dient er als typographisches Indiz für die Sprunghaftigkeit oder Diskontinuität des Denkens, wie Locke sie verstanden hatte, kann der Mensch seiner Meinung nach doch keine Idee lange im Bewußtsein halten, ohne daß sich eine andere Vorstellung in den Vordergrund schiebt.[104] Der Wechsel der Ansichten und Blickpunkte, der dadurch zustandekommt, verleiht der Assoziation eine (durchaus problematische) Vorrangstellung unter den unbewußten Operationen des menschlichen Geistes im allgemeinen und den bewußten Stilmitteln Sternes im besonderen. Neben der Vervielfältigung bzw. Abwechslung der Betrachtungsweisen trägt der Bindestrich zur Dialogisierung des Erzählvorgangs, also zum colloquialen Charakter des Textes bei. Einerseits unterbricht er den Erzählfluß, andererseits beschleunigt er den Gedankenstrom des Interpreten.[105] So partizipiert der Leser tatsächlich an der von Sterne präfigurierten Konversation und avanciert zum Ko-Autor des Textes.

Sterne „writes dialogue for the reader... he is in effect defining the reader as a kind of actor. He wants the reader to be able to play another character and yet remain himself."[106] Wer diese Doppelrolle mit der nötigen Distanz zu spielen weiß, hat nicht nur das Generalprinzip aller fiktionalen Verständigung begriffen, er verhält sich darüberhinaus humoristisch zur eigenen Person. Es ist Sternes historisches Verdienst, erkannt zu haben, daß die literarische Kommunikation, indem sie von allen Beteiligten verlangt, eine fiktionale Rolle im Bewußtsein ihrer Inauthentizität zu spielen, das Paradigma jeder menschlichen Verständigung im Geiste des Humors darstellt. Die Kehrseite der ironischen Identifikation ist freilich die Selbstrelativierung der eigenen Position.

Wer lesend oder schreibend zugleich er selbst und ein anderer sein kann, befindet sich in einer kontrollierten Exstase, tritt er doch aus der Enge seines Bewußtseins heraus. „I love the Phytagoreans", erklärt Tristram, „for their getting out of the body, in order to think well" (VII, 13), doch seine Geschichte zeigt, daß Issac Newtons „Law of Gravity" auch für Ideen gilt, sobald sie in Worte gefaßt werden, was ja zum Zwecke der Verständigung unumgänglich ist.[107] Die Kommunikation zieht die Gedanken von der Höhe des Bewußtseins in die niederen Gefilde des Mißverständnisses herab, und das Wissen um diese Schwerkraft der Worte stimmt - hier spielt der Text mit der Zweideutigkeit des Begriffs „gravity" - melancholisch. Daher auch halten sich in Sternes Weltsicht Melancholie und Humor die Waage. Entsteht die Melancholie aus dem Wissen um die Kluft zwischen Kommunikation und Bewußtsein bzw. zwischen Rolle und Person, die das (Zusammen-) Leben so beschwerlich macht, so entlastet der Humor den Menschen vom Gewicht seines Wissens um diese Differenz.

Die Kluft zwischen der subjektiven und der objektiven Welt bedingt sowohl die Notwendigkeit zur intersubjektiven Verständigung als auch die Möglichkeit zur Ausdifferenzierung des eigenen Welt- und Selbstverständnisses. Gerade weil das Bewußtsein eines Menschen für andere Menschen stets eine *terra incognita* darstellt, von der sie sich ebenso wie von der objektiven Welt immer nur subjektive Vorstellungen machen können, ist das Mißverständnis im zwischenmenschlichen Bereich der Preis, den es für das Selbstverständnis als eigenständige, von allen anderen unterschiedene Person zu zahlen gilt. Ist aber Subjektivität, wie insbesondere Yoricks tragikomische Geschichte veranschaulicht, nur dort möglich, wo objektives Verständnis unmöglich ist, dann hat der einzelne nur die Wahl, sich zu diesem Dilemma entweder melancholisch oder humoristisch zu verhalten.

Sternes Option ist, was seine Kunst betrifft, eindeutig. Seine Entscheidung für die Literatur ist eine Entscheidung für den spielerischen Umgang mit dem verbalen Belastungsmaterial. Die im Schreiben erworbene Freiheit über den Dingen kann der Leser allerdings nur nachempfinden, wenn auch er die eigene Person nicht allzu wichtig nimmt und Yorick beipflichtet, „that gravity was an errant scoundrel... a taught trick to gain credit of the world for more sense and knowledge than a man was worth." (I,11) Die Schwerkraft also ist der eigentliche Antagonist von Sternes Protagonist; wie einst Rabelais schreibt er gegen den niederschmetternden Ernst der Agelasten, der Lachfeinde an.

„Das schelmische Spiel"[108], das bereits Nietzsche an Sternes Umgang mit dem Leser aufgefallen war, wirft nun allerdings die Frage auf, ob Tristram nicht doch ein Pícaro ist. Immerhin weist seine fragmentarische Biographie einige Anklänge an den elliptischen Diskurs des Schelmenromans auf. So reklamiert Tristram ebenso wie Lazarillo de Tormes Plinius Bemerkung, „that he never read a book so bad but he drew some profit from it" für sich (I,20). Außerdem hofft er, sein Glück mit einem Werk zu machen, daß den Leser von seinen zahlreichen „misfortunes" unterrichtet. Daher ist die aus dem Schelmenroman bekannte Klage über Fortunas Unberechenbarkeit ein Gemeinplatz, den auch Sternes Ich-Erzähler beständig aufsucht. Was Tristrams Behauptung - „I have been the continual sport of what the world calls fortune" (I,5) - von der pikaresken Apologie wesentlich unterscheidet, ist, daß Mr.Shandy „the ungracious Duchess" nicht mit leibhaftigen Konkurrenten identifiziert. Jedenfalls lassen sich Tristrams „misfortunes" nicht gegen die „fortunes" irgendwelcher Widersacher aufrechnen. Wie vor allem die Geschichte der heißen Wallnuß zeigt, die ohne fremde Einwirkung in Phutatorius Schoß landet, beruhen die Wechselfälle des Lebens in Sternes Roman nicht auf der Durchtriebenheit gesellschaftlicher Subjekte, sondern auf der Tücke indifferenter Objekte. Deshalb wird Phutatorius irrtümliche Annahme, daß Yorick ihm einen bösen Streich gespielt habe, auch ausdrücklich als „as groundless as the dreams of philosophy" (IV,27) disqualifiziert.

Diesen Träumen hängt bekanntlich wie kein zweiter Tristrams Vater nach. Während der Pícaro, wie Lazarillos Zusammenstoß mit dem steinernen Stier von Salamanca beispielhaft veranschaulicht, schlagkräftigen Argumenten durchaus zugänglich ist, folgt Walter Shandy dem quichottesken Prinzip der Wirklichkeitskonfrontation; sein Kampf gilt den Windmühlen, in die sich die Gegenstände seines Bewußtseins verwandeln, sobald sie kommuniziert, sobald sie zum Gegenstand der Unterhaltung werden. Im Unterschied zum edlen Ritter von der traurigen Gestalt hat Walter jedoch durchaus Hintergedanken, wenn er „the unexpected strokes his science met with from the quaint simplicity of my uncle Toby's questions" (III,41), mit ironischen Seitenhieben auf das Steckenpferd seines Bruders beantwortet, die wohl weniger das Tier als den Reiter treffen sollen. Umgekehrt weiß Onkel Toby sich mit paramilitärischen Attacken gegen Walters intellektuelle Überheblichkeit zu revanchieren. So begegnet er dessen ironischer Aufforderung, doch einmal die Unwahrscheinlichkeit in den Ereignissen dieser Welt zu berechnen, mit einer geradezu kynischen Retourkutsche: „I know no more of calculations than this baluster, said my uncle Toby (striking short of it with his crutch, and hitting my father a desperate blow souse upon his shinbone), - 'Twas a hundred to one - cried my uncle Toby. - I thought, quoth my father (rubbing his shin), you had known nothing of calculations, brother Toby. - 'Twas a mere chance, said my uncle Toby" (IV,9) - ein Schelm, wer Böses dabei denkt. Walters Rache ist ebenso subtil wie symptomatisch. Anstatt die Prügel handgreiflich zu erwidern, stellt er wenig später im Zusammenhang mit der Nottaufe seines Filius und dem Vorschlag, ihn nach Onkel Toby zu benennen, eine Überlegung an, mit der er seine intellektuelle Überlegenheit zurückerlangt. „Were one sure, said my father to himself, scratching his eyebrow, that the child was expiring, one might as well compliment my brother Toby as not - and 'twould be a pity, in such a case, to throw away so great a name as Trismegistus upon him - But he may recover." (IV, 14)

Daß Tristrams Vater ebensoviel Vergnügen an der rhetorischen Unterlegenheit seiner Mitmenschen wie sein Sohn an der Wehrlosigkeit seiner Leser findet, wird immer dann deutlich, wenn Walter mit gespieltem Ernst Fangfragen stellt, bei denen er auf die Einfalt seiner Umgebung spekuliert. „We had a foolish scullion - my father, I think, kept her for her simplicity" (V,7), erfüllt diese Scheuermagd für ihn doch eine ähnliche Funktion wie die begriffsstutzige „Madam" für den Erzähler. Zuweilen drängt sich der Verdacht auf, selbst Mr.Shandys Beziehung zu seiner Gattin beruhe auf einer ähnlich neckischen Geschäftsgrundlage. „Cursed luck... for a man to be master of one of the finest chains of reasoning in nature, - and have a wife at the same time with such a headpiece that he cannot hang a single inference withinside of it" (II,19). So geht eine Unterhaltung zwischen den Eheleuten selten über eine Proposition, eine Replik und deren Duplik hinaus. (Vgl. VI,39) Allerdings bleibt Walter Shandy manchmal nur das zweifelhafte Vergnügen, seine Propositionen einfallsreich zu variieren. „He was almost at his wit's end; - talked it over with her in all moods; - placed the arguments in all lights; - argued the matter with her like a Christian - like a heathen, - like a husband, - like a father, - like a patriot, - like a man: - My mother answered everything only like a woman; which was a little hard upon her; - for as she could not assume and fight it out behind such a variety of characters, - 'twas no fair match" (I,18). Mrs. Shandys schärfste Waffe besteht darin, einfach die Replik zu verweigern: „It was a consuming vexation to my father that my mother never asked the meaning of a thing she did not understand." (VI, 39)

Nicht immer gelingt es Walter Shandy also aus der Not eine Tugend zu machen. Da ihm ein adaequater Gegenspieler fehlt, muß er seine stupenden Sprechakte, die stupiden Reaktionen seiner Gesprächspartner antizipierend, stets so einrichten, daß ein Erklärungsbedarf verbleibt, der Rückfragen provoziert. Entscheidend ist nämlich die Unterbrechung, die seine Rednergabe reevoziert. Genau denselben Trick wendet sein Sohn Tristram als Erzähler an. Dabei retten ihn die in den Erzählfluß eingestreuten Zwischenfragen einer „Madam" oder eines „Sir" einerseits aus der Verlegenheit, den roten Faden dort zu Ende führen zu müssen, wo er sich heillos verstrickt hat, und verschaffen ihm andererseits Gelegenheit, das Garn bei einer anderen Masche wieder aufzunehmen.

Wenn überhaupt, dann ist Sternes Buch ein pränataler Schelmenroman. „Tristram's misfortunes began nine months before he came into the world" (I,3) mit jenem verhängnisvollen coitus interruptus, der durch die unsinnige Zwischenfrage seiner Mutter ausgelöst wird, und dazu führt, daß er in der Welt eine ganz andere Figur als die macht, die seinem Vater vorgeschwebt hat. Nach Ansicht der zeitgenössischen Physiologie war solch eine Unterbrechung geeignet, die Lebensgeister des Betroffenen nachhaltig durcheinander zu bringen. Die für Tristrams Weise der narrativen Welterzeugung charakteristische Technik der Interruption läßt sich daher als bedingter Reflex auf die Umstände seiner Erzeugung verstehen. Die Kumutation von Text und Leben, die hier ihren Ausgang nimmt, durchzieht den gesamten Roman. So ist „Tristram" eine verstümmelte Version von Trismegistus, jenem Namen, auf den Walter Shandy seinen Sohn taufen lassen wollte. Durch das Mißgeschick der Taufe wird Tristram - *nomen est omen* - auch in der Folgezeit weiteren Verstümmelungen ausgesetzt. Der figuraltypologische Sinn von Walter Shandys Idee, das Kind namentlich auf die Nachahmung eines großen Vorbilds zu verpflichten, wird also in sein Gegenteil verkehrt; d.h., die Prophetie der Namensgebung erfährt durch Tristrams reale und nominale Verkleinerung eine ironische Bestätigung.

Auch die Quetschung, die Tristrams Nase durch Dr.Slops Geburtszange erleidet, ist das Ergebnis einer Verkettung widriger Umstände, die hier nicht im einzelnen dargelegt werden sollen. Wichtig ist, daß dieser Unfall und Tristrams Beinahekastration durch ein unverhofft auf sein edelstes Körperteil herabsausendes Schiebefenster in einem spezifischen, literarhistorischen Zusammenhang stehen. Schon Rabelais hatte die Doppeldeutigkeit der Nase als Riechund Geschlechtsorgan bei der Darstellung des grotesken Leibes weidlich ausgebeutet. Sterne knüpft an diese karnevaleske Tradition der Erzählkunst u.a. mit der Geschichte des Hafen Slawkenbergius, eines von ihm erfundenen Schriftstellers, an. Während jedoch auf der Insel Ennasin, die Rabelais schildert - Sterne erwähnt diese Episode an einer Stelle seines Romans (III,32) -, die überdimensionale Größe der Nase ein kollektives Merkmal der Bevölkerung darstellt, erscheint sie in Slawkenbergius Geschichte als herausragende Eigenschaft eines individuellen Körpers. Allerdings versetzt die unglaubliche Nase jenes Fremden, der eines Abends in Straßburg eintrifft, die gesamte Einwohnerschaft der Stadt in Aufruhr. Ihre erotische Ausstrahlung, die für diese öffentliche Erregung verantwortlich ist, wird deutlich, wenn es heißt, die Elfenkönigin habe den ominösen Vorsprung in so viele Einzelorgane aufgeteilt, als es Köpfe in Straßburg gab, die des nachts davon träumen konnten. Tags darauf entzündet sich an der Frage, ob die Nase des Fremden echt oder falsch sei, ein fürchterlicher Streit zwischen der katholischen und der protestantischen Universität, so daß der allgemeine Tumult unter der Bevölkerung durch die Aufregung unter den Gelehrten verstärkt wird. „Nasisten" überwerfen sich mit „Antinasisten", eine Disputation folgt der anderen, und wenn in diesem Zusammenhang das Problem von Luthers Verdammung erörtert wird, so darf dies ebenso als Reminiszenz an das karnevaleske Institut der Hölle verstanden werden, wie die Prozession der Straßburger vor die Tore ihrer Stadt an das Ritual des Fastnachtsumzugs erinnert. Der entscheidende Unterschied zwischen Rabelais und Sterne liegt jedoch, abgesehen von der Individualisierung des grotesken Leibes, darin, daß die Straßburger Vorfälle anders als in GARGANTUA UND PANTAGRUEL nicht vom Romanpersonal erlebt, sondern in der Erzählung

des Slawkenbergius nachgelesen werden. Die ganze Geschichte ist als ein literarisches Fundstück in den Roman inseriert, und diese Vermittlungsstruktur
verweist auf den Abstand, den die abendländische Zivilisation bereits zu Sternes Lebzeiten zum Karneval gewonnen hat; dieser ist kein Gegenstand der
Erfahrung mehr, sondern nur noch ein literarischer Topos.

Die groteske Nase löst als Sinnbild des Inkommensurablen nicht nur ein
zivilisatorisches Chaos aus, sie veranschaulicht vor allem den verdrängten
Zusammenhang von Sexualität und Kreativität, von Triebstruktur und Einbildungskraft. Ob nun die Phantasie die Nase, oder umgekehrt die Nase die Phantasie beflügelt - die Gelehrten streiten darüber, wie Tristram anhand von kryp-
tischen Zitaten belegt (III,38) -, auf jeden Fall ist es ihre Ambivalenz, die
Wirkung zeigt. Die Äquivokation von Riech- und Geschlechtsorgan demonstriert *en detail*, wie Sternes gesamte Erzählkunst funktioniert, da in ihr „die
bestimmte Form fortwährend gebrochen, verschoben, in das Unbestimmte
zurückübersetzt wird, so dass sie das Eine und zugleich das Andere bedeutet.
Sterne ist der grosse Meister der Z w e i d e u t i g k e i t , - dieses Wort billiger-
weise viel weiter genommen als man gemeinhin thut, wenn man dabei an ge-
schlechtliche Beziehungen denkt."[109]

Die Äquivokation ist also ein Grundzug in Sternes Roman, und Walter Reed
geht in seiner Interpretation des TRISTRAM SHANDY sogar so weit, die Verschie-
bungen, die aus seiner Unschärferelation resultieren, mit der „différance" in
Verbindung zu bringen [110], die, Jacques Derrida zufolge, alle Versuche
konterkariert, mittels Worten eindeutige Aussagen zu erzielen. Jede begriffliche Setzung wird von der Verschiebung unterlaufen, die dem semiotischen
Prozeß eingeschrieben ist. Was an nicht gemeinter Bedeutung in der Bezeichnung des Gemeinten (Signifikat) aufgeschoben wird, gelangt durch die Gleitbewegung der Signifikanten erneut ins Spiel und subvertiert, der Wiederkehr
des Verdrängten vergleichbar, die Reinheit der Aussage.

Sterne scheint es auf eben diese Gleitbewegung abgesehen zu haben, da er,
„the cleanliness of my reader's imagination" (III,31) spitzbübig voraussetzend,
„Nase" tautologisch definiert. Wenn dergestalt, wie Wolfgang Iser zurecht
meint, „die Definition als die eigentliche Quelle der Zweideutigkeit" [111]
erscheint, dann richtet sich auch diese Stelle gegen Locke, der die Definition
als besonders wirksames Hilfsmittel gegen die Mißverständlichkeit der Worte
empfohlen hatte. Für ihn „definiert man am besten, indem man diejenigen einfachen Ideen aufzählt, die in der Bedeutung des definierten Ausdrucks verei-
nigt sind."[112] Sieht man einmal von der Schwierigkeit ab, diese einfachen
Ideen zu bestimmen, so führt eine Aufzählung dessen, was das Wort „Nase"
alles denotiert, unweigerlich zum Innewerden seiner Konnotationen. Die Expli-
kation beschwört auch die unliebsamen Bedeutungsimplikationen herauf, denn

„je genauer eine Wortbedeutung eingekreist wird, desto größer wird die Vielfalt dessen, was nicht gemeint ist, wodurch die Definition einem kritischen Punkt zutreibt, der die erstrebte Eindeutigkeit angesichts ihrer wachsenden Abhängigkeit von den verneinten Bedeutungen zum Kippen bringt."[113] Diese unwillkürliche Inversion bringt das begriffliche Konstrukt zum Einsturz, bewirkt also eine regelrechte Dekonstruktion.

Vor diesem Hintergrund gewinnen Tristrams Sprach- und Gedankenspiele ihre Brisanz. „Das Spiel" hat laut Wittgenstein „nicht nur Regeln, sondern auch einen Witz."[114] Eben auf diesen Witz kommt es Sterne an: Lockes ESSAY hatte gerade wegen seines Hangs zur Eindeutigkeit zu einer philosophiegeschichtlich bedeutsamen Abwertung des „wit" gegenüber dem „judgment" geführt. Die rasche, Augenblickseindrücke synthetisierende Kraft der spontanen Auffassungsgabe, die mit Assoziationen und Konnotationen operiert, war Locke nicht analytisch, nicht reflektiert genug. Gründliche Überlegung sollte die Grundlage aller Urteile und Meinungen bilden. Sein semantisches Differential, das „wit" mit Suggestion, Imagination und Subjektivität, „judgment" hingegen mit wissenschaflicher Intelligenz, Objektivität und Argumentation verband, war eindeutig als Hierarchie konzipiert.[115] Sterne erschien diese Rollenverteilung, nimmt man sein alter ego Tristram beim Wort, als „the Magna Charta of stupidity" (III, 20). Sie führte im Alltag zur Begriffsstutzigkeit und in der Kunst zur Kapitulation. Gegenüber Lockes Verurteilung der Metapher, die für den Philosophen das sprachliche Analogon des „wit" und der Inbegriff aller trügerischen Ausdrucksweise war [116], insistiert Sterne, daß das Begriffsvermögen auf Anschaulichkeit angewiesen ist. Wenn es also, wie die Forschung glaubt, ein Hauptanliegen seines Schreibens war, den „wit" der Poesie gegenüber dem „judgment" der Ratio zu rehabilitieren, so kann der TRISTRAM SHANDY als das Ergebnis einer Komplementärlektüre interpretiert werden, die Lockes elliptische Auffassung der menschlichen Verstandestätigkeit einer ästhetischen Revision unterzieht. Vernunft war für Sterne ohne die Kraft der Einbildung, in der die Essenz des „wit" liegt, blind; umgekehrt war aber auch das bedächtige Urteil nicht durch den plötzlichen Einfall zu ersetzen; „it is there inseparability that he defends, and not the primacy of wit, though of course the inferior position of it in the eighteenth century forced Sterne to emphasize wit rather than judgment."[117]

Diesem Ziel sind die zahlreichen satirischen Ausfälle gegen die Beschränktheit der Gelehrten in Sternes Roman untergeordnet. „A soldier, cried my uncle Toby, interrupting the corporal, is no more exempt from saying a foolish thing, Trim, than a man of letters - But not so often, an' please your Honour, replied the corporal." (VIII,19) Daß eine spontane Idee gründlich bedacht werden muß, macht Sterne anhand der Unvernunft jenes jungen Narren deutlich, der um der

Idee der Gerechtigkeit willen mit seiner Großmutter schlafen will. „You laid,
Sir, with my mother", erklärt der Fant seinem Vater, „why may not I lay with
yours?" (IV,29)

   Daß eine, wie auch immer halbierte Verstandestätigkeit so gut wie gar keine
ist, veranschaulicht Sterne mit bissiger Ironie anhand der Geschichte jenes
wallonischen Offiziers, „who had one part of his brain shot away by a musket
ball, - and another part of it taken out after by a French surgeon; and, after all,
recovered, and did his duty very well without it" (II,19). Sternes Rückgriff auf
die Ständesatire, zu der diese sarkastische Geschichte gerechnet werden darf,
reiht sich wie die Wiederaufnahme karnevalesker Topoi, die Travestie der
Liturgie durch Ernulphus' Bannfluch-Brevier oder die Parodie des sokratischen
Dialogs in eine Indizienkette ein, die auf den Literaturtyp der Anatomie verweist.[118]

   „Wie stark Sternes Erzählung durch die Wesensmerkmale der Anatomie
geprägt ist, wird durch die Tatsache verdeutlicht, daß das Werk eine Anatomie
in der Anatomie enthält. Gemeint ist die Episode über die TRISTAPAEDIA, das
von Walter Shandy verfaßte Erziehungsbuch, das die KYROPAEDIA des Xeno-
phon parodiert."[119] Der Clou dieses Buches im Buche besteht freilich darin,
daß es das gleiche Dilemma wie Tristrams pseudoautobiographischer Diskurs
offenbart. Da Walter mit der Entwicklung seines Sohnes nicht Schritt zu halten vermag, ist er stets mit der pädagogischen Konzeption von Lebensabschnit-
ten befaßt, über die sein Filius inzwischen hinausgewachsen ist. Schließlich
darf nicht übersehen werden, daß auch John Lockes ESSAY CONCERNING HUMAN
UNDERSTANDING den Charakter einer Anatomie besitzt, zerlegt Locke die
menschliche Verstandestätigkeit doch in ihre elementaren Bestandteile, die
Ideen, und deren Verbindung („train of ideas"). Ein weiteres Charakteristikum
der Anatomie, die Digression, wird von Sterne so häufig verwandt, daß sein
Buch, darin eher dem GUZMAN DE ALFARACHE als GARGANTUA UND PANTAGRUEL
verwandt, zu einem hybriden Kunstwerk gerät.

   Digressionen waren bereits zu Swifts Lebzeiten literarische Mode, wie dessen ABSCHWEIFUNG ZUM LOB DER ABSCHWEIFUNGEN beweist. Sternes Originalität
bestand darin, das Verfahren der Abschweifung zum Motor einer Erzählung
zu machen, die immer beides zugleich ist: Umweg und Königsweg der Darstellung. Daher verweisen Thema und Struktur seines Romans wechselseitig
aufeinander. Die Erzählweise ist ein Hinweis auf das, wovon die Geschichte
handelt, die Handlung wiederum kommt durch den ständigen Wechsel der
Erzählsituationen und -aktanten zustande, besteht also wesentlich in der
(Selbst-) Darstellung des Erzählvorgangs. Immer wieder deutet Tristram an,
wie Text und Leben, Lektüre und Welterzeugung ineinander übergehen.
„Digressions", erklärt er beispielsweise, „are the sunshine; - they are the life,

the soul of reading; - take them out of this book, for instance, - you might as well take the book along with them; - one cold eternal winter would reign in every page of it; restore them to the writer, - he steps forth like a bridegroom," (I,22), der mit der Phantasie des Lesers Hochzeit hält.

In den Abschweifungen wird die Interaktion von Text und Leser forciert, werden die vorgegebenen Ansichten mit den Auffassungen des Interpreten zu einer neuen Sichtweise der Welt verschränkt. Schlechte Literatur, kritisiert Sterne, hält durch eine Abschweifung den Gang der Ereignisse auf. Seine außergewöhnliche Abschweifungsgeschicklichkeit bestehe dagegen darin, „that the whole machine, in general, has been kept a-going" (I,22). Dies gelingt, weil Sterne das Prinzip der Autopoiesis von der Ebene der Gattung auf die Ebene des einzelnen Romans transferiert. Indem er innerhalb seines Erzählwerks mit verschiedenen Genres und Subgenres jongliert, indem sein intertextuell verfaßter Diskurs zwischen Anekdoten, Zitaten und Traktaten, Briefen, Predigten und Verträgen hin- und herläuft, verschafft er sich beständig Anknüpfungspunkte für narrative Anschlußoperationen. So wie Locke zufolge die operative Geschlossenheit des Bewußtseins gerade durch den beständigen Wechsel der Ideen gewährleistet ist, die immer nur als Zeichen von Ideen nach außen abgegeben werden können, ergibt sich die semiotische Potenz von Sternes Roman, immer neue Lesarten zu erzeugen, aus der permanenten Permutation von Textsorten und Erzählpartikeln sowie dem unablässigen Umschalten zwischen Selbst- und Fremdreferenz.

„On virtually every level of significance in TRISTRAM SHANDY, displacement appears as the governing principle, the modus operandi of the narrative."[120] Das Steckenpferd fungiert als Metonym des Charakters, die Karte als Metapher des Bewußtseins. Der Leser wird in die Welt des Textes und dort von einer Zeitebene auf die andere versetzt; der Verfasser stellt sein Selbst in immer neuen Masken dar, und die Verwerfungen im pseudoautobiographischen Diskurs überführen das Werk in eine „cyclopaedia of arts and sciences" (II,17), in der die Heteronymie aller menschlichen Erfahrung erhalten bleibt. Wenn die Gattung des Romans, wie Bachtin ausgeführt hat, ihre Lebendigkeit dem Umstand verdankt, daß sie wie kein anderes Genre der Zeit verpflichtet ist und daher keiner ihrer Erscheinungsformen gestatten kann, sich zu verfestigen, so stellt Sternes neunbändiges Erzählwerk dieses stets werdende Genre in nuce dar. So gesehen ist der TRISTRAM SHANDY in der Tat, wie Sklovskij meinte, der typischste Roman der Weltliteratur.[121] „The more I write, the more I shall have to write - and consequently, the more your Worships read, the more your Worships will have to read." (IV,13)

Sklovskij hat übrigens als erster gesehen, daß die Bloßlegung des Kunstgriffs typisch für Sterne und seine Methode ist, den Leser hinter die Kulissen der Erzählkunst blicken zu lassen.[122] Die Dialektik von Illusion und Delusion, die dabei wirksam wird, ist Fielding abgeschaut. Ähnlich wie er legt Sterne die Technik des doppelten Registers einerseits mit einer rhetorischen Frage offen, wenn er sich wundert, wie es bloß komme, „that so many playwrights, and opificers of chitchat have ever since been working upon Trim's and my uncle Toby's pattern" (III, 24). Andererseits wendet Sterne dieses Muster, darin Fielding übertreffend, sowohl auf der Ebene der dargestellten Handlung als auch auf der Ebene ihrer darstellerischen Vermittlung an. Was auf der einen Ebene zur Parallelisierung der Figuren und Aktionen führt, dient auf der anderen Ebene zur ironischen Antizipation der Leserreaktionen durch die voreiligen und falschen Schlüsse der *lectores in fabula*. So wird die Technik des doppelten Registers gleichsam zum Quadrat erhoben, ist doch die ihrerseits immer schon doppelbödige Kommunikation der Shandys stets in die Konversation eingebettet, die Tristram zugleich mit seinem internen und mit seinem externen Publikum führt.

Sind aber die Figurenkonstellationen, wie der Hinweis auf die Technik des doppelten Registers zeigt, immer unter dem Gesichtspunkt der dramatischen Interaktion zu sehen, die sie hervorbringt und verändert, so erweist sich Sterne als Meisterschüler des von ihm verehrten Cervantes. Denn er nimmt das Verfahren der wechselseitigen Beeinflussung und Spiegelung stets im Zusammenhang mit der Vernarrtheit seiner Gestalten in ihre fixen Ideen auf. „Talk of what we will, brother", sagt Tristrams Vater auf das Steckenpferd des ehemaligen Soldaten anspielend, „or let the occasion be never so foreign or unfit for the subject - you are sure to bring it in." (II,12) Kommt das Gespräch dagegen auf sein eigenes Lieblingsthema, weiß sich der pensionierte Geschäftsmann nicht mehr zu beherrschen: „My father here had got into his element, and was going on as prosperously with his dissertation upon trade as my uncle Toby had before upon his of fortification" (II,14).

Ist die Beziehung zwischen Onkel Toby und Tristrams Vater durch eine symmetrische Differenzierung gekennzeichnet, da die Eigenarten des einen die des anderen gleichsam seitenverkehrt widerspiegeln, so läuft die Schismogenese von Onkel Toby und Korporal Trim auf eine komplementäre Differenzierung hinaus. Während Walter und sein Bruder ständig auf zwei verschiedenen Referenzebenen aneinander vorbeireden, erscheinen der Korporal und der Hauptmann als Koproduzenten eines synreferentiellen Bezirks. Beide sind als Kriegsinvaliden aus- und bei der Sublimation ihrer Leidenschaften aufeinander angewiesen. Ähnlich wie Sancho Pansa der Steigbügelhalter von Don Quijotes Wahn war, bringt Trim Toby auf die entscheidende Idee, seine Schlachten nicht nur theoretisch anhand zweidimensionaler Karten, sondern praktisch anhand dreidimensionaler Modelle nachzuvollziehen. Daß Trim und

Toby eine funktionierende Spielgemeinschaft bilden, widerlegt die in der Sekundärliteratur zu Sternes Roman mitunter vertretene Ansicht, die Methode der „characterization by hobbyhorses presupposes a solipsistic view of the universe; each rider is galloping along through his own private reality."[123] Eher schon gilt: „Trim is really the creative partner in Uncle Toby's game" [124], das eben ein Spiel von komplementären Partnern ist; „there is misunderstanding in every social exchange in TRISTRAM SHANDY, but not alienation. There is subjectivity, but not solitude."[125]

Dabei reflektiert die Rollenverteilung zwischen Trim und Toby, wie die Geschichte des Königs von Böhmen lehrt, die Aufgabenteilung von Autor und Leser: Der Erzähler Trim wird von Toby beständig unterbrochen, läßt sich durch diese Unterbrechungen aber auch zu Abschweifungen und Abwandlungen verleiten, die schließlich dazu führen, daß eine ganz andere Geschichte als die des Königs von Böhmen, nämlich die von der schönen Beguine, erzählt wird. Auf eine ähnliche Art und Weise läßt sich Tristram immer wieder von „Madam" oder „Sir" ablenken und zu Digressionen hinreißen, die an die Stelle seiner Lebensgeschichte treten.

Hat Tristram in Trim sein Double als Erzähler gefunden, so präfiguriert Walter Shandy den Einfallsreichtum seines Sohnes. Dem fatalen Widerspruch zwischen Theorie und Praxis, von dem sein gesamtes Leben zeugt, wie Tristram einmal anmerkt (III,21), begegnet Walter Shandy bei jeder Gelegenheit mit dem Geltungsanspruch einer neuen Hypothese. Entscheidend ist nicht die kontrafaktische Realität, sondern die heuristische Fiktion, in der er lebt. Daher interessiert ihn auch an Tristram weniger der Namensträger als der Name, hatte er doch schon zwei Jahre vor der Geburt seines Sohnes einen Aufsatz über dessen verhängnisvolle Wirkung verfaßt. Das humane Substrat seines paralogischen Systems beschäftigt Walter nur am Rande, wie die beiläufige Frage nach Tristrams Verletzung offenbart: „Had my father been asking after the amputation of the tail of a puppy dog - he could not have done it in a more careless air" (V,39)

Demgegenüber verfolgt Tristram die Absicht, „to do exact justice to every creature brought upon the stage of this dramatic work" (I,10). „Ja, Sterne verwechselt unversehens die Rollen und ist bald ebenso Leser als er Autor ist; sein Buch gleicht einem Schauspiel im Schauspiel, einem Theaterpublicum vor einem anderen Theaterpublicum."[126] Der Roman wird dadurch zu einem regelrechten Spiegelkabinett, in dem Sterne seiner Persönlichkeit facettenreich Ausdruck verleiht. Tristram selbst verweist darauf, daß die Charaktere der beiden Brüder Walter und Toby einander wechselseitig beleuchten (II,12), und der Leser erkennt rasch, daß Trim oder Yorick ihrerseits als Kontrast- und Komplementärfiguren der Shandys fungieren. Alle vier wiederum werfen in ihrer Eigenschaft als Reflexions- bzw. Projektionsfiguren Licht auf den Erzähler. Sind aber die *dramatis personae* Selbstrepräsentanten in ironischer Brechung [127], so probiert Sterne auf dem Kopftheater seines Romans Möglichkeiten der eigenen Persönlichkeit aus. Den Roman dergestalt „in eine imaginäre Szene zu transformieren, heißt, die Mimesis aus der Darstellung auszutreiben, um über die Performanz des Spiels das Herstellen von Welten auszuleuchten".[128] Die Theatermetaphorik, die das Werk durchzieht, verweist daher weniger auf das gesellschaftliche Rollenspiel als auf den Vorgang der narrativen Selbstinszenierung. So wie das Steckenpferd als objektives Korrelat des Charakters und damit als Schema seiner Veranschaulichung fungiert, dient die Figurendarstellung insgesamt Sternes Versuch, sich und seinen Lesern eine Vorstellung von dem zu vermitteln, was Subjektivität heißen kann.

Infolgedessen weist das Spiel der schematisierten Ansichten und Einsichten fast alle Züge jener modernen wissenssoziologischen Theorie auf, die als Symbolischer Interaktionismus bezeichnet wird. Diese Theorie geht vom perspektivischen Charakter jeder sozialen Erfahrung aus und behauptet, daß es für ein Ereignis jeweils mehr als eine mögliche Beschreibung gibt. Wer um diese Vielfalt der Sichtweisen weiß, betrachtet auch sein eigenes Verhalten aus einer gewissen Rollendistanz. Gerade dieser Abstand zur eigenen Person eröffnet jedoch kontingente Möglichkeiten der Welterzeugung und Selbsterfindung.[129]

Der Literatur fällt in diesem Zusammenhang die Aufgabe zu, ein Medium der Exploration solcher Möglichkeiten zu sein. Anstatt eine vorgegebene Wirklichkeit nachzubilden, erlangt die Fiktion Vorbildfunktion im Hinblick auf die Gestaltung des menschlichen Lebensraums. Ist nämlich erst einmal erkannt, daß die kointentionale Inszenierung des fiktionalen Diskurses dem gleichen Mechanismus verpflichtet ist wie die Ko-Produktion der zwischenmenschlichen Realität durch symbolische Interaktion und Kommunikation, dann läßt sich die Kluft zwischen dem Diskursuniversum der Literatur und der Erfahrungswelt als ein intermediäres Feld begreifen. Hier, im beständigen Hin-und-Her der Imagination, erfolgt eine Umschrift der Rollenskripte und eine Konjektur der Lesarten, die der Mensch seiner Erfahrung andernorts zugrundelegt.

In den Werken von Rabelais und Cervantes, aber auch in Burtons ANATOMY OF MELANCHOLY und Montaignes ESSAIS, fand Sterne „all aspects of imitation: the discovery of life in literature, literature in life; the conversion of what is read into what is acted, the translation of what is lived into what is read."[130] Seine eigene, zusätzliche Entdeckung war, daß der mimetische Akt einen performativen und metaphorischen Charakter besitzt: die Gestalt des Textes ist nicht nur ein bewußtes oder unbewußtes Abbild der Persönlichkeitsstruktur seines Verfassers; vielmehr findet bei der arbeitsteiligen Textstrukturation durch Autor und Leser mitunter eine Umgestaltung ihrer Persönlichkeit statt.

Die Pointe dieser spielerischen Re-Kon-Figuration liegt nun aber darin, daß sich dabei die fremden Charaktermerkmale jener literarischen Bezugs- und Vergleichsgrößen, vor deren Hintergrund Trim, Toby und Walter Kontur gewinnen, in die eigenen Züge mischen. Was Sterne bei seiner Figurenzeichnung von Sancho Pansa oder Don Quijote, Panurge oder Demokrit Junior übernommen hat, schreibt sich dergestalt in das Selbstporträt seines alter ego Tristram ein. Das aber bedeutet, daß Sternes Simulakrum der Subjektivität intertextuell verfaßt ist, was wiederum den Gedanken nahelegt, daß seine Idee der Persönlichkeit eine literarische Kategorie darstellt.

Dieser Gedanke wird durch den philosophiegeschichtlichen Kontext gestützt. Locke hatte in seinem ESSAY erklärt, die Einheit der Person sei nicht durch die Identität der (körperlichen) Substanz, sondern allein durch die Kohärenz des Bewußtseins zu gewährleisten.[131] Ist aber die Einheit der Person eine Vorstellung, die daraus erwächst, daß die diskontinuierliche Abfolge der Gedanken im nachhinein als kohärenter Text gelesen wird, dann ist die Idee der Persönlichkeit ebenso wie das Konzept ihrer empirischen Wahrnehmung ästhetisch grundiert. So gesehen können Lektüreerfahrungen, die im Umgang mit fiktionalen Texten gemacht werden, genauso persönlichkeitsbildend wie andere Umweltprägungen sein. Mithin wird Sternes Roman für jeden Interpreten zu einem Medium aktueller Selbsterfahrung und potentieller Veränderung. Der gedankliche Nachvollzug des Lebens und der Meinungen Tristram Shandys verändert gewiß nicht gleich das gesamte Dasein des Lesers, vielleicht aber doch die eine oder andere seiner Ansichten davon.

Auch der Leser schaltet also, hat er sich ersteinmal auf Sternes Regeln der Selbstinszenierung eingespielt, beständig zwischen Fremd- und Selbstreferenz hin und her. Was ihm im Verlauf der Auseinandersetzung mit den Shandys, seinen signifikanten Anderen zustößt, verweist, je nach Blickrichtung, entweder auf deren Marotten oder auf seine Eigenarten. Umgekehrt läßt sich Buffons berühmter Satz, der Stil sei der Mensch selbst, wenn nicht auf Sterne, so doch auf dessen literarischen Stellvertreter anwenden. Jedenfalls ist Tristram Shandy im Gegensatz zu Fieldings anonymem Erzähler ein persönlich gestaltetes Medium [132]; der für seinen Schreib- und Denkstil charakteristische Gedankenstrich eine Art persönliche Signatur. Diese materielle Spur des Mentalen ist aber nur ein Indiz für die paradoxe Allgegenwart des als Akteur vermeintlich abwesenden Titelhelden. „Der Kopf Tristrams enthält absolut alles, was man in einem Werk finden kann, das zu recht den Titel THE LIFE AND OPINIONS OF TRISTRAM SHANDY, GENTLEMAN trägt" [133] und bis in die Typographie hinein den Anspruch rechtfertigt, ebenso wie Lockes ESSAY „a history book" dessen zu sein, „what passes in a man's own mind" (II,2).

Wie schnell dabei etwas auf die schiefe Bahn geraten kann, wird im Verlauf
von Onkel Tobys Affaire mit der Witwe Wadman klar. Im Gegensatz zu Pa-
nurges Heirats-Dilemma, das zu gleichen Teilen ein erotisches und ein intellektuelles Problem war, liegt der Akzent dieser Affaire nämlich nicht auf dem
beiläufig eingestreuten Vergleich von Liebe und Hahnreischaft (VIII,2), der
die Materie vordergründig beleuchtet, sondern auf den Schwierigkeiten der
zwischenmenschlichen Verständigung. Dies zeigt sich schon daran, daß der
angeführte Vergleich auf den zweiten Blick, den Tristram dem Leser durch
seine Wiederholung gestattet, als *tertium comparationis* die ungleiche Infor-
mationsverteilung unter den Beteiligten, also mentale Unterschiede, zum Gegenstand hat: „It is with Love as with Cuckoldom - the suffering party is at
least the third, but generally the last in the house who knows anything about the
matter: this comes, as all the world knows, from having half a dozen words for
one thing" (VIII,4). Damit ist Tristram wieder bei Locke und seinem Generalt-
hema, der Differenz von Kommunikation und Bewußtsein angelangt.

Bezeichnenderweise wird diese Differenz anhand der spezifischen Verschie-
bungen einer Karte gegenüber ihrem Territorium veranschaulicht - Verschie-
bungen, die stets auch im Hinblick auf die Nicht-Identität von Text und Bezugs-
feld auslegungsrelevant sind. Bereits dort, wo Sterne den Begriff der Karte im
buchstäblichen Sinne gebraucht, thematisiert er den Unterschied von Darstellung und Dargestelltem, der hier interessiert. So heißt es zu Beginn des 9.Ka-
pitels im 7.Buch: „There is no town in all France which, in my opinion, looks
better in the map than MONTREUIL; - I own, it does not look so well in the book
of post roads; but when you come to see it - to be sure it looks most pitifully."
Noch deutlicher wird die Differenz von Karte und Territorium immer dann
akzentuiert, wenn es um ihre epistemologische Relevanz geht. Dazu bieten
Walter Shandys Hypothesen reichlich Gelegenheit. „The abyss between his
beautifully articulated world of theory and the irksome, messy world of experience is ultimately unbridgeable, despite his repeated efforts to cross from the
one to the other."[134] Gleichwohl folgt Tristram als Erfinder von Geschichten Walters Beispiel. „From his father Tristram has learned the most valuable
lesson of all: the world is recoverable by hypothesis."[135] Ebensowenig wie
seinen Vater, den geborenen Orator, die traurige Wirklichkeit betrüben kann,
solange er wenigstens noch eine Hypothese auf Lager hat, die seine Rednergabe beflügelt, läßt sich Tristram von seinen „misfortunes" niederdrücken, solange er das Glück seiner Omnipotenzphantasie, i.e. seine Souveränität als
Erzähler, genießt. Wie sein Vater mit seinen Gedankenspielen erstrebt er mit
seinen Wortspielen „not Truth but Ease."[136] „He digresses for pleasure, not
from narrative need" [137], mißt aber gerade durch dieses Hin-und-Her-Lau-
fen „a psychic landscape" [138], „a map of thought" [139] aus.

Eben darin ist er Toby und Trim verwandt, deren Kriegsspiele besonders
häufig mit der Differenz von Karte und Territorium in Verbindung gebracht
werden. Die Geschichte ihrer militärischen Trockenübungen beginnt bekanntlich mit Onkel Tobys Verwundung während der Belagerung von Namur. Da
der Rekonvaleszent bei dem Versuch, sich und anderen den Hergang seiner
Verwundung mittels Worten zu veranschaulichen, regelmäßig zwischen die
Fronten gerät, kommt ihm schließlich der Gedanke, sich mit einer Karte zu
behelfen, „so that he was pretty confident he could stick a pin upon the iden-
tical spot of ground where he was standing in when the stone struck him." (II,1)
Aus der Beschäftigung mit der Karte erwächst Onkel Toby alsbald ein Stek-
kenpferd, das zumindest zu seiner körperlichen Genesung nicht unerheblich
beiträgt. In rascher Folge erwirbt er so viele Karten und Fachbücher über Fe-
stungsbau, wie Don Quijote Ritterromane besaß (Vgl.II,3). Doch diese Sammlung stößt ihn in neue Verlegenheit, ist doch der Tisch in Tobys enger Stube
zu klein, um all die Meßtischblätter und Folianten über das Fortifikationswe-
sen aufzunehmen. An dieser Stelle nun kommt Trim ins Spiel, indem er
Tristrams Onkel den folgenschweren Vorschlag unterbreitet, das Schlachtfeld
vom Zimmer auf den Rasen hinter Tobys Haus zu verlegen. Bei ihrer maßstabsgerechten Rekonstruktion der zeitgenössichen Feldzüge halten sich die
beiden so pedantisch an den historischen Verlauf der Kriege, daß Tristram
erklären kann: „Amongst the many ill consequences of the treaty of Utrecht, it
was within a point of giving my uncle Toby a surfeit of sieges; and though he
recoverd his appetite afterwords... he never could hear Utrecht mentioned upon
any account whatever" (VI,31). Mit anderen Worten: Trim und Toby verlieren
zunehmend das Bewußtsein für die Diskontinuität von Karte und Territorium
bzw. von Modell und Realität.

Die vorübergehende Unverfügbarkeit von Hauptmann Shandys Steckenpferd
gestattet es der Witwe Wadman, mit einer gänzlich unerwarteten Attacke von
außen in Tobys inneren Burgfrieden einzubrechen. Bezeichnenderweise bedient
sich Mrs. Wadman dabei eines Umwegs über jene Karte, die Onkel Toby an
der Wand seines Schilderhauses neben dem „bowling-green" angebracht hat.
Die dort aufgezeichneten Befestigungslinien mit dem Finger nachfahrend, nä-
hert sie sich langsam aber stetig seiner ungedeckten Flanke, um nach ersten,
tastenden Feindesberührungen, die alsbald zu tätlichen Übergriffen führen, den
entscheidenden Treffer zu landen. Tatsächlich trifft sie den Hauptmann aus dem
Kanonenrohr ihrer Augen mitten ins Herz. Als nun Onkel Toby Anstalten zur
Gegenoffensive macht, stößt er an einer bestimmten Stelle auf unerwarteten
Widerstand, möchte Mrs.Wadman doch noch vor einem endgültigen Friedens-
schluß sicherstellen, daß ihre Eroberung ein ganzer Mann ist.

Es ist wohl nicht zuletzt die besondere Form ihrer Annäherung über den

Umweg der Karte, die Onkel Toby bei den Übergabeverhandlungen zu dem
Mißverständnis verleitet, die Witwe wolle nicht seine Leistengegend, sondern
das militärische Gelände rund um Namur erkunden. Jedenfalls läßt er die entsprechende Karte holen, mißt auf dem Schlachtplan den genauen Winkel ab
und legt Mrs.Wadmans Finger mit einer Schamhaftigkeit auf den genauen Ort
seiner Verwundung, die es der perplexen Witwe verbietet, das offenkundige
Mißverständnis aufzuklären. Diese Aufklärung kommt erst zustande, nachdem
Bridget Trim das wahre Erkenntnisinteresse ihrer Herrin enthüllt hat, und der
Korporal in seiner Empörung zu weit vorgerückt ist, als daß Onkel Toby noch
etwas anderes als der sofortige Rückzug übrigbleibt. Was ihn beschämt ist
weniger sein eigenes Mißverständnis, als - hier nimmt Sterne den Vergleich
von Liebe und Hahnreischaft wieder auf - das Übermaß an Verständnis, das
seine Umwelt für Mrs.Wadmans unbegründeten Verdacht aufbringt. „In a
word, not an old woman in the village or five miles round, who did not understand the difficulties of my uncle Toby's siege, and what were the secret artic-
les which had delayed the surrender." (IX,32)

Illustriert die Geschichte von Onkel Tobys zweiter Verwundung anhand der
Unangemessenheit seiner Legende das, was als falsches (Ein-) Verständnis
bezeichnet werden kann, so zeigt eine andere Episode ebenfalls unter Rückgriff auf die Metapher der Karte eine Möglichkeit echten Verständnisses auf.
Die Nachricht vom Tode seines Erstgeborenen erreicht Walter Shandy, als er
anhand einer Landkarte äußerst diffizile Reisekostenberechnungen anstellt.
Sein Diener Obadiah hat ihn dabei bereits einmal unterbrochen, als er, eine
Überschwemmung meldend, erneut zur Tür hereinplatzt. „Till that moment,
my father, who had a map of Sanson's, and a book of the post roads before
him, had kept his hand upon the head of the compasses, with one foot of them
fixed upon Nevers, the last stage he had paid for - purposing to go on from that
point with the journey and calculation, as soon as Obadiah quitted the room;
but this second attack of Obdadiah's, in opening the door and laying the whole
country under water, was too much." (V,2)

Vom Leser ist an dieser Stelle die Fähigkeit zur Unterscheidung zwischen
dem Territorium rund um Shandy Hall und dem Land auf Walters Karte gefor-
dert. Gleich darauf lenkt Sterne seine Aufmerksamkeit jedoch auf einen anderen Punkt. Als nämlich Onkel Toby den Brief mit der Nachricht von Bobbys
plötzlichem Ableben seinem Bruder vorliest, der gerade wieder in der Ortschaft
mit dem bezeichnenden Namen Nevers angelangt ist, stößt Walter die Nadel
seines Zirkels ein letztes Mal mit großer Heftigkeit bei jenem Ort ein, ohne die
Reise von dort aus je wieder fortzusetzen. Der Abbruch der Vermessungen ist
also in deutliche Parallele zum abrupten Ende von Bobbys Lebensreise gesetzt.
Der Tod bringt die beiden Bewegungen zwar nicht unmittelbar zur Deckung,

aber er tilgt doch für einen kurzen Moment die Kluft zwischen Kommunikation und Bewußtsein, die ansonsten den gesamten Roman durchzieht. Dabei wird jedoch keineswegs das Wissen des Lesers um die Diskontinuität von Karte und Territorium aufgehoben, denn es ist ja, genau genommen, nicht die Gleichzeitigkeit zwischen dem Ende von Bobbys Leben und Walters Plänen, sondern die Gleichzeitigkeit zwischen dem Empfang der Todesnachricht und der unwillkürlichen Geste, die Walters Aufnahme dieser Nachricht begleitet, die hier auslegungsrelevant wird. Indem der reflexartige Einstich der Zirkelnadel dem Leser einen spontanen Eindruck davon vermittelt, welchen Stich die unerwartete Nachricht Walters Herz versetzen muß, wandelt sich das sachliche Verständnis des Vorgangs unwillkürlich zum Mitgefühl. Bezeichnenderweise ist es also keine wohlüberlegte Formulierung, keine wortreiche Erklärung, sondern die anschauliche Schilderung einer wortlosen und unbedachten Regung, der es gelingt, die Kluft zwischen Walters Bewußtsein und der Einbildung des Lesers für einen kurzen Augenblick zu überbrücken.

Die Episode demonstriert, warum Sterne Lockes Vorurteil über die bildliche Rede und den ihr zugrundeliegenden „wit" nicht akzeptieren mochte, ist es doch das synästhetische Zusammenspiel von Metapher und Empathie, das hier zu einem Analogieschluß führt, der die semiotische Schwelle der digitalen Kommunikation unterläuft. Dergestalt markiert Sterne das anthropologische Defizit in Lockes logozentristischer Auffassung der menschlichen Verständigung. Indem sich der Philosoph ganz auf die Gedanken konzentriert und die Gefühle marginalisiert hatte, verlor er das humane Substrat des Verstehens, das Einfühlungsvermögen, aus dem Blick. Sternes narrative Dekonstruktion korrigiert diese einseitige Sicht. Damit überwindet sie zugleich die pikareske Version der Gesellschaft. Dort ist die Kommunikation wie jede andere Form der Interaktion auch als Null-Summen-Spiel konzipiert: entweder die Aussage des Protagonisten oder die seiner Antagonisten zählt; gegeneinander aufgerechnet halten sich zwei halbe Wahrheiten die Waage, und so kommt es zur unhintergehbaren Reversibilität der Auffassungsperspektiven. Im TRISTRAM SHANDY dagegen ist selbst das Mißverständnis noch insofern sozial-produktiv, als es alle Teilhaber der Sprachgemeinschaft eint.

Sternes Gegenmodell zur verbalen Konfrontation setzt voraus, daß der Versuch, Verständnis für einander zu entwickeln, in erster Linie nicht von abstrakten Begriffen und deren Definition, sondern von der Sprache des Herzens getragen wird, die Gefühlsregungen und nonverbale Gesten bevorzugt. Diese Sprache aber wird nur in der Privatsphäre des Familienverbands und nicht in der öffentlichen Arena kultiviert, in der das große Wolfsspiel stattfindet. So bestätigt Sternes Roman gerade im Vergleich mit der pikaresken Tradition die Interferenz von Chronotopos und Figur, die Bachtin als genrekonstitutiv ausgemacht hat. Um zum Protagonisten eines Schelmenromans zu werden, muß eine Außenseiter-Gestalt auf offener Straße mit Antagonisten zusammensto-ßen, die ihrerseits als Ständevertreter ausgewiesen sind. Dergestalt ist die per-fide Rollenverteilung des großen Wolfsspiels stets an konkrete Positionen in-nerhalb der sozialen Hierarchie gebunden. Genau diese Rangunterschiede ent-fallen jedoch in Sternes Roman ebenso wie die Mangelgüter, an denen sich, Hobbes zufolge, der Kampf aller gegen alle entzündet. Von öknomischen und anderen Sachzwängen befreit, finden in Shandy Hall und Umgebung schlimm-stenfalls kleine Scharmützel statt. „Toby's hobbyhorse backlights the whole civilizing tendency of game, its ability to metamorphose aggression" [140], während der Pícaro umgekehrt gerade die Bereitschaft zur Gewalttätigkeit er-fährt, die unter der dünnen Kruste der Zivilisation bestehen bleibt.

Das rezeptionsstrategische Kalkül des Schelmenromans beruht darauf, daß die materiellen Konflikte der Gesellschaft in der Interaktion von Text und Leser mental rekonstruiert werden. Einmal, indem der Interpret im Verlauf seiner perspektivischen Mimesis die allgemeine Korruption anhand der jeweils be-sonderen Korrumpierung des unzuverlässigen Ich-Erzählers nachvollzieht, mit dem er sich vorübergehend identifiziert, und einmal, indem die Komplemen-tärlektüre dem agonalen Modus verpflichtet ist, der auch die Auseinanderset-zungen zwischen dem Protagonisten und seinen Antagonisten bestimmt. In „the small circle described upon the circle of the great world" (I,7), den Sterne nachzeichnet, gibt es solches Konfliktpotential überhaupt nicht. Von dem Di-lemma befreit, entweder zum Wolf oder zum Opferlamm zu werden, kann der einzelne hier seinem Steckenpferd die Zügel schießen lassen, solange dabei niemand unter die Hufe gerät.

Der semipikareske Roman wies von Defoe über Lesage und Marivaux bis zu Smollett eine zwar durchlässige, aber klar akzentuierte Grenze innerhalb der vorgestellten Welt auf, die der dargestellten Handlung den Charakter einer moralischen Gradwanderung verlieh. Der zunehmend kleiner werdenden pika-resken Hemisphäre, in die der Protagonist vorübergehend gerät oder der er entstammt, steht eine zunehmend größer werdende non-pikareske Hemisphäre entgegen. Der Zusammenhang von Erzählkunst und Theater ergibt sich in die-sen Werken, wie auch noch bei Fielding, aus einer Rollenverteilung, derzufol-ge das Figurenensemble in Sympathieträger und Schurken zerfällt. Daher zeich-nen sich sowohl das dramatische Personal als auch die nach der Technik des doppelten Registers organisierten Erzählstränge durch Kontrast- und Komple-mentärrelationen aus. Der kointentionalen Inszenierung des literarischen Dis-kurses fehlt jedoch jene Ambivalenz, die für den Schelmenroman und seine Reversibilität der Auffassungsperspektiven entscheidend war.

TRISTRAM SHANDY eröffnet eine andere, neue Spielart des Romans. Sofern hier eine Trennungslinie durch die Welt der Figuren läuft, teilt sie keine pikareske von einer non-pikaresken Hemisphäre ab. Aber die symbolische Interaktion, die den Leser zum Mit- und Gegenspieler von Sternes Erzähler macht, weist agonale Züge auf. Das Wolfsspiel ist durch verdeckte Motive bestimmt, die zwischen den Menschen keinerlei Intimität entstehen lassen. Das neckische Spiel, das Sterne in seinem Roman veranstaltet, führt den Leser nicht nur in die Intimität von Shandy Hall, es macht ihn auf subtile Weise mit sich selbst vertraut. Daher führt von Shandy Hall, das bereits außerhalb der peripheren Verwandlungszone des Schelmenromans liegt, kein Weg unmittelbar in „the vilest world" (I,5) des großen Wolfsspiels zurück. Bezeichnend für den Hiatus, der Sternes Simulakrum der Subjektivität vom pikaresken Universum trennt, ist die Verwendung der Schauspielmetaphorik, die im TRISTRAM SHANDY jenseits von Gut und Böse zum Einsatz gelangt. Nur dort, wo die Theaterähnlichkeit und Scheinhaftigkeit der Welt moralisch ausgelegt und politisch akzentuiert wird, wo die „misfortunes" des Protagonisten der antagonistischen Kultur mit ihren Interessengegensätzen zur Last gelegt werden, geht es pikaresk zu.

Es ist daher wohl kein Zufall, daß ausgerechnet Thackeray, der mit Sternes angeblicher Selbstgerechtigkeit scharf ins Gericht ging [141], den Topos vom *theatrum mundi* wieder mit der Klage über die *vanitas* der Gesellschaft verbunden hat. In VANITY FAIR tritt der performative Akt der narrativen Selbstinszenierung daher hinter den mimetischen Charakter der Welterzeugung zurück. Das Vokabular der Bühne wird moralisch exekutiert; die Figur vom alter ego zur Marionette des satirischen Regisseurs degradiert. Das kündigt sich bereits in Thackerays Erstlingswerk an, in dem die an Quevedo erinnernde Verwendung der Genreform-Maske erneut mit der Darstellung handgreiflicher Auseinandersetzungen und Kriege koinzidiert.

4.8 William Makepeace Thackeray: The Luck of Barry Lyndon (1844)

Thackerays erster Roman erschien 1844 zunächst als Fortsetzungsgeschichte in „Fraser's Magazine" unter dem Pseudonym George Fitzboodle. Bei der Buchausgabe wurde der Titel, der den Helden als pikaresken Glücksritter auswies, ohne Thackerays Zustimmung in THE MEMOIRS OF BARRY LYNDON, ESQ. geändert. Zudem wurden einige der Fußnoten getilgt, die in Thackerays Roman die gleiche Rolle spielen wie das Vorwort in Defoes MOLL FLANDERS, nämlich auf die Unzuverlässigkeit und Ergänzungsbedürftigkeit von Barrys euphemistischem Lebensbericht hinzuweisen.[142]

Die ironischen Kapitelüberschriften sowie die unglaubwürdigen Wahrheits-
beteuerungen und unfreiwilligen Selbstentlarvungen des Ich-Erzählers reichen
jedoch aus, um Barry in seiner Eitelkeit, Selbstgefälligkeit und Vermessenheit
bloßzustellen. So wettert er gleich zu Beginn seiner Darstellung gegen die vielen Hochstapler unter seinen Zeitgenossen, um sich von ihnen mit der Bemerkung abzusetzen: „I have learned to despise heartily the claims of some pre-
tenders to high birth who have no more genealogy than the lacquey who cleans
my boots...yet truth compels me to assert, that my family was the noblest of
the island, and, perhaps, of the universal world."[143]

In diesem von Prahlsucht und Imponiergehabe bestimmten Erzählduktus geht
es bis zum Abbruch der fingierten Autobiographie an jener Stelle weiter, an
der sich der Herausgeber mit der Bemerkung einschaltet: „Mr. Barry Lyndon's
personal narrative finishes here, for the hand of death interrupted the ingenious
author soon after the period at which the Memoir was compiled; after he had
lived nineteen years an inmate of the Fleet Prison, where the prison records
state he died of delirium tremens."[144] So wird jede noch verbliebene Un-
klarheit über den Maulhelden Lyndon beseitigt.

Mit Barrys prätentiöser Art, sich auf eine gehobene Stillage zu kaprizieren,
und der psychologischen Motivierung seiner Memoiren als Kompensationsleistung eines gescheiterten Hochstaplers deutet Thackerays Roman auf Thomas
Manns BEKENNTNISSE DES HOCHSTAPLERS FELIX KRULL voraus, die eine ganz ähnliche Machart aufweisen. Hier wie dort steht die hyperbolische Imitation der
Selbstdarstellung bedeutender Persönlichkeiten im Dienste jener Ironie, mit der
sich der Verfasser der Genreform-Maske des pikaresken Romans bedient.

Thackeray nutzt jedoch die Koinzidenz von pseudoautobiographischem und
paraenzyklopädischem Diskurs, den die Erzählanlage des Schelmenromans mit
sich bringt, stärker als Mann für satirische Seitenhiebe gegen die Gesellschaft,
die in ihrer Neigung zur Selbstüberschätzung und Selbstgefälligkeit Barrys
Veranlagungen widerspiegelt. So werden das übertriebene Ehrgefühl, dank
dessen es ständig zu Duellen kommt, oder die Ruhm- und Geltungssucht des
miles gloriosus als zeittypische Erscheinungen anhand von Barrys Verhalten
parodiert.

Folglich leistet die Komplementärlektüre, auf die der Roman angelegt ist,
mit der Demystifikation des Ich-Erzählers auch eine satirische Entlarvung der
falschen Noblesse, die den Jahrmarkt der Eitelkeiten umgibt, als der die Gesellschaft schon in diesem ersten Roman des Verfassers von VANITY FAIR erscheint. Die in diesem Szenario angesiedelten Affairen und Intrigen bilden die
negative Version des *theatrum mundi*, das bei Lesage und Marivaux eine wenn
nicht positive, so doch wertneutrale Fassung erhalten hatte. Zugleich kehrt
Barrys bitteres Ende - Thackeray geht mit seinem Anti-Helden wesentlich scho-

nungsloser ins Gericht als Stanley Kubrick bei seiner bekannten Verfilmung des Romans -, die Tendenz zur Nobilitierung des Glücksritters um, die seit GIL BLAS eine Strategie zur Marginalisierung der Pikareske gewesen ist.

Daher kann THE LUCK OF BARRY LYNDON als eine veritable Reaktualisierung des literarischen und gesellschaftskritischen Potentials bezeichnet werden [145], das der pikareske Roman enthält, indem er das detektivische Gespür des Lesers für die Kluft zwischen Sein und Schein, Angabe und Tatsache schärft. Thackerays Roman knüpft mit seiner ergänzungsbedürftigen Weise der narrativen Welterzeugung einerseits an die klassischen Vertreter der Gattung an und weist andererseits durch die Umwandlung des Pícaro zum Hochstapler auf die nachfolgenden Werke des Genres, wie Herman Melvilles CONFIDENCE-MAN: HIS MASQUERADE, voraus.

4.9 Herman Melville: The Confidence-Man: His Masquerade (1857)

Herman Melvilles letzter Roman THE CONFIDENCE-MAN: HIS MASQUERADE war ursprünglich als Fortsetzungsgeschichte für ein literarisches Magazin gedacht. Melville schwebte dabei eine lockere Folge satirisch-hyperbolischer Szenen vor, die inhaltlich an die famosen Betrugsmanöver eines „echten" Vertrauensschwindlers anknüpften, dessen Verhaftung um 1849 für einiges Aufsehen in den Staaten gesorgt hatte. Als dem Verfasser jedoch während der Beschäftigung mit seinem Thema die philosophischen und politischen Implikationen der Vertrauensfrage bewußt wurden, entwickelte sich das Projekt zu einem ambitionierten literarischen Werk.[146]

Melvilles Freund und Verleger Evert Duyckinck sprach einen Teil dieser Implikationen an, als er in einem Beitrag für die Zeitschrift „Literary World" schrieb: „It is not the worst thing which can be said of a country, that it gives birth to a confidence-man."[147] Dessen Erfolg setzt nämlich eine Vertrauensbereitschaft seiner Opfer voraus, die einerseits zwar als Ausdruck ihrer Naivität, andererseits aber auch als sympathische persönliche Eigenschaft angesehen werden kann. Melvilles Roman kreist denn auch um die paradoxe Erkenntnis, daß Vertrauen vielen Menschen gegenüber zwar unangebracht sein mag, ständiger wechselseitiger Argwohn jedoch weder ein wünschenswerter sozialer Tatbestand noch eine angemessene psychische Disposition darstellt.[148]

Die Handlung des Romans spielt an Bord des Mississippi-Dampfers „Fidèle", der am „Fool's Day" zwischen St.Louis und New Orleans unterwegs ist. Das wechselvolle Leben auf diesem Narrenschiff („ship of fools") [149], wie

es einmal genannt wird, sowie die vielen Auf- und Abgänge, die seine Reise
durch Raum und Zeit unterbrechen, wenn es am Flußufer anlegt, verleihen der
dargestellten Situation Modellcharakter: die „Fidèle" erscheint als ein namentlich auf das Ideal des Vertrauens verpflichtetes Gesellschaftssystem *en minia-
ture*, das sich aufgrund der ständigen Fluktuation seiner Mitglieder in einem
permanenten Austausch mit der Umwelt befindet.[150] Die Zufälligkeit, mit
der sich an Deck einander völlig fremde Menschen begegnen, die scheinbar
unverbindliche Gespräche führen, betont die Uneigentlichkeit des Gesellschaftsvollzugs.

Diesen Eindruck verstärkt Melville durch die Verwendung der Schauspiel-
Metaphorik. Dabei ist es für den Verlauf der Handlung nicht unerheblich, daß
die *dramatis personae* um die Dialektik von Maskierung und Demaskierung
wissen, über die Melvilles Typenrevue prozessiert. „Handeln heißt eine Rolle
spielen" („To do is to act) [151], meint einer der Passagiere, ein anderer zitiert
Shakespeares berühmten Vergleich von Welt und Theater [152], und ein drit-
ter erklärt: „Life is a *pic-nic en costume*; one must take a part, assume a character, stand ready in a sensible way to play the fool."[153] Melville koppelt
dieses Selbst- und Weltverständnis seiner Akteure nun an das Problem der
Aufrichtigkeit, wenn sein Erzähler den Verdacht, die Welt schätze keine Aufrichtigkeit, mit der in sich kontradiktorischen Formulierung entkräftigt: „the
world, being earnest itself, likes an earnest scene, and an earnest man, very
well, but only in their place - the stage."[154]

Die Doppelbödigkeit des literarischen Diskurses, die sich an dieser Stelle
zeigt, betrifft sowohl die Figurenrede als auch den Erzählerkommentar. Die
von Melville gewählte Weise der dramatisch-narrativen Welterzeugung reflektiert somit die Unschärferelation, die alle Interaktionen im öffentlichen Raum
bestimmt, d.h., die Rahmenbedingungen des gesellschaftlichen Verkehrs -
Unbestimmtheit, Unbekanntheit und Uneindeutigkeit - werden im Modus der
fiktionalen Kommunikation reproduziert [155]: der unpersönliche, anonyme
und in seiner Zuverlässigkeit zweifelhafte Erzähler ist das objektive Korrelat
der subjektiven Verunsicherung, die sich im Verlauf der Lektüre von den Figuren auf die Leser des Romans überträgt.

Legt man diese Ambivalenz autoreflexiv aus, dann veranschaulicht sie ein
allgemeines rezeptionsästhetisches Problem der Erzählkunst: einerseits setzt
jede Interpretation ein gewisses Vertrauen in die mitgeteilten Informationen
voraus [156]; andererseits ist die Differenz von Information und Mitteilung bzw.
von Kommunikation und Bewußtsein in keiner Art der Verständigung - also
auch nicht in der literarischen - aufzuheben. Hier wie dort geht es daher um die
Inanspruchnahme von Indizien und Referenzen, die Aufschluß über die Verläßlichkeit des Mitgeteilten und die Vertrauenswürdigkeit des Informanten liefern.

Die besondere Fähigkeit des Vertrauensschwindlers besteht nun gerade darin, solche Indizien und Referenzen zu fingieren. Daher zeigt sich am Vertrauensschwindel auf eklatante Weise das Prekäre aller gesellschaftlich verfaßten Wirklichkeit, die daraus resultiert, daß diese Verfassung weitgehend sprachlicher Art ist. „Der Realitätsgehalt dessen, was man erlebt, entscheidet sich erst durch die Einbettung von Situationen in ihre interaktionelle Umwelt, durch ihre Rahmung."[157] Daher ist prinzipiell jeder Realitätsgehalt fingierbar, es kommt lediglich auf die Glaubwürdigkeit des Rahmens an, der zumeist eine sprachliche Konstruktion darstellt. „Jeder weiß, daß die Erfindungsgabe von Spionen, Heiratsschwindlern, Hochstaplern und Betrügern aller Art unerschöpflich ist, wenn es um die Simulation *falscher* Szenarios geht. Es sagt etwas über unser Realitätsverständnis aus, daß wir besonders leicht auf einen Betrug hereinfallen, wenn ein Betrüger selbst vor den Gefahren des Betrugs warnt und sich damit *außerhalb* eines kriminellen Rahmens plaziert."[158]

Die Warnung des Vertrauensschwindlers vor sich selbst suggeriert also, daß er es ehrlich meint, und das bedeutet, daß sein Betrug vor allem auf der trickreichen Verwendung der Sprache und der ihr eingeschriebenen Täuschungsmöglichkeiten beruht. Die zeitgenössische Definition des Vertrauensschwindlers, die THE ROGUE'S LEXICON 1859 liefert, hebt genau auf diesen Umstand ab, denn sie lautet: „A fellow that by means of extraordinary power of persuasion gains the confidence of his victims to the extent of drawing upon their treasury."[159] Das „con-game", das Melvilles Vertrauensschwindler betreiben, besteht im wesentlichen darin, daß sie sich ihren Opfern gegenüber entweder als alte, aber begreiflicherweise in Vergessenheit geratene Bekannte oder als Vertreter bekannter, über jeden Zweifel erhabener Institutionen ausgeben, um sich auf den ungedeckten Scheck dieser Empfehlung hin einen kleinen Geldbetrag zu erbitten.[160]

Der Vertrauensschwindler nutzt mithin die Diskontinuität zwischen der Sprache und der Welt, auf die sich der Mensch mit ihrer Hilfe bezieht, genauer: er profitiert von der Suggestion, daß etwas, das mit einem Wort belegt werden kann, auch unabhängig von seiner Benennung existiert. Weil die Kluft zwischen dem als sprachunabhängig konzipierten Bereich der Wirklichkeit und dem sprachlich verfaßten Bewußtsein, zwischen Territorium und Karte, immer nur mittels sprachlicher Zeichen (oder anderer Symbole) überbrückt werden kann, läßt sich eine Übereinstimmung von Gesagtem und Gemeintem zwar idealiter als Ausweis der Wahrheit präsupponieren, aber realiter bleibt die Möglichkeit der Nicht-Übereinstimmung immer erhalten. Diese Möglichkeit als Risikofaktor auszublenden - darin besteht die Geschicklichkeit des Hochstaplers. Wie schon der Junker im LAZARILLO DE TORMES simuliert er eine Reputation, die er nicht besitzt, die ihn aber solange kreditwürdig macht, solange er die Fiktion seines guten Rufs aufrechterhalten kann; „Kredit" ist dabei im doppelten Sinn des Wortes zu verstehen ist.

Zwischen der Art und Weise, in der die Romanfiguren ihre ambivalente Umwelt mittels symbolischer Hinweise zu kontrollieren versuchen, und der Suche des Lesers nach jenen Anhaltspunkten, die er zur Beurteilung des Erzählten benötigt, besteht also eine Homologie, die darauf gründet, daß es sich sowohl bei der Sozialsphäre an Bord der „Fidèle" als auch beim Roman selbst um eine sprachlich verfaßte Welt, ein Diskursuniversum handelt. Das zeigt sich insbesondere daran, daß Melvilles Buch weniger von Aktionen als von Konversationen handelt [161], in denen es stets um die Überredung (Konversion) des einen Dialogpartners durch den anderen geht. Da dabei immer die Gefahr besteht, daß mindestens einer der beiden ein Vertrauensschwindler ist, ergibt sich jedes Mal die Möglichkeit einer Umkehr der Betrachtungsweise (Inversion), wenn sich herausstellt, daß die Überredung des einen auf seiner Täuschung durch den anderen beruht.

Auf diese Weise entfaltet sich das aus dem pikaresken Roman bekannte Spiel von Konversion und Inversion in einem Erzählwerk, das, ohne eine fingierte Autobiographie zu sein, aufgrund seiner paraenzyklopädischen Anlage als ein „symbolischer Schelmenroman" [162] in der Tradition der Menippeischen Satire bezeichnet werden kann: das Leben erscheint als eine Abfolge von konfliktträchtigen Begegnungen, in denen die kommunikativen Rollen austauschbar, die an sie gekoppelten Betrachtungsweisen umkehrbar und die involvierten Wertehaltungen zwiespältig sind.

Dabei beziehen sich die verschiedenen „con-men", die in Melvilles Roman nach und nach in Erscheinung treten, aufeinander.[163] Ihre Verweise bilden untereinander ein Bezugssystem, das seine Beglaubigungskraft, losgelöst von äußeren Anhaltspunkten, aus seiner inneren Stimmigkeit, seiner Kohärenz, bezieht. Da eine Angabe die andere zu bestätigen scheint, bildet sich, unabhängig von externen Kontrollwerten, ein textinterner Indizienprozeß. Dergestalt wird THE CONFIDENCE-MAN zu einem Roman von Diskursen [164], die, einander unterbrechend, einen diskontinuierlichen Dialog zwischen diversen Personen ergeben, d.h., an Bord der Fidèle findet ein regelrechtes Symposium statt, in dessen Mittelpunkt die Vertrauensfrage steht: während es im ersten Teil des Romans primär um die Demaskierung des Confidence-Man und die Entlarvung seiner Tricks geht, wird im zweiten Teil die doppeldeutige Erkenntnis erörtert, daß Vertrauen „the indispensable basis of all sorts of business transactions" [165] und verallgemeinert: aller gesellschaftlichen Interaktion ist.

Da in einer Massengesellschaft „nobody knows who anybody is" [166], liegt im Vertrauen einerseits der Schlüssel zum „mystery of human subjectivity in general" [167]; andererseits ist ein Mensch, der alles und jeden mit Verdacht belegt, für ein Gemeinwesen unerträglich. Gerade in einem Land wie den USA, das die alltägliche Begegnung einander völlig Fremder wahrscheinlich macht und darauf angewiesen ist, daß seine Einwohner trotzdem vertraulich miteinander umgehen, offenbart sich die Problematik der Vertrauensfrage, die nicht generell und a priori, sondern immer nur situations- und personenabhängig beantwortet werden kann, indem der eine dem anderen Menschen sein Vertrauen schenkt oder verweigert. Der Akzent der literarischen Dekonstruktion verschiebt sich dabei zwar vom Destruktiven zum Konstruktiven, doch die Ambivalenz der Vertrauensfrage bleibt bis zum Schluß erhalten, weil sich Pro und Kontra im aufgezeigten Meinungsspektrum beständig überlagern.[168] Dank der Austauschbarkeit aller kommunikativen Rollen sowie der Umkehrbarkeit der an sie gebundenen Betrachtungsweisen wird die Beantwortung der Vertrauensfrage immer wieder ausgesetzt.

Das offene Ende der Erzählung, d.h. die Ergänzbarkeit der Darstellung um weitere Beispiele und Aspekte, reflektiert also die Unentscheidbarkeit der Frage, ob Vertrauen oder Mißtrauen die richtige Verhaltensweise ist. Weil die Suche nach Indizien und Referenzen zu einem regressus ad infinitum führt, provoziert Melvilles ANATOMY OF CONFIDENCE [169] eine potentiell unendliche Semiose, die sich ansatzweise an der Rezeptionsgeschichte des Romans offenbart: alle Versuche, das Werk als einfache Satire oder Parabel zu verstehen, hatten nur transitorische Bedeutung im Hinblick auf die Erkenntnis, daß weder die Positionsgewißheit, die eine Satire, noch die gleichnishafte Schlüssigkeit, die eine Parabel voraussetzen, dem Text nachzuweisen sind. So lanciert die Doppeldeutigkeit des „con-game" zwar eine allegorische Deutung des CON-FIDENCE-MAN als „devil in disguise" (Foster), aber die tricksterhaften Züge dieses „Mississippi-Mephistopheles" (Seeleye) verbieten es, die diversen Vertrauensschwindler an Bord der Fidèle einfach auf den Teufel zu applizieren und das Figurenensemble mit einem manichäischen Kontrastschema in eine gute und eine böse Partei aufzuspalten. Melville hat dem CONFIDENCE-MAN eine multiple Gestalt gegeben. Der Vertrauensschwindler verkörpert einen bestimmten Verbrechertypus, figuriert als biblischer Verführer und exemplifiziert das Prekäre an der gesellschaftlichen Verfassung des menschlichen Daseins.

Diese Multiplikation der Rollen und Identitäten hat wiederum etwas mit der Uneinheitlichkeit der Lebenswelt zu tun, für die der Mikrokosmos des Mississippi-Dampfers steht. Da die Sozialsphäre zeitlich - also dramatisch - und das Diskursuniversum sprachlich - also diskontinuierlich - verfaßt sind, verweist die Uneindeutigkeit des Romans darauf, daß die in ihm angesprochenen Probleme nicht auf einfache Weise gelöst werden können. Daher geht es in Melvilles Roman weder bloß um den Nachweis der generellen Unzulänglichkeit des Menschen angesichts einer religiös fundierten Moral, noch um die banale

Erkenntnis, daß sich Himmlische Gesetze nicht ohne weiteres auf irdische
Verhältnisse anwenden lassen.[170] Vielmehr stehen die Aporien solch binä-
rer Logik und dichotomer Ethik selbst zur Debatte.

Wie die Diskussion im 24.Kapitel deutlich macht, geht jene Rechnung, derzufolge Vertrauen ein Ausweis philanthropischer Gesinnung, Mißtrauen dagegen ein Hinweis auf misanthropische Gemütszustände ist, ebensowenig auf wie
die Maxime „Vertrauen ist gut, Kontrolle ist besser" uneingeschränkt gültig
ist. Um die einzelnen Episoden des Gesellschaftsvollzugs symbolisch kontrollieren zu können, bedarf es folglich, wie Niklas Luhmann in seiner systemtheo-
retischen Antwort auf die Vertrauensfrage vorgeschlagen hat, eines „Medien-
codes", der Vertrauen und Mißtrauen als funktional äquivalente, aber alternative Problemlösungen betrachtet, zwischen denen der Mensch im Einzelfall
auswählen kann.[171] Sowohl Vertrauen als auch Mißtrauen reduzieren nämlich Komplexität auf Zeit [172]: wer sich auf andere verläßt, kann bestimmte
Möglichkeiten in seinem Kalkül vernachlässigen und erweitert dadurch den
eigenen Spielraum. Umgekehrt vermindert Mißtrauen das mit Vertrauen verbundene Risiko der Enttäuschung, wenn Anlaß besteht, an der Verläßlichkeit
des anderen zu zweifeln. Vertrauen wie Mißtrauen sind also im Rahmen sozialer Situationen auf konkrete Bezugspersonen bezogene Strategien, die zu
komplementären Erwartungen führen.[173] Dabei wird das Verhalten des Part-
ners wie ein Text interpretiert, der Aufschluß darüber gibt, ob ihm (weiterhin)
zu vertrauen bzw. zu mißtrauen ist oder nicht.

Da der Schelmenroman seit jeher die Unwägbarkeiten im zwischenmenschlichen Verkehr behandelt - das Auftauchen falscher Bettler, Christen und Hidalgos war, wie angedeutet, eine Entstehungsbedingung der *novela picaresca* -,
verweist die Vertrauensfrage auf das Kardinalproblem des großen Wolfsspiels,
insbesondere auf seinen theatralischen Aspekt. Denn Grundlage allen Vertrauens und Mißtrauens ist und bleibt die Darstellung der eigenen Person, die Art
und Weise, wie sich ein Mensch anderen gegenüber präsentiert - als zuverläs-
sig oder unzuverlässig, kreditwürdig oder nicht kreditwürdig.[174] So ergibt
sich jederzeit und überall die heikle Aufgabe, die ehrlichen Charaktere von
den unehrlichen zu unterscheiden. Und da dabei stets die Möglichkeit der
Verstellung - i.e. die Gefahr der Täuschung besteht -, kann es keine vollständige Verläßlichkeit im zwischenmenschlichen Umgang geben.

Um diese Unsicherheit zu veranschaulichen greift Melville bezeichnenderweise auf die Metaphorik des Wolfsspiels zurück: den einzelnen Figuren seines Romans sind entweder Raubtiere wie Wolf, Fuchs und Hyäne oder deren
Beutetiere, Schaf und Lamm, zugeordnet [175], freilich ohne daß diese Zuord-
nungen eindeutig und endgültig wären. Wie schwer, ja beinahe unmöglich es
ist, das Wolfsspiel zu verhindern, zeigt sich daran, daß „where the wolves are

killed off, the foxes increase." [176] „When it is as much according to natural law that men are social as sheep gregarious" [177], gilt, daß die Wahrheit zuweilen ein Schafsgemüt erfordert („that truth sometimes is sheepish").[178] Daher endet Melvilles Roman mit der Bemerkung: „Something further may follow of this Masquerade."[179]

Wie zur Bestätigung dieser Prophezeiung treten in vielen neopikaresken Romanen Vertrauensschwindler auf; „Rinehart" bei Ellison, „Felix Krull" bei Mann, „Oskar Matzerath" bei Grass, „Milo Minderbinder" bei Heller oder „Henry Burlingame" bei Barth. Der *confidence-man* ist gewissermaßen die alltägliche Erscheinungsform des *unreliable narrator*, der zeitgemäße Nachfahr des Pícaro.

5. DER NEOPIKARESKE ROMAN ODER:
ERZÄHLKUNST UND MYTHOPOETIK

5.1 Ralph Ellison: Invisible Man (1952)

Die erste vollständige Ausgabe von Ralph Ellisons INVISIBLE MAN erschien nach diversen Vorveröffentlichungen 1952. Der Roman überträgt die Zwickmühle des halben Außenseiters auf die Lebensproblematik eines farbigen US-Bürgers im 20.Jahrhundert. Dabei wird die bipolare Anlage des pikaresken Romans im Hinblick auf die Rassengegensätze innerhalb der Vereinigten Staaten aktualisiert und anhand der Schwarz-Weiß-Schemata, die dieser Konflikt mit sich bringt, symbolisch generalisiert.[1]

Die sinnbildliche Bedeutung des Textes zeigt sich beispielhaft im 10. Kapitel, in dem der namenlose Ich-Erzähler von seiner eintägigen Tätigkeit in einer Farbenfabrik berichtet, die mit dem Slogan „Keep America Pure with Liberty Paints" für ihre Produkte, insbesondere für ihr „Optical White", wirbt, das der Reklame zufolge das einzig richtige Weiß ist. Die Pointe dieser Episode besteht darin, daß das einzig richtige Weiß erst durch die Beimengung schwarzer Farbingredienzen seine unverwechselbare Tönung erhält und damit auch im übertragenen Sinne exemplifiziert, wie das strahlende Weiß seine Leuchtkraft aus der Absorption schwarzer Pigmente bezieht.[2] Die Unfähigkeit des Werkmeisters Kimbro, das sachgemäß angerührte optische Weiß von jenen Farbproben zu unterscheiden, die der Ich-Erzähler unsachgemäß angeschwärzt hat, ist ein weiteres Indiz für die ideologische (Farben-)Blindheit des weißen Amerikaners, die soweit geht, daß er seine farbigen Mitbürger zuweilen gänzlich übersieht.[3]

Das Gefühl unsichtbar zu sein, das diese Ignoranz bei den Betroffenen auslöst, ist ein Soziologen und Psychologen durchaus vertrautes Symptom der Entfremdung.[4] Zu dieser Entfremdung gehört neben dem Zweifel an der eigenen Existenz, also dem Eindruck, unwirklich oder nicht vorhanden zu sein, wie ihn der „invisible man" im Prolog seiner Erzählung beschreibt, vor allem der Verlust des Glaubens an die eigene Verantwortlichkeit: ein Mensch, der, egal, was er unternimmt, von seiner Umwelt beständig mißachtet wird, resigniert irgendwann und akzeptiert dann, auf Eigeninitiative verzichtend, die negative Identität, die ihm zugewiesen wird.

Dabei wird das gestörte Verhältnis zu sich selbst im Falle von Ellisons Protagonisten durch den Umstand verstärkt, daß er weder in die Gesellschaft der weißen Amerikaner aufgenommen wird noch in die von ihr getrennte Welt der unterprivilegierten Schwarzen zurückkehren kann, die er mit der Aufnahme seines Studiums verlassen hat. Als ihm wegen eines geringfügigen Vergehens - er mißachtet die Rassentrennung und führt einen reichen Weißen mit einem armen Schwarzen zusammen -, sein Stipendium entzogen wird, entschließt sich der von Wut und Scham erfüllte Erzähler jedenfalls, nicht zu seiner Familie in den Süden der USA zurückzukehren, sondern stattdessen in New York eine Arbeit zu suchen und die Fortsetzung seines Studiums selbst zu finanzieren.

Zu diesem Zweck gibt ihm der Leiter des College, der farbige Dr. Bledsoe, eine Reihe von versiegelten „Empfehlungsschreiben" mit, die jedoch in Wahrheit die Aufforderung enthalten, dem Überbringer der Briefe keine Hilfe zu gewähren. Der Schock, den die Entdeckung dieses Verrates bewirkt, hinterläßt beim Erzähler ein regelrechtes Trauma, dessen iterative Struktur sich in der Form seiner erzählerischen Vergangenheitsbewältigung niederschlägt. Daher kann seine Geschichte nach dem für den Schelmenroman typischen Sisyphos-Rhythmus interpunktiert werden: der Vertreibung des Protagonisten aus dem vermeintlichen Paradies des College folgt seine schockartige Initiation in eine Welt, die von tiefen Gegensätzen zwischen Schwarz und Weiß gekennzeichnet ist; dabei wird die Zwickmühle des halben Außenseiters in zahlreichen Auseinandersetzungen mit wechselnden Antagonisten, die stets nach dem gleichen Muster verlaufen, variiert. „Keep This Nigger-Boy Running" [5], lautet die alptraumhafte Devise, nach der sich die Umwelt des Ich-Erzählers zu verhalten scheint.

Vor dem Hintergrund der sich in New York anbahnenden Rassenunruhen wird der Unsichtbare in eine sogenannte „brotherhood" eingeführt, deren politisches Ziel *prima facie* die Beseitigung sozialer Ungerechtigkeiten und ethnischer Ungleichheiten ist. Der machiavellistische Führungsanspruch, den der einäugige Jack innerhalb dieser Bruderschaft erhebt, veranschaulicht die Einseitigkeit der Weißen, die offiziell vorgeben, den Blick auf das gemeinsame Wohl aller zu richten, während sie inoffiziell nur ihren eigenen Vorteil im Auge haben.[6] Demgegenüber macht der Tod des farbigen Clifton die Gefahr deutlich, die aus der Blindheit der Scharzen gegenüber diesem Verblendungszusammenhang entsteht. Sein selbstzerstörerischer Fatalismus kontrastiert wiederum der blindwütigen Aggressivität von Ras, der als Anführer einer schwarzen Rebellion zugleich Jacks Gegenspieler ist. Ras ideologische Radikalität und seine vordergründigen Gewaltaktionen, die leicht als untaugliche Versuche zu durchschauen sind, die eigene politische Bedeutungslosigkeit zu kompensieren, unterscheiden ihn darüber hinaus von Rinehart, dessen Macht auf der Geheimhaltung seiner eigentlichen Absichten und seines wahren Gesichts beruht.

Der Unsichtbare pendelt im Schwerpunkt dieses von Kontrast- und Komplementärrelationen bestimmten Kräfteparallelogramms, ohne sich für eine der vier alternativen Verhaltensweisen entscheiden zu können.[7] Als Farbiger kann er Jack zwar nicht Paroli bieten, will aber dennoch nicht wie Clifton, der in Ras Augen zum Verräter an seinen schwarzen Brüdern geworden ist, an der Unmöglichkeit einer Verständigung mit den Weißen verzweifeln. Daher kommt für ihn auch Ras kompromißlose Haltung nicht in Frage. Mehr zufällig als absichtlich appliziert sich der Unsichtbare daher auf Rinehart, der als Charakter nicht faßbar ist und als Person nicht in Erscheinung tritt. Vielmehr wird der Erzähler irrtümlich für Rinehart gehalten und ob dieser Verwechslung gewahr, daß Freiheit nicht nur die Einsicht in das Notwendige, wie Ras sie fordert, sondern auch die Entdeckung des Möglichen zur Voraussetzung hat. Rinehart nämlich ist als proteushafter Trickster und *con-man* ein Meister der multiplen Existenz.[8] Doch die Ausflucht in die Unbelangbarkeit, die er „verkörpert", ist, genau besehen, lediglich die Kehrseite von Ras Hemmungslosigkeit.

Bei der Darstellung dieser beiden emblematischen Figuren läßt Ellison durchblicken, daß es sich bei Ras und Rinehart um Ausgeburten der alptraumhaften Phantasie der weißen und schwarzen Amerikaner handelt: der Marginalisierung des Schwarzen durch die Weißen bis hin zur völligen Ignoranz korrespondiert die Wiederkehr des Verdrängten als luziferischer Racheengel (Ras); die faktische Ohnmacht der Farbigen provoziert umgekehrt jene Omnipotenzphantasien, die Rinehart zu befriedigen scheint. Wenn aber keine der beiden Gestalten einen Ausweg aus der Unsichtbarkeit weist, und weder die Liquidation aller Weißen, von der Ras träumt, noch die Selbstauslöschung, die Rinehart betreibt, wenn weder Jacks Betrug noch Cliftons Selbstbetrug nachahmenswert sind, nimmt die Zwickmühle des halben Außenseiters, in der sich der Ich-Erzähler befindet, krankmachende Ausmaße an. Auf diese Weise stellt die fingierte Autobiographie des Unsichtbaren nicht nur eine individuelle Pathographie, sondern auch eine Anamnese des kollektiven Unbewußten dar, reflektiert seine persönliche Bewußtseinsspaltung die schizoide Mentalität.

Dabei weist der halbe Außenseiters zahlreiche Züge des „marginal man" auf, den die amerikanischen Soziologen Robert Park und Everett Stonequist Mitte der Dreißiger Jahre beschrieben haben. Ihrer Theorie zufolge ist eine Person, die mit zwei unvereinbaren Kulturen konfrontiert wird, ohne einer der beiden anzugehören, hin- und hergerissen zwischen Anpassung und Abgrenzung, Selbst- und Fremdbestimmung.[9] Das Bemühen, es nach Möglichkeit jeder Seite recht zu machen, kann dabei in eine tiefe Persönlichkeitskrise führen, da die vom „marginal man" internalisierten Werte seiner beiden Bezugsgruppen nicht auf einen gemeinsamen Nenner zu bringen sind.[10] Um so stärker jedoch die in jeder (Sub-)Kultur anders festgelegten Konturen von gut und böse, wahr und falsch, wirklich und unwirklich ineinander übergehen und miteinander verschwimmen, desto schwieriger wird es für den Betroffenen, seine soziale Rand- bzw. Mattstellung und damit seine psychische Ausnahmeverfassung zu überwinden.[11]

Ellison schildert in seinem Roman aber nicht nur die Paralyse des „marginal man", sondern er motiviert mit dieser lebensgeschichtlichen Katastrophe auch die schriftstellerischen Bemühungen des Ich-Erzählers, sich ein neues Selbst- und Weltverständnis zu erarbeiten. Der Verständnisrahmen, den der Prolog und der Epilog um die Erzählung des Unsichtbaren bilden, reflektiert die relative Künstlichkeit dieser Schreib- und Ausgangssituation, denn der „invisible man" hat sich in einen von der Außenwelt vollkommen abgeschirmten, fensterlosen Kellerraum zurückgezogen, der ihm als Asyl vor weiteren Verfolgungen und Versuchungen dient. Diese an den SIMPLICISSIMUS TEUTSCH erinnernde Exposition, dank der die Einwirkung von Zeit und Umwelt auf den Erzähler gleichsam ausgesetzt wird, unterstreicht den fiktionalen Charakter der Therapie, der sich der Unsichtbare unterzieht. Es ist, als ob er sich nach seinem Feldversuch in der Wirklichkeit aus der Gesellschaft in eine Art Labor zurückgezogen hat, um unabhängig von äußeren Einflüssen eine neue Existenzgrundlage zu entwickeln; diese Flucht vor der Welt wird aber letztendlich vom Wunsch einer Rückkehr in die Welt bestimmt.

Am Ende hat der Erzähler nicht nur das pikareske Universum des Wolfsspiels rekonstruiert, in dem sein Leben bis dato verlaufen ist, sondern auch ein neues Identitäts- und Realitätsbewußtsein gewonnen. Grundlage seiner neuen Lebenseinstellung ist dabei die Entscheidung, nunmehr Verantwortung für das eigene Dasein zu übernehmen, denn „it was better to live out one's own absurdity than to die for that of others, whether for Ras's or Jack's."[12]

So zieht Ellisons Held in geradezu existentialistischer Manier eine Schlußfolgerung aus seinen einschlägigen Erfahrungen [13], die sich mit Camus folgendermaßen ausdrücken läßt: „Die absolute Freiheit verhöhnt die Gerechtigkeit. Die absolute Gerechtigkeit leugnet die Freiheit. Um fruchtbar zu sein, müssen beide Begriffe sich gegenseitig begrenzen."[14] Wenn der Unsichtbare weder wie Ras die Freiheit um der Gerechtigkeit willen, noch wie Rinehart die Gerechtigkeit um der Freiheit willen verraten will, muß er den Widerspruch aushalten, „daß der Mensch die Welt, wie sie ist, zurückweist, ohne aus ihr entfliehen zu wollen."[15] Daher läßt das Ende des Romans erwarten, daß der Unsichtbare sein Asyl verlassen und einen neuen Versuch unternehmen wird, sich in der Wirklichkeit zu behaupten.[16]

Ellisons Ich-Erzähler unterzieht also seine eigene Geschichte einer Komplementärlektüre: hatte er zunächst aus seiner Rand- und Mattstellung die falsche Schlußfolgerung abgeleitet, verantwortungslos zu sein - „to whom can I be responsible, and why should I be, when you refuse to see me?" [17] -, so sieht er nun ein, daß die Überwindung seiner Unsichtbarkeit von ihm selbst ausgehen muß. Die Moral der Geschichte, die Ellison erzählt, ist daher in einem ganz und gar nicht-machiavellistischen Sinne doppeldeutig: ist der Leser selbst ein Farbiger, appelliert der Text an ihn, seine eigene Verantwortung am Dilemma des halben Außenseiters zu übernehmen; ist der Leser kein Farbiger, wird er den Text als eine Aufforderung zur Mithilfe bei dem Versuch der Befreiung des „marginal man" aus seiner Zwickmühle verstehen.

Da für Ellison der Roman „a form of symbolic action" [18] ist, führt die Übernahme der Erkenntnis des Unsichtbaren, daß sein Dilemma zugleich ein psychisches und ein soziales Problem darstellt, dazu, daß der Leser der Gleichberechtigung und Selbstbestimmung der Schwarzen, die faktisch (noch) nicht besteht, symbolisch handelnd vorgreifen kann. Die Leitidee, die das rezeptionsstrategische Kalkül von INVISIBLE MAN bestimmt, besteht also darin, daß die Mitarbeit des Lesers am Text dazu beiträgt, die Zwickmühle des halben Außenseiters zumindest gedanklich aufzulösen.

Das bedeutet zugleich, daß INVISIBLE MAN von einem Schelmen- zu einem Bildungsroman mutiert [19], bei dem die Entwicklungsgeschichte des Helden einer Revision des *american dream* im Hinblick auf die Überwindung der Rassengegensätze Vorschub leistet. Das stilistische Äquivalent dieser Gleichberechtigung ist das Konzept der radikalen Vermischung, dem die Erzählweise von INVISIBLE MAN verpflichtet ist. Die vollständige Gleichberechtigung realistischer und phantastischer Darstellungsarten sowie die Unterschiedlichkeit der Tonlagen und Klangfarben, die Ellison verwendet, lassen durchblicken, wie bunt und vielgestaltig eine Welt sein könnte, die vom trüben Grau der Schwarz-Weiß-Schattierung befreit ist.

5.2 Saul Bellow: The Adventures of Augie March (1953)

Die Komposition von Bildungs- und Schelmenroman, die INVISIBLE MAN aufweist, strukturiert auch THE ADVENTURES OF AUGIE MARCH. Denn obwohl die Beschreibung von Augie Marchs Kindheit und Jugend an vielen Stellen pikaresk anmutet, nimmt seine Ich-Erzählung im Verlauf der Geschichte doch mehr und mehr den Charakter eines Bildungsromans an.[20] Dabei wird die für diese Gattung typische Suche des Helden nach einer lohnenden Bestimmung in das Amerika der ersten Jahrhunderthälfte verlegt. „I am an American", lautet Augies Eingangsstatement, „and go at things as I have taught myself, free style..."[21] Diese programmatische Eröffnung des Romans spielt zugleich auf

Augies Nationalität, auf seine autodidaktische Bildung und auf Bellows Vorstellung vom Schelmenroman als einer regellosen Erzählung an.[22]

Unter diesen Voraussetzungen stellt sich Augies Amerika-Bild als ein Kompositum zwischen dem pikaresken Universum und der Welt des Bildungsromans dar, genauer: das große Wolfsspiel der bürgerlichen Gesellschaft bildet
den realistischen Kontext für Augies idealistischen Versuch, sich in einem Land
zu verwirklichen, dessen Verfassung jedem Menschen das Recht zugesteht,
seines eigenen Glückes Schmied zu sein.[23] Als Richtschnur bei seiner
Glückssuche dienen Augie dabei „the axial lines of life... truth, love, peace,
bounty, usefulness, harmony!" [24] - also die humanitätsphilosophischen
Leitideen des Bildungsromans.

So gesehen stellt Bellow mit Augie March als Versuchsperson eine Art Ge-
dankenexperiment mit der gattungsübergreifenden Fragestellung an: was pas-
siert, wenn diese Leitideen unter den Lebensbedingungen des Pícaro - der
Roman sollte ursprünglich LIFE AMONG THE MACCHIAVELLIANS heißen - auf ihre
Alltagstauglichkeit hin getestet werden. Zu diesem Zweck bildet Bellow eine
Kontrollgruppe von machiavellistischen Figuren, zu denen Augie, wie eine von
ihnen anmerkt, in Opposition steht („You've got opposition in you. You don't
slide through everything. You just make it look so.").[25] Zu dieser Kontrollgruppe gehören - um nur die wichtigsten zu nennen - Oma Lausch, die sich in
der Familie March anstelle des Vaters zum Oberhaupt aufwirft, der zynisch-
korrupte Einhorn und der ihm nacheifernde Simon, ein Bruder des Titelhelden, sowie mit gewissen Abstrichen Mrs. Renling und Thea, die Augie liebt.

Jede dieser Figuren vertritt eine spezifische Version des Wolfsspiels, in der
sich ihre machiavellistische Weltanschauung offenbart. Einhorn beispielsweise meint, daß „in the naked form of the human jelly, one should choose or
seize with force; one should make strength from disadvantages and make progress by having enemies, being wrathful or terrible; should hammer on the state
of being a brother, not be oppressed by it; should have the strength of voice to
make other voices fall silent - the same principle for persons as for peoples,
parties, states."[26] Und Simon erklärt seinem Bruder, „the fact that first comes all the selfish and jealous stuff, that you don't care what happens to anybody else as long as you get yours".[27]

Aufgrund seiner altruistischen Gesinnung, vor allem jedoch, weil er den viel
zu hohen Preis sieht, den Einhorn oder Simon für ihre Vormachtstellung im
Leben bezahlen müssen (Einhorn ist verkrüppelt und macht bankrott; Simon
bekommt Depressionen und spielt mehrfach mit Selbstmordgedanken), wei-
gert Augie sich, in das Wolfsspiel der Gesellschaft einzusteigen.[28] Sein
Dasein verläuft daher wie die Geschichte von Tom Jones nach Art einer Gratwanderung auf den Achsenlinien des Lebens.[29] Einerseits weiß Augie, daß

man in Hinsicht auf seine ideellen Werte rückhaltlos ehrlich sein muß, „or else your existence is merely clownery hiding tragedy" [30]; andererseits fordert die Uneigentlichkeit der gesellschaftlichen Realität auch von ihm ihren Tribut.

Diese Forderung erfährt Augie in erster Linie durch die wiederholten Versuche seiner Bezugspersonen, ihn zu adoptieren, eine Verhaltenszumutung, der er sich jedesmal in letzter Sekunde entzieht.[31] Schon Oma Lausch nimmt sich seiner als Kind in dieser repressiven Form an, später flüchtet Augie vor ähnlichen Ansinnen seitens Einhorns und Mrs. Renlings. Auch Simon versucht mehrfach scheinbar fürsorglich, Augie für seine Zwecke einzuspannen. Trotz seiner Opposition wird Bellows Held in gewisser Weise ein Opfer dieser Adoptionsversuche: seine Beziehung zu Thea scheitert nämlich daran, daß Augie vor der Liebe, die idealiter ein Verhältnis der freiwilligen Kooption zweier Menschen auf der Grundlage ihrer wechselseitigen Zuneigung sein sollte, flüchtet, weil er Theas Ausschließlichkeitsanspruch auf ihn für einen neuerlichen Adoptionsversuch hält. Obwohl sich im Anschluß an ihre Trennung herausstellt, daß Theas Liebe selbstsüchtig und ihre Treue unaufrichtig waren, erfährt Augie am Scheitern dieser Beziehung doch den Widerspruch zwischen seinem Streben nach Autonomie und seiner sozialen Bedürftigkeit, zwischen seinem Widerstand gegen alle Formen der Allonomie und seiner Sehnsucht nach menschlicher Nähe und Zuneigung.[32]

Indem Augie auf schmerzliche Weise erkennen muß, daß seine Opposition zwar einen gewissen Schutz vor machiavellistischen Übergriffen auf seine Person bietet, aber keine richtungsweisende Bestimmung für ihn selbst enthält, beginnt er, die ihm gestellte Bildungsaufgabe zu begreifen. Ähnlich wie Ralph Ellisons „invisible man" ist Augie, wenn auch aus anderen Gründen, ein „marginal man", der seine Selbstverpflichtung zum „non commitment" [33] aufgeben muß, wenn er die Achsenlinien des Lebens nicht aus dem Auge verlieren will. Daher absolviert Augie das klassische Entwicklungsprogramm des Bildungshelden, das darin besteht, „daß sich das Subjekt die Hörner abläuft, mit seinen Wünschen und Meinen sich in die bestehenden Verhältnisse und die Vernünftigkeit derselben hineinbildet, in die Verkettung der Welt eintritt und in ihr sich einen angemessenen Standpunkt erwirbt."[34]

Dabei appliziert Bellow seinen Protagonisten auf das Vorbild des Columbus, mit dessen Expedition *the american dream* 1492 begann. Wenn Augie seine Erzählung mit der Bemerkung beendet, „I may well be a flop at this line of endeavor. Columbus too thought he was a flop, probably, when they sent him back in chains. Which didn't prove there was no America" [35], schließt sich der Kreis - beinahe. Denn Augies neopikareske Bildungsgeschichte, in der das realitätsgerecht zusammengestauchte Ideal der unbehinderten Persönlichkeitsperfektion an den mit Melancholie konservierten Amerikanischen Traum gekoppelt wird, endet ironischerweise nicht in den USA, sondern in Europa, von wo ja bekanntlich neben Columbus auch Machiavelli, die andere Leitfigur des Romans, stammt.

Es gilt also die Verkettung der Welt, die Hegel meinte, zu beachten, ohne dabei zu verkennen, daß diese Verkettung weder notwendig, noch unabänderlich ist, solange der Mensch trotz der normativen Kraft des Faktischen, die dem Wolfsspiel eigen ist, nicht seine kontingenten Möglichkeiten übersieht. Keine noch so ernüchternde Wirklichkeit beweist, daß es kein „Amerika" gibt. „The key to Augie's approach to life is the fact that he refers to the world he lives in as the „multiverse" [36] - ein Multiversum der Kulturen, das sich in struktureller wie in thematischer Hinsicht an der Juxtaposition von Bildungs- und Schelmenroman offenbart.

Nimmt man Bellows Komposition dieser beiden Genres zum Anlaß, das Verhältnis von Bildungs- und Schelmenroman in weltanschaulicher Hinsicht zu bestimmen, so stößt man vor allem auf das in der Metaphorik des Wolfsspiels kondensierte ideologische Substrat als Differenzkriterium, denn die Angleichung der Standpunkte und die gesellschaftliche Integration des Bildungshelden unter Wahrung seiner persönlichen Integrität, die möglich sind, wenn die Bedingungen des großen Wolfsspiels der bürgerlichen Gesellschaft dispensiert werden, verhindern, daß Wilhelm Meisters Brüder ernsthaft in die Zwickmühle des halben Außenseiters geraten.

In diesem Zusammenhang wird der Umstand bedeutsam, daß schon der WILHELM MEISTER und DER GRÜNE HEINRICH unterschwellig Künstlerromane sind, die das problematische Verhältnis von Individuum und Kollektiv anhand der Diskrepanz zwischen den künstlerischen Aspirationen des einzelnen und der bürgerlichen Mentalität veranschaulichen. Die Schwierigkeiten der Versöhnung sind zu einem Großteil die Schwierigkeiten des Poeten mit der „Prosa der Verhältnisse" (Hegel). Sobald jedoch zwischen den Interessen von Künstler und Gesellschaft kein Ausgleich mehr möglich scheint, und die Fähigkeit zur listigen Anpassung an die bürgerlichen Lebensverhältnisse bei gleichzeitiger Wahrung kritischer Distanz zur Bedingung der Möglichkeit wird, kreativ zu sein, stellt sich das Verhältnis von Individuum und Kollektiv in Analogie zum Schelmenroman dar. Eine solche Umkehr der Betrachtungsweisen liegt in Albert Vigoleis Thelens Roman DIE INSEL DES ZWEITEN GESICHTS vor:

5.3 Albert Vigoleis Thelen: Die Insel des zweiten Gesichts (1953)

Wie der Untertitel - „Aus den angewandten Erinnerungen des Vigoleis" andeutet, ist Thelens 1953 erstmals veröffentlichtes Buch kein rein fiktives Werk,
sondern ein „mit den Mitteln des Dichterischen gestaltetes Memorial" [37],
ein „Spiel mit dem wirklich Erlebten zur wissenschaftlichen Beschwernis der
Erforscher des Schelmenromans".[38] Daher treten die Bewohner von Thelens
Insel „im Doppelbewußtsein ihrer Persönlichkeit, der Verfasser inbegriffen,"
auf.[39]
    Angesichts des Vexierspiels, das dergestalt mit der Übereinstimmung bzw.
Nicht-Übereinstimmung von historischer und literarischer Person, realer und
fiktiver Vergangenheit betrieben wird [40], ist Thelens „Weisung an den Leser", derzufolge in Zweifelsfällen die Wahrheit entscheidet [41], ein ungemein
sibyllinischer Ratschlag, denn mit Bestimmtheit läßt sich lediglich sagen, daß
die Wahrheit seiner Geschichte doppeldeutig ist. Folgerichtig hat Thelen der
1956 unter dem Titel DER SCHWARZE HERR BAßHETUP erschienenen Fortsetzung
seiner „Angewandten Erinnerungen" Nietzsches ebenso sibyllinische Bemerkung „Alle Wahrheit ist einfach - Ist das nicht zweifach eine Lüge?" vorange-
stellt. Der Pseudo-Dialog, den Thelen in kolloquialem Erzählstil zu seiner
Leserschaft unterhält, kreist demgemäß immer wieder um den epistemologischen Status der Literatur im allgemeinen und den der autobiographischen
Dichtung im besonderen.
    In diesem Zusammenhang kommt der selbstkritisch-ironischen Bezugnah-
me des Verfassers auf die bürgerlichen Klischeevorstellungen vom Künstler
die Aufgabe zu, die in sich differente Struktur der Erfahrung anhand seiner
persönlichen Identitätsproblematik zu veranschaulichen.[42] Da ein Schriftsteller vom Publikum entweder als Dichter und Seher betrachtet und dank seines
angeblich überdurchschnittlichen Vorstellungsvermögens mit der Gabe des
zweiten Gesichts ausgestattet wird, oder aber den Verdacht auf sich zieht, ein
wirklichkeitsfremder Phantast und Spinner zu sein [43], befindet er sich in einer
gesellschaftlichen Randstellung, die nicht von ungefähr an die marginale Position des Pícaro erinnert: Einerseits wird er nämlich, weil er von etwas so Un-
materiellem wie seiner Einbildungskraft lebt, seitens einer weitestgehend ma-
terialistisch gesinnten Gesellschaft dem Vorwurf ausgesetzt, seine Luftschlös-
ser auf dem Rücken der schuftenden Mehrheit zu errichten, andererseits kann
er sein „Kunstwollen" (Nietzsche) unter diesen Umständen nur mit einer gewissen List ins Werk setzen, muß er seiner unbürgerlichen Berufung doch innerhalb einer durch und durch bourgeoisen Gesellschaft nachgehen. „Im Stan-
de der Verrücktheit kann man die genialsten Einfälle haben - aber wer nähme
sie dann ernst? Um ernst genommen zu werden, muß man als Verrücktgewor-

dener den schöpferischen Zustand zu verbergen trachten, was wieder der hem-
mungslosen Entfesselung der Verrücktheit entgegenwirkt, und es leidet notge-
drungen die Schöpfung."[44]

Daher korrespondiert der Affinität des phantasiebegabten (Über-) Lebens-
künstlers im Schelm zum Schriftsteller die pikareske Strategie der Verstellungskunst, mit der der Poet die Prosa der Verhältnisse unterläuft. Umgekehrt kommt
der Pícaro sowohl als Verfasser seiner eigenen Geschichte wie auch als Trick-
betrüger und Vertrauensschwindler nicht ohne jene „Akte des Fingierens" (Iser)
aus, die auch in der Literatur, als einer Sonderform der Verstellungskunst, zur
Anwendung gelangen. Tricks und Kunstgriffe verbinden das Virtuosentum des
Schelms mit der Sphäre des Artistischen, wobei gerade die Koinzidenz von
Gemeinsamkeiten und Unterschieden den koketten Vergleich aufschlußreich
macht. Indem Thelen augenzwinkernd mit dem Part des Pícaro liebäugelt, nutzt
er diese Dialektik von Übereinstimmung und Nicht-Übereinstimmung, um sich
selbst auf die Schliche zu kommen.

Der Clou dieser Selbsterfahrung im Modus der Verfremdung besteht aber
darin, daß sich seine Außenseiterexistenz in der Retrospektive als exemplari-
scher Lebenslauf erweist. Der schwer auszurechnende Zick-Zack-(Dis)Kurs,
den Vigoleis als Akteur wie als Autor seiner Vita verfolgt, um sich auf ebenso
sympathische wie idiosynkratische Weise den gesellschaftlichen Anforderun-
gen, insbesondere den Zumutungen seiner braunen Zeitgenossen zu entziehen,
stellt sich im Nachhinein als eine klare persönliche Linie heraus. „Das Ziel
hieß: Freiheit" [45] - Freiheit im Sinne persönlicher und Freiheit im Sinne
künstlerischer Autonomie.

Ihren literarischen Ausdruck findet diese Autonomie in dem von Thelen
sogenannten „Kaktusstil", denn bei seiner exkursorischen Erzählweise „bilden
sich Ableger, ins Wilde hinein, wie beim Kaktus, der gerade da Augen setzt,
wo man sie nicht erwartet."[46] Die Metapher spielt offensichtlich auf das
Erkenntnispotential dieser Erzählweise an. Freilich weist Thelens Kaktusstil
neben Augen auch Stacheln auf, wie sich an den satirischen Seitenhieben zeigt,
die zu der für den Schelmenroman charakteristischen Verbindung von (pseu-
do-) autobiographischem und (para-) enzyklopädischem Erzählstrang beitragen. So heißt es etwa unter parodistischer Verwendung des von Adorno kriti-
sierten *Jargons der Eigentlichkeit*: „Martin Heidegger hatte inzwischen das
Zuhandene seiner Existenz durch einen Kniefall vor dem Führer um ein neues
Geworfensein ins Schicksal vermehrt."[47]

Vigoleis Spitzbübigkeit besteht in solchen und ähnlichen rein verbalen
Schelmenstreichen, ist also ausschließlich literarischer Art. Im praktischen
Leben, wie es so schön heißt, ist Thelen alles andere als ein durchtriebener
Pícaro.[48] Er selbst hält sich für „Don Quijote und Sancho Pansa zugleich"

[49], da er immer wieder von anderen zum Narren gehalten und übers Ohr gehauen wird: „jedermann biete ich die Möglichkeit, mich zu betrügen, und immer wieder finden sich Lüstlinge des Geldmarktes, die sich die Gelegenheit einer solchen wirtschaftlichen Knabenschändung nicht entgehen lassen."[50]

Die Diskrepanz zwischen Thelens realer Physiognomie und seinem zweiten Gesicht, zwischen „Albert" und „Vigoleis", dem Statthalter jener kontingenten Möglichkeiten, die nur fiktional „verwirklicht" werden können, eröffnet daher insofern eine Möglichkeit zur Komplementärlektüre, als die „Angewandten Erinnerungen" zum Teil einem Tagtraum gleichen, der es dem Verfasser gestattet, seine „Umweltquetschung" [51] mit den Mitteln der Erzählkunst zurechtzubiegen.

Auch diese Lesart ist jedoch unter dem Vorzeichen der Ironie zu sehen, mit der sich Thelen zu einer „verkrachten Existenz" [52] stilisiert, eine Stilisierung, die ihrerseits wiederum auf jene Sonderrolle des Künstlers verweist, die ihm in der bürgerlichen Gesellschaft zudiktiert wird. „Was einer ist, erfährt seine Bestätigung erst durch die anderen" [53], denen er begegnet, und aufgrund dieses systemischen Bedingungszusammenhangs allen Selbst- und Weltverständnisses machen die wechselseitigen Schwierigkeiten im Umgang von Künstler und Gesellschaft nur auf besonders anschauliche Weise deutlich, was ganz allgemein gilt: daß nämlich die persönliche Selbstverwirklichung wie die gesellschaftliche Welterzeugung die ständige Infragestellung der eigenen und fremden Verständnisrahmen erfordern und folglich konfliktträchtig sind. Daher kann Thelen seine Problematik als Akteur und Autor auf die These zuspitzen: „Alle Reibungen unter den Menschen sollen durch Mißverständnisse entstehen, eine Theorie, an die ich felsenfest glaube, da ich die Welt selbst für ein Mißverständnis halte."[54]

5.4 Thomas Mann: Bekenntnisse des Hochstaplers Felix Krull (1954)

Um die Vergleichbarkeit von Poet und Pícaro geht es auch in Thomas Manns KRULL-Roman, der 1954 unabgeschlossen in seiner jetzigen Fassung veröffentlicht wurde. Auf die über 40-jährige diskontinuierliche Entstehungsgeschichte seines Buchs zurückblickend, meinte der Autor damals: „es führt wohl seine Grundlinie von einst, die travestierende Übertragung des Künstlertums ins Betrügerisch-Kriminelle durch, hat aber unwillkürlich an innerer Weite und Erfahrung gewonnen und sich zu einem vieles aufnehmenden humoristisch-parodistischen Bildungsroman ausgewachsen."[55]

Die Grundlinie der Travestie stammt von Nietzsche, der in der Nr. 188 sei-

ner „Vermischten Meinungen und Sprüche" im 2.Teil von MENSCHLICHES, ALL-
ZUMENSCHLICHES vermutet hatte: „Es führt zu wesentlichen Entdeckungen, wenn
man den Künstler einmal als Betrüger faßt."[56] Bezeichnenderweise hat Mann
in seinem Exemplar der FRÖHLICHEN WISSENSCHAFT die dazu passende Nr.361
angestrichen und mit Ausrufungszeichen versehen. Nietzsche handelt dort VOM
PROBLEME DES SCHAUSPIELERS - nicht als Beruf, sondern als Menschentyp - und
kritisiert „die Falschheit mit gutem Gewissen; die Lust an der Verstellung...
das innere Verlangen in eine Rolle, eine Maske, in einen Schein hinein..."[57]
Genau diese Charaktereigenschaften können auch dem „Kostümkopf" [58]
Krull zugeschrieben werden.

Mit der Idee allein war es jedoch nicht getan, wie Thomas Mann feststellen
mußte, als er an seinen Bruder Heinrich 1919 über die Arbeit am KRULL schrieb:
„Was da ist, das ist das psychologische Material, aber es hapert mit der Fabel,
mit dem Hergang."[59] Daher entlehnte Mann einen Teil seines Erzählstoffs
den erstmals 1905 veröffentlichten Memoiren Georges Manolescus, die noch
heute unter dem Titel DER MANN MIT DEM BLAUEN GEHROCK verlegt werden.
(Ursprünglich hieß das Werk GESCHEITERT, da es Manolescu nach seiner
Entlarvung und Verhaftung geschrieben hatte, also in einer Situation, in der
sich ja auch Felix Krull befindet, als er seine Bekenntnisse zu Papier
bringt.)[60]

Ähnlich wie Krulls Lebensrückblick zeichnet sich auch Manolescus Schelmenbeichte dadurch aus, daß der Verfasser seine Betrugsmanöver zugleich
dekuvriert und zu genialen Coups stilisiert. Indem sie den Vertrauensschwindel zum virtuosen, zirzensischen Kunststück nobilitierten, kamen Manolescus
Memoiren Manns komplementärer Intention, das Affektierte an der Aura des
Artistischen zu ironisieren, entgegen. Die Pointe dieser Überblendung ergibt
sich aus der Beziehung, die zwischen Krulls imitatorischer und Manns plagia-
torischer Geschicklichkeit besteht. Denn so wie Felix jede Verkleidung zu
Gesichte steht [61], verwendet Mann jede fremde Idee wie einen eigenen Einfall. Die „innere Weite und Erfahrung", die der KRULL-Roman mit der Zeit
gewann (s.o.), verdankt er jedenfalls den Anregungen, die Mann aus zahlreichen zeitgenössischen Erzählungen übernahm.[62] Dabei diente ihm der „Vergleich zweier Schicksale" [63], der sich aus der Übertragung des Künstlertums
ins Betrügerisch-Kriminelle ergab, als ein Erzählgerüst, „woran man alles
Mögliche aufhängen kann", da es „Raum zur Unterbringung von allem, was
einem einfällt und was das Leben einem zuträgt", bot.[64]

Die Post beispielsweise trug Mann eine Kopie des Artikels „Picaresque Elements in Thomas Manns Work" zu, den Oskar Seidlin, ein in die USA emi-
grierter Jugendfreund seines Sohnes Klaus, verfaßt hatte.[65] „Der Antwort-
brief Manns an Seidlin klingt geradezu so, als habe der Dichter den Vorsatz

gefaßt, die Hinweise des Germanisten bei der Weiterarbeit am Krull im Auge zu behalten" [66], hatte er bis dato doch wohl nur an den SIMPLICISSIMUS TEUTSCH und nicht, wie Seidlin, an den LAZARILLO DE TORMES als Inspirationsquelle gedacht. (In der Beschreibung der Liebes- bzw. Diebstahlsaffaire zwischen Krull und Madame Houplé kokettiert Mann mit Grimmelshausens Vorlage für den „beau allemand".)

Seidlin hatte unter anderem geschrieben: „Every action of Krull manifests the victory of imagination over the silly seriousness of reality."[67] Diese Deutung zieht sich bis zu Hans Wysslings Standardwerk „Narzißmus und illusionäre Existenzform" durch die Sekundärliteratur zum KRULL-Roman. Mißt man den pikaresken Elementen in Manns pseudoautobiographisch angelegtem Buch jedoch neben ihrer produktionsästhetischen Funktion für seine Weise der narrativen Welterzeugung auch eine rezeptionsästhetische Bedeutung zu, so ist Felix Überwindung der desillusionierenden Wirklichkeit vor dem Hintergrund der Imagepflege zu sehen, die der abgehalfterte Narziß in seinen apologetischen Bekenntnissen betreibt. Krulls Schreibpult dürfte ein zweckentfremdeter Schminktisch gewesen sein, da er als Akteur wie als Autor immer nur in der Maske auftritt, die das Drehbuch seiner Selbstinszenierungen verlangt; Krull „ist der Autor seiner Texte, die er selbst darstellt. Dadurch erklärt sich, daß ein solches Modellieren so effektiv und effektvoll ist."[68]

Da er sich dabei stets auf über jeden Zweifel erhabene Bezugs- und Vergleichsgrößen appliziert, schreibt Krull, wie Thomas Sprecher mit Recht festgestellt hat, nicht vor-, sondern nachbildlich.[69] So beansprucht er für sich durch die formale Nachahmung des prätentiösen Stils, in dem Goethes DICHTUNG UND WAHRHEIT verfaßt ist, eine literarische Bedeutsamkeit, die in so krassem Widerspruch zu seiner Unverbindlichkeit als Vertrauensschwindler steht, daß der Mythos der Auserwähltheit, der sich durch Goethes Selbstdarstellung zieht, durch Krulls Epigonalität einerseits parodiert wird, diese Parodie andererseits jedoch, reflexiv gelesen, Krulls eigene Vermessenheit offenbart. Daher stehen die BEKENNTNISSE unter demselben Verdacht der Hochstapelei wie Krulls Vita: hier wie dort maßt der Protagonist sich eine Rolle an, die seiner gesellschaftlichen Position nicht entspricht.

Krulls Verstellungskunst setzt allerdings eine Menschenkenntnis voraus, die vor allem im Wissen um die Bereitwilligkeit besteht, mit der sich die Welt täuschen läßt, wenn sich die Vorspiegelung falscher Tatsachen in den schönen Schein fügt, auf den das Gesellschaftsspiel ausgerichtet ist. Krulls Dasein steht daher, wie sein „ganzes betrügerisches Leben beweist" [70], unter dem Motto *mundus vult decipi - ergo decipiatur*; seine Karriere beruht auf dem Umstand, daß sich alle darin einig sind, daß die halbe Wahrheit genügt und das Leben notwendigerweise Betrug, Lüge und Täuschung erfordert.[71]

Deshalb ist das Theater in Krulls Bildung kein Durchgangsstadium, sondern Endstation eines Reifungsprozesses [72], der in einem einzigen Erweckungserlebnis besteht. Dieses Erlebnis bildet Krulls Begegnung mit dem Schauspieler Müller-Rosé, dessen Doppelnamen auf die für den gesamten Text grundlegende Juxtaposition von Sein und Schein, Bürger- und Künstlertum hinweist. Müller-Rosés Triumph als Operetten-Star demonstriert nämlich die „Einmütigkeit in dem guten Willen sich verführen zu lassen.., ein allgemeines, von Gott selbst der Menschennatur eingepflanztes Bedürfnis, dem die Fähigkeiten des Müller-Rosé entgegenzukommen geschaffen sind."[73] In der keineswegs trügerischen Hoffnung, auch bei seinen eigenen Inszenierungen auf die Unterstützung des Publikums rechnen zu können, versucht Krull - gleichsam als Probe auf Müller-Rosés Exempel - der Schulpflicht durch die Simulation einer unbestimmten Unpäßlichkeit zu entgehen: „Meine Mutter fühlte Mitleid. Daß sie mein Leiden eigentlich ernst nahm, glaube ich nicht; aber da ihre Empfindsamkeit bedeutend ihre Vernunft überwog, so brachte sie es nicht über das Herz, sich vom Spiele auszuschließen, sondern ging mit wie im Theater und fing an, mir bei meinen Darbietungen zu sekundieren."[74]

Dieselbe Bereitschaft zur Komplizenschaft trifft Krull später bei Diane Houpflé an. Ihre Reaktion auf seine Eröffnung, sie bestohlen zu haben, besteht in der galanten Regieanweisung: „Armand, du sollst bei mir stehlen. Hier unter meinen Augen. Das heißt, ich schließe meine Augen und tue vor uns beiden, als ob ich schliefe. Aber verstohlen will ich dich stehlen sehen."[75] Der Als-Ob-Charakter, der Krulls kriminelle Machenschaften umgibt, wird in dieser Szene ebenso offenkundig wie der interaktionale Bedingungszusammenhang seiner Karriere. Es ist das gemeinsame Interesse von Täter und Opfer am schönen Schein, das die zwischenmenschlichen Beziehungen so neckisch, aber auch so unverbindlich macht. Der kointentional inszenierte Vertrauensschwindel steckt einen konsensuellen Bereich ab, innerhalb dessen sich das soziale Leben nach einem Spielplan vollzieht, der die Metapher vom *theatrum mundi* wörtlich nimmt. Dabei fungiert Krull für sich selbst und die anderen als „Stimulans zum Leben" (Niezsche), indem er den physiologischen Apparat der Begierden und Wünsche mobilisiert. Seine Transaktionen bestehen in einem symbolischen Tausch: für die Illusionen, die Krull vermittelt, darf er sich, wie manche andere Künstler auch, eine Größe und Bedeutsamkeit einbilden, die durch das persönliche Vermögen nicht gedeckt ist. Die narzißtische Konstruktion der Wirklichkeit, die eine solche Existenz ermöglicht, bindet Verführer und Verführte, Betrogene und Betrüger wie in Lazarillos Fall gleichermaßen an die Vereinbarung, den Schein zu wahren. Daher erklärt Krull: „Ich finde die Gesellschaft reizend, so wie sie ist, und brenne darauf, ihre Gunst zu gewinnen."[76]

Die panerotische Atmosphäre, die Manns Version des pikaresken Universums umgibt [77], wird auch daran deutlich, daß Krull nicht aus Not heraus
handelt. Seine Diebstähle und Betrugsmanöver sind Teil des Verführungsspiels,
das bei Mann an die Stelle des Wolfsspiels tritt.[78] Da die feine Gesellschaft
zur Halbwelt geworden ist, gibt es keine Mattstellung des halben Außenseiters
mehr. „Ein Schelm gibt mehr, als er hat" [79] - so lautet die Devise, die Krulls
Handeln bestimmt, und daher befindet er sich auch nicht im Streit mit verschiedenen Antagonisten, sondern im Einvernehmen mit der hedonistischen
Ausrichtung des zwischenmenschlichen Verkehrs.

„Der Hochstapler erweist sich damit als paradoxe Erfüllung der fundamen-
talen Bildungsaufgabe, den Helden in Einklang mit seiner Umwelt zu setzen."[80] Voraussetzung einer solch harmonischen Versöhnung von Individuum und Kollektiv im bürgerlichen Illusionstheater ist allerdings der völlige
Substanzverlust des Bildungsbegriffs selbst. Daher richtet sich Manns Travestie solch bürgerlicher Ideale wie der Tüchtigkeit, der Strebsamkeit und Red-
lichkeit weniger gegen die literarische Gattung, die diesen Idealen verpflichtet
war [81], als gegen ihre absurde Verwirklichung durch den phänotypischen
Philister, dem Krull versichert: „Bildung wird nicht in stumpfer Fron und Plak-
kerei gewonnen, sondern ist ein Geschenk der Freiheit und des äußeren Mü-
ßigganges; man erringt sie nicht, man atmet sie ein; verborgene Werkzeuge
sind ihretwegen tätig, ein geheimer Fleiß der Sinne und des Geistes, welcher
sich mit scheinbar völliger Tagdieberei gar wohl verträgt, wirbt stündlich um
ihre Güter, und man kann wohl sagen, daß sie dem Erwählten im Schlafe an-
fliegt."[82]

Manche Interpreten haben aus solchen und ähnlichen Bemerkungen Krulls
geschlossen, daß er tatsächlich ein Erwählter sei, weil ihm alles leicht falle
[83], und weil er von Anfang an auf seine Weise vollkommen wäre.[84] Einerseits läßt sich gegen solche Deutungen die soldatische Disziplin geltend
machen, mit der Krull an seinen Erfolgen arbeitet, die Mühe, die er auf die
Beobachtung und Nachahmung seiner Vorbilder sowie die Perfektionierung
seiner Fähigkeiten als Verstellungskünstler verwendet [85]; andererseits könnte
gerade dieser Versuch, sich in die Rolle des hart arbeitenden und schwer schuftenden Profis zu stilisieren, ein weiteres Täuschungsmanöver sein. An der
Unauflösbarkeit des Widerspruchs zwischen diesen beiden alternativen Möglichkeiten der Auslegung offenbart sich wieder einmal die Reversibilität der
Anschauungsperspektiven, aus der die Ambivalenz der apologetischen Schelmenbeichte resultiert.

Infolgedessen bietet Krulls Welt- und Selbstdarstellung zahlreiche Anlässe
für eine Komplementärlektüre, etwa wenn der Ich-Erzähler meint: „Jedenfalls
konnte mir nicht verborgen bleiben, daß ich aus edlerem Stoffe gebildet oder,

wie man zu sagen pflegt, aus feinerem Holz geschnitzt war als meinesgleichen..."[86] Die Verwendung des Ausdrucks „meinesgleichen" konterkariert hier Krulls Behauptung, anders als seinesgleichen zu sein, d.h., die kontradiktorische Machart der Aussage unterläuft Krulls selbstgefälligen Diskurs. Das Beispiel zeigt, wie hinter dem vorgeschobenen Erzähler Krull der Verfasser des Romans die Fäden zieht, wie Thomas Mann die Figurenrede ironisch bricht, um seinen Maulhelden mit Hilfe des Lesers zu demaskieren.[87] Dabei entspricht dem Gefälle zwischen dem realen Autor und seinem fiktiven Geschöpf der Abstand zwischen dem empirischen Leser und dem *lector in fabula*, den Krull immer wieder im Sinne eines Komplizen zu vereinnahmen sucht.[88]

Der Unterschied von Person und kommunikativer Rolle, der jeder Verständigung im Medium der Literatur zugrundeliegt, wird nun im KRULL-Roman reproduziert, wenn Felix und der Marquis de Venosta ihre Rollen tauschen. Denn so wie dieser Rollentausch im Bewußtsein der Beteiligten um ihre Nicht-Übereinstimmung mit der angenommenen Identität stattfindet, verständigen sich ja auch Autor und Leser darauf, sich für eine Weile im Bewußtsein ihrer Differenz auf Krull und seine Sicht der Dinge einzulassen. Damit sich der Hotelbedienstete Krull und der Marquis de Venosta „bis zur Verwechslung nahe" kommen können [89], muß der „Gedanke der Vertauschbarkeit", von dem Krull in Vorbereitung der entscheidenden Szene spricht, jedenfalls nicht nur von ihm und dem Marquis, sondern auch vom Interpreten erwogen werden. Manns Roman macht also, versteht man ihn an dieser Stelle als eine reflexive Allegorie des Schreibens und Lesens, das Funktionsprinzip aller Rollenprosa, insbesondere aber das des Schelmenromans bewußt, der seit dem LAZARILLO DE TORMES auf der Basis einer fiktional arrangierten Vergleichbarkeit bzw. Vertauschbarkeit von Lebensverhältnissen operiert.[90]

Wie schon im LAZARILLO hängt dieses Funktionsprinzip auch in Krulls Fall mit dem satirischen Verfahren der Inversion zusammen, denn was bleibt schon vom Adel des Marquis, seiner Verwandten oder des portugiesischen Monarchen übrig, wenn ihn der Glanz des Hochstaplers überstrahlt, der sie alle düpiert? Da die BEKENNTNISSE DES HOCHSTAPLERS FELIX KRULL als Schelmenroman angelegt sind, kann diese verkehrte Welt ihrerseits einer Umkehr durch die Komplementärlektüre unterzogen werden: so entstammt beispielsweise die Beschreibung der Audienz beim portugiesischen König einem Brief des Hochstaplers an die Eltern des Marquis de Venosta, was den Verdacht nahelegt, daß die gesamte Audienz womöglich eine bloße Erfindung ist und auf purer Angabe beruht. Die Reduplikation der Vermittlungsstruktur, die Mann durch die Insertion des Briefes in die BEKENNTNISSE vornimmt, reflektiert also die doppelbödige Anlage seines Romans und der Tradition, in der dieser Roman steht. Diese Tradition tritt jedoch mehr und mehr in den Hintergrund, als Mann

die Aufmerksamkeit seiner Leser auf die mythologischen Züge seines Hochstaplers zu lenken versucht. Wie Hans Wyssling dargestellt hat, erhielt Thomas Mann von Karl Kerényi den überaus wertvollen Hinweis, daß die Hermes-Figur die Möglichkeit barg, jene beiden Motivkomplexe von der „Welt
als Wille" und der „Welt als Vorstellung", die in den KRULL-Entwürfen angelegt waren, zu verbinden: einerseits partizipiert Felix aufgrund seiner erotisch-
narzißtischen Persönlichkeit am *metaphysicum* des Weltwillens, wie ihn Schopenhauer beschrieben hatte; andererseits gehört er mit seinem theatralisch-proteanischen Wesen zur Welt als Vorstellung [91], d.h., er hat ähnlich wie Faust
zwei Seelen in seiner Brust, zwei Seelen, die von Mann realistischer Weise
nicht auf einen gemeinsamen Nenner zu bringen waren. Daher bedurfte es eines übersinnlichen Vermittlungsmodus, um Krull am allgemeinen Weltganzen
partizipieren zu lassen, ohne das *principium individuationis* aufzuheben, das
ihn überhaupt erst zum Akteur und Autor einer persönlichen Geschichte macht.

Diesen Vermittlungsmodus stellt das Konzept der „Allsympathie" dar, mit
dessen Hilfe das empirisch gesättigte, pikareske Universum in eine mythopoetische Welt, eine Traumlandschaft überführt wird, die Professor Kuckuck in
seiner Eigenschaft als wandelndes Konversationslexikon erzeugt. Ein Indiz für
den mythopoetischen Charakter dieser Weise der Welterzeugung ist, daß Krulls
Dasein nicht etwa von Fortuna, sondern ganz im Gegenteil von nicht-zufälligen Ereignissen bestimmt wird, unter denen seine stufenweise Applikation auf
Hermes das bedeutsamste ist. In diesem Zusammenhang kommt Krulls Begegnung mit Diane Philibert Houpflè die Funktion zu, seine Machenschaften zu
entkriminalisieren und seine prekäre Inferiorität als Dienstbote zu überspielen,
um ihm schließlich in einer Art erotischen Weihe die olympischen Attribute
des Hermes zuzusprechen.[92] Der nachfolgende, als wechselseitige Initiation
akzentuierte Rollentausch mit de Venosta erfüllt entsprechend die Aufgabe,
Krull mit den Insignien der gesellschaftlichen Superiorität zu adeln, während
der Marquis, ein Mann des öffentlichen Lebens, in die Anonymität eintaucht.
Dergestalt seines pikaresken Status, seiner sozialen Rand- und Mattstellung
vollständig enthoben, fehlt Krull nur noch die seiner gesellschaftlichen Aufwertung entsprechende Ideologie. Diese liefert ihm Professor Kuckuck in einem paraenzyklopädischen Monolog, der zwischen Krulls Affinität zu Hermes
und der konjunktivisch vorgetragenen Idee der Allsympathie eine assoziative
Verbindung herstellt.[93]

Da der eloquente Kuckuck ein alter ego des Autors ist, erfolgt diese Bezugnahme mit der für Mann typischen Ironie, so daß offen bleibt, ob Krull nicht
eher eine Parodie als eine Inkarnation des griechischen Gottes ist [94], der
sowohl als Schutzpatron der Diebe und Kaufleute wie auch als Götterbote und
Seelenführer gilt.[95] Im Vergleich zu Apoll (lies: Goethe) gilt Hermes (lies:

Krull), der Erfinder der Leier, zwar als *poeta minor*, dessen Kunstschöpfungen immer auch ein wenig Blendwerk sind [96], aber als Mittlergeist *katexochen* ist er zugleich Stifter erotischer Beziehungen und Begründer der Hermeneutik, die entsteht, weil zwischen der Sprache und der Welt keine eindeutige Relation besteht.[97] Daher wird in Hermes auch ein Meister der doppeldeutigen Rede gesehen, und diese Rolle prädestiniert ihn wie den Trickster zum Urahn des Schelms. In seiner Studie über DAS GÖTTLICHE KIND schreibt Kerényi: „Das Weltall kennt eine Melodie... vom ewigen Zusammenhang von Liebe und Diebstahl und Handel: diese Melodie ist in männlicher Tonart - Hermes. In der weiblichen Tonart heißt dieselbe..: Aphrodite."[98] So gesehen ist Krull, von der Melodie der Allsympathie getrieben, auf der Suche nach Aphrodite, seiner komplementären Persönlichkeitshälfte, mit der verbunden zu sein bedeuten würde, jene mythische Einheit und Ganzheit zu erfahren, nach der er sich aufgrund seiner narzißtischen Veranlagung sehnt.

Mann hatte zwar bereits einige Abschnitte des KRULL geschrieben, als er um 1925/26 Freuds Abhandlung ZUR EINFÜHRUNG DES NARZIßMUS aus dem Jahre 1917 las, aber seine persönliche Betroffenheit sowie die thematische Nähe der Krull-Figur zum Narzißmus haben seine Fortführung des Romans vermutlich stark beeinflußt.[99] Für Freud ist der Narzißmus bekanntlich ein Kompensationsphänomen, das als Reaktion auf die Erkenntnis vom illusionären Charakter der Omnipotenz entsteht, in deren Besitz sich der Mensch in der Frühphase seiner Entwicklung wähnt. Was der Erwachsene „als sein Ideal vor sich hinprojiziert, ist der Ersatz für den verlorenen Narzißmus seiner Kindheit, in der er sein eigenes Ideal war."[100] Daß die Literatur ein bevorzugtes Medium solcher und ähnlicher Projektionen sei, hatte Freud schon 1908 in seiner Schrift DER DICHTER UND DAS PHANTASIEREN ausgeführt, in der er den Tagtraum als primäre Aktivität hinter allen Kunstschöpfungen wertet.[101] Wie beim Narzißmus weist Freud auch beim Tagtraum auf dessen kompensatorische Funktion hin.

Im Rahmen dieses Verständnisses motivieren die Spannungen, die zwischen Krulls Ideal- und Real-Ich bestehen, seinen literarischen Tagtraum, sind die BEKENNTNISSE ein Versuch, jenes Glück vor sich hin zu projizieren, das der abgehalferte Hochstapler nicht mehr zu erleben vermag. Manns Roman wäre demnach ein im Wissen um diesen Bedingungszusammenhang verfaßtes, sekundäres modellbildendes System, in dem die Möglichkeiten und Gefahren der eigenen Existenz durchgespielt werden, d.h., die BEKENNTNISSE sind eine kontingente Autobiographie, in der sich Manns Narzißmus ironisch gebrochen widerspiegelt. Einerseits erfüllt Krulls Geschichte, solange sie erfolgreich verläuft, Manns hypertrophes Anerkennungsbedürfnis [102], da sie ausschließlich dem Lustprinzip verpflichtet ist, andererseits steht die innere Distanz, die Mann zu seiner fiktionalen Rolle mit Hilfe der Ironie herstellt, im Zeichen des Realitätsprinzips. Damit beugt er der Gefahr vor, wie Narkissos in seinem Spiegelbild zu ertrinken.[103] Genau genommen handelt der Mythos des Narkissos nämlich nicht von den Gefahren der Selbstliebe, sondern von denen der Selbsterkenntnis. Am Anfang jedenfalls weiß Narkissos nicht, daß es sein Spiegelbild ist, in das er sich verliebt hat. Sein Tod ist daher „eine Musterlektion in epistemologischem Selbstmord, ernst zu nehmen von all denen, die glauben, Sokrates' berühmtem Erkenntnisimperativ *Erkenne Dich selbst* könnte man ungestraft nachstreben."[104]

Der Umstand, daß Mann die Arbeit an seinen Roman immer wieder unterbrochen und nie bis zu jenem heiklen Punkt vorangetrieben hat, an dem für Krull (und ihn) die Stunde der Wahrheit geschlagen hätte, wäre, so gesehen, ein Indiz für die persönliche Betroffenheit, aber auch für die List, mit der er dem Dilemma der Selbstbespiegelung im Medium der Literatur ausgewichen ist. Da er diese Selbstbespiegelung mit den Mitteln des Schelmenromans vornahm, der als offenes Kunstwerk konzipiert ist [105], konnte er der definitiven Konfrontation immer wieder dadurch ausweichen, daß er Krulls Entlarvung um eine weitere Episode hinausschob.

Wenn sich daher an Manns Roman, wie Stanislaw Lem ausgeführt hat, „der Konflikt zwischen zwei diametral entgegengesetzten Arten, die Welt zu ordnen, der mythischen und der empirischen" beobachten läßt [106], dann sollte der Einsatz der Mythopoetik als eine Art der Überlebensstrategie betrachtet werden, die den Abstand von Ideal- und Real-Ich mit den Mitteln der Erzählkunst im Bewußtsein ihres illusionären Charakters überbrückt.

5.5 Günter Grass: Die Blechtrommel (1959)

Zugegeben: DIE BLECHTROMMEL ist kein herkömmlicher Schelmenroman, denn Grass kombiniert pikareske und andere Erzählverfahren, um eine Vorstellungswelt zu entwerfen, in der die genrespezifische Metaphorik des großen Wolfsspiels durch die ebenso originäre wie idiosynkratische Bildlichkeit des kleinwüchsigen Oskar Matzerath ersetzt wird. Allerdings hat Grass selbst betont, daß DIE BLECHTROMMEL „vom pikarischen Roman herreicht mit all seinen Brechungen."[107] Daher kommt es bei einer Analyse dieses Textes vor allem darauf an, die Modifikationen darzustellen, die das traditionelle Erzählkonzept des Schelmenromans in Grass' Buch erfährt.

Für die Herkunft der BLECHTROMMEL vom Schelmenroman spricht zunächst einmal, daß sie die Selbstrechtfertigung eines unzuverlässigen Ich-Erzählers enthält und mit seinem in die Zeitgeschichte eingebetteten Lebensrückblick die

Darstellung konkreter gesellschaftlicher Konfliktsituationen verbindet. Auch Oskars Streiche, wie etwa die karnevaleske Subversion der NS-Kundgebung oder die anarchische Verführung des Staatsanwaltes zum Diebstahl, deuten in diese Richtung. Wie die Protagonisten des Schelmenromans ist der Blechtrommler ein halber Außenseiter, dessen exzentrische Perspektive mit seiner marginalen Position zusammenhängt.

Doch im Unterschied zu den Pícaros erklärt Oskar seine Sonderrolle mit dem Hinweis auf jene übersinnlichen Fähigkeiten, die er angeblich besitzt. Gleichwohl könnte diese famose Selbstdarstellung als ein glaszersingendes Wunderkind, dessen geistige Entwicklung bereits im Mutterleib vollendet worden ist, eine besondere Form der Hochstapelei sein („Ich gehörte zu den hellhörigen Säuglingen, deren geistige Entwicklung schon bei der Geburt abgeschlossen ist und sich fortan nur noch bestätigen muß.").[108] So läßt sich beispielsweise Oskars Behauptung, den wachstumshemmenden Sturz von der Kellertreppe bewußt herbeigeführt zu haben, wie Jürgen Manthey dargelegt hat, als Versuch verstehen, einen Unfall nachträglich in einen Willensakt umzudeuten und dem fatalen Schicksal einen Sinn abzugewinnen.[109] Jedenfalls ist der Verdacht, daß Oskars Beschreibung seiner überlegenen Kräfte die fiktive Kompensation seiner faktischen Unterlegenheit als Zu-Klein-Geratener und Zu-Kurz-Gekommener darstellt, nicht von der Hand zu weisen.

Folglich kann seine hybride Selbst- und Weltdarstellung einer Komplementärlektüre unterzogen werden, zumal das Verhältnis, das Oskar als Insasse einer Heil- und Pflegeanstalt zu seinem Aufseher Bruno unterhält, die Ergänzungsbedürftigkeit seiner Angaben unterstreicht: Bruno ist nämlich ein *lector in fabula*, der sich von Oskar immer wieder einwickeln läßt, weil er ihm unkritisch gegenübersteht. „Meines Pflegers Auge ist von jenem Braun welches mich, den Blauäugigen nicht durchschauen kann" [110], vermerkt Oskar gleich zu Beginn seiner Erzählung und reproduziert mit dieser opaken Aussage die Undurchsichtigkeit, von der sie handelt. Ohne aus seiner Unaufrichtigkeit überhaupt ein Hehl zu machen, fährt er sodann fort: „Der Gute scheint meine Erzählungen zu schätzen, denn sobald ich ihm etwas vorgelogen habe, zeigt er mir, um sich erkenntlich zu zeigen, sein neuestes Knotengebilde."[111]

Offenbar muß der Leser der BLECHTROMMEL Oskars Lügengespinsten also etwas skeptischer als Bruno begegnen, der ihre Textur, „Knoten um Knoten schlagend" [112], widerspruchslos nachvollzieht. Dabei erkennt selbst der überforderte Aufseher, als er vorübergehend zu Oskars Privat-Sekretär avanciert, die Unschärferelation in dessen Erinnerungen, eine Unschärferelation, die ihn, „den Nacherzähler, eigentlich nötigen sollte, zwei oder noch mehr Versionen jener Reise aus dem Osten nach dem Westen zu notieren" [113], um die es an dieser Stelle des Romans geht. Will sich der Leser der BLECHTROMMEL nicht

wie Bruno im verwickelten Garn von Oskars Erinnerungen verheddern, muß
er neben dem vorgegebenen roten Faden auch, Knoten um Knoten auflösend,
jener Verstrickung nachgehen, die den Erzähler zum Insassen einer Heil- und
Pflegeanstalt gemacht hat.

Das ist umso schwieriger, als in Oskars Diskurs Biographie und Pathographie, Realhistorie und Mythopoetik durcheinanderlaufen. Daher kann die Signatur, die der Maler Lankes, laut Bebra, dem Jahrhundert verliehen hat -
„Mystisch, Barbarisch, Gelangweilt" [114] - gleichermaßen auf die allgemeine wie auf Oskars besondere Geschichte bezogen und als Überschrift für jene
drei Bücher angesehen werden, in die DIE BLECHTROMMEL aufgeteilt ist.

Das erste, mit Oskars Kindheit befaßte Buch verdient die Bezeichnung *mystisch* vor allem aufgrund der Legendenbildung, die der Erzähler hier im Hinblick auf seine Abstammung, seine Geburt und seine Entwicklung zum ewig
dreijährigen Blechtrommler betreibt. Das geschlossene Universum, das Oskar
dergestalt erzeugt, ist in seiner Selbstbezüglichkeit das literarische Analogon
der symbiotischen Einheit, die ihn und seine Mutter verbindet. Diese Beziehung ist jedoch an Agnes Doppelverhältnis zu Alfred Matzerath und Jan Bronski gekoppelt, eine Konstellation, deren Unhaltbarkeit rasch deutlich wird. Denn
die ideale Komplementarität der drei Skatspieler wird zunehmend von der realen Konfrontation zwischen dem Polen und dem Deutschen, dem Liebhaber
und dem Gatten beeinträchtigt.

Für Oskar, der unter dem Tisch mehr als die sich gegenseitig reizenden
Skatspieler sieht, kündigt sich das bevorstehende Unheil frühzeitig an. Aus
seiner Sicht erscheint die *ménage à trois* als „ein Dreieck mit ungleichen Schen-
keln, es kam zu Parallelverschiebungen, zur gewaltsam herbeigeführten Dek-
kungsgleichheit, zu Zirkelschlägen" [115], die den begrenzten Radius unzu-
lässig erweitern und dadurch zu Konsequenzen führen, die spielerisch kaum
noch zu bewältigen sind.

Da es außerhalb von Oskars Macht steht, den Gang der Dinge, der nichts
Gutes erwarten läßt, aufzuhalten, wünscht er, an den Ausgangspunkt seines
Daseins zurückzukehren. „Oskars Ziel ist die Rückkehr zur Nabelschnur"
[116], und seine geradezu zwanghafte Einkehr unter die Röcke der Großmutter versinnbildlicht diese angsterfüllte Sehnsucht, weil dort Oskars Mama gezeugt wurde, und demzufolge auch die Wurzeln seiner eigenen Existenz unter
den Röcken liegen.

Da der mystische Hang zur Rückkehr an den Ursprung des Seins schlechterdings nicht zu befriedigen ist, verfällt Oskar darauf, alles zu negieren, was
dieser Rückkehr im Wege steht: das menschliche Wachstum, die Welt der
Erwachsenen, insbesondere jedoch all jene Institutionen, die sich der (Fort)-
Bildung verschrieben haben: die Schule, die er nur einen Tag lang besucht,

das Theater, dessen Fensterfront er zerstört, die Kirche, deren Initiationsriten er sich widersetzt, und der Bildungsroman, zu dem die BLECHTROMMEL aufgrund der Inversion seiner Zielvorgaben in einem ironisch-distanzierten Verhältnis steht.[117]

Wie der Bildungsroman als Bezugs- und Vergleichsgröße der BLECHTROM-MEL herangezogen wird, zeigt sich zum Beispiel an Oskars Opposition gegen den Kaufmannsstand, die er mit Goethes Wilhelm Meister teilt. „Um nicht hinter dem Ladentisch stehen zu müssen, stellte sich Oskar über siebzehn Jahre lang hinter ungefähr hundert weißrot lackierte Blechtrommeln."[118] Dabei richtet sich seine Opposition weniger gegen den Einzelhandel, als gegen die Eingliederung in die bestehenden Verhältnisse und deren gesellschaftliche Reproduktion.

Die geistesgeschichtlichen Implikationen dieser Opposition werden anläßlich von Oskars Beschreibung jener Photographie deutlich, die ihn an seinem dritten Geburtstag mit der ersten Blechtrommel zeigt: „Da spiegelt sich in jedem meiner blauen Augen der Wille zu einer Macht, die ohne Gefolgschaft auskommen sollte. Da gelang mir damals eine Position, die aufzugeben ich keine Veranlassung hatte. Da sagte, da entschloß ich mich... auf keinen Fall Politiker und schon gar nicht Kolonialwarenhändler zu werden, vielmehr einen Punkt zu machen, so zu verbleiben - und ich blieb so, hielt mich in dieser Größe, in dieser Ausstattung viele Jahre lang."[119]

An den vielen Anspielungen, die diese Textsequenz enthält, läßt sich ablesen, wie Grass die fingierte Autobiographie seines Blechtrommlers auf die Größe und das Elend der deutschen Geistesgeschichte bezieht. Das Zitat schlägt einen weiten Bogen vom Bildungsroman, der seinerseits vor dem Hintergrund der Aufklärung und des deutschen Idealismus zu sehen ist, über Nietzsches Formulierung des Willens zur Macht bis zu Hitlers Buch MEIN KAMPF, in dem dieser seinen im Lazarett Pasewalk gefaßten Entschluß, Politiker zu werden und um die Massen zu buhlen, zu einem entscheidenden Wendepunkt seiner persönlichen Karriere und der Weltgeschichte überhaupt verklärt.

Hitlers Aufstieg zum „Gasmann" [120] der deutschen Geschichte verändert zwangsläufig auch Oskars Lebenswirklichkeit. Immer stärker dringt die Realhistorie in das geschlossene Universum der Familie ein und bringt die Schutzschale jenes kleinen Welteis zum Platzen, in dem sich der ewig Dreijährige mit seiner Trommel auf Dauer einzurichten beschlossen hatte, da er nicht in die embryonale Kopflage zurückkehren kann. So wird die Illusion der Geborgenheit, die Oskar im Mittelpunkt des Dreieckverhältnisses von Herz-Dame, Bube und König empfindet, auf traumatische Weise zerstört, als sich Matzerath und Bronski im Gefolge der deutsch-polnischen Querelen um die freie Reichsstadt Danzig mehr und mehr entfremden. Mit der fröhlichen Polyandrie

von Oskars Mama geht, wie Peter von Matt gezeigt hat, nicht nur das mystische, weil scheinbar zeit- und geschichtslose Kindheitsuniversum des Blechtrommlers zugrunde: „Mit der schönen Mama stirbt leibhaftig und qualvoll der
Frieden, der einmal möglich war auf der Grundlage einer gutmütigen, genuß-
freudigen Humanität".[121]

Diese utopische Humanität wird durch die *Barbarei* der Nazi-Diktatur abgelöst, von der das 2. Buch der BLECHTROMMEL handelt. Indem Oskar Jan Bronski zur Rückkehr in die bereits belagerte Polnische Post nötigt, und sich wegen
Roswitha Raguna in Bebras Fronttheater - einer Karikatur von Goebbels Pro-
pagandapparat - engagiert, wird er zu dem, was er eigentlich nie werden wollte: zum Subjekt (sub-jectum) der Geschichte.

Der Zusammenbruch der Nazi-Herrschaft verrückt Oskar dann im 3. Buch
der BLECHTROMMEL in ein „in Blüte stehendes Biedermeier" [122], in eine öde
Nachkriegswelt, der Oskar orientierungslos und *gelangweilt* gegenüber steht,
weil er ohne die Blechtrommel, die er in Danzig zurückgelassen hat, keine
Antwort auf die Frage nach dem Wozu seiner Existenz weiß. Erst als ihm der
Maler Raskolnikoff eine neue Trommel in die Hände drückt und damit zu einer äußerst zweifelhaften, weil mit Schuldgefühlen behafteten „Auferstehung"
[123] verhilft, beginnt Oskar sich seine eigenen Sensationen als Jazzmusiker
und Hauptakteur eines öffentlichen Schauprozesses in Sachen Dorothea Köngetter zu verschaffen.

Da Oskar diesen Prozeß mit Vittlars Hilfe in Szene setzt und einen Indizienbeweis gegen sich selbst fingiert, kommt seine Einweisung in eine Heil- und
Pflegeanstalt einer Wunscherfüllung gleich: „mein Bett ist das endlich erreichte
Ziel... das Bettgitter möchte ich erhöhen lassen, damit mir niemand mehr zu
nahe tritt."[124] Oskars Erfahrungswirklichkeit wird dadurch auf die geschlossene Abteilung, in der er sich befindet, eingeengt; seiner Weigerung in die
gesellschaftliche Verkettung der Welt (Hegel) einzutreten, entspricht der Rückzug in das Asyl der Krankenzelle, in der er sich vor der Realität verschließt.
„Oskar, der Erzähler, hat zur Voraussetzung Oskar, den Anstaltsinsassen, ein
aus den Diskursen *draußen* herausgefallenes Sprechersubjekt, das sein kindli-
ches, grandioses, omnipotentes Ich auf 500 Blatt Papier zu retten versucht".[125] So gesehen, ist der groteske Leib in der BLECHTROMMEL auf einen
grotesken Dickschädel zusammengeschrumpft; die Welt erscheint in Grass'
hypertrophem Ein-Bildungsroman als die monströse Kopfgeburt eines trotzi-
gen Dreikäsehochs.

Daher ist auch die Allwissenheit, die der unzuverlässige Ich- Erzähler für
sich reklamiert - „Fragen Sie mich bitte nicht, woher ich das weiß. Oskar wußte
damals so ziemlich alles" [126] - womöglich die Vorspiegelung einer Souveränität, von der Oskar lediglich träumen kann. Jedenfalls läßt sich die Inan-

spruchnahme einer olympischen Übersicht über das Geschehene durchaus auf die Ambivalenz des *unreliable narrator* zurückführen, verbleibt sie doch ebenso im Modus der bloßen Behauptung wie all die anderen Bemerkungen, mit denen sich Oskar übernatürliche Eigenschaften zuschreibt. Ähnlich wie der Wechsel von der 1. zur 3. Person Singular, der nicht nur am o.a. Kommentar zu beobachten ist, gehört auch Oskars Nachahmung des auktorialen Erzählduktus zu dem Rollenspiel, das er als „artful deceiver" [127] betreibt. Dabei erhält die Juxtaposition von Frosch- und Vogelperspektive, die Grass Roman durchzieht [128], eine psychologische Relevanz: sie wird zum Symptom für die Diskrepanz von Ideal- und Real-Ich, von Kleinwüchsigkeit und Größenwahn.

In diesem Sinne läßt sich auch die Kontamination von empirischen und mythopoetischen Darstellungsweisen als Indikator für Oskars innere Zerissenheit verstehen, ohne sich in dieser Bedeutung zu erschöpfen. Einerseits wirkt DIE BLECHTROMMEL durch die exakte Einbettung von Oskars Phantasmagorien in die Realgeschichte sowie die prägnante Beschreibung signifikanter Details ungemein authentisch; auf der anderen Seite ist dieses Simulakrum so vielschichtig angelegt, daß neben die psychologische Lesart und die gesellschaftskritische Auslegung des Textes die Möglichkeit einer Allegorese tritt, wie sie Edward Diller unter Rückkgriff auf den Mythos von der Großen Mutter Erde vorgenommen hat.[129]

In Dillers Deutung der BLECHTROMMEL fungiert Anna Bronski als eine Personifikation der Großen Mutter Erde, die unter ihren Röcken, also dort, wo ihre Tochter Agnes gezeugt wurde, die *axis mundi*, den Lebensborn birgt. Da die Große Mutter Erde eine ambivalente Gottheit ist und nicht nur die frucht-, sondern auch die furchtbare Gewalt der Natur repräsentiert, steht Oskars Groß(er)mutter die Komplementärgestalt der Schwarzen Köchin gegenüber.[130] Die Tätigkeit des Kochens, bei der Lebewesen zu Lebensmitteln verarbeitet werden, symbolisiert mithin den Wandlungscharakter der Natur, in der die Opferung des einzelnen Geschöpfs dem Fortbestand der Gattung dient.[131] Während Anna Bronski die elementare Gewalt des Weiblichen verkörpert, Leben zu spenden, steht die allgegenwärtige Drohung der Schwarzen Köchin für die Macht, diese Gabe jederzeit wieder einfordern zu können.[132] Die Ambivalenz der Großen Mutter Erde, die sich daraus ergibt, daß Lebendigkeit stets Sterblichkeit impliziert, spiegelt sich also in der Ko-Opposition von Groß(er)mutter und Schwarzer Köchin wider, und diese Spaltung der Mutter-Imago [133] eröffnet die Möglichkeit, Oskars Dasein auf den universalen Kreislauf der Natur zu beziehen. Seine Weigerung, erwachsen zu werden, wäre so gesehen ein Versuch, dem Umschlag vom Dasein zum Sterben zu entgehen, dem kein Mensch auf Dauer auszuweichen vermag.

Oskars Widerstand richtet sich also gegen den symbolischen Tausch von
Leben und Tod, er versucht der Natur selbst zu trotzen, weil er sie subjektivi-
stisch als intentional handelnde Macht begreift. Doch diese Weigerung, der
Schwarzen Köchin Tribut zu zollen, richtet sich ungewollt gegen ihn selbst,
weil die Natur mit Trotz nicht bezwungen werden kann. Trotz ist, wie Eva
Madelung am Beispiel der BLECHTROMMEL erläutert hat, ein dialektisches Phänomen, da er sowohl der Selbstbehauptung als auch der Selbstzerstörung Vorschub leisten kann. Wenn die Freiheit, Nein sagen zu können, in den Zwang
umschlägt, Nein sagen zu müssen, wird aus der positiven Kraft des Trotzes
eine negative Gewalt. Der Triumph, den ein vermeintlich schwacher Mensch
erfährt, wenn sich die Machtverhältnisse dank seiner Halsstarrigkeit umkehren, beruht nämlich darauf, daß die Person, der etwas abgetrotzt wird, an den
Trotzer gebunden ist (wie beispielsweise eine Mutter an ihr Kind). Wenn der
Partner jedoch nicht auf dieses Verstrickungsspiel eingeht, stößt die Wut des
Trotzers erst ins Leere, um sich dann gegen ihn selbst zu wenden.[134] Daher
lassen sich wohl einzelne Menschen durch die Drohung der Selbstbeschädi-
gung bezwingen, doch das Leben bleibt von einem solchen Manöver völlig
unbeeindruckt. Folglich kann Oskar zwar seiner leiblichen Mutter, Jan Bronski oder Alfred Matzerath durch Trotz(re)aktionen eine Menge Zugeständnisse -
beispielsweise die ständige Versorgung mit neuen Trommeln - abnötigen, aber
nicht der Schwarzen Köchin. Ihre furchterregende Gestalt kommt Oskar in dem
Maße näher, in dem er sich aus dem mystischen Universum seiner Heimat
entfernt, in dem die Großmutter, für ihn nunmehr unerreichbar, zurückbleibt.
Was Oskars Handeln fortan immer stärker motiviert, ist daher der Gedanke
an die kompensatorische „Kunst des Zurücktrommelns" [135], die ihm die Illusion gewährt, wenigstens auf der Stelle zu treten, wenn er schon nicht an den
Lebensborn unter den Röcken seiner Großmutter zurückkehren kann: „Hätte
ich nicht meine Trommel, der bei geschicktem und geduldigem Gebrauch alles einfällt, was an Nebensächlichkeiten nötig ist, um die Hauptsache aufs
Papier bringen zu können.., wäre ich ein armer Mensch ohne nachweisliche
Großeltern." [136] So wird die Blechtrommel, weniger aus musikalischen, denn
aus psychologischen Gründen für Oskar zu einem unverzichtbaren Instrument,
um seine schlimmen Befürchtungen hinsichtlich der Zukunft zu zerschlagen.
Doch die Kunst des Zurücktrommelns ist, wie der Trotz, mit dem sie die Gestik des Fäusteballens verbindet, eine höchst ambivalente Angelegenheit, drän-
gen mit den Bildern einer untergegangenen Welt doch auch die peinigenden
Erinnerungen an die eigenen Fehler und Versäumnisse heran.

Dergestalt erweist sich Oskar als ein Schamane, der die guten Geister seiner
Kindheit anruft, um das böse Gespenst der Schwarzen Köchin zu vertreiben,
bei dieser Anrufung jedoch immer wieder in jenen enervierenden Rhythmus

verfällt, mit dem sein schlechtes Gewissen auf der Auseinandersetzung mit der eigenen Schuld insistiert. Wie Mircea Eliade in seiner Darstellung des Schamanismus erläutert, ist die Trommel zur Abwicklung der schamanischen Sitzung unentbehrlich: ihr Klangkörper symbolisiert das Zentrum eines Mikrokosmos mit den drei Zonen Himmel, Erde und Hölle.[137] Da eine Trommel auf beiden Seiten bespannt ist und jederzeit umgedreht werden kann, so daß oben und unten vertauscht werden, ist der Schamane in der Lage, sowohl bei den Geistern der Oberwelt als auch bei denen der Unterwelt anzuklopfen. Grass spielt unverhohlen auf Oskars Schamanentum an, wenn er ihn über das frenetische Publikum seiner Konzerte berichten läßt: „Die trieben einen Kult mit mir, sprachen mir und meiner Trommel Heilerfolge zu, Gedächtnisschwund könne sie beseitigen, hieß es, das Wörtchen Oskarnismus tauchte zum erstenmal auf und sollte bald zum Schlagwort werden."[138]

Die Passage verdeutlicht, wie die Doppelkodierung der BLECHTROMMEL funktioniert: einerseits richtet sich das Schlagwort vom Oskarnismus gegen den sich im Nachkriegs-Deutschland epidemieartig ausbreitenden Gedächtnisschwund hinsichtlich der braunen Vergangenheit, weist also eine dezidiert gesellschaftskritische Stoßrichtung auf; andererseits bilden das Nachholbedürfnis nach zeitgenössischer Jazzmusik sowie die kollektive Sehnsucht nach einer Katharsis den psychologisch plausiblen Hintergrund für Oskars Doppelrolle als Entertainer und Exorzist, wie er sie etwa im Zwiebelkeller spielt. Auf Oskars schamanische Vermittlungsrolle weist auch seine Selbstdarstellung als mediatisierende Gewalt an einer früheren Stelle der BLECHTROMMEL hin: „Wenn Apollo die Harmonie, Dionysos Rausch und Chaos anstrebte, war Oskar ein kleiner, das Chaos harmonisierender, die Vernunft in Rauschzustände versetzender Halbgott."[139]

Daher ist es nicht verwunderlich, daß sich Grass' Protagonist auf Hermes, den Mittlergeist *katexochen* beruft, den er bei seinem lateinischen Namen „Merkur" nennt. Oskar glaubt also, als ein im Zeichen der Jungfrau geborenes Kind von Merkur, „dem kleinen Halbgott der Diebe" [140], inspiriert zu werden; er hält es daher für seine Mission auf Erden, auseinanderstrebende Kräfte zusammenzuhalten und Unvereinbares miteinander zur Deckung zu bringen. Diese Aufgabe wächst ihm durch die traumatische Zerstörung seines mystischen Kindheitsuniversums zu. Oskars faktische Überforderung angesichts der Unmöglichkeit, den friedlichen Mikrokosmos seiner Familie wiederherzustellen, kommt in seiner illusionären Applikation auf Merkur zum Ausdruck, denn es ist natürlich der Abstand zwischen dieser übermenschlichen Gestalt und dem allzu menschlichen Blechtrommler, der hier auslegungsrelevant wird.

Daher muß die Komplementärlektüre mit der Dekonstruktion des mythopoetischen Universums beginnen, das die Allegorese der BLECHTROMMEL rekonstruiert, und zeigen, warum sich Oskar dem Leser als ein göttliches Kind präsentiert, für das die Welt nur durch ein Spielzeug - die Blechtrommel - existiert.[141] Was mit solchen und ähnlichen Verstellungen gleichermaßen kaschiert wie kompensiert werden soll, ist Oskars angeblich „übergroße Schuld" [142], die stets von neuem verdunkelt und mystifiziert wird [143], sodaß im Unklaren bleibt, wie groß sie wirklich ist. Immer wieder trommelt Oskar, hin- und hergerissen zwischen Selbstanklage und Selbstentpflichtung, gegen die Unmöglichkeit an, die geschichtlich verkehrte Welt zurechtzurücken. „The time is out of joint - O cursed spite, that I was born to set it right", sagt Hamlet, mit dem er sich einmal vergleicht.[144]

Ganz im Gegensatz zur Neigung seiner Zeitgenossen, es nicht gewesen zu sein und von nichts gewußt zu haben, besteht die Trauerarbeit des Blechtrommlers also darin, daß er sich vom Opfer zum Täter stilisiert, daß er sich in der „Nachfolge Cristi" [145] als das Lamm Gottes sieht, das die Sünde der Welt auf sich nimmt. „Ist die Schwarze Köchin da? Jajaja! Du bist schuld und du bist schuld und du am allermeisten..."[146] Daher bekennt er sich gegenüber Bebra (alias Pontius Pilatus) des vierfachen Mordes schuldig [147], obwohl er im juristischen Sinne weder für den Suizid seiner Mutter oder Roswitha Ragunas Tod noch für Matzeraths Ende und Bronskis Erschießung verantwortlich gemacht werden kann.

Oskars eigentliche Schuld scheint in seinem Dasein zu bestehen, das, wie er meint, zum Tode seiner Mutter, seiner Geliebten und seiner beiden Väter geführt hat. Da sie ihre Existenz zu seinen Gunsten dem ewigen Kreislauf von Tod und Leben überantwortet und dadurch bei der Schwarzen Köchin eine Art Galgenfrist erwirkt haben, bedarf Oskar vor sich selbst der Rechtfertigung.

Der Zwang zur Selbstrechtfertigung, der im Christentum angelegt ist - man denke an die CONFESSIONES des Augustinus -, dort aber auf ein erträgliches Maß herabgemildert schien, weil Gott, der absolute Ankläger, zugleich ein unendlich gnädiger Richter war, wird unerträglich, „als in der modernen Welt die profanisierte Geschichtsphilosophie die Wirklichkeit als Geschichte und diese als Prozeß, als Tribunal verstand, vor dem die Menschen sich - ihre Identität - schlechthin rechtfertigen müssen; denn nichts ist jetzt nicht dieser Prozeß. *Ankläger wird der absolute und zugleich gnadenlose Mensch.*"[148] Vor diesem Hintergrund erscheint das leichtfertige Spiel, das Oskar anläßlich des mysteriösen Verschwindens von Dorothea Köngetter mit Schuld und Sühne betreibt [149], wie eine subtile Verspottung der Idee, daß das Dasein bereits an sich eine schicksalsschwere Last mit sich bringt und der besonderen Rechtfertigung bedarf.

In seinem Erzählband KOPFGEBURTEN ODER DIE DEUTSCHEN STERBEN AUS hat Grass, auf den philsophischen Kontext seines Werkes bezugnehmend, ausgeführt: „Mitten im Krieg, 1943, hat Albert Camus seinen Essay veröffentlicht. Ich las den MYTHOS VON SISYPHOS Anfang der fünfziger Jahre. Doch vorher schon, ohne Kenntnis des sogenannten Absurden, dumm wie mich der Krieg entlassen hatte, war ich, der Zwanzigjährige, mit allen Seinsfragen und also mit dem Existentialismus auf Du. Und als mir dann später der Begriff des Absurden zur Person wurde, als ich (angeekelt vom christlich-marxistischen Hoffnungsquark) den heiteren Steinwälzer als jemanden verstand, der zum vergeblichen Steinewälzen, zum Spott auf Fluch und Strafe einlud, suchte ich meinen Stein und wurde glücklich mit ihm."[150]

Die Gegenposition, die Oskar, Grass' Aversionen aufnehmend, zum Fortschrittsgedanken bezieht, sowie der Umstand, daß in der BLECHTROMMEL die ewige Wiederkehr des Gleichen angelegt ist, die das *principium individuationis* im präsupponierten Kreislauf der Natur aufhebt, haben dazu geführt, daß die BLECHTROMMEL als „rigoroser Nietzsche-Roman" [151] bezeichnet und als literarische Ratifikation seiner Erkenntnistheorie gedeutet worden ist.[152] Bei dieser Parallelisierung gilt es allerdings die spezifische Vermittlung von Nietzsches Gedanken durch Albert Camus, insbesondere dessen ästhetische Schlußfolgerungen, zu beachten. Camus nämlich erkärt, an Nietzsches Rechtfertigung des Daseins als ästhetisches Phänomen anknüpfend [153]: „Für den absurden Menschen geht es nicht mehr um Erklärungen und Lösungen, sondern um Erfahrungen und Beschreibungen. Alles beginnt mit einer scharfsichtigen Gleichgültigkeit" [154], wie sie dem Erzähler Oskar in vielen Interpretationen bescheinigt wird.[155] „Die Auslegung", fährt Camus fort, „ist vergänglich, aber der sinnliche Eindruck bleibt und mit ihm die unaufhörlichen Anrufe eines quantitativ unerschöpflichen Universums. Hier, begreift man, liegt der Ort des Kunstwerks. Er bezeichnet zugleich den Tod einer Erfahrung und ihre Vervielfachung."[156]

Vor diesem Hintergrund ist Grass' Detailobsession zu sehen. Die Gegenstände, in denen Oskar stumme „Zeugen" [157] erblickt, werden zu Ding-Symbolen aufgeladen, die im kleinen die Doppelkodierung aufweisen, die den gesamten Roman bestimmt, denn zu Oskars Mystifikationen gehört, daß er aus seinen Erinnerungsstücken Fetische macht. Aufgeladen mit einer Bedeutung, die ihnen als alltägliche Gebrauchsgegenstände nicht zukommt, strukturieren beispielsweise die kartoffelfarbenen Röcke der Großmutter Oskars Beschreibung seiner Kindheit nach Art eines Leitmotivs, dessen reale Abwesenheit seine permanente Repräsentation durch die Einbildungskraft erfordert. Da der Aufenthalt im Asyl der Heil- und Pflegeanstalt als Ersatz für den Aufenthalt unter den Röcken der Großmutter fungiert, veranschaulicht dieses Leitmotiv auch die Unschärferelation von Innen- und Außenwelt, die Oskars gesamten Diskurs durchzieht: wie einst unter den Röcken der Großmutter spinnt er sich in seiner Erzählung in ein mythopoetisches Universum ein. „Noch heute wünsche ich mir, als solch backwarmer Ziegelstein unter den Röcken meiner Großmuter, immer wieder gegen mich selbst ausgetauscht liegen zu dürfen."[158]

In seiner Eigenschaft als Ding-Symbol ist das rituelle Instrument der Blechtrommel auch eine autoreflexive Chiffre für das Kunstwerk in seiner spezifischen Zusammensetzung aus materiellen und immateriellen Komponenten. Der Klangkörper der Trommel ist, wie der Bedeutungsträger „Buch" ein handgreiflich erfahrbarer, konkreter Gegenstand, der unabhängig von seinem Gebrauch besteht; der Klang, respektive die Bedeutung - also das, worauf es beim Einsatz der BLECHTROMMEL ankommt -, ist jedoch nur anwesend, solange jemand den Resonanzkörper in Schwingungen versetzt oder die Druckzeichen in Vorstellungen übersetzt. Folglich kann keine Interpretation des Romans seine Lektüre ersetzen. „Das Kunstwerk entsteht", wie Camus wollte, „aus dem Verzicht des Verstandes, das Konkrete zu begründen. Es bezeichnet den Triumph des Sinnlichen."[159]

Dieser Triumph des Sinnlichen läßt sich an der autopoietischen Funktion der einzelnen Symbole in Grass Roman veranschaulichen. Denn die sinnbildliche Verknüpfung der Dinge und Figuren generiert über ihre situative Bedeutung hinaus Anschlußmöglichkeiten des Schreibens (und der Auslegung). Es ist die Eigenart der Symbole, das sie nicht definitiv interpretiert werden können, daß sie eine irreduzible Mehrdeutigkeit aufweisen, und daher bewahrt die Vervielfachung der Lesarten, die sie leisten, die BLECHTROMMEL vor Vereinnahmungen, Vereinseitigungen und Vereindeutigungen. Jedes Symbol wird zunächst an den „Begriffsapparat" [160] des Interpreten überstellt, kann dort aber keinem passenden Verständnisrahmen eindeutig zugeordnet werden. Daher wird der sinnliche Reiz an den „Symbolapparat" [161] weitergeleitet, der versuchsweise Relationen zwischen diesem Symbol und möglichen Referenten herstellt, ohne das Problem endgültig lösen zu können. „Ausgehend von einem ersten Input, arbeiten der Begriffsapparat und der Symbolapparat in einem geschlossenen Kreis, und zwar unendlich lange, bis ein neuer perzeptiver Input der begrifflichen Aufmerksamkeit einen neuen Gegenstand liefert und den Zyklus anhält."[162]

Der Zweck dieser vermeintlich sinnlosen Übung besteht in der Reorganisation der Begriffs- und Deutungsschemata, aus denen das enzyklopädische Wissen besteht. Die kreative Leistung des Symbolapparates zielt also darauf ab, scheinbar selbstverständliche, unbewußt angewandte Kategorien durch die Herstellung neuer Bezüge als relativ zu markieren und ggf. bestehende Deutungsschemata einer Modulation zu unterziehen.[163] Im Hinblick auf die Textproduktion eröffnen die assoziativen Verbindungen, die sich dabei ergeben, Möglichkeiten, den begonnenen Text der Welterzeugung über die Anschlußfähigkeit der Symbole fortzusetzen.

So ergeben sich beispielsweise aus der symbolisch überfrachteten Ko-Opposition von Groß(er)mutter und Schwarzer Köchin zwei komplementäre Figurenreihen, die Oskars Lebensweg flankieren: die Reihe der weiß gekleideten Krankenschwestern und die Reihe der in Schwarz gehüllten Ordensschwestern. Da Agnes Matzerath ihren Gatten kennengelernt hat, „als sie im Lazarett Silberhammer bei Olivia als Hilfskrankenschwester Dienst tat" [164], geht die Reihe der Krankenschwestern auf Oskars Mutter zurück. Aber auch die Reihe der Nonnen verweist auf Agnes, deren Hang zum Katholizismus in Oskars Augen fatale, ja letale Folgen hat. Auf der einen Seite ist Agnes also die Tocher der Groß(en)mutter, auf der anderen Seite gerät sie in den Bannkreis der Schwarzen Köchin, denn „was wäre der Katholizismus ohne die Köchin, die alle Beichtstühle schwärzt?"[165]

Auch Maria Truczinski, die einerseits zu Oskars Ersatzmutter und andererseits zu seiner zeitweiligen Geliebten avanciert, wendet sich vom Blechtrommler ab, hin zum Katholizismus, wiederholt also, wenn auch mit anderem Ausgang, die Vorgeschichte der geliebten Mama. Nun erscheint Maria - „sie hieß nicht nur Maria, sie war auch eine" [166] - Oskar in seinen Visionen bezeichnenderweise als Krankenschwester. Allerdings deutet vieles in der betreffenden Traumsequenz und ihrem Kontext darauf hin, daß Maria Sterbehilfe leistet.[167] Daher offenbart sich an ihr das „Mysterium Krankenschwester", das unmittelbar mit der Ambivalenz des großen Weiblichen zusammenhängt: „Während der Krankenpfleger den Patienten mühevoll pfegt und manchmal heilt, geht die Krankenschwester den weiblichen Weg: sie verführt den Patienten zur Genesung oder zum Tode, den sie leicht erotisiert und schmackhaft macht."[168]

Immer wieder sucht Oskar, angefangen von Schwester Lotte, die sich seiner nach dem Sturz von der Kellertreppe annahm, bis zu Schwester Dorothea die Nähe von Krankenschwestern; seine Geschichte kommt auch und gerade über die Variationen in dieser Figurenreihe voran. Insofern die Krankenschwestern für Oskar dabei immer unerreichbarer werden, bildet Dorothea Köngetter den Abschluß dieser Reihe: Oskar vermag nach seinem gescheiterten Versuch der Kontaktaufnahme nur noch mittels eines Fetischs eine Verbindung zu ihr herzustellen. Oskar sammelt ihre Haare zusammen mit einem Nagel in jenem Einmachglas, in dem später auch Dorotheas vermeintlicher Ringfinger landet. Diesen betet er dann an.[169]

Auf ähnliche Weise wie Dorothea Köngetter, in deren Bild für Oskar das Ideal der mächtigen Mutter mit der realen Rolle der Frau als Opfer verschmilzt, personifiziert jene Nonne, die am Atlantikwall ums Leben kommt, die Ambivalenz der komplementären Figurenreihe. Daß diese Nonne den Namen Agne-

ta, eine Ableitung von Agnes, trägt, verweist wiederum auf Oskars Mutter.
Oskars Einstellung zu Agneta und den vier Franziskanerinnen, die ihn nach
seinem Abschied von der Großmutter in den Westen begleiten, ist dadurch
bestimmt, daß sie ihn an Luzie Rennwand erinnern, die von allen Frauenfigu-
ren am deutlichsten die Züge der Schwarzen Köchin trägt. „Jetzt kommt Luzie
Rennwand und fordert dich als Kinderschreck und Schwarze Köchin letztmals
zum Sprung auf."[170]

Das Hin- und Herlaufen (dis-cursus) zwischen den beiden komplementären
Reihen der Kranken- und der Ordenschwestern hat, abgesehen von ihrer mythopoetischen Relevanz, mindestens zwei Funktionen: es soll die zyklische
Struktur von Oskars Trauma verdeutlichen und die selbstgenerative Machart
des Textes unterstützen. Somit wird das Prinzip der Iteration, also das Aus-
wechseln der Figurenkonstellationen, in der BLECHTROMMEL in den Dienst der
Autopoiesis gestellt: die textimmanente Spur der symbolischen Signifikanten
bringt, weil sie auf kein textexternes Signifikat zurückgeführt werden kann,
den semiotischen Prozeß der narrativen Welterzeugung voran. Die Rückkopplung von Symbol- und Begriffsapparat überführt „das Wissen in das Räder-
werk der endlosen Reflexivität" [171], so daß ein Zeichen aus der Deutung
des vorangegangenen entsteht und seinerseits einen neuen Deutungsversuch
auslöst.[172] „Die Semiose stirbt in jedem Augenblick, und indem sie stirbt,
ersteht sie wiederum aus der eigenen Achse."[173]

Produktionsästhetisch betrachtet, hängt diese Prozeßform mit der agonal-
dialogischen Anlage des Romans zusammen, die Grass in seinem RÜCKBLICK
AUF DIE BLECHTROMMEL folgendermaßen beschrieben hat: „Mit dem ersten Satz...
fiel die Sperre, drängte Sprache, liefen Erinnerungsvermögen und Fantasie,
spielerische Lust und Detailobsession an langer Leine, ergab sich Kapitel aus
Kapitel, ... stritt ich mit Oskar Matzerath... um seine wirklichen Verschuldun-
gen und um seine fingierte Schuld."[174] Das Zitat macht transparent, wie die
Möglichkeit der Komplementärlektüre in der Aktstruktur des Romans beschlossen liegt. So wie sich Grass während der Arbeit an seinem Roman mit dessen
unzuverlässigem Erzähler herumgestritten haben mag, muß der Leser, darin
Bruno übertreffend, Oskars mythopoetisches Universum samt seiner hypertro-
phen Symbolik dekonstruieren, um der Selbstverstrickung des Blechtrommlers auf die Schliche zu kommen.

Die Reversibilität der Auffassungsperspektiven, die bereits in Grimmelshausens COURASCHE mit dem ambivalenten Phänomen des Trotzes verbunden worden war, wird also in der BLECHTROMMEL auf den symbolischen Tausch von Tod
und Leben bezogen, dem sich Oskar - von der kurzen Wachstumsphase auf
der Reise in den Westen einmal abgesehen [175] - bis zu seinem dreißigsten
Geburtstag verweigert. „Was ich seit Jahren befürchte, seit meiner Flucht be-

fürchte, kündigt sich heute an meinem dreißigsten Geburtstag an: man findet den wahren Schuldigen, rollt den Prozeß wieder auf, spricht mich frei, entläßt mich aus der Heil- und Pflegeanstalt, nimmt mir mein süßes Bett, stellt mich auf die kalte, allen Wettern ausgesetzte Straße und zwingt einen dreißigjährigen Oskar, um sich und seine Trommel Jünger zu sammmeln."[176]

Am Ende muß Oskar also den fatalen Entschluß, den er an seinem dritten Geburtstag gefaßt hat, revidieren und sich in die Sukzession der Zeit sowie in die Verkettung der Welt fügen. „Jetzt habe ich keine Worte mehr, muß aber dennoch überlegen, was Oskar nach seiner unvermeidlichen Entlassung aus der Heil- und Pflegeanstalt zu tun gedenkt. Heiraten? Ledigbleiben? Auswandern? Modellstehen? Steinbruch kaufen? Jünger sammeln? Sekte gründen? All die Möglichkeiten, die sich heutzutage einem Dreißigjährigen bieten, müssen überprüft werden, womit überprüft, wenn nicht mit meiner Trommel."[177]

5.6 Joseph Heller: Catch - 22 (1955)

Obwohl CATCH-22 keine fingierte Autobiographie ist, weist das Buch eine Reihe von Motiven und Topoi auf, die an die Gattung des Schelmenromans erinnern. Insbesondere Yossarian, die Hauptfigur, läßt sich als Pícaro oder Trickster verstehen, da er immer wieder versucht, der repressiven Militärmaschinerie ein Schnippchen zu schlagen. So ist es kein Wunder, daß der Kommandant des Flugzeuggeschwaders, dem Yossarian angehört, schon an seinem Namen Anstoß nimmt. „Yossarian - the very sight of the name made him shudder. There were so many esses in it. It just had to be subversive. It was like the word *subversive* itself."[178]

Eine von Yossarians kynischen Gesten, die den Kommandanten erschauern lassen, besteht darin, daß er sich bei einer Parade statt in Uniform unbekleidet präsentiert. Wie alles, was Yossarian unternimmt, ist jedoch auch dieser Hinweis auf die nackten Tatsachen - *ecce homo* - ein ambivalentes Manöver: auf der einen Seite demonstriert Yossarian damit, daß er sich nicht länger vereinnahmen lassen will, auf der anderen Seite zeigt seine Blöße auch seine Macht- und Wehrlosigkeit, hat er mit der Uniform, dem Sinnbild aller Gleichschaltungsbemühungen, doch auch seinen Schutzanzug abgelegt.[179] Damit aber bestätigt seine Geste ungewollt die Verfügungsgewalt des Apparates über den einzelnen.

Diese Verfügungsgewalt besteht letztendlich darin, daß Soldaten wie Yossarian die Entscheidung über ihr eigenes Leben abgenommen wird. Wie willkürlich Yossarians Vorgesetzte diese Macht mißbrauchen, wird daran deutlich, daß die Zahl der Feindflüge, die absolviert werden müssen, um Fronturlaub zu erhalten, beständig heraufgesetzt wird, sobald ein Untergebener die aktuelle Zielvorgabe fast erreicht hat. „They were in a race and knew it, because they knew from bitter experience that Colonel Cathcart might raise the number of missions again at any time."[180]

Die einzige Chance, diesem perfiden Hase-und-Igel-Spiel um Leben und Tod zu entkommen, besteht darin, fluguntauglich zu werden. Nur wer ein Attest vorlegen kann, das ihm beispielsweise bescheinigt, verrückt zu sein, wird von der selbstmörderischen Pflicht, sich den feindlichen Flakgeschützen auszuliefern, entbunden. „There was only one catch and that was Catch-22, which specified that a concern for one's own safety in the face of dangers that were real and immediate was the process of a rational mind."[181]

Diese paradoxe Verordnung führt, wie im Fall des Piloten Orr, der geradezu verrückt danach ist, Bruchlandungen zu machen, zu einer absurden Situation: „Orr was crazy and could be grounded. All he had to do was ask; and as soon as he did, he would no longer be crazy and would have to fly more missions. Orr would be crazy to fly more missions and sane if he didn't, but if he was sane he had to fly them. If he flew them he was crazy and didn't have to; but if he didn't want to he was sane and had to."[182]

Daher werden Orr und seine Kameraden von der Verordnung Catch-22, an der Heller die Hirnrissigkeit des Systems festmacht, allmählich wirklich um den Verstand gebracht. Der Gipfel der Aberwitzigkeit besteht jedoch darin, daß sich die Betroffenen an Catch-22 halten, obwohl es etwas derartiges gar nicht gibt, wie Yossarian vermutet. „Catch-22 did not exist, he was positive of that, but it made no difference. What did matter was that everyone thought it existed, and that was much worse" [183], denn Yossarian und seine Kameraden können die Existenz von etwas, das sich durch Nicht-Vorhandensein jeder empirischen Überprüfung entzieht, nicht bestreiten. Irrsinniger Weise ist die Annahme, es gäbe Catch-22, also gerade deswegen plausibel, weil nichts für sie spricht, denn gegen einen Spruch, der nicht besteht, kann kein Einspruch erhoben werden.

Um an solchen und ähnlichen Paralogismen nicht zu verzweifeln, flüchtet sich Yossarian ins Lazarett, d.h., er simuliert Leiden, um wenigstens vorübergehend fluguntauglich zu sein. Die fatale Pointe dieses Tricks besteht jedoch darin, daß Yossarian, indem er vorgibt, an etwas erkrankt zu sein, das nicht existiert, den simulatorischen Charakter des Systems und seiner Legitimationsverfahren reproduziert: die Verordnung, die ja der eigentliche Grund für Yossarians Leiden ist, läßt sich ebensowenig dingfest machen, wie seine ominösen Leberbeschwerden: „The doctors were puzzled by the fact that it wasn't quite jaundice. If it became jaundice they could treat it. If it didn't become jaundice and went away they could discharge him."[184] Yossarian ist natürlich bemüht, daß keiner dieser beiden Fälle eintritt.

Wie alle Offiziere, die im Lazarett liegen, muß auch Yossarian die Briefe der Mannschaft zensieren. „To break the monotony he invented games" [185], die scheinbar harmlos mit der Streichung sämtlicher Adjektive und Adverbien beginnen, dann aber ernste Konsequenzen haben, als sich unter den zahlreichen Unterschriften, die Yossarian unbedenklich nachahmt, auch der Name des Geschwaderkaplans findet, den daraufhin der Geheimdienst in ein kafkaeskes Kreuzverhör nimmt. Abgesehen von den satirischen Seitenhieben auf die inquisitorischen Loyalitätsüberprüfungen während der McCarthy-Ära, offenbart das Kreuzverhör, das den Kaplan beinahe um seinen Verstand bringt, daß Yossarian ein gerüttelt Maß Schuld an der Zwickmühle dieses völlig Unschuldigen trägt. Einerseits ist seine Multiplikation der Signaturen subversiv, weil sie das Getriebe der Militärmaschinerie durcheinanderbringt, denn was nicht einwandfrei identifiziert werden kann, läßt sich auch nicht kontrollieren oder kujonieren.[186] Andererseits setzt Yossarians Schelmenstreich die nicht weniger repressive Maschinerie des Geheimdienstes in Gang.

Entgegen dem sich anfangs der Lektüre aufdrängenden Eindruck, daß Yossarian das ohnmächtige Opfer der Umstände ist, erscheint er bei näherer Betrachtung, wenn nicht für die Umstände selbst, so doch für viele der unter ihren Bedingungen möglichen Vorfälle, die seinen Kameraden in Form von Unfällen zustoßen, verantwortlich zu sein.[187] Damit wird die für den pikaresken Roman typische Reversibilität der Auffassungsperspektiven zum Dreh- und Angelpunkt der Interpretation von CATCH-22, lassen sich aus Hellers Erzählung doch wenigstens zwei verschiedene Versionen der Geschichte ableiten: eine, in der das System, und eine, in der Yossarian auf der Anklagebank sitzen. Die eigentliche Leistung der Komplementärlektüre besteht jedoch darin, diese beiden Lesarten zu vermitteln, indem sie den Bedingungszusammenhang zwischen der Verfügungsgewalt des Apparates und Yossarians vermeintlicher Auswegslosigkeit aus seinem Machtbereich aufdeckt.

Weil alle Figuren auf die eine oder andere Weise in die Zwickmühle von Catch-22 geraten sind und ihre je individuelle Wirklichkeitsverzerrung einer wechselseitigen Verstärkung unterliegt, führt die gesellschaftliche Fehlkonstruktion der Wirklichkeit zu einem Zustand kollektiver Schizophrenie. Wenn Schreibtischtäter allein aufgrund der ihnen vorliegenden Aktenlage, bei der ein Schriftstück zwar auf andere, aber nie auf die Wirklichkeit selbst bezugnimmt, darüber entscheiden, was existiert und was nicht [188], wird die Welt, wie sich an Doc Daneekas bürokratischer Liquidation zeigt, vollkommen irreal. Obwohl Doc Daneeka zum Bodenpersonal des Fluggeschwaders gehört, ist auch er gezwungen, Probeflüge zu absolvieren. Da er Angst vorm Fliegen hat, entzieht er sich dieser für ihn ebenso unangenehmen wie überflüssigen Pflicht mit Yossarians Hilfe durch einen Trick: Yossarian trägt seinen Namen einfach auf der Liste der in McWatts Maschine mitfliegenden Personen ein. Als McWatts Flieger nun an einer Bergwand zerschellt, wird Doc Daneeka, obgleich er ganz offensichtlich gesund und lebendig im Camp umhermarschiert, für tot erklärt, eine Weisung, an die sich seine Kameraden strikt halten. Jedesmal, wenn sie mit dem „Toten" zusammentreffen, versichern sie ihm, das er nicht der sein könne, für den er sich ausgibt. Da für sie nicht sein kann, was nicht sein darf, blenden sie lieber ihre eigene Erfahrung aus als die amtliche Version der Wirklichkeit zu bezweifeln: die Liste der mit McWatt tödlich verunglückten Personen gilt bei ihnen mehr als die empirische Widerlegung des von der Militärverwaltung ausgestellten Totenscheins.[189]

Es ist höchst aufschlußreich, daß die Ursache all dieser Rückkopplungen und Kettenreaktionen, die Verwechslung von Karte und Territorium, von Heller in die Handlung seines Romans eingebaut wird. Yossarian nämlich verschiebt die Hauptkampflinie auf dem Angriffsplan seiner Vorgesetzten, um einen weiteren Kampfeinsatz seiner Truppe überflüssig erscheinen zu lassen. „Moving the bomb line did not fool the Germans, but fool Major - de Coverley, who packed his musette bag, commandeered an airplane and, under the impression that Florence too had been captured by the Allies, had himself flown to that city" [190] - zwangsläufig ohne zurückzukehren. Da Major de Coverley der einzige Vorgesetzte gewesen ist, dem das Schicksal seiner Mannschaft nicht gleichgültig war, hat seine Reise ohne Wiederkehr für alle Beteiligten höchst unangenehme Folgen. „In a way it was all Yossarian's fault, for if he had not moved the bomb line during the Big Siege of Bologne, Major - de Coverley might still be around to save him."[191]

Yossarians Manipulation der Karte bedingt also eine für ihn und seine Kameraden verhängnisvolle Fehlrahmung der Wirklichkeit und führt damit auf den Kern der Problematik von CATCH-22: Wenn einzelne oder ganze Organisationen nur auf sich selbst und ihre vordergründigen Interessen Rücksicht nehmen, entziehen sie sich und anderen letztendlich den Boden unter den Füßen.[192]

Für dieses unausgewogene Verhältnis von Selbst- und Fremdreferenz ist Milo Minderbinders paranoides Konzernimperium ein treffliches Beispiel. Wie Milos sprechender Name andeutet, ist er in der Lage „minds" zu binden [193], und er tut dies, indem er sich und seine Kameraden an dem Syndikat beteiligt, das er in seiner Eigenschaft als Proviantmeister der Flugstaffel gegründet hat. Dieses Syndikat ist eine international operierende Handelsgesellschaft, die der gleichen eindimensionalen Rationalität wie der militärische Apparat in seiner nur auf die Vergrößerung der eigenen Macht bedachten Selbstbezüglichkeit gehorcht.[194]

Milo ist zugleich der Chefideologe und das erste Opfer seiner Propaganda, die sich im wesentlichen auf den Slogan beschränkt: „What's good for the syndikate is good for the country" - angeblich ein Ausspruch des ehemaligen General Motors Chef Charles E. Wilson.[195] Milo legitimiert seine Transaktionen formal, indem er an alle Mitglieder des Syndikats - die Mitglieder der Flugstaffel - faktisch belanglose Anteilsscheine ausgibt, d.h., M&M-Enterprises ist, ähnlich wie die Verordnung Catch-22, ein bloßes Phantom, dessen offizielles Erscheinungsbild als eine dem Gemeinwohl verpflichtete Aktiengesellschaft die skrupellos eigennützigen Geschäfte verschleiert, die Milo inoffiziell sogar mit dem Feind betreibt. „One night, after a sumptuous evening meal, all Milo's fighters and bombers took off, joined in formation directly overhead and began dropping bombs on the group. He had landed another contract with the Germans, this time to bomb his own outfit."[196]

Diese *reductio ad absurdum* unkontrollierten Profitstrebens ist mehr als eine satirische Parabel auf die freie Marktwirtschaft, es ist eine Art Hyperbel. Denn die grotesken und karikaturenhaften Züge von Milos verkehrter Welt legen den Verdacht nahe, daß die drastische Überzeichnung seiner unmoralischen Geschäftsaktivitäten auch und gerade als Kritik an der Indifferenz und Passivität derjenigen gedacht ist, die aufgrund ihrer kataklysmischen Einstellung einen gewissen Anteil an dem Erfolg von Milos Doppel-Strategie haben.[197] Milos Allmacht reflektiert die Ohnmacht seiner Aktionäre, ihre Harmlosigkeit und seine Hemmungslosigkeit sind einander wechselseitig bedingende Phänomene.

Daraus ergibt sich im Umkehrschluß, daß ein Syndikat wie M&M-Enterprises neben seiner Ausrichtung an internen Vorgaben (Selbsterhaltung, Wachstum, Umsatzmaximierung) der Orientierung an einer externen Bezugsgröße und der Kontrolle durch unabhängige Instanzen bedarf. Die Übernahme der Verantwortung setzt also eine Unterscheidung von Selbst- und Fremdreferenz voraus, und wird daher solange nicht erfolgen, solange diese Ebenendifferenz nicht im Bewußtsein der Anteilseigner verankert ist.

Weit davon entfernt, sich in einer vordergründigen Militärsatire zu erschöpfen, treibt Hellers Roman die Inhumanität des Wolfsspiels vor der Kulisse des Zweiten Weltkriegs also auf die Spitze, um mit seinen sozialen und psychischen Bedingungen auch die Notwendigkeit einer Veränderung des Systems hervorzuheben. Eine solche Veränderung aber wird nur durch einen Wandel der Betrachtungsweisen möglich, denn wenn die verschiedenen logischen Typen nicht auseinandergehalten werden, und einzelne Menschen wie ganze Gesellschaftssysteme, losgelöst von ihrer Umwelt, nur noch selbstbezüglich operieren, entsteht in den Köpfen der Menschen wie in der Welt ein unheilvolles Durcheinander.

Heller hat kein Hehl daraus gemacht, daß sein Buch darauf angelegt sei, einen chaotischen Eindruck zu hinterlassen [198], aber es ist ebenso gewiß, daß er dadurch den Leser veranlassen wollte, einen unterschwelligen Zusammenhang zu suchen. Erscheint es dem Interpreten zunächst unmöglich, die Ereignisse nach dem Ursache-Wirkungs-Schema zu ordnen und in eine schlüssige Version zu bringen, weil sich der unpersönliche Erzähler offenbar an keine chronologisch-kausale Ordnung hält, zeigt sich bei näherer Betrachtung, daß Hellers Text zwei signifikante Brüche aufweist: die in den Kapiteln I bis XVI beschriebenen Episoden werden in den Kapiteln XVII bis XXXIII noch einmal, aber anders dargestellt, bevor die Handlung im dritten und letzten Teil des Romans erneut vorankommt.[199]

Daß der zweite den ersten Teil der Geschichte modulativ wiederholt, zeigt sich u.a. daran, daß beide Erzählabschnitte in die gleiche emblematische Situation münden. An jeder der beiden Schnittstellen findet der „Soldat in Weiß" Erwähnung, eine von Kopf bis Fuß in Verbände gehüllte, von ihrer Umwelt vollkommen abgeschnittene Mullbinden-Mumie mit einer Einfluß- und einer Auslaufkanüle, die miteinander kurzgeschlossen sind. Für Yossarian ist nicht auszumachen, ob sich in diesem Kokon - offenbar eine Anspielung auf Dalton Trumbo's Roman JOHNNY GOT HIS GUN [200] - wirklich ein Mensch befindet oder nicht, aber gerade das Geheimnis der Mumie erinnert ihn an Snowden: Der Soldat Snowden starb bei einem der zahlreichen Kampfeinsätze an Bord von Yossarians Flugzeug. Als Yossarian den Verletzten, den die übrigen Besatzungsmitglieder irrtümlich für ihn halten, im Heck seiner Maschine findet, scheint er nur leicht verwundet zu sein. Erst als Yossarian Snowdens Schutzanzug öffnet, um dem Angeschossenen Erleichterung zu verschaffen, erkennt er, daß der Körper seines Kameraden vollkommen zerfetzt und sein Leben nicht mehr zu retten ist. Der mit dieser Entdeckung verbundene Schock traumatisiert Yossarian nachhaltig, er ist der *point of attack*, an dem sein Verfolgungswahn beginnt.

Yossarians erste Deutung des Vorfalls lautet: „That was the secret Snowden had spilled to him on the mission to Avignon - they were out to get him."[201] Erst im Lazarett, wohin er sich vor seinen Verfolgern flüchtet, dämmert ihm allmählich die tiefere Bedeutung seiner Verstörung angesichts von Snowdens Eingeweiden: Denn aus der Erkenntnis „The spirit gone, man is garbage. That was Snowden's secret. Ripeness was all" [202] ergibt sich im Umkehrschluß, daß der Mensch, solange er lebt, mehr als Materie ist: „It's the spirit that counts, not matter."[203] Infolgedessen macht es einen gewaltigen Unterschied, ob man einen Menschen als Person oder als Sache und die Wirklichkeit als Karte oder als Territorium behandelt. Wie der skurrile Fall von Major Major Major deutlich macht, ist der Name nicht der Titel, der Titel nicht der Namensträger, und der Namensträger mehr als ein Objekt für alberne Wortspiele, obwohl *prima facie* kein Unterschied zwischen dem Familien-, dem Vornamen und dem militärischen Rang des betroffenen Subjekts besteht. Daher verweist die reduplikative bzw. repetitive Erzählweise des Romans, der um Yossarians Verstörung kreist, nicht nur auf die kognitive Dissonanz von Hellers Figuren, sondern auch auf die Notwendigkeit, den Hiatus (knowledge gap) zwischen der Einsicht in die Hirnrissigkeit des bestehenden Systems und dem Bewußtsein der eigenen Mitverantwortung für diese chaotischen Zustände zu überbrücken. Indem der Leser durch die Kapitel XVII bis XXXIII veranlaßt wird, sein an den Kapiteln I bis XVI entwickeltes Primärverständnis einer Modulation zu unterziehen, die den mehr als zufälligen Zusammenhang zwischen Yossarians Taten und den Ereignissen in seiner Umwelt ins Blickfeld rückt, wiederholt seine Komplementärlektüre den Prozeß, den Yossarian selbst im Lazarett durchläuft.[204]

Indem Heller auf die Fähigkeit des menschlichen Bewußtsein rekurriert, Relationen, Interdepenzen und Kontinuitäten herzustellen, läßt er den Leser einsehen, daß die Übernahme von Verantwortung damit beginnt, Beziehungen zwischen sich und den anderen, zwischen Ich und Welt herzustellen.[205] (Eben diese Einsicht bildet ja auch den Dreh- und Angelpunkt der Geschichten von Oskar Matzerath und Ralph Ellisons Unsichtbarem.)

Daher ist Yossarians Wahl am Ende der Geschichte vor allem eine Wahl zwischen zwei Weisen der Welterzeugung, zwischen einem moralischen und einem amoralischen Selbstverständnis. Als Yossarian erfährt, daß der vermeintlich verrückte Orr seine Bruchlandungen systematisch provoziert hat, um eine Gelegenheit zu finden, sich in das neutrale Schweden abzusetzen, entschließt er sich, diesem Beispiel zu folgen, um Snowdens Schicksal zu entgehen. Seine Fahnenflucht verändert jedoch das scheinbar unveränderliche System, denn der Entschluß zur Desertion beruht paradoxerweise darauf, daß sich Yossarian endlich seiner Verantwortung stellt.[206] Da die Funktionstüchtigkeit des Systems davon abhängt, daß alle Verantwortung delegiert wird und niemand für nichts, nicht einmal für sich selbst, zuständig ist, bedeutet seine Selbstentpflichtung von der Bindung an dieses schizoide System einen ersten, die Mattstellung überwindenden Schritt nach vorn.

5.7 Gerold Späth: Unschlecht (1970) - Stimmgänge (1972)
Balzapf oder Als ich auftauchte (1977)

Gerold Späths erster Roman UNSCHLECHT (1970) kehrt die klassische Ausgangssituation des Schelmenromans um, benutzt diese Umkehrung jedoch, um eine
weitere Version des pikaresken Universums zu erzeugen. Während der Pícaro
traditionellerweise ein mittelloser Außenseiter ist, der in seiner Umwelt be-
stenfalls auf Gleichgültigkeit, meistens jedoch auf Feindseligkeit trifft, wird
Johann Ferdinand Unschlecht trotz seiner unangepaßten Lebensweise von seinen Mitmenschen heftig umworben. Grund: er hat anläßlich seiner Volljährig-
keit die Verfügungsgewalt über ein Millionenerbe erhalten.

Durch diese Erbschaft wird aus dem bevormundeten und ob seiner nicht
nur materiellen Minderbemitteltheit belächelten Tor, der auf einer Insel im Zürichsee haust, ein Mann mit dem die Uferanrainer rechnen. Da Unschlecht, wie
einer von ihnen meint, „ein stinkreicher Schafskopf" [207] ist, und eine leichte
Beute für Erbschleicher darzustellen scheint, beginnt das große Wolfsspiel der
bürgerlichen Gesellschaft unter umgekehrten Vorzeichen: ein Wolf warnt den
Schafskopf Unschlecht vor dem anderen, schleicht sich mit Unschuldsmiene
in sein Vertrauen und versucht dem in Geldsachen gänzlich Unerfahrenen so
das Fell über die Ohren zu ziehen - allen voran Unschlechts ehemaliger Vormund Xaver Rickenmann.

Doch allmählich merkt der dumme Inselhans, daß der „Schafskopfblick"
[208] seiner vermeintlich wohlmeinenden Ratgeber bloß eine Maske zur Tarnung ihrer wahren Absichten ist. So muß er zwar eine Menge Lehrgeld bezahlen, aber dann erkennt er, „daß es nicht unbedingt rentabel ist, ein Leben lang
aus der Inselperspektive oder Höhlenbewohnerschau in den Tag, aufs Wasser
zu blicken."[209] Indem er unter die Oberfläche und hinter die Fassaden der
aufgesetzen Höflichkeit zu blicken lernt, wandelt sich Unschlecht *peu à peu*
von einem Unschuldslamm in einen Fuchs, der es mit seinen Widersachern
aufnehmen kann. Seine Korrumpierung durch die korrupte Gesellschaft geht
so weit, daß er schließlich sogar seinen ehemaligen Vormund im wahrsten
Sinne des Wortes ausbootet. „Ohne mich eines unverdienten Mordes, Tot-
schlags oder dergleichen zu rühmen, würde ich heute sagen: Johann Ferdinand
Unschlecht hat bei Xaxer Rickenmann möglicherweise ein wenig nachgehol-
fen" [210], als dieser im See ertrinkt.

Da dies nicht der einzige Unfall bleiben wird, bei dem Unschlecht seine
Hände im Spiel hat, muß er, als man ihm auf die Schliche zu kommen droht,
seine Heimat verlassen und in der Fremde eine neue Identität annehmen. Als
Maximilian Guttman wird Unschlecht sein Restvermögen in die Ehe mit einer
noch wohlhabenderen, aber vollkommen unzurechnungsfähigen Industriellen-

tochter retten und - wie Späth in seinem zweiten Roman STIMMGÄNGE durchblicken läßt - unter dem Decknamen Blégranges an den Zürichsee zurückkehren. Unschlechts Geschichte bietet also unter umgekehrten Vorzeichen die für den Schelmenroman typische Einführung in das große Wolfsspiel der bürgerlichen Gesellschaft, dessen Allgegenwart Späth in einem Interview mit den Worten bekräftigt hat: „Wir haben einen permanenten Krieg. Das kann man doch zeigen: das gegenseitige Halsabschneiden. Die Haie schaffen es, die anderen nicht."[211]

Darüber hinaus weist Unschlecht, der seine Entwicklung zu Guttman rückblickend schildert, verschiedene Züge des Trickster auf. „Er ist ein primitiver Halbgott. Aber er hat ein Fischmaul" [212], sagt eine der um ihn bemühten Damen. In diesem Zusammenhang spielt „Ferdinand", wie Unschlecht sein Genital nennt, eine bemerkenswerte Rolle, da er wie das überdimensionale Glied des Trickster ein Eigenleben führt, das sein Besitzer nur bedingt kontrollieren kann. „Ferdinand" steht im übertragenen Sinne für jene primitive Naturwüchsigkeit, die Unschlecht auch in seiner Selbstbeherrschung als Maximilian Guttman nicht abstreifen kann. Der gute Ruf des guten Manns (= Guttmann - ein Name, der gewiß nicht zufällig an Guzmán erinnert) steht für den Prozeß der Zivilisation, den Unschlecht absolviert, um sein Stigma abzustreifen, stammt er doch von der „Siecheninsel" ab, auf die in früheren Zeiten die Aussätzigen (= Unschlechten) deportiert wurden.[213]

„Ferdinand" verweist also auf die Kontinuität innerhalb der lebensgeschichtlichen Diskontinuität, die Unschlechts Persönlichkeitsumwandlung mit sich bringt. Der häufige Wechsel zwischen der Ich- und der Er-Perspektive in seiner Schelmenbeichte hängt ebenfalls mit dieser Doppelidentität bzw. mit seinem schlechten Gewissen zusammen. „Ich muß aber zugeben", heißt es am Ende der fingierten Autobiographie, „daß ich manchmal friedlich als Guttmann einschlafe und mitten in der Nacht schweißgebadet als Unschlecht erwache und vor Schreck doch nicht weiß, wer da aus dem Angsttraum aufgefahren ist."[214] Mit anderen Worten: der domestizierte Pícaro wird seinen „Trickster"- Schatten ebensowenig wie „Ferdinand" los, er bleibt eine gespaltene Persönlichkeit, und sein Versuch der erzählerischen Vergangenheitsbewältigung ist vor dem Hintergrund dieser Selbstentfremdung zu sehen.

Dem Doppelbewußtsein des Erzählers entspricht die Reduplikation der Welten, die dadurch entsteht, daß Guttmann in einem anderen Universum als Unschlecht lebt. „Unschlecht" - das war, Simplicius vergleichbar, der naive Tor, der sich auf seiner überschaubaren Insel inmitten der mythischen Seelandschaft geborgen glaubte; „Guttmann" - das ist die dem Part des Simplicissimus vergleichbare Rolle, in die der bodenständige Fischer von einer Welt gedrängt wird, die nichts Idyllisches an sich hat.[215] Umso deutlicher Unschlecht seine Unbefangenheit verliert, desto offensichtlicher werden auch die Risse im mythopoetischen Universum seiner Kindheit; umso unwiderruflicher er seine Unschuld verliert und in den Gang der Dinge eingreift, desto krasser treten die Widersprüche des empirisch verfaßten, pikaresken Universums hervor.[216]

Ähnlich wie im SIMPLICISSIMUS TEUTSCH wird die Welt im UNSCHLECHT also zunächst aus der Sicht eines Menschen dargestellt, dessen Desorientierung ihn in den Augen der Gesellschaft zum Narren macht, bis der Narr lernt, diese Fremdbestimmung zu unterlaufen. Anders als Grimmelshausens Held wird Unschlecht jedoch in dem Maße, in dem er sich in der Wolle färbt und von einem Unschuldslamm zu einem schwarzen Schaf mutiert, seine kynische Betrachtungsweise der Welt durch eine zynische Einstellung dem großen Wolfsspiel gegenüber ersetzen. Denn im Gegensatz zu Grimmelshausen gibt es in Späths Roman keinen archimedischen Punkt außerhalb der Gesellschaft mehr, der zumindest die fiktionale Möglichkeit eröffnet, sich aus dem verkehrten Treiben der Welt herauszuhalten; anstatt sich aus der Gesellschaft auf eine Insel zurückzuziehen, verläßt Späths Protagonist sein Eiland, um sich in der Welt zu etablieren.

Zugleich ist Unschlechts Sinneswandel auch eine Travestie des Bildungsromans und seiner idealistischen Präsuppositionen. Der Interessenausgleich von Individuum und Kollektiv erfolgt nicht im Modus der Versöhnung; vielmehr setzt die gesellschaftliche Integration - wie stets im Schelmenroman - den Verzicht auf die persönlich-moralische Integrität voraus. Da die Ko-Opposition von pikareskem und mythopoetischem Universum, von Realität und Idealität weder durch eine innerweltliche Auflösung der Gegensätze wie im Bildungsroman noch durch eine transzendentale Einrahmung des Weltganzen wie im SIMPLICISSIMUS TEUTSCH „überwunden" werden kann, bleibt es bei der heterogenen, disparaten Erfahrungswirklichkeit, deren antagonistische Verfassung Unschlechts Schelmenbeichte veranschaulicht.

Daher lanciert die „identifikatorische Erzählung vom Ergehen der Mittelpunktsfigur" [217], dank ihrer ironischen Brechung eine Komplementärlektüre. So können etwa die paradoxen Redlichkeitsbeteuerungen des Ich-Erzählers für den Leser ein erster Anlaß zur Distanzierung von Unschlecht sein, der ihm einerseits versichert: „Ihrem Johann kam jedoch nie in den Sinn, sich oder anderen, etwa Ihnen, irgend etwas vorzumachen" [218], andererseits jedoch prahlt: „Unschlecht hat schon eine Meinung, wenn es sein muß, sogar mehr als eine..."[219]

Das Wolfsspiel, die Trickster-Analogie sowie die ergänzungsbedürftige Anlage der Erzählung weisen Gerold Späths Erstlingswerk als einen genuinen Schelmenroman aus, der in typisch neopikaresker Manier auch als Parodie des

Bildungs- oder Entwicklungsromans gelesen werden kann. Zum neopikaresken Charakter des Romans tragen aber auch die karnevalesken Motive bei, wie sie bei der grotesken Fischvermehrung während der Fronleichnamsprozession oder dem furiosen Feuerwerk zu finden sind, mit dem Unschlecht seine Kunst des wirkungsvollen Abgangs inszeniert. Die potlatsch-artige Selbstruinierung am Wendepunkt seines Lebens [220], bei der die Insel - Unschlechts Persönlichkeitsspaltung präludierend - in zwei Hälften auseinandergesprengt wird, unterstreicht noch einmal, wie das mythopoetische Universum in Stücke geht.

Die kognitiven und ästhetischen Probleme, die eine solche Fraktalisierung der Lebenswelt zum Multiversum aufwirft, hat Späth in seinem zweiten Roman STIMMGÄNGE (1972) reflektiert. Hier geht es um die Frage, wie die Literatur auf die Disparität und Heterogenität der Welt antworten kann. Die Geschichte des Orgelbauers Hasslocher zeigt, daß es unter diesen Bedingungen weder im alltäglichen Betrieb noch in der Kunst möglich ist, das Ideal der harmonischen Übereinstimmung zu verwirklichen. Da Orgelbauer halbe Künstler sind [221], steht Hasslochers Handwerk sowohl für die praktische Lebensbewältigung als auch für die Kunst des Roman-Schreibens. In seiner Geschichte geht es jedoch nicht nur um die Gleichung Roman = Orgel, die das *tertium comparationis* ihrer Vielstimmigkeit ermöglicht, vielmehr ist Hasslochers Vita eine Inversion der Unschlecht'schen Biographie.

Hasslocher muß nämlich, damit ihm ein testamentarisch vermachtes Vermögen ausgezahlt wird, aus dem Nichts heraus eine Million Schweizer Franken erwirtschaften. Guttmann und Hasslocher, auf den bereits am Ende des UNSCHLECHT hingewiesen wird [222], sind also Komplementärfiguren: der eine besitzt die Million, die der andere braucht, doch während Unschlechts Geschichte eine zweifelhafte Erfolgs-Story ist, stellt sich Hasslochers Erzählung *prima facie* als eine Mißerfolgsgeschichte dar, da er die Aufgabe, eine Million zu verdienen, ebensowenig erfüllt, wie er seine STIMMGÄNGE zu einem rundum befriedigenden Abschluß bringt. Schon zu Beginn seiner Ausführungen erklärt Hasslocher daher: „Es ist natürlich hoffnungslos, weil man ein ganzes Leben lang Orgeln stimmen kann, Pfeife für Pfeife, immer weiter und immer wieder Ton nach Tönchen stimmen und stimmen - aber stimmen tut's nie."[223] Aufgrund der Doppelkodierung seiner STIMMGÄNGE bezieht sich diese Aussage im übertragenenen Sinne auch auf den schriftstellerischen Versuch, das Leben und die Welt in eine stimmige Fassung zu bringen.

Der Ausweg, den Hasslocher am Ende seiner Bemühungen aus dem Dilemma sieht, daß weder jemals eine Orgel noch seine Kasse stimmen, besteht darin, daß er, auf die Erbschaft verzichtend, sein Handwerk fortan nicht mehr in den Dienst der Marktwirtschaft, sondern der Kunst stellt. Dank der größügigen Unterstützung durch Monsieur de Blégranges, der kein anderer als Maximilian

Guttman alias Johann Unschlecht ist [224], kann Hasslocher von einem halben zu einem ganzen Künstler werden und seinem Lebensbericht ein zweiteiliges Werkverzeichnis beigeben, das sowohl seine „klassischen Pfeifen- und Schleifwindladenorgeln" als auch seine „von Grund auf erdachten, entworfenen und eigenhändig ins Werk gesetzten neuen Orgeln" umfaßt, zu denen solch einmalige Stücke wie die „Labyrinth"- oder die „Gelächter"-Orgel gehören.[225] Diese phantastischen Instrumente sind zwar für liturgische Zwecke völlig ungeeignet, aber als mikrokosmische Modelle der narrativen Welterzeugung höchst aufschlußreich, denn „ganz stimmen tun sie nie. Weil nämlich nie etwas ganz und gar stimmt. Und eines Tages stimmt vielleicht gar nichts mehr. - Aber das ist's, was alle und alles auf den Beinen hält und mit der Zeit für immer in die Knie zwingt."[226]

Angesichts dieser Quintessenz von Hasslochers Kunst- und Lebenserfahrung muß jede Interpretation von Späths Roman berücksichtigen, daß dieser Polylogos dem Prinzip der Vielfalt und Unstimmigkeit verpflichtet ist. Geschieht dies nicht, wird also der untaugliche Versuch unternommen, Hasslochers Multiversum einem einheitlichen Verständnisrahmen ein- und unterzuordnen, muß dies zu einer Fehldeutung des Textes führen. Ein solches Mißverständnis liegt beispielsweise der Interpretation von Jürgen Jacobs zugrunde. Unter Hinweis auf die pseudoautobiographische Anlage und den episodischen Aufbau der STIMMGÄNGE meint Jacobs zwar durchaus zutreffend, Späth benutze pikareske Erzählmuster, um seinen uneinheitlichen Stoff zu bewältigen, aber er verkennt, daß diese Bewältigung selbst uneinheitlich ist, wenn er schreibt: „Die aus dem pikaresken Erzählen übernommenen Elemente können die unerhörte Stoff-Fülle, die Späth in seinen Roman hineingearbeitet hat, nicht hinreichend ordnen und gliedern. Er hat daher versucht, sein höchst heterogenes und überreiches Material durch Motiv-Verknüpfungen und ein Netz von Verweisen zu einem einheitlichen Ganzen zu formen."[227]

Eben das ist nicht der Fall. Daher beruht auch Jacobs Urteil, dieses Bezugssystem sei „nicht stark genug ausgebaut, um den Massen des Erzählstoffs eine deutlich wahrnehmbare Einheit zu geben" [228], auf einem Irrtum, geht es in den STIMMGÄNGEN doch gerade darum, daß das Dasein in seiner Heterogenität und Komplexität qua Vereinheitlichung nicht angemessen zu erfassen ist. Stattdessen wird die Welt in Späths offenem Kunstwerk zum Erfahrungsraum der Differenz. Daher sind der Abbruch der Stimmgänge und Hasslochers Hinwendung zu einer disharmonischen Ästhetik keine Indizien seines Scheiterns, sondern sinnbildliche Hinweise auf die Notwendigkeit einer multiversalen Weise der Welterzeugung.

Die Disparität aller Erfahrung zeigt sich u.a. auch an Hasslochers Beziehung zu seiner Ehefrau Haydée, der zeitweiligen Adressatin seiner Geschichte.

Hasslocher hat seine Gattin kurz nach ihrer Heirat aus den Augen verloren, ist deswegen aber nur bedingt betrübt, da sich Haydée als ein regelrechtes Mordsweib entpuppt hat, das die Männer beim Liebesakt mit Haut und Haar verschlingt. Haydées Monstrosität ist im Gegensatz zu Hasslochers Verhalten mit realistischen Deutungsschemata nicht beizukommen; ihre Unbezähmbarkeit verweist auf die phantastischen Komponenten in Späths Roman. Diese Juxtaposition empirischer und grotesker, psychologisch plausibler und mythopoetischer Erzählweisen, die das Multiversum der STIMMGÄNGE prägt, ist ein weiterer Grund, warum der Roman nicht eindimensional und logozentristisch interpretiert werden kann.

In diesem Zusammenhang kommt der Aufforderung zur Komplementärlektüre - „Glauben Sie dem jungen Hasslocher nicht, wenn er Ihnen jetzt allerhand weismachen will" [229] - die Funktion zu, den Leser auf die *impossibilia* vorzubereiten, die wie alltägliche Begebenheiten zu schildern dank dieser Vorbereitung möglich wird. Der Riß, der durch Hasslochers Erfahrungswirklichkeit geht, läßt also solche Bereiche der Darstellung, die, wörtlich genommen, nicht rationalisiert werden können, gleichberechtigt neben jene Bereiche der Darstellung treten, die ohne weiteres begrifflich einzuholen sind.

Die Gleichstellung phantastischer und realistischer Redeweisen offenbart jedoch paradoxerweise, daß auch die empirischen Modi der Betrachtung, Beschreibung und Erkenntnis Kunstformen sind, die auf der Stilisierung der Wirklichkeit zu einem logischen Konstrukt beruhen. Demnach hängt es von der Weise der Welterzeugung bzw. der Wahl der Verständnisrahmen ab, ob die Welt als ein transparentes oder als ein undurchsichtiges Gebilde erscheint. Da es weder eine natürliche, noch eine einzig richtige Methode der Konstruktion gibt, und „eine mehrdimensionale Ordnung (das Wirkliche) nicht mit einer eindimensionalen Ordnung (der Rede)" [230] abzugreifen ist, wird es mit dem Romanschreiben und Weltlesen wie mit dem Bau von Hasslochers Kunstorgeln weitergehen. „Wenn ich jeweils eine neue Orgel fertig vor mir habe", erklärt der Erzähler, „kommt immer dasselbe über mich: Hasslocher, Simon Jakobsohn, hast du nicht eigentlich etwas ganz anderes im Sinn gehabt? Warum ist es dir wieder nicht gelungen? - Ach ja, verdammt nochmal! Fang ich halt wieder und wieder und nochmals neu an! Verziehe mich in die neue, für meine Art Orgelmacherei eingerichtete Werkstatt, humple herum, versuche es zu fassen - was bleibt mir denn anderes?"[231]

Unter Hasslochers Plänen findet sich auch die Idee von einem „Orgelbalz-Werk". Bezieht man dieses Vorhaben auf Späths schriftstellerisches Oeuvre, darf man seine Ausführung in dem 1977 veröffentlichten Roman BALZAPF ODER ALS ICH AUFTAUCHTE sehen. Die Titel- und Erzählerfigur des Romans, Balthasar Zapf, ist der letzte Sproß einer dubiosen Sippschaft, die das „zur Tarnung sei-

ner Unerheblichkeit" [232] gleich auf drei Namen getaufte Städtchen Spiess-
bünzen/Molchgüllen/Barbarswil - gemeint ist Späths Wohnort Rapperswil -
über ein Jahrhundert lang beherrscht hat. Balz selbst spielt allerdings im Gegensatz zu seinen Ahnen nur noch eine unbedeutende Nebenrolle als städti-
scher Bademeister und Ausrufer, letzteres ein Amt, das ja auch Lazarillo de
Tormes am Ende seiner zweifelhaften Karriere bekleidet.

Angesichts seiner weitgehenden gesellschaftlichen Mattstellung mag der
letzte Zapf nicht allzu viel von seinem eigenen Leben, umso mehr aber von
der angeblich großen Zeit seiner Vorfahren berichten, die bis in die mythischen
Gefilde der Geschichte zurückreicht. „Wahrscheinlich stammen wir einerseits
von Riesen und andererseits von den Zwergen ab, und das bringt's mit sich,
daß man es früher oder später mit allerlei Durchschnitt zu tun bekommt."[233]
Diesem Durchschnitt setzt Balz ohne falsche Bescheidenheit seine Legenden
entgegen, denn „es heißt sowieso, ich verzapfe nur Geschichten. Da sage ich
allerdings: man macht, was man kann, so man kann, und wer spinnt, muß
mindestens einen Faden haben."[234]

Der rote Faden, der sich durch das verwickelte Garn von Balzapfs deka-
denter Dorf- und Familienchronik zieht, ist der einer allegorisch vorgetragenen Kapitalismuskritik: Während der Ururahn der Zapf-Dynastie noch ein ganz
der Natur verhaftetes Leben geführt hat, nimmt Urgroßvater Tobi ein Handwerk auf, wird Dachdeckermeister und sorgt durch umsichtigen Einsatz von
Streichhölzern dafür, daß sich stets ein Anschlußauftrag für sein Gewerbe findet, das gewissermaßen die manufaktorische Phase des Merkantilismus repräsentiert.

Sein Sohn Geri perfektioniert als Großmagnat und Bürgermeister in Perso-
nalunion Tobis Technik der wirtschaftlichen (Re-) Produktion von Angebot
und Nachfrage, er ist gleichsam der inkarnierte Unternehmergeist, der ohne
Skrupel mit den eigenen Erzeugnissen auch die dazu passenden Bedürfnisse
herstellt.

Der Wachstums- und Fortschrittszwang, dem Geris mikrokosmisches Impe-
rium obliegt, „und sein konkurrenzloses Vorgehen" [235], verhelfen u.a. auch
den Wissenschaften zu ihrer modernen Bedeutung als ein vom Kapital abhän-
giges Erprobungsgelände, auf dem die technologische Verwertbarkeit von Ide-
en und Patenten getestet wird. Geris Sohn Beni verschreibt sich jedoch zum
Leidwesen seines Vaters ganz und gar der freien Forschung und kehrt nach
fast lebenslänglichen Lehr- und Wanderjahren nur deshalb nach Hause zurück,
um sich - einem Kokon gleich - in einen Elfenbeinturm einzuspinnen, als der
Zusammenbruch des Familienunternehmens die Gegend um den Zürichsee
erschüttert.

Infolgedessen bleibt dem mittellosen Balz Zapf nur die marginale Position eines öffentlichen Ausrufers und städtischen Bademeisters. Immerhin nutzt er den Leerlauf, den diese Stellung mit sich bringt, um mittels der Phantasie seiner überaus durchschnittlichen Lebenswirklichkeit zu entfliehen und die glorreiche Vergangenheit heraufzubeschwören, von der seine Erzählung handelt. Aufgrund dieser Entstehungsbedingungen ist Balz' Familiensaga als ressentimentgeladene Kompensationsleistung, als trotzige Omnipotenzphantasie ausgewiesen.

Anlaß zur Komplementärlektüre jener euphemistischen Version, die Balzapf von der Geschichte seiner Sippe entwirft, bieten vor allem die Trickbetrüge und Winkelzüge, mit denen Tobi und Geri das große Wolfsspiel der bürgerlichen Gesellschaft zu ihren Gunsten manipulieren. Die Pointe dieser satirischen Kapitalismuskritik besteht nun darin, daß die geschäftlichen Transaktionen und gesellschaftlichen Interaktionen doppelt kodiert sind: sie verweisen nicht nur auf den historischen Kontext der Wirtschaftsgeschichte, sondern auch auf die spezifische Erzähltradition, vor deren Hintergrund Späths Weise der narrativen Welterzeugung zu sehen ist.

So bezieht sich etwa die frivole Umwandlung des Wydenklosters in ein Bordell, die Gerassim Zapfs Reichtum begründet, auf die 1. Geschichte vom 3. Tag des DECAMERONE, in der Boccaccio von der erotischen Heimsuchung bigotter Ordensfrauen durch einen vor Männlichkeit strotzenden Gärtner erzählt. Angesichts der intertextuellen Machart von Späths Roman überrascht es nicht, daß sich einige der im Wydenkloster beschäftigten Damen nach der Auflösung des Bordells, wie gerüchteweise verlautet, „weit im Innern Brasiliens oder Kolumbiens in einem gottvergessenen Dorf namens Martondo oder Maltroncho" [236] niedergelassen haben, also wohl an jenem Ort, wo Gabriel Garcia Márquez Roman CIEN ANOS DE SOLEDAD spielt.

Auch Macondo, wie das gottvergessene Dorf in HUNDERT JAHRE EINSAMKEIT heißt, bildet den Schauplatz für eine groteske Dorf- und Familienchronik, die auf ähnlich parabolische Art wie Späths Roman den Einbruch des Fortschritts in die Natur- und Seelenlandschaft der Menschen beschreibt. Abgesehen von der Übereinstimmung in bestimmten Details - die Rolle der Zigeuner, der Stellenwert der Sexualität, die genealogische Verknüpfung der Figuren etc. betreffend -, ist es vor allem die von Späth und Márquez geteilte Vorliebe für Rabelais, die ihre beiden phantasmagorischen Werke miteinander verbindet.[237]

Boccaccio, Rabelais und Márquez stehen in Späths Roman stellvertretend für jene Spielart der Literatur, die den Diskurs des Kreatürlichen durch den Prozeß der Zivilisation hindurch verfolgt und auf die physiologischen Grundlagen des Lebens verweist, die dabei allzu oft verschüttet werden. Vor dem literarhistorischen Hintergrund der Verlustgeschichte des Körpers im Roman hat die Faszination, die Boccaccio oder Rabelais auf Autoren wie Späth oder

Márquez ausübt, offenbar, wie der Trickster-Mythos, auf den auch andere
Verfasser neopikaresker Romane rekurrieren, mit der Kritik jener eindimensionalen Rationalität zu tun, die Gerassim Zapf verkörpert. Seine aus der Grün-
derzeit stammenden „Visionen von ratternden, rund oder hin und herlaufenden
Maschinen", die es gestatten, die „eigene Phantasie und die Phantasie der Leute in die Wirtschaft" einzubinden und möglichst vollständig dem „Spiel von
Angebot und Nachfrage" [238] zu unterwerfen, sind längst zum Alptraum
geworden.

Späth protestiert gegen diese Vereinnahmung der Kreativität, indem er zeigt,
daß es gerade die kontingenten, nicht unmittelbar verwertbaren Phantasien sind,
die das kritische Potential des Möglichkeitssinns bilden, der im Roman gegen
die vorherrschende Wirklichkeit zur Anwendung gelangt. Der ästhetische
Mehrwert und der Lustgewinn, den seine Fabulierfreude auch für den Leser
abwerfen, sind daher als physiologische Wirkungsmomente *per se* bedeutsam.
Das wird auch daran deutlich, daß diese Fabulierfreude die Kehrseite jener
Melancholie ist, die Balzapf angesichts der trostlosen Verhältnisse in seiner
realen Umgebung beschleicht: „ich hab alles in allem mehr Menschen kaputt-
gehen und langsam verrecken als leben sehen. Ich bin kaum halb so fröhlich,
wie Sie vielleicht glauben."[239]

Der schon für Grimmelshausens SMPLICISSIMUS TEUTSCH charakteristische
Widerspruch zwischen dem furiosem Erzählwitz und der ernüchternder Bestandsaufnahme der alltäglichen Wirklichkeit, zwischen der Desillusionierung
des Pícaro und seiner illustren Selbst- und Weltdarstellung taucht dergestalt
auch in Späths Erzählwerk auf. Dabei läßt sich anhand seiner drei neopikaresken Romane insofern eine poetische Entwicklung verfolgen, als der UNSCHLECHT
am stärksten dem traditionellen Schelmenroman und seiner Sicht des großen
Wolfsspiels der bürgerlichen Gesellschaft verpflichtet ist, während die STIMM-
GÄNGE in phänotypischer Manier die multiversale Verfassung der zeitgenössischen Wirklichkeit anhand der Komplementarität von Schelmen- und Bildungs-
respektive Künstlerroman reflektieren und dabei jene Vielfalt der Gestaltungs-
weisen entdecken, die dann im BALZAPF die narrative Welterzeugung bestimmt.
So gesehen bietet das von Späth in seinen drei Schelmenromanen entworfene
Multiversum alle Charakteristika der neopikaresken Erzählkunst und veran-
schaulicht zugleich die zunehmende Tendenz der zeitgenössischen Werke zur
Mythopoetik. „The Pitfalls of Mythopoesis" [240] aber hat wie kein anderer
John Barth in seinem Roman DER TABAKHÄNDLER reflektiert.

5.8 John Barth: The Sot-Weed Factor (1967)

Der Titel dieses 1967 in einer revidierten Fassung veröffentlichten Romans bezieht sich auf die gleichnamige Verssatire eines gewissen Ebenezer Cooke, die 1708 in London gedruckt wurde.[241] Darin prangerte der Verfasser die unhaltbaren Zustände in der englischen Kolonie Maryland an. Ironischerweise mißverstand das Londoner Publikum das sarkastische Poem als eine *laudatio ex negativo.*

Sowohl die Entstehungs- als auch die Wirkungsgeschichte des originalen SOT-WEED FACTOR sind demnach Beispiele für eine perspektivische Inversion: Cookes Text war ein Ausdruck seiner enttäuschten Hoffnungen, die zeitgenössische Rezeption wiederum stellte seine Intention auf den Kopf. Während der Verfasser einen Desillusionierungsprozeß durchlaufen hatte, wurde das Resultat dieses Prozesses im Sinne der Illusionen umgedeutet, die sich die Bewohner der Alten über die Neue Welt machten.[242]

Daher spielt die aus dem Schelmenroman bekannte Reversibilität der Auffassungsperspektiven in Barths Version vom Zustandekommen des Spottgedichts eine wichtige Rolle. Da das Schema der Bekehrung bzw. Belehrung Cookes authentische Geschichte sowohl mit der pikaresken Tradition - Stichwort: Enttäuschung - als auch mit der Gattung des Bildungs- oder Erziehungsromans - Stichwort: Entsagung - verbindet, finden sich Strukturkomponenten beider Textsorten im SOT-WEED FACTOR.

Auf die Vielzahl der Lesarten, die sich aus dieser Machart ergeben, weist bereits die Verwendung des Wortes „factor" im Titel des Romans insofern hin, als alle drei Bedeutungen dieses Begriffs auslegungsrelevant sind. Da Barths Hauptfigur wie ihr Vorbild ein Plantagenbesitzer und Kaufmann ist, liegt die Bedeutung „Händler" auf der Hand. Zugleich erfüllt Ebenezer Cooke in seiner Eigenschaft als Poet und Publizist die zweite Bestimmung von „factor", nämlich ein Urheber oder Verfasser zu sein. Darüberhinaus kann das Wort auch „Einflußgröße" bzw. „Bedingung" meinen.[243] Der entscheidende Faktor in Barths Version von Cookes Leben ist sein stupides Festhalten an einem selbstauferlegten Keuschheitsgebot, das im übertragenenen Sinne auch sein jungfräuliches Verhältnis zur Welt beschreibt. Ebens Geschichte steht daher unter dem doppelt kodierten Vorzeichen seiner sexuellen, respektive kognitiven Unschuld, und Barths Erzählung ist wesentlich darauf angelegt, zu demonstrieren, wie Cooke aufgrund seiner weltfremden Gesinnung moralisch schuldig wird.

Zu diesem Zweck gestaltet er Ebenezers Odyssee von England nach Maryland in der Manier von Voltaires CANDIDE zu einer paradoxen Bildungsreise, in deren Verlauf Cooke seine Vorurteile über das Leben Schritt für Schritt revi-

dieren muß. Dabei fungiert sein ehemaliger Erzieher Henry Burlingame, ein
vom Kopf auf die Füße gestellter Pangloß, als ebenso weltgewandter wie phi-
losophisch beschlagener Begleiter, der Cookes Initiation in das pikareske Universum Marylands, diese allem Anschein nach schlechteste aller möglichen
Welten, mit von Heraklit inspirierten Weisheiten kommentiert.

Der empirische Lernprozeß, den Eben auf seiner Reise zur väterlichen Ta-
baksplantage mit dem beziehungsvollen Namen „Malden" absolviert, läuft jedoch keineswegs darauf hinaus, den Einsatz der Phantasie zur Bewältigung des
alltäglichen Daseins zu denunzieren. Vielmehr sollen Wirklichkeits- und Möglichkeitssinn wie einst bei Don Quijote in ein angemessenes Verhältnis gebracht
werden. Die Bildungsaufgabe, die Barth Ebenezer stellt, besteht also nicht etwa
darin, sich zu dem ernüchternden Verzicht auf Fiktion und Phantasie durchzu-
ringen, sondern, unter der Voraussetzung, daß alle Versionen der Welt den
epistemologischen Status von Metaphern haben, darin, die lebensnotwendige
Fähigkeit zur Unterscheidung von angemessenen und unangemessenen Kon-
zepten zu erwerben.[244] Da der Mensch die Idee von der Lesbarkeit der Welt
schlechterdings nicht preisgeben kann, wenn er sich überhaupt irgendeine
Orientierung verschaffen will, kommt es ganz darauf an, wie er seine (Lektü-
re-) Erfahrungen in einen Text überträgt.

Dabei stehen ihm prinzipiell zwei komplementäre Weisen der Welterzeugung, die mythische und die empirische zur Verfügung.[245] Der diskontinuierliche Dialog zwischen Eben und Henry, der sich durch den SOT-WEED FACTOR
zieht, besteht auch und gerade in einem Vergleich dieser beiden Konstruktions-
ansätze: Eben versteift sich bereits vor seiner Abreise aus England auf eine
mythopoetische Vorstellung von Maryland, derzufolge diese Provinz ein zweiter Garten Eden sein muß, und fällt daher aus allen Wolken, als sich das vermeintliche Paradiso als Inferno entpuppt: die aus Schwindlern und Betrügern,
entfesselten Wilden und enthemmten Europäern zusammengewürfelte Einwohnerschaft der Sklaven- und Sträflingskolonie ist ausnahmslos in eine umfassende Korruptions-Affaire und Polit-Intrige verstrickt, bei der jeder jeden aus-
spioniert und alle gegen alle konspirieren.

Ebenezers Weigerung, in diesem Wolfsspiel eine andere Rolle als die des
Unschuldslamms zu übernehmen, hat zur unmittelbaren Folge, daß er sich in
Unkenntnis der Sachlage um sein eigenes Erbe bringt. Als zufälliger Zeuge
einer empörenden Gerichtsverhandlung greift er Justitia blind in den Arm und
erwirkt dadurch einen Richterspruch, demzufolge Malden in die Hände eines
Erzhalunken von Erbschleicher fällt. Die Episode demonstriert vor dem Hintergrund der Diskussion, die Eben kurz zuvor mit Burlingame geführt hat, wie
aus Unschuld Unheil entsteht.[246] Während Burlingame nüchtern den Standpunkt vertreten hatte, jedes Urteil müsse sich auf Fakten stützen und setze daher

eine empirische Untersuchung des fraglichen Tatbestandes voraus, meinte Eben, Entscheidungen müßten sich lediglich an platonischen Ideen orientieren. „Yet the surest thing about Justice, Truth, and Beauty is that they live not in the world, but as transcendent entities, noumenal and pure."[247]

Daß die unvermittelte, gleichsam quichotteske Anwendung solcher und ähnlicher Ideale auf die Realität nicht nur ihrem Anhänger selbst, sondern auch seinen Mitmenschen zum Verhängnis werden kann, belegt der Fall der Hure Joan Toast. Joan hatte sich in London in Ebenezer verliebt, weil er aufgrund seines Keuschheitsgelübtes der einzige Mann in ihrem Leben ist, der sie nicht sexuell mißbrauchen wollte. Seine Weigerung, auf ihre Avancen einzugehen, empfindet sie als eine solche Herausforderung, daß sie Eben in die Neue Welt folgt, um ihn zu erobern. Unterwegs fällt sie jedoch Piraten in die Hände und wird durch die Syphilis, die einer von ihnen auf sie überträgt, sowie durch das Opium, das sie zur Linderung ihrer Leiden nimmt, derart entstellt, daß Eben sie anläßlich ihrer unverhofften Wiederbegegnung zunächst gar nicht erkennt. Die Schuldgefühle, die er dann ihretwegen und wegen seiner leichtfertigen Preisgabe Maldens empfindet, veranlassen ihn, sein Weltbild grundsätzlich zu überdenken. Das Ergebnis dieses Sinneswandels ist seine Läuterung vom Laureaten zum Satiriker und vom Unberührten zum Ehemann einer ehemaligen Hure.

So liegt im Verstoß gegen das doppelt kodierte Keuschheitsgebot zugleich die Erfüllung und die Kontrafaktur der Entsagung, die der Bildungsroman seinem Helden abverlangt.[248] Mit seiner Heirat übernimmt Ebenezer endlich gesellschaftliche Verantwortung, doch für Joan Toast gibt es trotz dieser Einsicht und Umkehr keine Rettung mehr. Vom traurigen Ende aus betrachtet, erscheint ihre Geschichte als eine hyperbolische Imitation der Heiligenviten und Märtyrerlegenden, in denen erzählt wird, wie ein sündiger Mensch sich durch seine Selbstaufopferung doch noch die Gnade des ewigen Seelenheils erwirkt. Zugleich steht Joans Konversion in einer signifikanten Relation zu jenem Persönlichkeitswandel, den Cookes Schwester Anna umgekehrt von der gut behüteten Tochter eines ebenso wohlhabenden wie reputierlichen Engländers zur mittellosen Squaw eines vermeintlich primitiven Indianers durchläuft. Dieser Indianer wiederum ist einer von zwei Brüdern Henry Burlingames, dem sie ihrerseits hinterhergereist war.

Barth dient die überaus verwickelte Familiengeschichte der Burlingames vor allem dazu, die Mythen zu parodieren, die sich um die Entdeckung und Eroberung des Wilden Westen gebildet haben. In diesem Zusammenhang rekurriert er - ähnlich wie in Cookes Fall - auf historische Dokumente und literarische Quellen, insbesondere auf die von John Smith verfaßten Schriften A TRUE REVELATION OF SUCH OCCURRENCES AND ACCIDENTS OF NOATE AS HATH HAPNED IN VIRGI-

NIA (1608), A DESCRIPTION OF NEW ENGLAND (1616) und THE GENERALL HISTORIE OF VIRGINIA, NEW ENGLAND AND THE SUMMER ISLES (1624). Smith war, wenn seine Charakterisierung durch Vladimir Nabokov zutrifft, „ein derber, aber kerniger Erzähler, eigentlich Amerikas erster Schilderer des Pionier- und Grenzerlebens."[249] Die wohl populärste Episode seiner nicht immer glaubwürdigen Berichte hat den sogenannten Pocahontas-Mythos inspiriert, demzufolge der von Indianern gefangengenommene Smith durch die Tochter des Stammeshäuptlings vor dem Tod am Marterpfahl gerettet worden sein soll.[250]

Barth dekonstruiert diesen für das Verhältnis der Amerikaner zu den Ureinwohnern der USA höchst bedeutsamen Mythos mit Hilfe eines von ihm erfundenen PRIVIE JOURNALL, das gleichsam die inoffizielle Version von Smiths offizieller Darstellung des Vorfalls enthält. Der Verfasser dieses Geheimtagebuchs, das Eben und Henry während ihrer Abenteuer stückweise auffinden und sichten, ist Burlingames Großvater. Sein Bericht ist, Leslie Fiedler zufolge, eine Art Gegenparabel: „Pocahontas Verhältnis zu John Smith wird hier nicht als ein Akt reinen Altruismus und des Mitgefühls hingestellt, sondern er wird als sexueller Zweikampf aufgefaßt, der sich aber so mechanisch, so tierhaft vollzieht, daß er eher wie eine Notzüchtigung, denn als ein Liebesspiel wirkt - und daher für unser wirkliches Verhältnis zu den Indianern eine treffendere und richtigere Metapher findet, als sie die hübsche Geschichte darstellt, die man immer wieder in so zu Herzen greifenden Versionen zelebrierte."[251]

So wie Smith's Pocahontas-Mythos durch Burlingames PRIVIE JOURNALL en detail unterlaufen und als partiell fiktiv enlarvt wird, löst der SOT-WEED FACTOR die amerikanische Historie insgesamt in eine Vielzahl von Histörchen, in ein multiples Spiel konfligierender Versionen auf.[252] Dabei lebt das „burly game of history", das Barth - Susan Sonntags Forderung nach einer „erotics of art" [253] vorweg erfüllend - als intellektuelles Petting mit Clio, der Muse des Chronisten, betreibt, davon, daß die Triebhaftigkeit des Menschen, die in der amtlichen Geschichtsschreibung stets vornehm verschwiegen wird, das Verhalten der Romanfiguren ausschlaggebend motiviert. Indem echte und gefälschte Quellen, Zitate und Scheinzitate unterschiedlos nebeneinander gestellt werden, konvergiert das Realtätsprinzip mit dem Modus der Fiktionalität [254], zeigt sich die Abhängigkeit des Geschichtsbewußtseins von Präsuppositionen, die dem historischen Handlungsverlauf selbst nicht entnommen werden können.

Mit dem Gegensatz von „fact and fancy" [255] verschwindet folglich auch die aristotelische Unterscheidung zwischen dem Dichter, der erzählt, was möglich wäre, und dem Chronisten, der berichtet, wie es eigentlich gewesen ist. Wie jede Version der Welt ist auch jedes Geschichtsbild das Ergebnis einer bestimmten Komposition von Gefundenem und Erfundenem, und diese

Komposition involviert mit dem gewählten Darstellungsmodus bestimmte „imaginative Kategorien" [256], deren Gültigkeit stillschweigend vorausgesetzt wird.

Wenn die Erzeugung vergangener Welten jedoch eine konstruktive Leistung des Gehirns darstellt, dann gilt ähnliches für die autobiographische Erinnerung: sie muß insofern als „Selbsterfindung" bezeichnet werden, als sie nicht einfach in der bloßen Aneinanderreihung unmittelbar zugänglicher Lebensdaten, sondern in der perspektivisch bedingten Selektion und Kombination von Erlebnisspuren besteht, die nach Mustern gedeutet werden, die nicht der Erfahrung selbst entstammen. Die Geschichtsschreibung im allgemeinen involviert wie die Lebensbeschreibung im besonderen eine stillschweigend vorausgesetzte Lesbarkeit der Welt, und daher lautet die entscheidende Frage nicht, ob die verschiedenen Darstellungen der Wirklichkeit, die möglich sind, Vorstellungsmomente enthalten, sondern ob diese fiktionalen Elemente eine adaequate oder eine inadaequate Konstruktion der Realität gestatten.

Dabei ergibt sich eine besondere Schwierigkeit jeder Weise der Welterzeugung aus der Berücksichtigung des Faktors „Zeit". Vor dem Hintergrund des Heraklit-Fragments „In die gleichen Ströme steigen wir und steigen wir nicht; wir sind es und wir sind es nicht", offenbart die Welt für Burlingame ein Doppelgesicht als äußerer Erfahrungsraum (Territorium) und innere Repräsentation (Karte): der Faktor Zeit sowie die Beschränkung der menschlichen Wahrnehmungs- und Verarbeitungskapazität führen dazu, daß der Mensch das Vielfältige und Wechselhafte seiner Erfahrung nie zu einem dauerhaften und einheitlichen Weltbild zusammenfassen kann. Da infolgedessen nichts so beständig wie die Unbeständigkeit ist, steht auch Burlingame vor der aus Grimmelshausens Roman bekannten Alternative, sich dem verrückten Welttreiben entweder gänzlich zu enthalten, oder sich auf die Gefahr hin, im Strudel des *panta rhei* unterzugehen, mitten ins Getümmel zu stürzen.

Indem Henry, komplementär zu Ebens *non-commitment*, immer neue Rollen auf dem entfesselten Welttheater spielt, folgt sein Proteus-Leben dem Baldanders-Prinzip. Burlingame ist ein *quick-change-artist*, ein Verwandlungskünstler, in dessen multiple Erscheinung sich die verwirrenden Züge des Trickster mischen. Das Verwirrspiel, das dieser *confidence-man* insbesondere mit Eben betreibt, wird dabei stets aus der Sicht des Übertölpelten dargestellt, der Henry so gut wie nie auf die Schliche kommt.[257] Eben fungiert daher im Roman als eine Art Leserkonstrukt, während Burlingame den *narrator in fabula* mimt.

Da Ebenezer und Henry ihre Schwierigkeiten der Wahrheitssuche und Selbstfindung beständig ventilieren, antizipieren sie die möglichen Deutungen der dargestellten Handlung durch die Leser, und indem der Roman zum Ge-

spräch über sich selbst wird [258], erlangt er den Status eines hybriden Kunstwerks, einer reflexiven Allegorie des Schreibens und Lesens. Daher ist es gewiß kein Zufall, daß Burlingame denselben Vornamen wie Henry Fielding
trägt, war es doch Barths erklärte Absicht, in THE SOT-WEED FACTOR „a plot that
was fancier than TOM JONES" [259] auszuführen. Fieldings Erzählkonzept folgend, faßt Barth „plot" als Komplott auf [260], und daher stehen sich in Maryland nicht nur Intrige und Gegenintrige, Version und Inversion der Geschichte, sondern auch _fiction_ and _counterfiction_ gegenüber. Der Antagonismus des
Wolfsspiels, der die Handlung bestimmt, wird also auf einer Metaebene in den
Agon eines intertextuellen Wettstreits überführt, dessen Spielregeln der Literatur selbst entnommen sind.[261]

Von Fielding übernimmt Barth beispielsweise die Koinzidenz-Dramatur-
gie, die eine zufällige Begegnung von einander vermeintlich Fremden zum
Anlaß nimmt, Lebensgeschichten in die Handlung einzuflechten. Von Smollett rührt dagegen die Verbindung zwischen dem _random-principle_ und dem
sisyphos-rhythm her, die sowohl Cookes parodistische Bildungsreise als auch
Burlingames pikareske Odyssee strukturiert. In seinem Essay THE LITERATURE
OF EXHAUSTION erklärt Barth unter Bezugnahme auf die intertextuelle Machart
des Romans: „If this sort of thing sounds unpleasently decadent, nevertheless
it's where the genre began, with QUIXOTE imitating AMADIS DE GAUL, Cervantes
pretending to be Cid Hamete Benengelí (and Alonso Quijano pretending to be
Don Quijote), or Fielding parodying Richardson. ‚History repeats itself as
farce', meaning, of course, in the form or mode of farce, not that history is
farcial."[262]

Maryland ist also nicht bloß ein pikareskes Universum, „a nest o' wolves
and vipers" [263], sondern auch eine Arena konfligierender Weltanschauun-
gen, ein Kampfplatz platonischer und heraklitischer, idealistischer und zynischer Lebenseinstellungen.[264] Infolgedessen schwimmen die Figuren nicht
nur, wie eine von ihnen bemerkt, „in an ocean of story" [265], sondern auch in
den Nebelschwaden der abendländischen Metaphysik umher. In seiner Eigenschaft als „philosphical farce" und „picaresque extravaganza" [266] ist der SOT-
WEED FACTOR eine burleske Anatomie, ein karnevaleskes Symposium. Die paraenzyklopädische Anlage des Romans mit seinen zahlreichen Digressionen -
es gibt insgesamt 25 interpolierte Geschichten mit mindestens 17 verschiedenen Erzählern [267] - macht es vollkommen unmöglich, die verwickelte Geschichte einem einheitlichen und umfassenden Verständnisrahmen ein- und
unterzuordnen. Die Multiplikation der Perspektiven und Versionen, der Auf-
weis des Pluralen, Heterogenen und Disparaten in der Lebenswelt läßt nicht
nur Ebenezers Suche nach konstanten Werten inmitten der permanenten Fluktuation, sondern jeden Versuch der Vereindeutigung und Bedeutungsfixierung

abstrus erscheinen. „Wo alles fließt, zwingt jedes Durchhalten einer Handlungs-
linie zu Fiktionen" [268], setzt jede reale Erfahrung, die diesen Namen verdient, die Anwendung imaginativer Kategorien voraus.

Daher zeigt sich an Barths Dekonstruktion der für die Metaphysik zentra-
len Leitdifferenz von Fiktion und Realität, daß die literarische Welterzeugung
nicht etwa ein besonderes epistemologisches Problem, sondern die erkennt-
nistheoretische Schwierigkeit aller mentalen Konstruktionen veranschaulicht.
Es geht um die auch in CATCH-22 aufgezeigte Schwierigkeit, eine mehrdimensionale Wirklichkeit in einer eindimensionalen Ordnung zu erfassen und dabei
dem Faktor Zeit angemessen Rechnung zu tragen. Im Anschluß an Umberto
Ecos These, daß der Roman eine epistemologische Metapher sei [269], läßt
sich der SOT-WEED FACTOR daher als ein Bild für den metaphorischen Charakter
aller Welterzeugung verstehen.

5.9 T.Coraghessan Boyle: Water Music (1980)

T.Coraghessan Boyles Roman WATER MUSIC (1980) weist eine in vielerlei Hinsicht mit Barths SOT-WEED FACTOR vergleichbare Machart auf. Auch Boyle
knüpft mit der Handlung seines Buches an eine historische Figur, den Entdek-
kungsreisenden Mungo Park (1771-1806), und seinen Forschungsbericht TRA-
VELS IN THE INTERIOR DISTRICTS OF AFRICA (1799) an. Zum Anschein der Authentizität von Boyles Geschichte tragen darüber hinaus die lexikonartigen Exkurse
- beispielsweise über den Alltag des Dienstpersonals im gregorianischen England oder das Nilkrokodil (Crocodylus niloticus) - bei, die jedoch, wie die dem
Text vorangestellte Apologie unterstreicht, voller Erfindungen und Anachro-
nismen stecken.

Ebenso wie Barth entnimmt Boyle den Originalquellen also lediglich An-
satzpunkte für Ausschmückungen und Abweichungen, denn „the impetus behind WATER MUSIC is principally aesthetic rather than scholary".[270] Daher stellt
er, Burlingames Beispiel folgend, Mungo Park mit Ned Rise eine rein fiktive
Gestalt als Kontrast- und Komplementärfigur zur Seite. Der Vergleich zwischen Mungos abenteuerlichen Expeditionen und Neds pikaresker Karriere,
der, bis die beiden Figuren zusammentreffen, über zwei biographische Erzählstränge alternierend abgewickelt wird, ermöglicht zugleich eine paraenzyklopädische Gegenüberstellung von Afrika und Europa. Die bipolare Machart
von Boyles Roman ergibt sich also durch eine Handlungsführung, die wie
Händels Wasser-Musik dem kompositorischen Prinzip der Kontrapunktik verpflichtet ist.

Die Flüsse Niger, Themse und Yarrow, entlang deren Ufern die meisten Ereignisse des Romans spielen, haben dabei eine mythisch überhöhte Bedeutsamkeit. Insbesondere der Niger steht für den in seinem Verlauf unbekannten Lebensstrom mit all seinen Tiefen und Untiefen, der lange ruhig dahinfließt, bevor er eine tödliche Sogwirkung entwickelt und den Menschen mit sich in den Strudel der (Ge-)Zeiten reißt. „The river thrums with the beat of life" [271], und daher beschleicht Mungo und seine Begleiter, kurz bevor sie, wie historisch verbürgt, bei den Stromschnellen von Bussa in einen tödlichen Hinterhalt geraten, „a sense of communing with the eternal that drops a pall over everything."[272]

Allein Ned Rise, der schon zuvor im Text mit Lazarus verglichen worden ist, weil er bereits in England seinen eigenen Tod durch Erhängen überstanden hat, erweist sich auch in Afrika als unverwüstliches Stehaufmännchen. Als Galgenvogel und Überlebenskünstler steht Ned in der Tradition des Schelmenromans, auf die auch seine metaphorische Bezeichnung als „a wolf in sheep's clothing" verweist. „He couldn't have been wilder and filthier had he been raised by wolves" [273], heißt es einmal von ihm. Wenn Boyle mit den Worten „not Twist, not Copperfield, not Fagin himself had a childhood to compare with Ned Rise's", einen intertextuellen Verständnisrahmen für die Geschichte seines Pícaro schafft, die so haarsträubend ist, daß „even a Zola would shudder to think of it" [274], wird deutlich, daß in WATER MUSIC ähnlich wie im SOT-WEED FACTOR eine Art Wettbewerb mit der Tradition veranstaltet wird.

Die satirische Pointe des Romans liegt nun darin, daß sowohl Afrika als auch Europa mehr und mehr die Konturen des pikaresken Universums annehmen, in dem es allein ums nackte Überleben geht. Denn aus der marginalen Sicht von Ned Rise erscheint das London der Hinterhöfe und Hinterhalte als eine von menschlichen Raubtieren bevölkerte Wildnis, deren Gefährlichkeit der Afrikas in nichts nachsteht. „He was penniless, powerless, emasculated by a system that crushed the downtrodden and rewarded perjures and thieves"[275], heißt es daher einmal von Ned Rise. Während Mungo auf seiner ersten Forschungsexpedition nur knapp den Verfolgungen durch Krokodile, Beduinen und Schwarze Magie entgeht, entwickelt Ned aufgrund bitterer Erfahrung die Regel, daß nichts so schlimm ist, daß es nicht noch schlimmer kommen könnte („But just when things seem blackest, they get blacker still.").[276]

Als Beleg für diese Katastrophentheorie dient Boyle die Geschichte von Neds Freundin Fanny, deren Schicksal mindestens ebenso deprimierend wie das von Joan Toast ist. Fannys Geschichte läßt sich aber auch als eine Parodie lesen, die sich gleichermaßen gegen Fieldings idealisiertes Frauenbild - Josephs Andrews Geliebte heißt Fanny -, wie gegen den von John Cleland in seiner berühmt-berüchtigten FANNY HILL genährten Mythos richtet, weibliche Prostitution sei eine lust- und liebevolle Angelegenheit. Darüber hinaus dient Fannys Geschichte als Vergleichsfolie für Ailie, Mungo Parks Frau, die in Boyles Roman die Rolle einer schottischen Penelope spielt.

Wie bei allen Applikationen dieser Art kommt es auch in ihrem Fall auf den Unterschied zur literarischen Bezugsgröße an. Mungo wird, anders als Odysseus, nicht von seiner zweiten Afrikareise zuürckkehren, und daher wird Ailie, anders als Penelope, umsonst auf ihn warten. Fanny wird im Gegensatz zu Fieldings gleichnamiger Figur, die Joseph Andrews aus den Händen Beau Didappers befreit, von Adonais Brooks zugrunde gerichtet werden, doch Ned Rise, dessen Leben sich im Sisyphos-Rhtythmus des Pícaro vollzieht, wird am Ende des Romans als einziger seinem Schicksal ein Schnippchen geschlagen haben und überleben.

6. IM FUCHSBAU DER GESCHICHTEN

Der Pícaro also überlebt, er ist „a man with a purpose, a man who would fight and scratch, manipulate and maneuver - a man who would survive."[1] Seine Geschichte zeigt auf eine manchmal kynische, manchmal zynische Art und Weise, daß „es offenbar im Leben aufs Leben und nicht auf ein Resultat desselben" [2] ankommt. Da es im Schelmenroman stets um die (Über-) Lebensmöglichkeiten des einzelnen unter den Bedingungen des großen Wolfsspiels geht, reflektiert seine dialogische Machart den Zusammenhang von Sprache und Gesellschaft, Verstellung und Selbstbehauptung, den Nietzsche in seinem Aufsatz ÜBER WAHRHEIT UND LÜGE IM AUSSERMORALISCHEN SINNE folgendermaßen dargestellt hat:

„Soweit das Individuum sich gegenüber andern Individuen erhalten will, benutzte es in einem natürlichen Zustand der Dinge den Intellekt zumeist nur zur Verstellung: weil aber der Mensch zugleich aus Noth und Langeweile gesellschaftlich und heerdenweise existiren will, braucht er einen Friedensschluss und trachtet darnach dass wenigstens das allergröbste bellum omnia contra omnes aus seiner Welt verschwinde. Dieser Friedensschluss bringt aber etwas mit sich, was wie der erste Schritt zur Erlangung jenes räthselhaften Wahrheitstriebes aussieht. Jetzt wird nämlich das fixirt, was von nun an „Wahrheit" sein soll d.h. es wird eine gleichmäßig gültige und verbindliche Bezeichnung der Dinge erfunden und die Gesetzgebung der Sprache giebt auch die ersten Gesetze der Wahrheit: denn es ensteht hier zum ersten Male der Contrast von Wahrheit und Lüge: der Lügner gebraucht die gültigen Bezeichnungen, die Worte, um das Unwirkliche als wirklich erscheinen zu machen; er sagt z.B. ich bin reich, während für diesen Zustand gerade „arm" die richtige Bezeichnung wäre. Er missbraucht die festen Conventionen durch beliebige Vertauschungen oder gar Umkehrungen der Namen. Wenn er dies in eigennütziger und übrigens Schaden bringender Weise thut, so wird ihm die Gesellschaft nicht mehr trauen und ihn dadurch von sich ausschliessen. Die Menschen fliehen dabei das Betrogenwerden nicht so sehr, als das Beschädigtwerden durch Betrug."[3]

In diesem Abschnitt sind fast alle Aspekte der im Schelmenroman aufgeworfenen Problematik enthalten: das antagonistische Prinzip des Wolfsspiels (bellum omnia contra omnes), die gesellschaftliche Relevanz der Vertrauensfrage, der Zusammenhang von Lüge und Inversion, die Kunst der Verstellung um des Überlebens willen und, zumindest ansatzweise, das Moment der Diskontinuität von Welt und Sprache, das Nietzsche auf den nächsten Seiten seines Aufsatzes mit einem linguistischen Verständnisrahmen zu erfassen sucht, der auf das poetische Prinzip der Metapher rekurriert und daher ohne weiteres mit der Karte-Territorium-Relation in Zusammenhang gebracht werden kann. Es heißt dort nämlich: „Was ist ein Wort? Die Abbildung eines Nervenreizes in Lauten. Von dem Nervenreiz aber weiterzuschliessen auf eine Ursache ausser uns, ist bereits das Resultat einer falschen und unberechtigten Anwendung des Satzes vom Grunde."[4] Und weiter: „Ein Nervenreiz zuerst übertragen in ein Bild! erste Metapher. Das Bild wieder nachgeformt in einen Laut! Zweite Metapher. Und jedesmal vollständiges *Ueberspringen* der Sphäre, mitten hinein in eine ganz andere und neue."[5]

Daher lautet Nietzsches Schlußfolgerung: „Was ist also Wahrheit? Ein bewegliches Heer von Metaphern, Metonymien, Anthropomorphismen, kurz eine Summe von menschlichen Relationen, die, poetisch und rhetorisch gesteigert, übertragen, geschmückt wurden, und die nach langem Gebrauche einem Volke fest, canonisch und verbindlich dünken: die Wahrheiten sind Illusionen, von denen man vergessen hat, dass sie welche sind, Metaphern, die abgenutzt und sinnlich kraftlos geworden sind, Münzen, die ihr Bild verloren haben und nun als Metall, nicht mehr als Münzen in Betracht kommen."[6]

In der FRÖHLICHEN WISSENSCHAFT stellt Nietzsche den Wahrheitstrieb dann in einen deutlichen Gegensatz zum Lebenswillen, wenn er erklärt: „Wir haben uns eine Welt zurecht gemacht, in der wir leben können - mit der Annahme von Körpern, Linien, Flächen, Ursachen und Wirkungen, Bewegung und Ruhe, Gestalt und Inhalt: ohne diese Glaubensartikel hielte es jetzt Keiner aus zu leben! Aber damit sind sie noch nichts Bewiesenes. Das Leben ist kein Argument; unter den Bedingungen des Lebens könnte der Irrthum sein."[7]

Es scheint, daß die gleichberechtige Verwendung empirischer und mythopoetischer Weisen der Welterzeugung, die im neopikaresken Roman zunehmend stattfindet, mit Nietzsches Problematisierung des Wahrheitsbegriffs zusammenhängt. „Um zu leben, muß man Ordnung besitzen und Ordnung assimilieren. Leben ist somit in einem doppelten Sinne zufallsfeindlich", heißt es in Stanislaw Lems PHILOSOPHIE DES ZUFALLS, in der die empirische und die mythische Art, die Welt zu ordnen, miteinander verglichen werden.[8] „Die Zufallsfeindlichkeit ist" für Lem „eine strukturelle Konstante der Mythen" [9], die das Bedürfnis der Menschen befriedigen, „das Zufällige in ein Anzeichen irgendeiner Regelmäßigkeit umzudeuten."[10] So gesehen scheint die Orientierung am Mythos eine Bedingung des (Über-)Lebens zu sein.

„Menschen leben sinnhaft; sinnhaft aufgebaut sind ihre Ordnungen; sinnhaft aufgebaut ist ihr einzelnes Tun. Diese Feststellung gilt selbstredend auch nach dem Umbruch des Weltbildes in der Neuzeit. Hinfällig geworden ist nur eines: die Annahme, Menschen könnten für diese sinnhaften Ordnungen und Tätigkeiten einen Anhalt an der Welt finden, in der sie leben. Seit sich die Sozialwelt mit ihren sinnhaften Strukturen als ein Entwicklungsprodukt erwiesen hat, das verständlich ist, ohne daß das Stratum, aus dem heraus es sich entwickelt hat, selbst sinnhaft organisiert sein muß, ist der Mensch mit allen seinen Handlungen und den Formen seiner Lebensweise vollständig auf sich verwiesen. Er findet, wann immer er versucht, hinter den Vorhang seiner sinnhaften Daseinsweise zu sehen niemand als sich selbst."[11] „Der Verdacht, daß jeder Gottesgedanke nur die Hypostase der Subjektivität des Menschen ist, ist nicht zu entkräften."[12]

Das impliziert, daß jeder Mythos einer göttlichen Sinnstiftung eine menschliche Schöpfung darstellt. Daher wird der spekulative Rekurs auf eine ursprüngliche Sinnstiftung durch eine außerweltliche, göttliche Instanz durch die Präsupposition ersetzt, daß sinnverwendende Systeme in einem weltimmanenten Möglichkeitsfeld autopoietisch operieren, also so, daß sich bei der Aktualisierung einer Verhaltensoption stets kontingente Möglichkeiten der Fortsetzung des Handelns und Erlebens ergeben. Das aber setzt voraus, daß es stets mehr als eine Sinn-Option gibt.[13] Daher haben einzelne Menschen wie ganze Gesellschaften ein vitales „Bedürfnis, Mannigfaltigkeit zu kultivieren."[14]

Diesem Bedürfnis nach Pluralität aber steht die spezifische Vereinheitlichungstendenz des Mythos entgegen: die Suche nach einem ursprünglichen und absoluten Anfang, nach einer nicht weiter hintergehbaren Letztbegründung der Nicht-Zufälligkeit des Daseins orientiert sich stets am Singular. Infolge dieses Widerspruchs wird die Kluft zwischen der modernen Ausdifferenzierung der Sinnsysteme und dem Versuch des Menschen, ein mythisches Selbst- und Weltverständnis zu entwickeln, immer größer.

Der Weltentwurf, durch den sich die Neuzeit vom Mittelalter abhebt, ist nämlich vom Doppelaspekt der Dezentrierung und Infinitisierung gekennzeichnet: auf der einen Seite werden die transzendenten Ziele immer stärker von immanenten Zwecken abgelöst, scheidet das Jenseits als Orientierungsinstanz diesseitigen Handelns und Erlebens zunehmend aus; auf der anderen Seite wird der innerweltliche Erfahrungsraum, da seine Determination durch außerweltliche Bezugsgrößen entfällt, von einem endlichen, begrenzten und abgeschlossenen Ganzen in ein unendliches, unbestimmtes und offenes Möglichkeitsfeld verwandelt.[15] „Die Welt ist uns... noch einmal unendlich geworden: insofern wir die Möglichkeit nicht abweisen können, dass sie unendliche Interpretationen in sich schliesst."[16]

Diese Entwicklung läßt sich zwar versuchsweise mythopoetisch abfangen, doch diese Strategie kann das dynamische Moment der Differenzierung weder umgehen noch ausschalten, zumal der Mythos von vornherein als Konstruktion erkannt und in dem Bewußtsein hergestellt wird, daß er nicht der Erfahrung entspricht.[17] Daher müssen Mobilität und Pluralität, Diversität und Heterogenität in das Epistem selbst eingebaut werden, was dadurch geschieht, daß auch die Referenzinstanz des Sinnsystems, die Welt, als uneinheitlich gedacht und der Prozeß der Auslegung als ständiger Prozeß konzipiert wird.

Wenn es aber nicht nur eine einzige, wirkliche und richtige Welt, sondern viele verschiedene Weisen der Welterzeugung gibt, von denen jede, sofern sie überhaupt zutrifft, auf ihre Art zutreffend ist, dann hat es der Mensch, wie im neopikaresken Roman, nicht mit einem Universum, sondern mit einem Multiversum zu tun. Da es keinen archimedischen Punkt oberhalb der verschiedenen Lesarten und Auffassungsperspektiven gibt, muß das rigide wahr/falsch-Schema durch eine Unterscheidung von angemessenen und unangemessenen Verständnisrahmen ersetzt werden.[18]

Die Leitidee der Wahrheit wird also einer Dekonstruktion unterzogen, die auch für die Literatur Folgen hat: solange der Roman als Reproduktion einer homogenen Lebenswirklichkeit konzipiert war, und zwischen dem literarischen Kosmos und dem außerliterarischen Universum eine Korrespondenzrelation präsupponiert wurde, konnte die textinterne Stimmigkeit der Perspektiven als mikroskopisches Äquivalent der Übereinstimmung von Buch und Welt fungieren. Sobald jedoch eine unaufhebbare Differenz, ja Inkompatibilität zwischen Versionen vorausgesetzt wird, muß der Roman in seiner Eigenschaft als epistemologische Metapher in ein offenes Kunstwerk überführt werden, das, „als Vorschlag eines Feldes interpretativer Möglichkeiten" [19], und „als Bild der Diskontinuität in einer Welt der Diskontinuität" [20] Zugriff auf das Kontingente gewährt.

Strukturalistisch betrachtet, zeugt bereits die Komplementarität der Lesarten, die im pikaresken Roman an den Konflikt zwischen dem Protagonisten und seinen Antagonisten gekoppelt ist, von einem pluralistischen Weltverständnis, da ja die verschiedenen Auffassungsperspektiven nicht nur divergent, sondern reversibel sind und in keiner einheitlichen Version zur Deckung gebracht werden können. Dabei reflektiert die agonal-dialogische Machart des Schelmenromans sowohl das Mitteilungs- und Ergänzungsbedürfnis des einzelnen Menschen als auch die gesellschaftlichen Rahmenbedingungen, die seiner Befriedigung entgegenstehen.

Im semipikaresken Roman hat das Komplementaritätsprinzip – beispielsweise in Form des doppelten Registers – zwar nur noch eine darstellungsästhetische Funktion, aber die Aufteilung der Vorstellungswelt in eine pikareske und eine non-pikareske Hemisphäre verweist, an die bipolare Machart des barocken Schelmenromans anknüpfend, dennoch auf die Uneinheitlichkeit der Lebenswirklichkeit.

Nachdem das rezeptionsstrategische Kalkül der Komplementärlektüre bzw. der Reversibilität aller Auffassungsperspektiven von Thackeray und Melville wieder entdeckt worden ist, überführt der neopikareske Roman das bipolare Universum seiner Vorläufer in ein regelrechtes Multiversum. Dabei spielt die Komposition von Bildungs- und Schelmenroman, die zunächst, rein formal betrachtet, an die dichotome Struktur des semipikaresken Romans erinnert, die Rolle eines Katalysators: nachdem die Unterscheidung dieser beiden Weisen der Welterzeugung erst einmal hinfällig geworden ist, steht dem gleichberechtigten Einsatz scheinbar unvereinbarer Erzählverfahren nichts mehr im Wege.

Indem der neopikareske Roman vom Leser den gleichzeitigen oder abwechselnden Einsatz differenter, ja inkompatibler Verständnis- bzw. Wechselrahmen verlangt, weil in ihm empirisch-realistische, mythopoetisch-phantastische, simulatorische und delusorische Erzählverfahren gleichberechtigt zur Anwendung gelangen, trägt auch er zur Veränderung des modernen Epistems bei. Dabei kommt dem Schelmenroman seine Prädisposition zum offenen Kunstwerk zugute, denn schon die antiidealistisch verfaßte Welt der *novela picaresca* kannte weder eine prästabilierte Harmonie noch eine eschatologische Zielsetzung; sie war unausgewogen, doppeldeutig und ungewiß. Lag darin im Zeitalter des Barock ein Ausweis der *inconstantia mundi*, der zur Abwertung des unbeständigen Diesseits gegenüber dem ewig-unvergänglichen Jenseits führte, so kommt es im Gefolge der Wende vom transzendenten zum immanenten Weltverständnis zu einer einschneidenden Akzentverschiebung: die Unmöglichkeit, die Vielfalt der Erscheinungen und Erfahrungen einheitlich zu ordnen, um dadurch Schicksalsgewißheit zu erlangen, wird der Welt nicht mehr zum Vorwurf gemacht, sondern als Entfaltungsmöglichkeit persönlicher und gesellschaftlicher Lebensgestaltung begriffen. Anders ausgedrückt: es findet eine Umwertung der Vergänglichkeit statt: „etwas, das keine Dauer hat, das sich widerspricht, hat wenig Werth. Aber die Dinge, an welche wir glauben als dauerhaft, sind als solche reine Fiktionen. Wenn Alles fließt, so ist die Vergänglichkeit eine Qualität (die „Wahrheit") und die Dauer des Unvergänglichen bloß ein Schein."[21]

Die Modulationen, die der Schelmenroman im Verlauf seiner diskontinuierlichen Geschichte erfahren hat, lassen sich auch anhand der sukzessiven Veränderung seiner Metaphorik zeigen. Wie Hans Blumenberg in seinen PARADIGMEN ZU EINER METAPHOROLOGIE ausgeführt hat, können Metaphern sowohl Restbestände einer mythischen Weltanschauung, die noch nicht rationalisiert worden ist, als auch Grundbestände der philosophischen Sprache sein, „die sich nicht ins Eigentliche, in die Logizität zurückholen lassen."[22] Daher bringt der historische Wandel einer Metapher u.U. deutlicher als die Begriffsgeschichte die Umbrüche in einem Epistem zum Ausdruck.[23] Darüber hinaus können Metaphern zum Leitfaden der Dekonstruktion werden, denn allzu oft erweist sich Metaphysik „als beim Wort genommene Metaphorik" [24], wenn das Konstrukt des gedanklichen Überbaus auf seine vorstellungsmäßige Ausgangsbasis zurückgeführt wird.

Beide Aspekte der Metaphorologie - die Rekonstruktion historischer Sinnsysteme und ihre kritische Dekonstruktion - sollen hier abschließend an der Metapher vom *theatrum mundi* veranschaulicht werden, die ja auch für das pikareske Universum und seine Verwerfungen von großer Bedeutung ist. Da sich das Selbst- und Weltverständnis einzelner Menschen wie ganzer Gesellschaften beispielhaft an der Frage entscheidet, ob sie den einzelnen als Spieler oder als Spielzeug verstehen [25], gibt die Beantwortung dieser Frage durch die Verfasser der einzelnen Schelmenromane Auskunft über ihr Menschenbild: Ist der Pícaro lediglich ein Spielball der Fortuna, oder bestimmt er selbst seine Rolle auf dem Welttheater?

Die Bildlichkeit des Schauspiels taucht freilich nicht erst im modernen Schelmenroman auf. Vielmehr wird sie aus der Antike übernommen, ins christlich-abendländische Weltverständnis übersetzt und im Verlauf der Neuzeit zunehmend psychologisiert und soziologisiert.[26] Erasmus von Rotterdam wendet die Vergleichung der Welt mit der Bühne in seinem als Rollenprosa verfaßten ENCOMIUM MORIAE (1509) noch vor Shakespeare auf eine für das neuzeitliche Verständnis dieser Metapher repräsentative Art und Weise an: „Was ist denn das menschliche Leben schon anderes als ein Schauspiel, in dem die einen vor den anderen in Masken auftreten und ihre Rolle spielen, bis der Regisseur sie von den Brettern abruft? Oft genug läßt er denselben Spieler in verschiedenen Rollen auftreten" [27] und „was obenhin als Tod erscheint, entpuppt sich bei näherem Zusehen als Leben und umgekehrt."[28]

Erasmus stellt also eine Verbindung von Totentanz und Maskerade her und bezieht das Prinzip der Inversion auf den Gegensatz von Sein und Schein. „Das nämliche nun", erklärt auch Don Quijote, „geschieht im Schauspiel und Wandel dieser Welt, wo die einen die Kaiser, die andern die Päpste und in einem Wort alle Personen vorstellen, die in einem Schauspiel vorkommen können; wenn es aber zum Schlusse geht, das heißt, wenn das Leben endet, da zieht der Tod ihnen allen die Gewänder aus, die sie voneinander unterscheiden, und im Grab sind sie alle wieder gleich." („Pues lo mismo - dijo don Quijote - acontece en la comedia y trato desto mundo, donde unos hacen los emperadores, otros los pontífices, y finalmente, todas cuantas figuras se pueden introducir en una comedia; pero en llegando al fin que es cuandro se acaba la vida, a todos los quita la muerte las ropas que los diferenciaban, y quedan iguales en la sepultura.")[29]

So verstanden, dient die Schauspiel-Metaphorik im Barockzeitalter als Leitfaden der Epistemologie und Ontologie. Dabei wird das Bild vom *theatrum mundi* unzertrennlich mit dem Bewußtsein von der *vanitas vanitatum* verbunden, der Enttäuschung über die Scheinhaftigkeit des Daseins. Die illusionäre Verdoppelung der Welt durch und auf der Bühne des Theaters steht also vor dem Hintergrund der Desillusionierung, die das Leben betreibt, denn die Differenz von Maske und Person, Traum und Wirklichkeit, Sein und Schein wird im Barock auf die Polarität von Tod und Leben, Diesseits und Jenseits übertragen. Das semantische Differential, das so ensteht, suggeriert, daß Täuschung und Enttäuschung das Leben bestimmen, während sich die Wahrheit erst nach dem Tode offenbart. Diese Unterteilung wird auf dem Mikrokosmos der Bühne dergestalt reproduziert, daß sich das Theater zur diesseitigen Erfahrungswirklichkeit wie diese zum Jenseits verhält, d.h., die Desillusionierung über das Leben findet im illusionären Medium des Schauspiels statt.

Das aber bedeutet paradoxerweise, daß die Metapher vom *theatrum mundi* allzu wörtlich genommen wird, wie sich an der Idee der Eigentlichkeit zeigt, die bis hin zu ihrer existentialistischen Hypostase das Subjektverständnis der Moderne nachhaltig bestimmt: Die von der Metapher des *theatrum mundi* inspirierte Beobachtung, daß eine Person mehrere Rollen neben- und nacheinander spielen kann, suggeriert, daß es jenseits dessen, was sie im Rahmen ihrer (Selbst-)Darstellung vorstellt, noch etwas anderes, nämlich den Wesenskern der Persönlichkeit gibt. Diese Suggestion wird nun als Hinweis auf eine wahre, nicht gespielte, eigentliche Existenz interpretiert, d.h., die metaphysische Idee der Eigentlichkeit beruht auf einer Reifikation der Schauspiel-Metaphorik und kommt daher, auf ihre metaphorische Ausgangsbasis zurückgeführt, nicht über den Modus der Behauptung hinaus.

Wie diese Autosuggestion funktioniert, läßt sich beispielhaft an Arthur Schopenhauers APHORISMEN ZUR LEBENSWEISHEIT (1851) demonstrieren. Da Schopenhauer Graciáns HANDORAKEL übersetzt hat, ist es nicht verwunderlich, daß sein Beitrag zur Weltklugheit dem Spanier in vielerlei Hinsicht verpflichtet ist. Daher taucht Graciáns Vorstellung von der Lesbarkeit der Welt auch in den APHORISMEN auf, denn für Schopenhauer „läßt die eigene Erfahrung sich ansehn als der Text; Nachdenken und Kenntnisse als der Kommentar dazu."[30] „Im weitern Sinn kann man auch sagen: die ersten vierzig Jahre unsers Lebens liefern den Text, die folgenden dreißig den Kommentar dazu, der uns den wahren Sinn und Zusammenhang des Textes, nebst der Moral und allen Feinheiten desselben, erst recht verstehn lehrt."[31] „Der Jüngling erwartet seinen Lebenslauf in Form eines interessanten Romans" [32], doch „gegen das Ende des Lebens nun gar geht es wie gegen das Ende eines Maskenballs, wenn die Larven abgenommen werden. Man sieht jetzt, wer diejenigen, mit denen man, während seines Lebenslaufs, in Berührung gekommen war, *eigentlich* gewesen sind."[33]

Auch Schopenhauer macht den Eigentlichkeitsabstand zwischen Rolle und Person also an der Metapher vom *theatrum mundi* fest, die bei ihm jedoch im Gegensatz zum Barock weltimmanent verstanden wird. Damit aber entfällt die Ebenendifferenz zwischen dem Diesseits und dem Jenseits, der transzendenten Referenzinstanz aller Schauspiel-Metaphorik. „Daß das *theatrum mundi* ein „Bild" sei, galt wohl nur solange, wie es mit Gott einen außerweltlichen Zuschauer mit gesicherter Zuschauerdistanz gab", hat Odo Marquard bemerkt und daraus gefolgert: „sobald das... nicht mehr so ist, muß entweder das Bild verschwinden, oder es ist kein Bild mehr."[34] Da das Bild nicht verschwindet, läßt sich im Sinne von Blumenberg schlußfolgern, daß es zwar angemessene und unangemessene Vergleiche, aber keine eigentliche Begrifflichkeit für das Bild vom *theatrum mundi* gibt.

Die moderne sozialwissenschaftliche Rollentheorie folgt dieser Auffassung und nimmt Abstand vom Eigentlichkeitsabstand zwischen Rolle und Person, denn „für sie bildet sich das, was einer ist, aus dem, was er - für die Gesellschaft - vorstellt, und zwar durch den Mechanismus der Internalisierung des generalisierten Anderen" [35], wie er im Symbolischen Interaktionismus beschrieben wird: „Jeder präsentiert sich anderen und sich selbst und sieht sich in den Spiegeln ihrer Urteile. Die Masken, die er der Welt und ihren Bürgern zeigt, sind nach seinen Antizipationen ihrer Urteile geformt" [36], so daß der „Spielraum einer Person so groß ist, wie die Zahl der Rollen, die sie spielen kann. Ihre Biographie nimmt sich aus wie eine ununterbrochene Folge von Bühnenauftritten vor ständig wechselndem Publikum" [37], wobei „das Bewußtsein einer Konstanz der Identität... eher auf seiten des Beobachters als im Verhalten selbst" liegt.[38]

Die Rollentheorie übernimmt also nicht nur die Metapher vom *theatrum mundi* in ihrer säkularen Version, sondern sie unterläuft die metaphysische Unterscheidung von Sein und Schein, die der Idee der Eigentlichkeit zugrundeliegt: an der Schauspielschule des Lebens wird nicht etwa nur, wie die Vertreter der Eigentlichkeits-Hypothese meinen, die Kunst der Verstellung gelehrt; vielmehr werden dort die Herstellung der Persönlichkeit und „die gesellschaftliche Konstruktion der Wirklichkeit" [39] vermittelt.

Unter diesen Voraussetzungen gewinnt der Begriff des Simulakrums eine neue Relevanz. Er steht im Gegensatz zum traditionellen Wahrheitsbegriff, weil er die vertraute Unterscheidung von Wesen und Erscheinung, Sein und Schein unterläuft und das Realitätsprinzip zu einer dubiosen Angelegenheit macht: das Simulakrum ist die Kopie eines Originals, das es nicht gibt, d.h., es verweist auf etwas Absentes, das nie zur Präsenz gelangen kann.[40] „Mit der Simulation verschwindet die gesamte Metaphysik. Es gibt keinen Spiegel des Seins und der Erscheinungen, des Realen und seines Begriffs mehr."[41]

Das hat unweigerlich Folgen für die Auffassung von Mimesis: Nachahmung impliziert, wie im SOT-WEED FACTOR oder in WATER MUSIC, nicht mehr, daß es ein Original geben muß, das imitiert wird.[42] Mimesis liefert keine Hinweise auf Wirkliches, sie spielt lediglich auf Vorstellbares an.[43] Der Sinn einer Darstellung ergibt sich demzufolge aus einer Bewegung der Differenzierung, die auf kein transzendentales, mit-sich-identisches Signifikat zurückgeführt werden kann, sondern aus einer Signifikanten-Kette, die als Spur ohne Ursprung gedacht werden muß.[44] Die Referenzinstanz der Wirklichkeit ist keine definite, dem Spiel der Zeichen entzogene Größe mehr, sondern insofern in die unendliche Semiose einbezogen, als jede Vorstellung, die der Mensch sich von ihr macht, Ausgangsbasis für weitere Vorstellungen ist.

Damit zeichnet sich ein komplexer Zusammenhang zwischen der unendlichen Semiose der Literatur und der Viabilität psychischer und sozialer Systeme ab. Hier wie dort muß der schöpferische Prozeß immer auch die Möglichkeit von Anschlußverfahren mitproduzieren. Hier wie dort macht daher nur die Abwechslung Sinn, denn wo der Wechsel verhindert und das Andere ausgeschlossen wird, gerät der Mensch auf einen Holzweg und vom Holzweg in die Sackgasse. „Es ist ein armer Fuchs, der nur ein Loch hat" [45], heißt ein deutsches Sprichwort, denn Leben braucht, um viabel zu sein, stets mehr als eine Möglichkeit, den einmal begonnenen Weg fortsetzen zu können. Daher sind viele kleine Erzählungen besser als eine große [46], ist Multiversalgeschichte zukunftsträchtiger als Universalgeschichte.[47]

Mithin liegt die Bedeutung mythopoetischer Erzählverfahren darin, daß sie Kontingentes ins Spiel bringen; indem sie den Begriffs- und den Symbolapparat aktivieren, regen sie den Möglichkeitssinn an. Umgekehrt liegt im empirisch bedingten Verzicht darauf, die Differenz von Karte und Territorium im Hinblick auf eine archetypische Einheit und die Spur der Signifikanten im Hinblick auf ein transzendentales Signifikat zu hintergehen, eine fröhliche Bejahung des Spiels der Welt.

Diese Bejahung fand einstmals im Karneval, der kollektiven Feier der selbstregenerativen Kraft des grotesken Leibes statt, dessen Relikte sich noch im pikaresken Roman finden. Die allmähliche Ablösung der karnevalesken Kippbilder durch die Bildlichkeit des Schauspiels, die im SIMPLICISSIMUS TEUTSCH noch gleichberechtigt nebeneinander standen, reflektiert u.a. auch die Kontroll- und Zensurverfahren, denen das Körperdrama im Prozeß der Zivilisation unterzogen wird. Die Affektationen, die Fielding kritisiert, sind wie die gespielten Leidenschaften bei Lesage oder Marivaux ein Ausdruck der Selbst-Disziplinierung, deren Übertreibung im 19.Jahrhundert dazu führt, daß der Künstler vom Publikum immer mehr in eine kompensatorische Rolle gedrängt wird: „er soll der Mensch sein, der sich wirklich auszudrücken vermag, der wirklich frei ist. Im Alltagsleben wird der spontane Ausdruck idealisiert, aber realisiert wird er im Bereich der Kunst."[48] Oder, wie Melville es im CONFIDENCE-MAN formulierte: die Welt liebt eine aufrichtige Szene und einen aufrichtigen Menschen sehr, freilich nur auf der Bühne, dem Ort, wohin sie gehören. (Vgl. Abschnitt 4.9) Das 20.Jahrhundert entdeckt dann im Künstler zunächst den Schelm, im Schelm den Pícaro und schließlich im Pícaro den Trickster, der in seiner Kreatürlichkeit nicht nur eine literarische Brücke zu den natürlichen Lebensquellen, sondern auch zur untergegangenen Lachkultur des Karnevals schlägt. Ob die Wiederkehr der Schelme nun mythopoetisch oder empirisch akzentuiert wird - sie verweist allemal auf die Defizite, die entstehen, wenn die Menschen ihrer Freiheit über den Dingen verlustig gehen.

7. ANMERKUNGEN

Anmerkungen zu Kapitel 1

[1] Vgl. zu dieser Unterscheidung
Kurscheidt, Georg: Der Schelmenroman.
In: Knörrich, Otto (Hrsg.): Formen der
Literatur in Einzeldarstellungen. Stuttgart
(1981), S.348; Wicks, Ulrich: The Nature
Of Picaresque Narrative. A Modal
Approach. In: MLA 89 (1974),S.240f
[2] Vgl. Kearful, Frank J.: Spanish
Rogues And English Foundlings: On The
Desintegration Of The Picaresque. In:
Genre 4 (1970), S.376; Sieber, Harry:
The Picaresque. London 1977, S.59
[3] Vgl. Guillén, Claudio: Zur Frage der
Begriffsbestimmung des Pikaresken. In:
Heidenreich, Helmut (Hrsg.): Pikarische
Welt. Schriften zum europäischen
Schelmenroman. Darmstadt 1969, S.378;
Mancing, Howard: The Picaresque
Novel. A Protean Form. In: College
Literature 6 (1979), S.183; Striedter,
Jurij: Der Schelmenroman in Rußland.
Ein Beitrag zur Geschichte des russi-
schen Romans vor Gogol. Berlin 1961,
S.34; Nerlich, Michael: Plädoyer für
Lázaro: Bemerkungen zu einer „Gat-
tung". In: Romanische Forschungen 80
(1968), 390f; Diederichs, Rainer: Struktu-
ren des Schelmischen im modernen
deutschen Roman. Eine Untersuchung zu
den Romanen von Thomas Mann
„Bekenntnisse des Hochstaplers Felix
Krull" und Günter Grass „Die Blechtrommel". (Düsseldorf 1971), S.12f;
Kurscheidt, S.351
[4] Dazu zählen u.a. das Thema des
Hungers und des Geldes, das Motiv des
wechselseitigen Betrugs und Heiratsschwindels, die Figur des „pícaro",
„Landstörtzer" oder „rogue" sowie der

Topos der verkehrten Welt.
[5] Vgl. Wicks, S.243ff
[6] Im Gegensatz zu Franz K. Stanzel
(Die Komplementärgeschichte. Entwurf
einer leserorientierten Romantheorie. In:
Erzählforschung 2. Göttingen 1977,
S.240), der davon ausgeht, daß Leser
erzählerische Aussparungen durch
Komplementärgeschichten ergänzen,
gehe ich davon aus, daß es bei der
Lektüre von Schelmenromanen weniger
um das Ausfüllen von signifikanten
Leerstellen, als darum geht, dem unzuverlässigen Ich-Erzähler auf die Schliche
zu kommen und seine einseitige Welt-
sicht dem zu unterziehen, was man mit
Jacques Derrida eine „Dekonstruktion"
nennen könnte: nämlich die Unterschei-
dungen und Wertungen, die seiner Sicht
der Dinge zugrundeliegen, in dem
Wissen umzukehren, daß auch die
Gegendarstellung nicht das letzte Wort in
dieser Angelegenheit sein kann. (vgl.
Abschnitt 1.4) Paul Goetsch hat in einem
Aufsatz Stanzels Begriff der Komplementärgeschichte verwandt, um einen
Schelmenroman zu interpretieren. Vgl.
Defoes „Moll Flanders" und der Leser.
In: GRM 30 (1980), S.271-288. Mehr
dazu in Abschnitt 4.1
[7] Zum Begriff der Akstruktur vgl. Iser,
Wolfgang: Der Akt des Lesens. Theorie
ästhetischer Wirkung. München ²1984,
S.61
[8] Vgl. Eco, Umberto: Lector in fabula.
Die Mitarbeit der Interpretation in
erzählenden Texten. (München 1987), S.5
[9] Vgl. Ahrends, Günter: Sternes
„Tristram Shandy" und der Literaturtyp
der Anatomie. In: GRM 36 (1986), S.17.
Dort heißt es über die Anatomie: „In der

Bedeutung „detaillierte Analyse" kam dieser Terminus vom 16. bis zum 18.Jahrhundert häufig als Titelbegriff in der englischen Literatur vor. Er diente nicht nur zur Kennzeichnung medizinischer Traktate, sondern wurde auch zur Charakterisierung philosophischer Untersuchungen und literarischer Werke im engeren Sinne des Wortes verwendet, wobei deren äußere Gestalt für die Benennung belanglos war."

[10] Frye, Northrop: Analyse der Literaturkritik. Stuttgart (1964), S.363

[11] Vgl. Frye, S.311f

[12] Zum Konzept der Welterzeugung vgl. Goodman, Nelson: Weisen der Welterzeugung. (Frankfurt/M. 1984)

[13] Vgl. zu dieser Metapher: Blumenberg, Hans: Die Lesbarkeit der Welt. (Frankfurt/M. 1986)

[14] Korzybski, Alfred: Science And Sanity. New York 1941, S.58

[15] Zum Begriff der Interpunktion vgl. Watzlawick, Paul; Beavon, Janet H.; Jackson, Don D.: Menschliche Kommunikation. Bern Stuttgart Toronto (⁸1990), S.52 und S.92f

[16] Vgl. Parker, Alexander A.: Literature And The Delinquent. The Picaresque Novel In Spain And Europe. 1599-1753. Edinburgh 1967, S.28

[17] Vgl. Dunn, Peter N.: The Spanish Picaresque Novel. Boston (1979), S.135f

[18] Eisenberg, Daniel: Does The Picaresque Novel Exist? In: Kentucky Romance Quarterly 26 (1979), S.207f

[19] Eisenberg, S.204

[20] Ebd.

[21] Titel eines Aufsatzes von Willy Schumann in: PMLA 81 (1966), S.467-474

[22] Diesen inflationären Gebrauch des Terminus „neo-pikaresk" hat beispielsweise W.M. Frohock mit den Worten beklagt: „for every novelist to write a new novel there exists at least one critic waiting to find something picaresque in it." Frohock, W. M.: The Idea Of The Picaresque. In: Yearbook of Comparative and General Literature 16 (1969), S.43

[23] Vgl. dazu Derrida, Jacques: The Law Of Genre. In: Glyph 7 (1980), S.203 und S.221

[24] Vgl. Voßkamp, Wilhelm: Gattungen als literarisch-soziale Institutionen. In: Hinck, Walter (Hrsg.): Textsortenlehre - Gattungsgeschichte. Heidelberg 1977, S.29

[25] Lem, Stanislaw: Phantastik und Futurologie. Bd. 1 (Frankfurt/M. 1984), S.86

[26] Vgl. Bjornson, Richard: The Picaresque Hero In European Fiction. Harrison 1977, S.4

[27] Vgl. Goodman, Welterzeugung, S.19ff

[28] Sklovskij, Viktor: Theorie der Prosa. (Frankfurt/M. 1984), S.31

[29] Der Ausdruck stammt von Gottfried Benn. Vgl. Roman des Phänotyp. In: Derselbe: Prosa und Autobiographie in der Fassung der Erstdrucke. Hrsg. v. Bruno Hillebrand. (Frankfurt/M. 1984), S.155

[30] Carpentier, Alejo: Stegreif und Kunstgriffe. Essays zur Literatur, Musik und Architektur in Lateinamerika. (Frankfurt/M. 1980), S.11

[31] Vgl. Guillén, Claudio: Genre and Countergenre: The Discovery Of The Picaresque. In: Pellon, Gustavo; Rodriguez-Luis, Julio (Ed.):Upstarts, Wanderers Or Swindlers. Anatomy Of The Picaro. A Critical Anthology. (Amsterdam 1986), S.67-80

[32] Vgl. Lem, Stanislaw: Philosophie des Zufalls. Zu einer empirischen Theorie der Literatur. Bd.1 (Frankfurt/M. 1989), S.368

[33] Luhmann, Niklas: Soziale Systeme. Grundriß einer allgemeinen Theorie. (Frankfurt/M. 1987), S.357 und S.383

[34] Vgl. Konstantinovic, Zoran: Der literarische Vergleich und die komparatistische Reflexion. Theorie und Methode der Vergleichenden Literaturwissenschaft. In: Beiträge zur Romanistischen Philologie 17 (1978), S.124

[35] Vgl. Bateson, Gregory: Ökologie des Geistes. Anthropologische, psychologische, biologische und epistemologische Perspektiven. (Frankfurt/M. 1985),S.254f
[36] Vgl. Derrida, Law, S.212
[37] Iser, Akt, S.87
[38] Vgl. Deleuze, Jacques; Guattari, Felix: Rhizom. Berlin 1977, S.21; Bateson, Ökologie, S.584
[39] „Wahrnehmung arbeitet nur mit Unterschieden. Jede Informationsaufnahme ist notwendig die Aufnahme der Nachricht von einem Unterschied, und alle Wahrnehmung von Unterschieden ist durch Schwellen begrenzt. Unterschiede, die zu klein oder zu langsam dargestellt sind, können nicht wahrgenommen werden." Bateson, Gregory: Geist und Natur. Eine notwendige Einheit. (Frankfurt/M. 1987), S.39f
[40] Vgl. Bateson, Natur, S.122; Watzlawick, Kommunikation, S.29
[41] Vgl. Bateson, Natur, S.137; Bateson, Ökologie, S.412, S.580, S.584, S.587
[42] Goodman, Welterzeugung, S.117
[43] Goodman, Nelson: Vom Denken und anderen Dingen. (Frankfurt/M.1987), S.67
[44] Bateson, Ökologie, S.584
[45] Vgl. Derrida, Law, S.212
[46] Vgl. Korzybski, S.58f
[47] Vgl. Whitehead, Alfred North; Russell, Bertrand: Principia Mathematica. (Frankfurt/M. 1986), S.55ff
[48] Vgl. Calvino, Italo: Kybernetik und Gespenster. Überlegungen zu Literatur und Gesellschaft. (München Wien 1984), S.198ff
[49] Vgl. Luhmann, Systeme, S.73
[50] Vgl. Deleuze; Guattari, S.11, S.21f; Luhmann, Systeme, S.74f
[51] Gadamer, Hans-Georg: Wahrheit und Methode. Grundzüge einer philosophischen Hermeneutik. Tübingen (⁴1975), S.338
[52] Vgl. Luhmann, Niklas: Sinn als Grundbegriff der Soziologie. In: Habermas, Jürgen; Luhmann, Niklas: Theorie der Gesellschaft oder Sozialtechnologie -

Was leistet die Systemforschung? (Frankfurt/M. 1976), S.32ff
[53] Vgl. Musil, Robert: Der Mann ohne Eigenschaft 1. Hrsg. v. Adolf Frisé. (Reinbek bei Hamburg 1986), S.16
[54] Hillebrand, Bruno: Theorie des Romans. (München 1980), S.16
[55] Goodman, Nelson: Tatsache,Fiktion, Voraussage. (Frankfurt/M.1988), S.78
[56] Vgl. Weimar, Klaus: Enzyklopädie der Literaturwissenschaft. München (1980), 7; Dierse, Ulrich: Enzyklopädie. Zur Geschichte eines philosophischen Begriffs. Bonn 1977, S.3
[57] Eco, Umberto: Nachschrift zum „Namen der Rose". (München 1986),S.28
[58] Janik, Dieter: Literaturwissenschaft als Methode. Die Kommunikationsstruktur des Erzählwerks und fünf weitere Studien. Darmstadt 1985, S.17
[59] Bachtin, Michail M.: Formen der Zeit im Roman. Untersuchungen zur historischen Poetik. (Frankfurt/M.1989),S.12
[60] Gurjewitsch, Aaron J.: Das Weltbild des mittelalterlichen Menschen. München (1986), S.328
[61] Vgl. Gurjewitsch, Weltbild, S.76
[62] Vgl. Gurjewitsch, Weltbild S.58, S.76, S.82f; Foucault, Michel: Die Ordnung der Dinge. Eine Archäologie der Humanwissenschaften. (Frankfurt/M. 1989), S.46 und S.60f
[63] Vgl. Koselleck, Reinhart: Vergangene Zukunft. Zur Semantik geschichtlicher Zeiten. (Frankfurt/M. 1979), S.359
[64] Foucault, S.83f
[65] Sloterdijk, Peter: Kopernikanische Mobilmachung und Ptolemäische Abrüstung. Ästhetischer Versuch. (Frankfurt/M. 1987), S.57
[66] Vgl. Boas, Marie: Die Renaissance der Naturwissenschaften 1450-1630. Das Zeitalter des Kopernikus. Nördlingen (1988), S.231
[67] Vgl. Boas, S.277
[68] Vgl. Luhmann, Systeme, S.73
[69] Vgl. Lotman, Jurij M.: Die Struktur literarischer Texte. München (1972), S.23
[70] Vgl. Kloepfer, Rolf: Der Roman als

„entfesseltes Gespräch". In: Derselbe; Janetzke-Dillner, Gisela (Hrsg.): Erzählung und Erzählforschung im 20.Jahrhundert. Stuttgart Berlin Köln Mainz (1981), S.15

[71] Hillebrand, S.18

[72] Butor, Michel: Repertoire 1. München (1963), S.9

[73] Vgl. Schmeling, Manfred: Autothematische Dichtung als Konfrontation. Zur Systematik literarischer Selbstdarstellung. In: Lili 8 (1978), S.82

[74] Lotman, S.352

[75] Vgl. Stierle, Karlheinz: Montaigne und die Erfahrung der Vielheit. In: Stempel, Wolf-Dieter; Stierle, Karlheinz (Hrsg.): Die Pluralität der Welten. Aspekte der Renaissance in der Romania. (München 1987), S.428

[76] Vgl. El Saffar, Ruth: Novel to Romance. A Study Of Cervantes' „Novelas ejemplares". (Baltimore London 1974), S.80f

[77] Cervantes, Miguel de: Novelas ejemplares. Madrid 1943, S.294; Deutsche Fassung unter dem Titel: Die Novellen. Übersetzt von Konrad Thorer. (Frankfurt/M. 1987), S.598

[78] Cervantes, Novelas, S.251; Dt.Fassung, S.572f

[79] Vgl. Murillo, L.A.: Cervantes „Coloquio de los perros". A Novel-Dialogue. In: Modern Philology 58 (1961), S.182

[80] Cervantes, Novelas, S.232; Dt.Fassung, S.561

[81] Cervantes, Novelas, S.255; Dt.Fassung, S.575f

[82] Daß Berganzas Geschichte voller Inversionen steckt, hat bereits Ruth El Saffar festgestellt. Vgl. El Saffar, Romance, S.76

[83] Vgl. Tarr, Frederick C.: Die thematische und künstlerische Geschlossenheit des „Lazarillo de Tormes." In: Heidenreich, Pikarische Welt, S.17; Herrero, Javier: Renaissance Poverty And Lazarillo's Family: The Birth Of The Picaresque Genre. In: Pellon, S.203

[84] Vgl. Bjornson, S.21; Alter, Robert: Rogue's Progress. Studies In The Picaresque Novel. Cambridge 1964, S.2

[85] Vgl. Pfandl, Ludwig: Geschichte der Spanischen Nationalliteratur in ihrer Blütezeit. Freiburg ^{2}1929, S.269

[86] Vgl. Deyermond, Alan J.: „Lazarillo de Tormes". A Critical Guide. London 1975, S.27ff

[87] Vgl. Blackburn, Alexander: The Myth Of The Picaro. Continuity And Transformation Of The Picaresque Novel. 1554-1954. Chapel Hill 1979, S.42; Gilman, Stephan: The Death Of „Lazarillo de Tormes". In: PMLA 81 (1966), S.163ff

[88] Vgl. Bachtin, Michail M.: Rabelais und seine Welt. Volkskultur als Gegenkultur. (Frankfurt/M. 1987), S.130

[89] Vgl. Willis, Raymond R.: Lazarillo And The Pardoner: The Artistic Necessity Of The Fifth Tractado. In: Hispanic Review 27 (1959), S.274; Deyermond, S.34 und S.36

[90] Vgl. Gilman, S.153

[91] Simrock, Karl: Die deutschen Sprichwörter. Stuttgart 1988, Nr. 5109

[92] Vgl. Rico, Francisco: The Spanish Picaresque Novel And The Point Of View. Cambridge (1984), S.2 und S.7

[93] Vgl. Cros, Edmond: An Ideological Reading Of The Epistolary Bond In „Lazarillo de Tormes". In: Pellon, S.218

[94] Vgl. daher zum folgenden Davis, Natalie Zemon: Der Kopf in der Schlinge. Gnadengesuche und ihre Erzähler. (Frankfurt/M. 1991)

[95] Vgl. Tarr, S.21f

[96] Vgl. Sieber, S.16f; Cros, Reading, S.216

[97] Mancing, Howard: The Deceptiveness Of „Lazarillo de Tormes". In: PMLA XL (1975), S.431

[98] Vgl. Deyermond, S.18

[99] Vgl. Souiller, Didier: (Que sais-je) Le Roman Picaresque. Paris 1980, S.19ff

[100] La Vida de Lazarillo de Tormes y des sus fortunas y adversidades. Introducción, bibliografía etc. de Antonio Rey

Hazas. (Madrid 1989), S.62; Deutsche Fassung: Lazarillo von Tormes oder Die Listen der Selbsterhaltung. Übersetzt von Margarete Meier-Marx. Berlin (1985), S.8

[101] Simrock, Nr. 5101

[102] Vgl. Cros, Reading, S.226

[103] Vgl. Deyermond, S.34; Mancing, Deceptiveness, S.429f

[104] Lazarillo, S.100; Dt.Fassung, S.47

[105] Lazarillo, S.123; Dt.Fassung, S.71

[106] Vgl. Guillén, Begriffsbestimmung, S.386

[107] Vgl. Marcus, Mordècai: What Is An „Initiation"-Story? In: Journal Of Aesthetics And Art Criticism (1960), S.221ff

[108] Vgl. Dreitzel, Hans Peter: Die gesellschaftlichen Leiden an der Gesellschaft. Vorstudien zu einer Pathologie des Rollenverhaltens. (Stuttgart 1980), S.89

[109] Vgl. Hillman, James: Senex And Puer: An Aspect Of The Historical And Psychological Present. In: Eranos-Jahrbuch 36 (1967), S.332

[110] Vgl. Schleussner, Bruno: Der neopikareske Roman. Pikareske Elemente in der Struktur moderner englischer Romane 1950-1969. Bonn 1969, S.18f und S.63

[111] Zum Begriff der kointentionalen Inszenierung vgl. Warning, Rainer: Der inszenierte Diskurs. Bemerkungen zur pragmatischen Relation der Fiktion. In: Henrich, Dieter; Iser, Wolfgang (Hrsg.): Funktionen des Fiktiven. München 1982, S.193

[112] Vgl. Bachtin, Formen, S.95

[113] Zum Konzept der ironischen Identifikation vgl. Jauss, Hans Robert: Ästhetische Identifikation - Versuch über den literarischen Helden. In: Derselbe: Ästhetische Erfahrung und literarische Hermeneutik. (Frankfurt/M. 1982), S.283

[114] Die Bezeichnung „halber Außenseiter" stammt von Guillén, Begriffsbestimmung, S.384, der dort über den Pícaro schreibt: „In der Tat kann er sich weder der Gemeinschaft seiner Mitmenschen anschließen, noch sie verschmähen. Er wird zu einem Menschen, den ich als „halben Außenseiter" bezeichnen möchte."

[115] „Szenographie" meint hier im Anschluß an Eco, Lector, S.100 den virtuellen Text, der sich aus dem systemischen Zusammenhang von manifester Schelmenbeichte und latenter Schelmenschelte ergibt.

[116] Zum Prinzip der Komplementarität vgl. Bohr, Niels: Atomphysik und Erkenntnis. Bd.II Aufsätze und Vorträge aus den Jahren 1958 - 1962. Braunschweig 1966, S.26

[117] Miller, Stuart: The Picaresque Novel. Cleveland 1967, S.56

[118] Dunn, Novel, S.143

[119] Vgl. Weinrich, Harald: Linguistik der Lüge. Heidelberg 1966, S.72

[120] Vgl. Weinrich, Lüge S.40 und S.56

[121] Vgl. Luhmann, Systeme, S.207f

[122] Vgl. Janik, S.61

[123] Vgl. Searle, John R.: Der logische Status fiktionalen Diskurses. In: Derselbe: Ausspruch und Bedeutung. Untersuchungen zur Sprechakttheorie. (Frankfurt/M. 1982), S.89f

[124] Bachtin, Formen, S.213

[125] Vgl. Eco, Nachschrift, S.17

[126] Vgl. zum Konzept der Autopoiesis: Schmidt, Siegfried J.: Der Diskurs des Radikalen Konstruktivismus. (Frankfurt/M. 1990)

[127] Hargasser, Franz: Gibt es eine Anthropologie des Lesens? In: Universitas 41 (1986), S.1235

[128] Vgl. Gumbrecht, Hans Jürgen: Beginn von „Literatur" / Abschied vom Körper? In: Smolka-Koerdt, Gisela; Spangenberger, Peter M.; Tillmann-Bartylla, Dagmar (Hrsg.): Der Ursprung von Literatur - Medien, Rollen, Kommunikationssituationen zwischen 1450 und 1650. München 1989, S.20f; Derrida, Jacques: Grammatologie. (Frankfurt/M. 1983), S.179; Bateson, Natur, S.63

[129] Vgl. Lewandowski, Theodor: Überlegungen zur Theorie und Praxis des

Lesens. In: Wirkendes Wort 30,1 (1980), S.57

[130] Vgl. Roloff, Volker: Identifikation und Rollenspiel. Anmerkungen zur Phantasie des Lesers. In: Erzählforschung 2. Göttingen (1977), S.271

[131] Weimar, S.86f

[132] Vgl. Todorov, Tzvetan: Die Lektüre als Rekonstruktion des Textes. In: Erzählforschung 2. Göttingen (1977), S.228; Eco, Lector S.68; Lotman, S.43

[133] Vgl. Kruse, Margot: Die parodistischen Elemente im „Lazarillo de Tormes". In: Romanisches Jahrbuch X (1959), S.303

[134] Vgl. Sklovskij, S.75; Atkinson, W.M.: Studies In Literary Decadence. I. The Picaresque Novel. In: Bulletin Of Spanish Studies 4 (1927), S.24

[135] Apuleius: Der Goldene Esel. Aus dem Lateinischen von August Rode. (Frankfurt/M. 1986), S.74; Vgl. Kruse, S.300

[136] Vgl. Riggan, William: Pícaros, Madmen, Naifs, And Clowns. The Unreliable First-Person-Narrator. Oklahoma (1981), S.47; Bachtin, Formen, S.42f. Der Terminus „Chronotopos" bezieht sich auf die raum-zeitliche Situierung der Fabel, die von Bachtin als text- und genrekonstitutive Größe beschrieben wird. Vgl. Bachtin, Formen, S.7f und S.200

[137] Apuleius, S.245

[138] Vgl. Nolting-Hauff, Ilse: Pikaresker Roman und „Menippeische Satire". In: Stempel, Welten, S.182ff

[139] Vgl. Frye, S.310f; Bachtin, Formen, S.236; Petersmann, Hubert: Der Begriff „Satyra" und die Entstehung der Gattung. In: Adamietz, Joachim (Hrsg.): Die römische Satire. Darmstadt 1986, S.7f

[140] Vgl. Alter, Progress, S.95; Schumann, S.473f; Ahrends, S.27

[141] Dinzelbacher, Peter: Vision und Visionsliteratur im Mittelalter. Stuttgart 1981, S.176. Vgl. auch Gurjewitsch, Aaron J.: Mittelalterliche Volkskultur.

München (1987), S.43, S.209, S.220, S.343

[142] Vgl. Parker, Alexander A.: Der Pikarische Roman. In: Propyläen Geschichte der Literatur. Literatur und Gesellschaft der Westlichen Welt. Bd.3 Renaissance und Barock 1400-1700. Berlin (1984), S.528

[143] Vgl. Heidenreich, J.: Das Wort „pícaro". In: Heidenreich, Pikarische Welt, S.263

[144] Vgl. Pfandl, S.265f

[145] Vgl. Angstmann, Else: Der Henker in der Volksmeinung. Seine Namen und sein Vorkommen in der mündlichen Volksüberlieferung. (Tübingen 1972), S.50; Fechner, Jörg-Ulrich: Schelmuffskys Masken und Metamorphosen. Neue Forschungsaspekte zu Christian Reuter. In: Euphorion 76 (1982), S.10; Diederichs, S.7

[146] Vgl. Danckert, Werner: Unehrliche Leute. Die verfemten Berufe. Bern München (1963), S.9-15

[147] Ebd.

[148] Vgl. Bertling, Carl: Frankfurter Sagen- und Geschichten-Buch. Frankfurt/M. 1907, S.86-90. Dort findet sich u.a. folgende, von Else Angstmann nacherzählte Legende: Friedrich Barbarossa verlor sich einst auf der Jagd im Reichsforst Dreieich weit von seinem Jagdgefolge. Da kam ihm ein Mann mit einem klepprigen Gaul gezogenen Karren entgegen, und der Kaiser ließ sich von diesem zu seinem Gefolge zurückbringen. Dort erkannte man aber mit Entsetzen im Führer des Kaisers den Schinder, den Schelmen von Bergen, dessen Berührung ja unehrlich machte. Auch der Kaiser sah sofort, daß hier nur etwas Außergewöhnliches helfen konnte. So hieß er den Schelmen von Bergen niederknien und schlug ihn auf der Stelle zum „Ritter, Schelm von Bergen, damit es nicht heiße ein Schinder habe einen deutschen Kaiser vom Weg aufgelesen." Eine Variante dieser Legende inspirierte Carl Zuckmayer zu seinem 1934 uraufge-

führten Schauspiel „Der Schelm von
Bergen".
[149] Vgl. dazu in Quevedos Roman das
11. Kapitel. „Meister Balz" ist in der
Schweiz ein traditioneller Spitzname für
den Scharfrichter. Daher enthält der
Name von Gerold Späths „Balzapf"
neben anderen Anspielungen wohl auch
einen Hinweis auf den Henker. Jedenfalls
dreht „Balzapf" seinen Zeitgenossen mit
Hilfe der Erzählkunst einen Strick. (Vgl.
Abschnitt 5.7)
[150] Vgl. Weidkuhn, Peter: Fastnacht -
Revolte - Revolution. In: Zeitschrift für
Religions- und Geistesgeschichte XXI
(1969), S.294
[151] Vgl. Montigel, Ulrike: Der Körper
im humoristischen Roman. Zur Verlustgeschichte des Sinnlichen. Francois
Rabelais - Laurence Sterne - Jean Paul -
Friedrich Theodor Vischer. (Frankfurt/M.
1987)
[152] Vgl. Defourneaux, Marcellin:
Spanien im Goldenen Zeitalter. Kultur
und Gesellschaft einer Weltmacht.
Stuttgart (1986), S.40; Real Ramos,
Cesár: „Fingierte Armut" als Obsession
und die Geburt des auktorialen Erzählens
in der Picaresca. In: Smolka-Koerdt,
S.178
[153] Guillén, Begriffsbestimmung,
S.380
[154] Sieber, S.69
[155] Auf Hermes oder Merkur applizieren sowohl Thomas Mann als auch
Günter Grass ihre Figuren. (Vgl. die
Abschnitte 5.4 und 5.5)
[156] Vgl. Blackburn, S.13
[157] Babcock-Abrahams, Barbara: „A
Tolerated Margin Of Mess": The Trickster And His Tales Reconsidered. In:
Journal Of The Folklore Institute 11
(1974), S.159
[158] Radin, Paul; Kerényi, Karl, Jung,
C.G.: Der göttliche Schelm. Ein indianischer Mythen-Zyklus. Hildesheim 1979,
S.7 und S.173
[159] Vgl. Weber, Wolfgang und
Ingeborg: Auf den Spuren des göttlichen

Schelms. Bauformen des nordamerikanischen Indianer-Märchens und des
europäischen Volksmärchens. (Stuttgart
Bad Cannstadt 1983), S.113 und S.129
[160] Vgl. Weber, S.85 und S.114
[161] Canetti, Elias: Die Provinz des
Menschen. Aufzeichnungen 1942 - 1972.
(Frankfurt/M. 1989), S.192f
[162] Vgl. Radin, S.7; Weber, S.106f;
Hillman, S.342
[163] Vgl. Radin, S.154; Weber, S.82
und S.85
[164] Vgl. Radin, S.191, S.193f; Weber,
S.112
[165] Babcock weist S.161 ausdrücklich
auf die Nähe des Trickster-Mythos zur
Theorie der Dialogizität hin, die Julia
Kristeva im Anschluß an Michail M.
Bachtin formuliert hat.
[166] Ein ausführliches Porträt von
Panurge zeichnet Schrader, Ludwig:
Panurge und Hermes. Zum Ursprung
eines Charakters bei Rabelais. Bonn
1958, S.48-63
[167] Vgl. Koehler, Erich: Die Abtei
Thélème und die Einheit des
Rabelais'schen Werks. In: Buck, August
(Hrsg.): Rabelais. Darmstadt 1973,
S.299f
[168] Vgl. Buck, August: Rabelais. Das
Romanwerk. In: Heitmann, Klaus
(Hrsg.): Der Französische Roman. Vom
Mittelalter bis zur Gegenwart. Bd. 1
Düsseldorf (1975), S.82. Bambeck, M.:
Epistemons Unterweltbericht im 30.Kapi-
tel des „Pantagruel". In: Etudes Rabelai-
siennes 1 (1956), S.35
[169] Vgl. Bachtin, Rabelais, S.363
[170] Vgl. zum Komplex des mittelalter-
lichen Karnevals: Heers, Jacques: Vom
Mummenschanz zum Machttheater.
Europäische Festkultur im Mittelalter.
(Frankfurt/M. 1986), S.256; Gurjewitsch,
Volkskultur, S.155; Gurjewitsch, Welt-
bild, S.45, S.54, S.57; Danckert, S.120
und S.122f; Montigel, S.19
[171] Rabelais, Francois: Gargantua und
Pantagruel. Übersetzung von Ferdinand
Adolf Gelbcke. 2 Bde. (Frankfurt/M.

1985), hier: Bd.2, S.133ff
[172] Vgl. Bachtin, Rabelais, S.59f und S.423
[173] Vgl. Bachtin, Rabelais, S.52
[174] Vgl. Bachtin, Rabelais, S.55
[175] Vgl. zu dieser Skizze: Burke, Peter: Helden, Schurken und Narren. Europäische Volkskultur in der Frühen Neuzeit. (München 1985), S.196-204; Callois, Roger: Die Spiele und die Menschen. Maske und Rausch. (Frankfurt/M. Berlin Wien 1982), S.149; Johannismeier, Rolf: Spielmann, Schalk und Scharlatan. Die Welt als Karneval: Volkskultur im späten Mittelalter. (Reinbek bei Hamburg 1984), S.16 und S.181
[176] Vgl. Frazer, James George: The Golden Bough. A Study In Magic And Religion. New York ²(1951), S.148; Burke, S.199; Bachtin, Formen, S.96; Heers, S.256
[177] LaCapra, Dominick: Geschichte und Kritik. (Frankfurt/M. 1987), S.69
[178] Vgl. Schmidt-Hidding, Wolfgang: Humor und Witz. München 1963, S.93ff und S.128
[179] Vgl. Blackburn, S.16; Bachtin, Formen, S.92f
[180] Sloterdijk, Peter: Kritik der zynischen Vernunft. Bd.2 (Frankfurt/M. 1983), S.529
[181] Vgl. Boas, S.83
[182] Nietzsche, Friedrich: Nachgelassene Fragmente 1885 - 1889. 1.Teil: 1885 - 1887. In: Derselbe: Sämtliche Werke. Kritische Studienausgabe in 15 Bänden. Hrsg. v. Giorgio Colli und Mazzino Montinari. (München Berlin New York 1980), im folgenden abgekürzt als KSA, hier Bd.12, S.127
[183] Hauser, Arnold: Der Manierismus. Die Krise der Renaissance und der Ursprung der modernen Kunst. München (1964), S.45
[184] Goodman, Welterzeugung, S.10
[185] Vgl. Berger, Peter L.: Einladung zur Soziologie. Eine humanistische Perspektive. (München ⁴1973), S.142; Hejl, Peter M.: Konstruktion der sozialen

Konstruktion. Grundlinien einer konstruktivistischen Sozialtheorie. In: Schmidt, S.303-339. Hejl erklärt dort S.327, soziale Systeme seien „synreferentiell", weil sie sich auf interaktiv oder kommunikativ hergestellte Sinnzusammenhänge beziehen.
[186] Vgl. Luhmann, Systeme S.566 und S.590f
[187] Zu Recht ist daher die Existenz des pikaresken Helden von Ulrich Broich (Tradition und Rebellion. Zur Renaissance des pikaresken Romans in der englischen Literatur der Gegenwart. In: Poetica 1,2 (1967), S.222) „als Inbegriff des Prinzips der Kontingenz" bezeichnet worden.

Anmerkungen zu Kapitel 2

[1] Vgl. McGrady, Donald: Mateo Alemán. New York (1968), S.60
[2] Alemán, Mateo: Guzmán de Alfarache. 5 Bde. Madrid (1936-1946). 2.Bd., S.25. Deutsche Fassung: Das Leben des Guzmán de Alfarache. Übertragen von Rainer Specht. In: Spanische Schelmenromane. Hrsg. v. Horst Baader. 2 Bde. München 1964/65, 1.Bd., S.216
[3] Alemán, 2.Teil, 2.Buch, 4.Kapitel; Dt. Fassung S.570-583
[4] Vgl. Tscheer, Rosemarie: Guzmán de Alfarache bei Mateo Alemán und Juan Martí. Ein Beitrag zur Gegenüberstellung der authentischen und der apokryphen Fortsetzung. (Bern Frankfurt/M. 1983), S.138; Sobejano, Gonzalo: On The Intention And Value Of „Guzmán de Alfarache". In: Pellon, S.226
[5] Vgl. Rico, a.a.O., S.39; Sobejano, a.a.O., S.228
[6] Vgl. Lem, Philosophie, 2.Bd., S.107f. Das berühmteste hybride Kunstwerk im Bereich des Romans stellt Laurence Sternes TRISTRAM SHANDY dar, mit dem der GUZMAN DE ALFARACHE wiederholt verglichen worden ist,

beispielsweise von Stuart Miller, S.105f
oder von Maurer-Rothenberger, Friedel:
Die Mitteilungen des Guzmán de Alfarache. Berlin 1967, S.90f und S.110
[7] Alemán, 2.Bd., S.42; Dt.Fassung,
S.227
[8] Vgl. von Poser, Michael: Der ab-
schweifende Erzähler. Rhetorische
Tradition und deutscher Roman im
achtzehnten Jahrhundert. Bad Homburg
Berlin Zürich (1969), S.31
[9] Vgl. Perelmuter, Pérez R.: The Rogue
As Trickster In „Guzmán de Alfarache".
In: Hispania 59,4 (1976), S.824
[10] Bspw. Báez, Enrique Moreno:
Enthält der „Guzmán de Alfarache" eine
didaktische Aussage? In: Heidenreich,
Pikarische Welt, S.188f. Ähnliche
Auffassungen vertreten San Miguel,
Angel: Mateo Alemán. „Guzmán de
Alfarache". In: Roloff, Volker; Wentz-
laff-Eggebert, Harald (Hrsg.): Der
spanische Roman vom Mittelalter bis zur
Gegenwart. Düsseldorf (1968), S.67;
Grass, Roland: Der Aspekt des Morali-
schen im pikarischen Roman. In: Heiden-
reich, Pikarische Welt, S.342; Souiller,
S.29-33; Parker, Literature, S.38ff
[11] Alemán, 3.Bd., S.73; Dt.Fassung,
S.423
[12] Alemán, 5.Bd., S.154; Dt.Fassung,
S.829
[13] Alemán, 2.Bd., S.289; Dt.Fassung,
S.380
[14] Alemán, 3.Bd., S.373; Dt.Fassung,
S.423
[15] Vgl. Rosenthal, Regine: Die Erben
des Lazarillo: Identitätsfrage und Schluß-
lösung im pikaresken Roman. Frankfurt/
M. 1983, S.35; Jones, J.A.: The Duality
And Complexity Of „Guzmán de Alfarache". Some Thoughts On The Structure
And Interpretation Of Alemáns Novel.
In: Whitbourn, Christine J. (Ed.): Knaves
And Swindlers. Essays On The Picares-
que Novel In Europe. London New York
Toronto 1974, S.42; Rötzer, Hans Gerd:
Pícaro, Landstörtzer, Simplicius. Studien
zum niederen Roman in Spanien und

Deutschland. Darmstadt 1972, S.72
[16] Vgl. Arias, Joan: „Guzmán de
Alfarache": The Unrepentant Narrator.
London (1977), S.44
[17] Vgl. Rosenthal, S.34ff; Riggan,
Pícaros, S.52f; Jones, S.42
[18] Vgl. Arias, S.71
[19] Alemán, 4.Bd., S.45; Dt.Fassung,
S.588
[20] Vgl. Arias, S.6f, S.12, S.33, S.40
[21] Vgl. Rapaport, Anatol: Kataklysmische und strategische Konfliktmodelle.
In: Bühl, Walter L.: (Hrsg) Konflikt und
Konfliktstrategie. (München 1972),
S.266f zur Strategie und S.295f zum
Kataklysma.
[22] Alemán, 2.Bd., S.54; Dt.Fassung,
S.235
[23] Alemán, 1.Bd., S.114f; Dt.Fassung,
S.120
[24] Alemán, 4.Bd., S.104; Dt.Fassung,
S.627
[25] Alemán, 1.Bd., S.105; Dt.Fassung,
S.114
[26] Alemán, 4.Bd., S.200f; Dt.Fassung,
S.690. Diese Formulierung spielt offenbar auf die bekannte Sage vom Wolf an,
der sich bei einem Lamm darüber
beschwert, daß es den Fluß, aus dem es
trinke, beschmutze, und diesen Vorwurf
zum Vorwand nimmt, das Lamm zu
fressen. Die Unhaltbarkeit des Vorwurfs
ergibt sich dabei daraus, daß das Lamm
unterhalb der Wolfstränke aus dem Fluß
trinkt.
[27] Alemán, 2.Bd., S.104; Dt.Fassung,
S.264
[28] Alemán, 2.Bd., S.246; Dt.Fassung,
S.351
[29] Vgl. Basanta, Angel: Introduccíon.
In: Francisco de Quevedo: La Vida del
Buscón don Pablos. (Madrid 1987), S.49
[30] Reed, Walter L.: An Exemplary
History Of The Novel. The Quixotic
Versus The Picaresque. Chicago London
(1981), S.66
[31] Vgl. Derrida, Jacques: Positionen.
Graz Wien 1986, S.88f
[32] Zum Zusammenhang von Parodie

und Dekonstruktion vgl. Rose, Margaret A.: Parody / Meta-Fiction. An Analysis Of Parody As A Critical Mirror To The Writing And Reception Of Fiction. London (1979), S.102

[33] Eine solche psychologische Lesart wird, ausgehend von Parker, Alexander A.: Zur Psychologie des Pikaro in „El Buscón". In: Heidenreich, Pikarische Welt, S.219ff sowie Parker, Roman, S.537 auch von Dunn, Novel, S.67 und Chwastek, Sieglinde: Pikarische Persönlichkeitsentwicklung im spanischen Schelmenroman. Kindheit und Umwelt als Determinanten. Idstein 1987, S.73f oder Souiller, S.52 sowie Baader, Horst: Nachwort. In: Spanische Schelmenromane, S.607 vertreten.

[34] Vgl. Rico, S.78

[35] Quevedo, Francisco de: La Vida del Buscón llamada don Pablos. (Madrid 1987), S.100; Deutsche Fassung: Das Leben des Buscón. Übertragen von Herbert Koch. In: Spanische Schelmenromane, S.45

[36] Zum Konzept der negativen Identität vgl. Erikson, Erik H.: Identität und Lebenszyklus. Drei Aufsätze. (Frankfurt/ M. ²1974), S.165ff

[37] Chwastek, S.90

[38] So wird Pablos mehrmals von Kameraden, die darin ihr Vergnügen finden, zu Gaunereien ermuntert. Dt.Fassung, S.52: „Da ich noch jung war und sah, daß man das Talent lobte, mit dem ich solche Schurkereien ausübte, wurde ich ermutigt, noch mehr zu unternehmen."

[39] Quevedo, Buscón, S.109; Dt.Fassung, S.54

[40] Am deutlichsten herausgearbeitet hat dies Cros, Edmond: Approche Sociocritique du Buscón. In: Actes Picaresques espagnole. Etudes Sociocritique. Montpellier 1976, S.80 und S.84

[41] Rötzer, Hans Gerd: Francisco de Quevedo: „Historia de la vida del buscón, llamado don Pablos etc". In: Roloff; Wentzlaff-Eggebert, S.120

[42] Zur ersten Gruppe gehören Pablos Vater in seiner Eigenschaft als Barbier S.17ff, seine Mutter in ihrer Eigenschaft als Hure S.21, der Lehrer Capra, die Marktweiber S.23, die Studenten S.43f, die Soldaten S.71ff, die Kaufleute S.76, die Almosenweiber S.81 sowie die Schauspieler und Stückeschreiber S.141. Hinzu kommen die Badergeselle S.32, der Wirt S.34 und die verschiedenden Vertreter des Adels. Unter die zweite Rubrik fallen der Staatsnarr S.58ff, der Mathematik- und Fechtnarr S.60f, der Dichtnarr S.64f und der an den komischen Typus des „miles gloriosus" erinnernde Prahlhans S.72.

[43] Quevedo, Francisco de: Die Träume. Die Fortuna mit Hirn oder die Stunde aller. (Frankfurt/M. ²1980), S.64

[44] Grimmelshausen, Hans Jakob Christoph von: Der Abenteuerliche Simplicissimus Teutsch. Stuttgart (1986), S.508

[45] Moscherosch, Johann Michael: Wunderliche und Wahrhafftige Gesichte Philanders von Sittewalt. Stuttgart (1986), S.67f

[46] Vgl. Schäfer, Walter Ernst: Der Satyr und die Satire. Zu Titelkupfern Grimmelshausens und Moscheroschs. In: Rasch, Wolfdietrich; Geulen, Hans (Hrsg.): Rezeption und Produktion zwischen 1570 und 1770. Bern München 1972, S.226

[47] Vgl. Heckman, John: Emblematic Structures In „Simplicissimus Teutsch". In: Modern Language Notes 84 (1969), S.879

[48] Vgl. Morewedge, Rosemarie T.: The Circle And The Labyrinth In Grimmelshausen's „Simplicissimus". In: Argenis 1-3 (1977), S.388

[49] Grimmelshausen, Simplicissimus, S.78

[50] Schmidt, Lothar: Das Ich im „Simplicissimus". In: Heidenreich, Pikarische Welt, S.360

[51] Vgl. McQueen, Marian: Narrative Structure And Reader Response In

„Simplicissimus" And „Don Quijote"; A Contrastive Study. In: Argenis 1-3 (1977), S.254

[52] Die These von der Rahmung des „Simplicissimus" durch das Motiv der Einsiedelei vertreten z.b. Böckmann, Paul: Die Abwendung vom Elegantiaideal in Grimmelshausens „Simplicissmus". In: Weydt, Günther (Hrsg.): Der Simplicissimusdichter und sein Werk. Darmstadt 1969, S.231; Rohrbach, Günter: Figur und Charakter. In: Weydt, Simplicissimusdichter, S.258; Schönhaar, Rainer: Pikaro und Eremit. Ursprung und Abwandlungen einer Grundfigur des europäischen Romans vom 17. bis 18.Jahrhundert. In: Derselbe (Hrsg.): Dialog. Literatur und Literaturwissenschaft im Zeichen deutsch-französischer Begegnung. Berlin 1973, S.55

[53] Grimmelshausen, Simplicissimus, S.52

[54] Grimmelshausen, Simplicissimus, S.52

[55] Grimmelshausen, Simplicissimus, S.53

[56] Grimmelshausen, Simplicissimus, S.55

[57] Vgl. Grimmelshausen, Simplicissimus, S.60

[58] Grimmelshausen, Simplicissimus, S.62f

[59] Grimmelshausen, Simplicissimus, S.61f

[60] Johannismeier, S.67f

[61] Johannismeier, S.72

[62] Grimmelshausen, Simplicissimus, S.96

[63] Grimmelshausen, Simplicissimus, S.539

[64] Vgl. Schäfer, Satyr, S.224

[65] Vgl. Meid, Volker: Grimmelshausen: Epoche - Werk - Wirkung. München (1984), S.111-116

[66] Vgl. Kurz, Gerhard: Metapher, Allegorie, Symbol. Göttingen (1982), S.33

[67] Vgl. Triefenbach, Peter: Der Lebenslauf des „Simplicius Simplicissi-mus". Figur - Initiation - Satire. (Stuttgart 1979), S.16

[68] Grimmelshausen, Simplicissimus, S.687

[69] Vgl. Riggan, William: The Reformed Pícaro And His Narrative. A Study In The Autobiographical Accounts Of „Lucius", „Simplicius Simplicissimus", „Lazarillo de Tormes", „Guzmán de Alfarache" And „Moll Flanders". In: Orbis Litterarum 30 (1975), S.183f

[70] Grimmelshausen, Simplicissimus, S.621f. Vgl. Tarot, Rolf: Simplicissimus und Baldanders. Zur Deutung zweier Episoden in Grimmelshausens „Simplicissimus Teutsch". In: Argenis 1-3 (1977), S.121

[71] Dies gilt, anders als Gutzwiller meint, auch für die Kreutz-Insul. Vgl. Gutzwiller, Paul: Der Narr bei Grimmelshausen. Einsiedeln 1959, S.56 und S.68

[72] Grimmelshausen, Simplicissimus, S.362

[73] Mähl, Hans Joachim: Narr und Pícaro. Zum Wandel der Narrenrolle im Roman des 17.Jahrhunderts. In: Fülleborn, Ulrich; Krogoll, Johannes (Hrsg.): Studien zur deutschen Literatur. Heidelberg 1973, S.30

[74] Grimmelshausen, Simplicissimus, S.122

[75] Grimmelshausen, Simplicissimus, S.186

[76] Moscherosch, S.68

[77] Vgl. Triefenbach, S.100f

[78] Vgl. Meid, S.108; Triefenbach, S.31. Für diese Rolle dürfte die Schalk-Figur Eulenspiegel Pate gestanden haben.

[79] Moscherosch, S.68

[80] Vgl. Dimler, G. Richard: Simplicius Simplicissimus And Oskar Matzerath As Alienated Heroes: Comparison And Contrast. In: Amsterdamer Beiträge zur Neueren Germanistik 4 (1975), S.114; Triefenbach, S.29

[81] Grimmelshausen, Simplicissimus, S.167

[82] Grimmelshausen, Simplicissimus, S.643

[83] Vgl. Triefenbach, S.225
[84] Vgl. dazu in aller Ausführlichkeit
Gersch, Hubert: Geheimpoetik. Die
„Continuatio des Abentheuerlichen
Simplicissimi" interpretiert als Grimmels-
hausens verschlüsselter Kommentar zu
seinem Roman. Tübingen 1973, S.36-58
[85] Schmidt, S.350
[86] Vgl. Meid, S.122
[87] Rötzer, Hans Gerd: Der Roman des
Barock. 1600-1700. Kommentar zu einer
Epoche. München (1972), S.44; dito:
Rötzer, Landstörtzer, S.125f
[88] Vgl. Berger, Günter: Oppositionelle
Literatur zu Anfang des 17.Jahrhunderts.
In: Brockmeier, Peter; Wetzel, Herman
H. (Hrsg.): Französische Literatur in
Einzeldarstellungen. Bd.1 Von Rabelais
bis Diderot. Stuttgart (1981), S.244ff
[89] Sorel, Charles: Wahrhaftige und
lustige Historie vom Leben des Francion.
Frankfurt/M. 1968, S.444
[90] Vgl. Koschlig, Manfred: Das Lob
des „Francion" bei Grimmelshausen. In:
Jahrbuch der deutschen Schillergesellschaft I (1957), S.53 und S.57
[91] Grimmelshausen, Simplicissimus,
S.489
[92] Grimmelshausen, Hans Jakob
Christoph von: Lebensbeschreibung der
Ertzbetrügerin und Landstörtzerin
Courasche. Stuttgart (1980), S.113
[93] Grimmelshausen, Courasche, S.131
[94] Vgl. Feldges, Mathias: Grimmelshausens „Landstörtzerin Courasche".
Eine Interpretation nach dem Vierfachen
Schriftsinn. Bern 1969, S.43
[95] Grimmelshausen, Hans Jakob
Christoph von: Der seltzame Springinsfeld. Stuttgart (1976), S.131
[96] Grimmelshausen, Courasche, S.87
[97] Grimmelshausen, Courasche, S.130
[98] Vgl. Bernard, Daniel: Wolf und
Mensch. (Saarbrücken 1983), S.8
[99] Zur Rolle der Landsknechthure vgl.
Irsigler, Franz; Lasotta, Arnold: Ritter
und Gaukler, Dirnen und Henker.
Außenseiter in einer mittelalterlichen
Stadt. Köln 1300-1600. (München 1989),
S.210
[100] Vgl. Meid, S.160
[101] Arnold, Hubert A.: Die Rollen der
Courasche: Bemerkungen zur wirtschaftlichen und sozialen Stellung der Frau im
siebzehnten Jahrhundert. In: Becker-
Cantario, Barbara (Hrsg.): Die Frau von
der Reformation bis zur Romantik. Die
Situation der Frau vor dem Hintergrund
der Literatur- und Sozialgeschichte. Bonn
1980, S.91
[102] Vgl. Feldges, S.78ff, S.92ff
[103] Weydt, Günter: Nachwort zu
Grimmelshausen, Courasche, S.170
[104] Vgl. Streller, Siegfried: Lebensbeschreibung der Ertzbetrügerin und
Landstörtzerin Courasche. In: Weydt,
Simplicissimusdichter, S.250
[105] Vgl. Leighton, Joseph: „Courasche" And „Moll Flanders": Roguery
And Morality. In: Bircher, Martin;
Fechner, Jörg Ulrich; Hillen, Gerd
(Hrsg.): Barocker Lust-Spiegel. Studien
zur Literatur des Barock. Amsterdam
1984, S.308. Eine weitere Inspirationsquelle für den „Trutz Simplex" könnte
Ubedas „La Pícara Justina" gewesen sein,
die Grimmelshausen vermutlich in einer
deutschen Fassung kannte, welche
ihrerseits einer italienischen Übersetzung
des spanischen Originals verpflichtet war.
Vgl. Stadler, Ulrich: Parodistisches in der
„Justina Dietzin Picara". Über die
Entstehungsbedingungen und zur Wirkungsgeschichte von Ubedas Schelmenroman in Deutschland. In: Arcadia 7
(1972), S.158ff
[106] Büchler, Hansjörg: Studien zu
Grimmelshausens Landstörtzerin Coura-
che. (Vorlagen / Struktur und Sprache /
Moral). Bern Frankfurt/M. 1971, S.13
[107] Vgl. El Saffar, Romance, S.30
[108] Vgl. Defourneaux, S.103
[109] Vgl. Dunn, Novel, S.79
[110] Vgl. Defourneaux, S.262
[111] Chandler, Frank Wadleigh: Romances Of Roguery. An Episode Of The
Novel. The Picaresque Novel In Spain.
New York 1961, S.43

[112] Vgl. El Saffar, Romance, S.37

[113] Cervantes, Novelas, S.218;
Dt.Fassung, S.207

[114] Grundlegend für den Zusammen-
hang von Distanz und Kontrolle bei
Cervantes: El Saffar, Ruth S.: Distance
And Control In „Don Quijote". A Study
In Narrative Technique. Chapel Hill
1975, S.23

[115] Miguel de Cervantes: Don Quijote
de la Mancha. 2 Bde. Zaragossa 1977,
1.Bd., S.301. Deutsche Fassung: Der
sinnreiche Junker Don Quijote von der
Mancha. Übertragung von Ludwig
Braunfels. Stuttgart Hamburg München
o.J., 1.Teil, S.156. Alle folgenden Zitate
von Gínes S.301f im 1.Bd. des Originals
und S.156f in der dt. Fassung

[116] Vgl. El Saffar, Distance, S.21

[117] Vgl. Predmore, Richard C.: The
World of „Don Quijote". Cambridge
1967, S.18

[118] Vgl. Neuschäfer, Hans-Jürg: Der
Sinn der Parodie im „Don Quijote".
Heidelberg 1963, S.52

[119] Eco, Umberto: Das offene Kunstwerk. (Frankfurt/M. 1977), S.271

[120] Vgl. Krauss, Werner: Cervantes.
Leben und Werk. (Neuwied Berlin 1966),
S.138f

[121] Cervantes, Don Quijote, 1.Bd.,
S.113; Dt.Fassung, S.13

[122] Nabokov, Vladimir: Die Kunst des
Lesens. Cervantes „Don Quijote".
(Frankfurt/M. 1985), S.78

[123] Vgl. Neuschäfer, S.106

[124] Vgl. Weimar, S.86

[125] Auden, W.H.: The Ironic Hero.
Some Reflections On „Don Quijote". In:
Nelson, Lowry (Ed.): Cervantes. A
Collection Of Critical Essays. Englewood
Cliffs New York 1969, S.77

[126] Vgl. Gumbrecht, S.48

[127] Hoffmeister, Gerhart (Hrsg.): Der
moderne deutsche Schelmenroman. Neue
Interpretationen. Amsterdam 1985/86,
S.137

[128] Vgl. Arend, Dieter: Der Schelm als
Widerspruch und Selbstkritik des

Bügertums. Vorarbeiten zu einer literatursoziologischen Analyse der Schelmenliteratur. Stuttgart (1974), S.111

[129] Cervantes, Don Quijote, 1.Bd.,
S.270; Dt.Fassung, S.130

[130] Cervantes, Don Quijote, 2.Bd.,
S.70; Dt.Fassung, S.468

[131] Vgl. Neuschäfer, S.35f; Jurzik,
Renate: Der Stoff des Lachens. Studien
über Komik. Frankfurt/M. New York
(1985), S.72

[132] Cervantes, Don Quijote, 2.Bd.,
S.507f; Dt.Fassung, S.802

[133] Vgl. Weinrich, Harald: Der Leser
des „Don Quijote". In: Lili 57/58 (1985),
S.59

[134] Foucault, S.78

[135] Vgl. Nabokov, S.56

[136] Vgl. Jurzik, S.95

[137] Ebd.

[138] Kafka, Franz: Hochzeitsvorbereitungen auf dem Lande und andere Prosa
aus dem Nachlaß. (Frankfurt/M. 1983),
S.54

[139] Cervantes, Don Quijote, 1.Bd.,
S.165; Dt.Fassung, S.51

[140] Vgl. Predmore, S.128

[141] Zum Problem der reziproken
Schismogenese vgl. Bateson, Ökologie,
S.109ff; Bateson, Natur, S.238f; Watzla-
wick, Kommunikation, S.68ff

[142] Vgl. de Madariaga, Salvador: Über
„Don Quijote". Wien München (1965),
S.190

[143] Vgl. Spitzer, Leo: On The Significance Of „Don Quijote". In: Nelson, S.94

[144] Cervantes, Don Quijote, 2.Bd.,
S.35; Dt.Fassung, S.441

[145] Cervantes, Don Quijote, 1.Bd.,
S.343; Dt.Fassung, S.189

[146] Bachtin, Rabelais, S.72f

[147] Ebd.

[148] Cervantes, Don Quijote, 1.Bd.,
S.246; Dt.Fassung, S.114

[149] Cervantes, Don Quijote, 1.Bd.,
S.566; Dt.Fassung, S.369

[150] Parker, Alexander A.: Die Auffassung der Wahrheit im „Don Quijote". In:
Hatzfeld, Helmut (Hrsg.): „Don Quijote".

Forschung und Kritik. Darmstadt 1968, S.21
[151] Cervantes, Don Quijote, 1.Bd., S.581; Dt.Fassung, S.381
[152] Cervantes, Don Quijote, 1.Bd., S.630; Dt.Fassung, S.418
[153] Cervantes, Don Quijote, 2.Bd., S.289; Dt.Fassung, S.636
[154] Cervantes, Don Quijote, 2.Bd., S.439; Dt.Fassung, S.749
[155] Vgl. Nabokov, S.94. Auf der folgenden Seite nennt Nabokov Cervantes Roman sogar eine „Enzyklopädie der Grausamkeit".
[156] Vgl. Schwanitz, Dietrich: Systemtheorie und Literatur. Ein neues Paradigma. (Opladen 1990), S.154
[157] Vgl. Riley, E.C.: Life And Literature In „Don Quijote". In: Nelson, S.127
[158] Cervantes, Don Quijote, 2.Bd., S.270; Dt.Fassung, S.620
[159] Cervantes, Don Quijote, 2.Bd., S.563; Dt.Fassung, S.843
[160] Vgl. Parker, Wahrheit, S.35
[161] Segre, Cesare: Gerade und Spiralen im Aufbau des „Don Quijote". In: Derselbe: Literarische Semiotik. Dichtung - Zeichen - Geschichte. (Stuttgart 1980), S.307
[162] Vgl. Gumbrecht, S.30
[163] Foucault, S.78
[164] Segre, S.290
[165] Foucault, S.78ff
[166] Cervantes, Don Quijote, 2.Bd., S.275; Dt.Fassung, S.625

Anmerkungen zu Kapitel 3

[1] Mancing, Form, S.187
[2] Vgl. Mancing, Form, S.187-190
[3] Vgl. Bernard, S.53
[4] Vgl. Bernard, S.95 und S.118
[5] Vgl. Bernard, S.19
[6] Vgl. Gaede, Friedrich: Renaissance und Reformation. In: Bahr, Ehrhard (Hrsg.): Geschichte der Deutschen

Literatur. Kontinuität und Veränderung. Vom Mittelalter bis zur Gegenwart. Bd.I: Vom Mittelalter bis zum Barock. Tübingen (1987), S.288f; Lazarowicz, Klaus: Verkehrte Welt. Vorstudien zu einer Geschichte der deutschen Satire. Tübingen 1963, S.272f
[7] Vgl. Lazarowicz, S.289
[8] Vgl. Machiavelli, Niccolò: Discorsi. Gedanken über Politik und Staatsführung. Stuttgart ²(1977), S.279
[9] Vgl. Machiavelli, Niccolò: Il Princpe / Der Fürst. Stuttgart (1988), S.135
[10] Machiavelli, Principe, S.137
[11] Machiavelli, Principe, S.191ff
[12] Machiavelli, Principe, S.139
[13] Vgl. Watzlawick, Kommunikation, S.241
[14] Vgl. Meid, S.124
[15] Petrarca, Francesco: Heilmittel gegen Glück und Unglück. / De remediis utriusque fortunae. Lateinisch-deutsche Ausgabe in Auswahl übersetzt und kommentiert von Rudolf Schottlaender. Hrsg. v. Eckhard Keßler. (München 1988), S.175
[16] Petrarca, S.157
[17] Petrarca, S.213 und S.221
[18] Vgl. Truman, R.W.: „Lazarillo de Tormes" Petrachs „De Remediis Adversae Fortunae" And Erasmus „Praise Of Folly". In: Bulletin Of Hispanic Studies 52 (1975), S.45
[19] Vgl. Schottlaender, Rudolf: Einleitung zu Petrarca, S.26f
[20] Laut Sallust „De re publica Ordinaria" 1,1 ist der römische Konsul Appius Claudius Urheber der Redewendung „Jeder ist seines Glückes Schmied." Vgl. Büchmann: Geflügelte Worte. Stuttgart (1956), S.347
[21] Cervantes, Don Quijote, 2.Bd., S.538; Dt.Fassung, S.825
[22] Gracián, Balthasar: Handorakel und Kunst der Weltklugheit. Stuttgart (1986), 21. Orakel
[23] Gracián, 163. Orakel
[24] Vgl. Rapaport, S.281 sowie Bühl, Walter L.: Theorien sozialer Konflikte.

Darmstadt 1976, S.162
[25] Vgl. Gracián, 13. Orakel
[26] Vgl. Gracián, 157. Orakel
[27] Vgl. Blumenberg, Lesbarkeit, S.113f
[28] Gracián, 157. Orakel
[29] Gracián, 98. Orakel
[30] Gracián, 219. Orakel
[31] Gracián, 126. Orakel
[32] Gracián, 89. Orakel
[33] Gracián, 55. Orakel
[34] Goffman, Erving: Stigma. Über Techniken der Bewältigung beschädigter Identität. (Frankfurt/M. 1975), S.68
[35] Gracián, 181. Orakel
[36] Vgl. Goffman, Stigma, S.11
[37] Vgl. Goffman, Stigma, S.28
[38] Gracián, 224. Orakel
[39] Gracián, 180. Orakel
[40] Gracián, 217. Orakel
[41] Souiller, S.65
[42] Gracián, 211. Orakel
[43] Friedrich, Hugo: Zum Verständnis des Werkes. (Nachwort zur deutschen Übersetzung des „Criticón" von Balthasar Gracián) (Reinbek bei Hamburg 1957), S.218
[44] Gracián, 300. Orakel
[45] Burton, Robert: Anatomie der Melancholie. Über die Allgegenwart der Schwermut, ihre Ursachen und Symptome sowie die Kunst, es mit ihr auszuhalten. (München 1991), S.129
[46] Burton, S.21
[47] Frye, S.312f
[48] Burton, S.52
[49] Burton, S.47. Vgl. dazu die in Abschnitt 2.2 zitierte Moralpredigt des Teufels in Quevedos Träumen, S.64
[50] Burton, S.43
[51] Burton, S.65f
[52] Alemán, 2.Bd., S.247; Dt.Fassung, S.353
[53] Burton, S.67
[54] Burton, S.140
[55] Burton, S.279
[56] Hobbes, Thomas: Leviathan. Erster und zweiter Teil. Stuttgart (1980), S.6f
[57] Hobbes, S.113f

[58] Hobbes, S.91
[59] Vgl. Blackburn, S.107; Baader, Nachwort, S.596
[60] Hobbes, S.117
[61] Rousseau, Jean-Jacques: Abhandlung über den Ursprung und die Grundlagen der Ungleichheit unter den Menschen. In: Derselbe: Schriften Bd.1 (Frankfurt/M. Berlin Wien 1981), S.218
[62] Vgl. Hobbes, S.117
[63] Rousseau, Abhandlung, S.218
[64] Rousseau, Jean-Jacques: Vom Gesellschaftsvertrag oder Grundsätze des Staatsrechts. Stuttgart (1988), S.12
[65] Rousseau, Abhandlung, S.237
[66] Rousseau, Abhandlung, S.230
[67] Rousseau, Abhandlung, S.243f
[68] Arendt, Dieter: Die pikarischen Helden des Notstands oder „Eigentum ist Diebstahl". In: Kürbiskern (1982), Heft 1, S.62
[69] Vgl. Dürrenmatt, Friedrich: Monstervortrag über Gerechtigkeit und Recht. In: Derselbe: Philosophie und Naturwissenschaft. Essays, Gedichte und Reden. (Zürich 1986), S.48
[70] Dürrenmatt, S.44f
[71] Dürrenmatt, S.46
[72] „Wer jedoch das große bürgerliche Wolfsspiel abschaffen will", wie es die Kommunisten vorhatten, „muß die Wölfe in Lämmer umprogrammieren" und das Gute-Hirte-Spiel betreiben. (Dürrenmatt, S.49f). Wie sich mittlerweile gezeigt hat, erweisen sich die Oberhirten dabei jedoch zumeist als besonders abgefeimte Wölfe im Schafspelz, die ihre Mitmenschen nur deshalb zu Unschuldslämmern machen, um ihnen desto leichter das Fell über die Ohren ziehen zu können.
[73] Berne, Eric: Spiele der Erwachsenen. Psychologie der menschlichen Beziehungen. (Reinbek bei Hamburg 1990), S.57
[74] Harris, Thomas A.: Ich bin o.k. Du bist o.k. Eine Einführung in die Transaktionsanalyse. (Reinbek bei Hamburg 1989), S.48
[75] Vgl. Sloterdijk, Kritik, S.102

[76] Lesage, Alain-René: Geschichte des Gil Blas von Santillana. München (1959), S.87. Original: Lesage, Alain-René: Histoire de Gil Blas de Santillane. 2 Bde. Paris 1935, 1.Bd., S.70

Anmerkungen zu Kapitel 4

[1] Defoe erwähnt den „Lazarillo de Tormes" in seinen Schriften, wie Spadaccini, Nicholas: Daniel Defoe And The Spanish Picaresque Tradition. In: Ideology And Literature 2 (1978), S.12 ausführt.
[2] Vgl. Blewett, David: Introduction. In: Defoe, Daniel: The Fortunes And Misfortunes Of Moll Flanders. (London New York 1989), S.3f
[3] Vgl. Nolting-Hauff, Ilse: Die betrügerische Heirat. Realismus und Pikareske in Defoes „Moll Flanders". In: Poetica 3 (1970), S.413 und S.418
[4] Vgl. Habel, Ursula: Die Nachwirkungen des pikaresken Romans in England (von Nash bis Fielding und Smollett). Breslau 1930, S.131
[5] Watt, Ian: Der bürgerliche Roman. Aufstieg einer Gattung. Defoe - Richardson - Fielding. (Frankfurt/M. 1974), S.146
[6] Blewett, S.1
[7] Ebd.
[8] Vgl. Kohl, Norbert: Nachwort. In: Defoe, Daniel: Glück und Unglück der berühmten Moll Flanders. Deutsch von Martha Erler (Frankfurt/M. 1983), S.407
[9] Paul Goetsch hat in seiner Interpretation des Romans, die auf Franz K. Stanzels Konzept der „Komplementär- und Alternativ-Geschichte" rekurriert, darauf hingewiesen, daß es für Moll durchaus Möglichkeiten gegeben hätte, ihr Dasein auf ehrliche Weise zu fristen. Vgl. Goetsch, S.280
[10] Defoe, Moll Flanders, S.37
[11] Defoe, Moll Flanders, S.350

[12] Kohl, S.409
[13] Defoe, Moll Flanders, S.392
[14] Defoe, Moll Flanders, S.364
[15] Vgl. Spadaccini, S.18
[16] Vgl. Van Ghent, Dorothy: On „Moll Flanders". In: Elliott, Robert (Ed.): Twentieth Century Views Of „Moll Flanders". A Collection Of Critical Essays. Englewood Cliffs (1970), S.35; Novak, Maximillian E.: Conscious Irony In „Moll Flanders". In: Elliott, S.47
[17] Vgl. Donoghue, Denis: The Values Of „Moll Flanders". In: Heidenreich, Regina und Helmut (Hrsg.): Daniel Defoe. Schriften zum Erzählwerk. Darmstadt 1982, S.132f
[18] Bjornson, S.190
[19] Vgl. Spadaccini, S.16
[20] Defoe, Moll Flanders, S.51
[21] Defoe, Moll Flanders, S.38
[22] Lazarillo, S.61; Dt.Fassung S.7
[23] Defoe, Moll Flanders, S.427
[24] Parker, Literature, S.107
[25] Defoe, Daniel: The History And Remarkable Life Of The Truly Honourable Col. Jacques Commonly Call'd Col. Jack. London New York Toronto 1965, S.7
[26] Defoe, Col. Jack, S.119
[27] Defoe, Col. Jack, S.151f
[28] Defoe, Col. Jack, S.157
[29] Defoe, Col. Jack, S.215
[30] Vgl. Defoe, Col. Jack, S.225
[31] Vgl. Taube, Otto von: Nachwort zu Lesage Gil Blas, S.1028
[32] Zur wechselseitigen Durchdringung narrativer und dramatischer Darstellungsweisen bei Lesage vgl. Wehle, Winfried: Zufall und epische Integration. Wandel des Erzählmodells und Sozialisation des Schelms in der „Histoire de Gil Blas de Santillane". In: Romanisches Jahrbuch 23 (1972), S.123 sowie Heitman, Klaus: Lesage „Gil Blas de Santillane". In: Derselbe (Hrsg.): Der Französische Roman. Vom Mittelalter bis zur Gegenwart. Bd.1 Düsseldorf (1975), S.160
[33] Lesage, Gil Blas, 1.Bd., S.256; Dt.Fassung, S.299

[34] Lesage, Gil Blas, 2.Bd., S.128;
Dt.Fassung, S.655
[35] Vgl. Bjornson, S.218
[36] Lesage, Gil Blas, 2.Bd., S.403;
Dt.Fassung, S.969
[37] Vgl. Alter, Progress, S.27
[38] Vgl. Brun, Felix: Strukturwandlungen des Schelmenromans. Lesage und
seine spanischen Vorgänger. Bern 1962,
S.16
[39] Vgl. Miller, Norbert: Das Spiel von
Fügung und Zufall. Versuch über
Marivaux als Romancier. In: Marivaux,
Pierre Carlet de: Romane (München
1968), S.876f
[40] Vgl. Wehle, S.128; Souiller, S.82
[41] Vgl. Wehle, S.116
[42] Formal betrachtet ist Scipions
Lebenslauf in Gil Blas Geschichte wie
Sayavedras Biographie in Guzmáns
Erzählung eingelassen, aber Sayavedras
Geschichte zeigt im Gegensatz zu Lesage
Erzählung, daß aus einem Schurken kein
ehrenwertes Mitglied der Gesellschaft
werden kann.
[43] Lesage, Gil Blas, 2.Bd., S.336;
Dt.Fassung, S.883
[44] Vgl. Stoll, Andreas: Wege zu einer
Soziologie des pikaresken Romans. In:
Baader, Horst; Loos, Erich (Hrsg.):
Spanische Literatur im Goldenen Zeitalter. Frankfurt/M. (1973), S.514
[45] Neben Apuleius, Guevara, Alemán
und anderen ist es vor allem Espinels
„Marcos de Obregon", dem Lesage'
Werk verpflichtet ist. Das 1619 erstmals
veröffentlichte Buch, dessen Hauptperson
ein überaus geschwätziger Schildknappe
ist, wird in vielen Literaturgeschichten
als Schelmenroman behandelt, verdient
diese Bezeichnung aber kaum, denn die
Geschichten und Meinungen, die Marcos
vorträgt, spiegeln die feudale Ideologie
wider.
[46] Sieber, S.50
[47] Jacobs, Jürgen: „Wilhelm Meister"
und seine Brüder. Untersuchungen zum
deutschen Bildungsroman. München
1972, S.25f

[48] Goethe, Johann Wolfgang von:
Vorwort. In: Sachse, Johann Christoph:
Der Deutsche Gil Blas. Oder Leben,
Wanderungen und Schicksale eines
Thüringers von ihm selbst verfaßt. Hrsg.
v. Jochen Golz. Nördlingen 1987, S.7
[49] Dilthey, Wilhelm: Der Bildungsroman. In: Selbmann, Rolf (Hrsg.): Zur
Geschichte des deutschen Bildungsromans. Darmstadt 1988, S.121
[50] Goethe, Vorwort, S.6f
[51] Kurzke, Hermann: Thomas Mann.
Epoche - Werk - Wirkung. München
(1989), S.292
[52] So die despektierliche Abbreviatur
der Bildungsgeschichte durch Hegel in
seiner Ästhetik. Hegel, Georg Friedrich
Wilhelm: Werke. Bd.14 Vorlesungen
über die Ästhetik II. (Frankfurt/M. 1970),
S.220
[53] Koopmann, Helmut: Pikaro in der
Romantik? Eine Spurensuche. In:
Hoffmeister, Neue Interpretationen, S.23
[54] Rosenthal, S.56
[55] Jacobs, Brüder, S.15
[56] Vgl. Miller, Norbert, S.866f
[57] Vgl. Miller, Norbert, S.898
[58] Vgl. Miller, Norbert, S.927
[59] Marivaux, Pierre Carlet de: Romans
suivis de récits, contes & nouvelles
extraits des essais et des journaux de
Marivaux. (Paris) 1949, S.778;
Dt.Fassung, S.828
[60] Marivaux, S.670; Dt.Fassung, S.700
[61] Marivaux, S.655; Dt.Fassung, S.683
[62] Baader, Horst: „Le Paysan Parvenu"
de Marivaux et la tradition du roman
picaresque espagnole. In: Actes Picaresque Européene. Etudes sociocritique.
Montpellier 1976, S.141
[63] Zum Einfluß von Lesage und
Marivaux auf Fielding vgl. Goldberg,
Homer: The Art Of „Joseph Andrews".
Chicago London (1969), S.53 und S.67f
[64] Vgl. Watt, Roman, S.302
[65] Vgl. Ehrenpreis, Irving: Fielding's
Use Of Fiction. The Autonomy Of
„Joseph Andrews". In: Iser, Wolfgang
(Hrsg.): Henry Fielding und der englische

Roman des 18.Jahrhunderts. Darmstadt 1972, S.236

[66] Fielding, Henry: The History Of Tom Jones, A Foundling. Edited by R.P.C. Mutter. (London New York 1985), S.201

[67] Fielding, Henry: The History Of The Adventures Of Joseph Andrews And Of His Friend Mr. Abraham Adams. Written In Imitation Of The Manner Of Cervantes, Author Of „Don Quixote" and An Apology For The Life Of Mrs. Shamela Andrews. Edited with an introduction by Douglas Brooks-Davies. (Oxford New York Toronto 1991), S.7

[68] Fielding, Tom Jones, S.88

[69] Vgl. Alter, Progress, S.84f

[70] Fielding, Joseph Andrews, S.230

[71] Fielding, Tom Jones, S.622

[72] Fielding, Tom Jones, S.299

[73] Vgl. Iser, Wolfgang: Die Leserrolle in Fieldings „Joseph Andrews" und „Tom Jones". In: Derselbe, Fielding, S.303f; Goldberg, S.74

[74] Vgl. Leisi, Ilse: Nachwort. In: Fielding, Henry: Die Abenteuer des Joseph Andrews und seines Freundes Mr. Abraham Adams. Zürich (1989), S.610

[75] Vgl. Habel, S.45f

[76] Vgl. Alter, Progress, S.90f

[77] Fielding, Tom Jones, S.431f

[78] Fielding, Tom Jones, S.301f

[79] Habel, S.46

[80] So schreibt Kearful S.388, „Roderick Random" sei „a kind of recapitulation of all the generically disintegrative tendencies of the pseudo-picaresque", und für Poenicke verkommt mit Smolletts Roman „das Pikareske gegen Ende des 18.Jahrhunderts immer mehr zu bloßer Epigonalität." Poenicke, Klaus: Das Rad der Fortuna und die Revolution. Zur Geschichtsideologie pikarischen Erzählens. In: Amerikastudien 23 (1978), S.96

[81] Smollett, Tobias: The Adventures Of Roderick Random. Edited with an introduction by Paul-Gabriel Boucé. (Oxford New York Toronto 1986),

S.XXXIV. Vgl. Fredman, Alice Green: The Picaresque In Decline: Smollett's First Novel. In: Middendorf, J.H. (Ed.): English Writers Of The Eighteenth Century. (New York London 1971), S.199; Bjornson, S.231f

[82] Smollett, Roderick Random, S.1

[83] Smollett, Roderick Random, S.95

[84] Smollett, Roderick Random, S.254

[85] Vgl. Fredman, S.205f

[86] Vgl. Poenicke, Rad, S.96

[87] Vgl. Alter, Progress, S.78

[88] Smollett, Tobias: The Adventures Of Peregrine Pickle In Which Are Included Memoirs Of A Lady Of Quality. With The Authors Preface. In: The Works of Tobias Smollett. Introduction by G. H. Maynadier. Vol. IV - VII. New York (1957). Hier Bd.III, S.92

[89] Vgl. Spector, Robert Donald: Tobias George Smollett. New York (1968), S.62ff

[90] Smollett, Peregrine Pickle, Bd.VII, S.18

[91] Matter, Hans: Nachwort. In: Tobias George Smollett: Die Abenteuer des Peregrine Pickle. Darmstadt (1989), S.834

[92] Smollett, Peregrine Pickle, Bd. VII, S.132

[93] Smollett, Peregrine Pickle, Bd. VII, S.293

[94] Smollett, Peregrine Pickle, Bd. V, S.7

[95] Smollett, Peregrine Pickle, Bd. IV, S.251

[96] Smollett, Peregrine Pickle, Bd. VI, S.273

[97] Rohmann, Gerd: Die zeitgenössische Rezeption (1760-1813). In: Rohmann, Gerd (Hrsg.): Laurence Sterne. Darmstadt 1980, S.19

[98] Rohmann, Gerd: Einleitung. In: Rohmann, S.6

[99] Sterne, Laurence: The Life And Opinions Of Tristram Shandy, Gentleman. New York Scarborough (1988). Da der Roman aus äußerst kurzen Abschnitten besteht, wird jedes Zitat im folgenden

mit einer römischen Ziffer für den Band und einer arabischen Zahl für das Kapitel belegt.

[100] Traugott, John: Tristram Shandy's World: Sterne's Philosophical Rhetoric. (Berkeley Los Angeles 1954), S.109

[101] Traugott, S.83

[102] Vgl. Wagoner, Mary S.: Satire of the Reader in „Tristram Shandy". In: Rohmann, S.155

[103] Vgl. Hall, Joan J.: The Hobbyhorsical World of „Tristram Shandy". In: Modern Language Quarterly 24 (1963), S.131; Anderson, Howard: Tristram Shandy and the reader's imagination. In: PMLA 86 (1971), S.970; Berger, Dieter A.: Das gezielte Mißverständnis: Kommunikationsprobleme in Laurence Sternes „Tristram Shandy". In: Poetica 5 (1972), S.340

[104] Vgl. Locke, John: Versuch über den menschlichen Verstand. 2 Bde. Hamburg (1981), 1.Bd., S.216

[105] Vgl. Byrd, Max: Tristram Shandy. London Boston Sydney (1985), S.70ff

[106] Preston, John: The Created Self: The Reader's Role in Eighteenth-Century Fiction. (London 1970), S.205

[107] Vgl. Burckhardt, Sigurd: Tristram Shandy's Law of Gravity. In: Rohmann, S.137ff

[108] Nietzsche, KSA, 8.Bd., S.419

[109] Nietzsche, KSA, 2.Bd., S.424

[110] Vgl. Reed, S.151

[111] Iser, Wolfgang: Laurence Sternes „Tristram Shandy". Inszenierte Subjektivität. München (1987), S.109

[112] Locke, 2.Bd., S.15

[113] Iser, Subjektivität, S.109

[114] Wittgenstein, Ludwig: Philosophische Untersuchungen. (Frankfurt/M. 1975), S.237

[115] Vgl. Cash, Arthur H.: The Lockean psychology of Tristram Shandy. In: ELH 22 (1955), S.132; Alter, Robert: Tristram Shandy and the game of love. In: American Scholar 37 (1968), S.318; Traugott, S.69

[116] Locke, 2.Bd., S.144

[117] Anderson, Howard: Associationism and Wit in „Tristram Shandy". In: Rohmann, S.107

[118] Vgl. Frye S.313; Ahrends S.17 und S.25

[119] Ahrends, S.28

[120] Reed, S.149

[121] Sklovskij, S.143

[122] Vgl. Sklovskij, S.115

[123] Hall, S.139

[124] Preston, S.175

[125] Byrd, S.66

[126] Nietzsche, KSA, 2.Bd., S.425

[127] Vgl. Hörhammer, Dieter: Die Formation des literarischen Humors. Ein psychoanalytischer Beitrag zur bürgerlichen Subjektivität. München 1984, S.69f

[128] Iser, Subjektivität, S.118

[129] Byrd S.14f

[130] Lamb, Jonathan: Sterne's system of imitation. In: Modern Language Review 76 (1981), S.800

[131] Vgl. Locke, 1.Bd., S.432

[132] Vgl. Stanzel, Franz: „Tom Jones" und „Tristram Shandy". In: Iser, Fielding, S.452

[133] Mayoux, Jacques: Erlebte und erzählte Zeit in „Tristram Shandy". In: Rohmann, S.379

[134] Towers, A. R.: Sterne's cock and bull story. In: ELH 24 (1957), 25

[135] Rosenblum, Michael: Shandean geometry and contingency. In: Novel 10 (1977), S.241f

[136] Lanham, Richard A.: „Tristram Shandy": The Games of Pleasure. (Berkely Los Angeles 1973), S.111

[137] Lanham, S.95

[138] Byrd, S.55

[139] Traugott, S.136

[140] Lanham, S.89

[141] Vgl. Rohmann, Gerd: Sternes Entdeckung durch die Romantik (1767-1836) und die Krise seiner Rezeption im Viktorianismus (1831-1864). In: Rohmann, S.38

[142] Vgl. Reed, S.187

[143] Thackeray, William Makepeace: The Memoirs Of Barry Lyndon, Esq.

Written By Himself. New York 1968, S.3f
[144] Thackeray, Barry Lyndon, S.331
[145] Vgl. Alter, Progress, S.114
[146] Vgl. Quirk, Tom: Melville's „Confidence-Man". From Knave To Knight. Columbia London 1982, S.3ff und S.14
[147] Zitiert nach Quirk, S.30
[148] Vgl. Quirk, S.34
[149] Melville, Herman: The Confidence-Man: His Masquerade. Edited with an introduction and notes by Stephen Matterson. (London New York 1990), S.21
[150] Vgl. Woodmansee, Martha A.: Melville's „Confidence-Man". In: Lohner, Edgar (Hrsg.): Der Amerikanische Roman im 19. und 20. Jahrhundert. Interpretationen. (Berlin 1974), S.58
[151] Melville, Confidence-Man, S.41
[152] Vgl. Melville, Confidence-Man, S.264: „All the world's a stage, And all the men and women merely players; They have their exits and their entrance, And one man in his time plays many parts."
[153] Melville, Confidence-Man, S.161
[154] Melville, Confidence-Man, S.32
[155] Vgl. Woodmansee, S.56
[156] Vgl. Matterson, Stephan: Introduction. In: Melville, Confidence-Man, S.XXII
[157] Schwanitz, S.106
[158] Schwanitz, S.102
[159] Zitiert nach Bergmann, Johannes Dietrich: The Original Confidence-Man. In: American Quarterly XXI,3 (1969), S.574
[160] Vgl. Bergmann, S.562
[161] Vgl. Seelye, John: Melville: The Ironic Diagramm. Evanson 1970, S.118
[162] Blackburn, S.176
[163] Vgl. Sussman, Henry: The Deconstructor As Politician: Melville's „Confidence-Man". In: Glyph 4 (1978), S.37f
[164] Zum Verhältnis von Roman und Diskurs vgl. Eisele, Ulf: Die Struktur des modernen deutschen Romans. Tübingen

1984, S.15f und S.48f
[165] Melville, Confidence-Man, S.155
[166] Melville, Confidence-Man, S.227
[167] Melville, Confidence-Man, S.156
[168] Vgl. Seelye, S.130
[169] Der Einfluß von Robert Burtons „Anatomy Of Melancholy" auf Melville gilt als gesichert. Vgl. Quirk, S.136f
[170] Vgl. Miller, James R.: A Reader's Guide To Herman Melville. London (1962), S.177
[171] Vgl. Luhmann, Niklas: Vertrauen. Ein Mechanismus der Reduktion sozialer Komplexität. Stuttgart ²1973, S.51
[172] Vgl. Luhmann, Vertrauen, S.7f
[173] Vgl. Luhmann, Vertrauen, S.4 und S.63
[174] Vgl. Luhmann, Vertrauen, S.68
[175] Vgl. Franklin, Bruce M.: The Wake Of The Gods. Melville's Mythology. Stanford (1966), S.18f
[176] Melville, Confidence-Man, S.8
[177] Melville, Confidence-Man, S.165
[178] Melville, Confidence-Man, S.274
[179] Melville, Confidence-Man, S.298

Anmerkungen zu Kapitel 5

[1] Vgl. Schafer, William J.: Ralph Ellison And The Birth Of The Anti-Hero. In: Critique 10 (1968), S.81
[2] Vgl. Baumbach, Jonathan: Nightmare Of A Native Son: Ralph Ellison's „Invisible Man". In: Critique 6 (1963), S.53f
[3] Vgl. McSweeney, Kerry: „Invisible Man". Race And Identity. Boston (1988), S.75
[4] Vgl. Rosenhan, David L.: Gesund in kranker Umgebung. In: Watzlawick, Paul (Hrsg.): Die erfundene Wirklichkeit. Wie wissen wir, was wir zu wissen glauben? Beiträge zum Konstruktivismus. München Zürich (1987), S.130
[5] Ellison, Ralph: Invisible Man. New York (1990), S.33

[6] Vgl. Baumbach, S.62

[7] Vgl. Nadel, Alan: Invisible Criticism. Ralph Ellison And The American Canon. Iowa City (1988), S.67f

[8] Vgl. McSweeney, S.106f

[9] Vgl. Stonequist, Everett V.: The Marginal Man. A Study In Personality And Culture Conflict. New York 1961, S.122f; Dreitzel, S.126

[10] Vgl. Stonequist, S.3f und S.140f

[11] Vgl. Glicksberg, Charles J.: The Symbolism Of Vision. In: Reilly, John H. (Ed.): Ralph Ellison. A Collection Of Critical Essays. Englewood Cliffs New York 1974, S.54

[12] Ellison, Invisible Man, S.559

[13] Vgl. Rosenthal, S.149; Poenicke, Klaus: Jenseits von Puer und Senex: Der Pikaro und die Figuren-Phänomenologie der Postmoderne. In: Amerikastudien 24 (1979), S.219f

[14] Camus, Albert: Der Mensch in der Revolte. Essays. (Reinbek bei Hamburg), S.236

[15] Camus, Revolte, S.211

[16] Vgl. Sieber, S.73

[17] Ellison, Invisible Man, S.14

[18] Ellison, Ralph: Introduction. In: Ellison, Invisible Man, S.XX

[19] Vgl. Burke, Kenneth: Ralph Ellison's Trueblooded „Bildungsroman". In: Benston, Kimberly W. (Ed.): Speaking To You. The Vision Of Ralph Ellison. Washington 1987, S.350

[20] Vgl. Rosenthal, S.99; Fuchs, Daniel: Saul Bellow. Vision And Revision. Durham 1984, S.59

[21] Bellow, Saul: The Adventures Of Augie March. London New York 1984, S.3

[22] Vgl. Kulshrestha, Chiratan: Saul Bellow. The Problem Of Affirmation. (New Delhi 1978), S.97

[23] Die amerikanische Verfassung garantiert bekanntlich jedem Bürger der USA, sein Glücksstreben („pursuit of happiness") frei entfalten zu können.

[24] Bellow, Augie March, S.454

[25] Bellow, Augie March, S.117

[26] Bellow, Augie March, S.183

[27] Bellow, Augie March, S.196

[28] Vgl. Goldberg, Gerald: Life's Customer, „Augie March". In: Critique 3 (1960), S.17

[29] Bellow las „Tom Jones", während er „Augie March" schrieb. Die Figur Thea sollte ursprünglich Sophia heißen. Vgl. Fuchs, S.69

[30] Bellow, Augie March, S.454

[31] Vgl. Newman, Judie: Saul Bellow And History. London (1984), S.14

[32] Vgl. Kulshrestha, S.101

[33] Vgl. Warren, Robert Penn: The Man With No Commitments. In: Trachtenberg, Stanley (Ed.): Critical Essays On Saul Bellow. Boston (1979), S.13

[34] Hegel, S.220. Vgl. zum Konflikt von Individuum und Gesellschaft im Roman auch Hegels Bemerkung auf S.393: „Eine der gewöhnlichsten und für den Roman passendsten Kollisionen ist deshalb der Konflikt zwischen der Poesie des Herzens und der entgegenstehenden Prosa der Verhältnisse sowie dem Zufalle äußerer Umstände."

[35] Bellow, Augie March, S.536

[36] Alter, Progress, S.122

[37] Thelen, Albert Vigoleis: Die Insel des Zweiten Gesichts. Aus den angewandten Erinnerungen des Vigoleis. (Frankfurt/M. Berlin Wien 1983), S.730

[38] Thelen, Insel, S.736

[39] Thelen, Insel, S.7

[40] Vgl. Zeller, Rosemarie: Die poetischen Verfahren Albert Vigoleis Thelens. In: Colloquia Germanica (1979), S.330f

[41] Thelen, Insel, S.7

[42] Vgl. White, Donald O.: Wiederbegegnung mit einem halbverschollenen Meisterepos. Zur „Insel des zweiten Gesichts" des Albert Vigoleis Thelen. In: Kloepfer; Janetzke-Dillner, S.302f

[43] Vgl. Zeller, S.336

[44] Thelen, Albert Vigoleis: Der schwarze Herr Baßhetup. Aus den angewandten Erinnerungen des Vigoleis. München (1977), S.248

[45] Thelen, Insel, S.729

[46] Thelen, Insel, S.260
[47] Thelen, Insel, S.433
[48] Kremer, Manfred: Albert Vigoleis
Thelens Roman „Die Insel des zweiten
Gesichts". Adaption einer alten Form? In:
Hoffmeister, Neue Interpretationen, S.151
[49] Thelen, Insel, S.419
[50] Thelen, Baßhetup, S.437
[51] Vgl. Krüger, Anna: Albert Vigoleis
Thelen. In: Nonnenmann, Klaus (Hrsg.):
Schriftsteller der Gegenwart. Dreiundfünfzig Porträts. Olten Freiburg 1963,
S.295f
[52] Thelen, Insel, S.9
[53] Thelen, Insel, S.87
[54] Thelen, Insel, S.117
[55] Zitiert nach Scharfschwerdt, Jürgen:
Thomas Mann und der deutsche Bildungsroman. Stuttgart Berlin Köln Mainz
1967, S.267
[56] Nietzsche, KSA, 2.Bd., S.462
[57] Nietzsche, KSA, 3.Bd., S.608
[58] Mann, Thomas: Bekenntnisse des
Hochstaplers Felix Krull. (Frankfurt/M.
1987), S.19
[59] Zitiert nach Schneider, Karl Ludwig:
Thomas Manns „Felix Krull". Schelmenroman und Bildungsroman. In: Günther
V.J. u.a. (Hrsg.): Untersuchungen zur
Literatur als Geschichte. (Berlin 1973),
S.546
[60] Vgl. Wyssling, Hans: Thomas
Manns Pläne zur Fortsetzung des „Krull".
In: Thomas-Mann-Studien Bd.3. Bern
München (1974), S.149
[61] Vgl. Mann, Felix Krull, S.19
[62] Hans Wyssling hat all diese Quellen
mit geradezu kriminalistischer Akribie
aufgelistet und in ihrer Bedeutsamkeit für
die Genese des „Krull"-Romans beschrieben. Vgl. daher Wyssling, Hans: Narzißmus und illusionäre Existenzform. Zu
den „Bekenntnissen des Hochstaplers
Felix Krull". Bern München 1982
[63] Vgl. Lem, Futurologie, 1.Bd., S.387
[64] Zitiert nach Dieckmann, Friedrich:
Felix Krulls Verklärung. Zum zweiten
Teil der „Bekenntnisse". In: Sinn und
Form 19 (1967), S.894

[65] Vgl. Reed, S.234
[66] Schneider, S.550
[67] Seidlin, Oskar: Picaresque Elements
in Thomas Mann's Work. In: Modern
Language Quarterly 12 (1951), S.187
[68] Lem, Zufall, 2.Bd., S.325
[69] Vgl. Sprecher, Thomas: Felix Krull
und Goethe. Thomas Manns „Bekenntnisse" als Parodie auf „Dichtung und
Wahrheit". Bern Frankfurt/M. New York
1985, S.48
[70] Mann, Felix Krull, S.5
[71] Vgl. Nietzsche, KSA, 2.Bd., S.14
[72] Vgl. Frizen, Werner: Thomas Mann:
„Bekenntnisse des Hochstaplers Felix
Krull". (München 1988), S.24
[73] Mann, Felix Krull, S.26
[74] Mann, Felix Krull, S.31
[75] Mann, Felix Krull, S.142
[76] Mann, Felix Krull, S.118
[77] Vgl. Hermsdorf, Klaus: Thomas
Manns Schelme. Figuren und Strukturen
des Komischen. Berlin (1968), S.314f
[78] Vgl. Wyssling, Pläne, S.156
[79] Mann, Felix Krull, S.266
[80] Jacobs, Brüder, S.231
[81] Vgl. Dieckmann, S.902f; Frizen,
Mann, S.21
[82] Mann, Felix Krull, S.60
[83] Vgl. Frizen, Mann, S.42
[84] Vgl. Kurzke, S.292
[85] Vgl. Wyssling, Narzißmus, S.33f
und S.138-142
[86] Mann, Felix Krull, S.11
[87] Vgl. Scharfschwerdt, S.250
[88] Vgl. Sprecher, S.35ff
[89] Mann, Felix Krull, S.192
[90] Vgl. Weimann, Robert: Erzählprosa
und Weltaneignung. Zu Entstehung und
Funktion des Realismus in der Renaissance. In: Sinn und Form 103 (1977),
S.839
[91] Vgl. Wyssling, Narzißmus, S.67f
[92] Vgl. Dieckmann, S.913
[93] Vgl. Frizen, Mann, S.37; Dieckmann, S.931; Scharfschwerdt, S.254ff
[94] Vgl. Reed, S.240
[95] Vgl. Kerényi, Karl: Hermes der
Seelenführer. Zürich 1944, S.32f und

S.38
[96] Vgl. Radin, S.180
[97] Vgl. Kerényi, Hermes, S.64f
[98] Kerényi, Karl; Jung, C.G.: Das
göttliche Kind in mythologischer und
psychologischer Beleuchtung. Leipzig
1946, S.62
[99] Vgl. Wyssling, Narzißmus, S.93ff
[100] Freud, Sigmund: Zur Einführung
des Narzißmus. In: Derselbe. Gesammelte Werke Bd.X (Frankfurt/M. ⁶1973),
S.161
[101] Freud spricht in diesem Zusammenhang von einer „Gleichsetzung des
Dichters mit dem Tagträumer". Vgl.
Freud, Sigmund: Der Dichter und das
Phantasieren. In: Derselbe: Gesammelte
Werke Bd.VII (Frankfurt/M. ⁵1972),
S.221
[102] Vgl. Wyssling, Narzißmus, S.56
und S.307
[103] Vgl. Sennett, Richard: Verfall und
Ende des öffentlichen Lebens. Die
Tyrannei der Intimität. (Frankfurt/M.
1986), S.408
[104] Danto, Arthur C.: Die Verklärung
des Gewöhnlichen. Eine Philosophie der
Kunst. (Frankfurt/M. 1991), S.29
[105] Vgl. Mayer, Hans: Felix Krull und
Oskar Matzerath. Aspekte des Romans.
In: Derselbe: Das Geheimnis und das
Schweigen. Aspekte der Literatur.
(Frankfurt/M. 1969), S.55
[106] Lem, Zufall, 2.Bd., S.335
[107] Gespräch mit Günter Grass. In:
Arnold, Heinz Ludwig (Hrsg.): Günter
Grass. Göttingen 1978 (= Text und
Kritik, Heft 1, 5.Auflage), S.6
[108] Grass, Günter: Die Blechtrommel.
(Neuwied Berlin), S.39
[109] Manthey, Jürgen: „Die Blechtrommel" wiedergelesen. In: Arnold, Heinz
Ludwig (Hrsg.): Günter Grass. Göttingen
1988 (= Text und Kritik, Heft 1, 6.Aufla-
ge), S.25f
[110] Grass, Die Blechtrommel, S.9
[111] Ebenda. Ähnliche Aufforderungen
zur Komplementärlektüre finden sich an
vielen Stellen der „Blechtrommel". So

entschießt Oskar sich beispielsweise „den
Bericht über die Ereignisse auf dem
Friedhof zu ergänzen" (S.392), die den
Verlust seiner Wunderstimme und seine
Verkrüppelung durch einen Buckel zur
Folge haben. An einer anderer Stelle
drückt Oskar zunächst seine Befriedigung
darüber aus, daß es seiner Feder gelungen
sei, „knapp zusammenfassend, dann und
wann im Sinne einer bewußt knapp
zusammenfassenden Abhandlung zu
übertreiben, wenn nicht zu lügen"
(S.231), um seiner Feder sodann in den
Rücken zu fallen. Obwohl er sich
daraufhin bemüht, seine Ausführungen zu
„berichtigen" und zu „ergänzen" (S.232),
kann der Leser keineswegs sicher sein,
daß diese Nachträge ausreichend sind.
[112] Grass, Die Blechtrommel, S.402
[113] Grass, Die Blechtrommel, S.407
[114] Grass, Die Blechtrommel, S.322
[115] Grass, Die Blechtrommel, S.48
[116] Grass, Die Blechtrommel, S.167
[117] Vgl. Gespräch mit Günter Grass,
S.6 sowie: Mannack, Eberhard: Die
Auseinandersetzung mit literarischen
Mustern. G. Grass „Die Blechtrommel".
In: Derselbe: Zwei deutsche Literaturen?
Kronberg 1977, S.72
[118] Grass, Die Blechtrommel, S.388
[119] Grass, Die Blechtrommel, S.52f
[120] Grass, Die Blechtrommel, S.190
[121] von Matt, Peter: Liebesverrat. Die
Treulosen in der Literatur. (München
1991), S.314f
[122] Grass, Die Blechtrommel, S.328
[123] Vgl. Grass, Die Blechtrommel,
S.454 und S.487
[124] Grass, Die Blechtrommel, S.9
[125] Manthey, S.29
[126] Grass, Die Blechtrommel, S.278
[127] Vgl. Beyersdorf, H.E.: The Narrator As Artful Deceiver: Aspects Of
Narrative Perspective In „Die Blechtrommel". In: The German Review LV
(1980), insbesondere S.130ff
[128] In seinem „Rückblick auf die
Blechtrommel" erinnert sich Grass, zunächst mit der entrückten Perspektive

eines Säulenheiligen geliebäugelt zu haben. Doch „der überhöhte Standpunkt des Säulenheiligen war zu statisch. Erst die dreijährige Größe des Oskar Matzerath bot gleichzeitig Mobilität und Distanz. Wenn man will, ist Oskar Matzerath ein umgepolter Säulenheiliger." Grass, Günter: Aufsätze zur Literatur. (Darmstadt Neuwied 1980), S.93

[129] Vgl. daher zu den folgenden Ausführungen: Diller, Edward: A Mythic Journey. Günter Grass's „Tin Drum". Lexington 1974, S.8-13 sowie: Neumann, Erich: Der Archetyp des Grossen Weiblichen. Zürich (1956), S.39 und S.56

[130] Diller, S.15. Vgl. Schöne, Albrecht: Der Hochstapler und der Blechtrommler. Die Wiederkehr der Schelme im deutschen Roman. Wuppertal 1974, S.30

[131] Möglicherweise ist die literarische Verwertung dieses Mythos durch Grass Rabelais-Lektüre angeregt worden. Vgl. daher zum Zusammenhang von groteskem Leib und Naturmythologie Abschnitt 1.7

[132] Vgl. Neumann, Erich, S.76

[133] Vgl. Schönau, Walter: Zur Wirkung der „Blechtrommel" von Günter Grass. In: Psyche XXVIII (1974), S.590f

[134] Vgl. Madelung, Eva: Trotz. Zwischen Selbstzerstörung und Kreativität. Menschliches Verhalten im Widerspruch. (München 1989), S.11, S.17, S.21, S.30f und S.41

[135] Grass, Die Blechtrommel, S.455

[136] Grass, Die Blechtrommel, S.18f

[137] Vgl. Eliade, Mircea: Schamanismus und archaische Ekstasetechnik. Zürich Stuttgart 1956/57, S.168, S.171 und S.199 sowie Diller, S.2

[138] Grass, Die Blechtrommel, S.537

[139] Grass, Die Blechtrommel, S.307f

[140] Grass, Die Blechtrommel, S.121 und S.171

[141] Vgl. Friedrichsmeyer, Erhard M.: Aspects Of Myth, Parody And Obscenity In Grass's „Die Blechtrommel" And „Katz und Maus". In: The German Review XL (1965), S.242ff

[142] Grass, Die Blechtrommel, S.236

[143] Frizen, Werner: „Die Blechtrommel" - ein schwarzer Roman. Grass und die Literatur des Absurden. In: Arcadia 21 (1986), S.186

[144] Vgl. Grass, Die Blechtrommel, S.440

[145] Grass, Die Blechtrommel, S.364

[146] Grass, Die Blechtrommel, S.568

[147] Vgl. Grass, Die Blechtrommel, S.533f

[148] Marquard, Odo: Autobiographie - Identität - Verantwortung. In: Heckmann, Herbert (Hrsg.): Literatur aus dem Leben. Autobiographische Tendenzen in der deutschen Gegenwartsdichtung. Beobachtungen, Erfahrungen, Belege. (München Wien 1984), S.60

[149] Vgl. Frizen, Roman, S.186

[150] Grass, Günter: Kopfgeburten oder Die Deutschen sterben aus. (Darmstadt Neuwied 1988), S.81

[151] Rickels, Laurence A.: „Die Blechtrommel". Zwischen Schelmen- und Bildungsroman. In: Hoffmeister, Neue Interpretationen, S.114

[152] Vgl. Manthey, S.34f; Frizen, Roman, S.184ff

[153] Vgl. Nietzsche, KSA, 3.Bd., S.464. Vgl. dazu auch das Nietzsche-Zitat zu Beginn dieser Arbeit.

[154] Camus, Albert: Der Mythos von Sisyphos. Ein Versuch über das Absurde. (Reinbek bei Hamburg 1959), S.80

[155] Vgl. Mayer, Krull und Matzerath, S.39ff; Beyersdorf, S.134; Jacobs, Jürgen: Der deutsche Schelmenroman. Eine Einführung. München Zürich (1983), S.115; Schnell, Josef: Irritation der Wirklichkeitserfahrung. Die Funktion des Erzählers in G. Grass „Die Blechtrommel". In: Der Deutschunterricht 27,3 (1975), S.34ff

[156] Camus, Mythos, S.80

[157] Grass, Die Blechtrommel, S.180

[158] Grass, Die Blechtrommel, S.116

[159] Camus, Mythos, S.82

[160] Sperber, Dan: Über Symbolik. (Frankfurt/M. 1975), S.196

[161] Ebd.

[162] Sperber, S.200

[163] Vgl. Sperber, S.201. Daß „Die Blechtrommel" darauf angelegt sei, die Sehweise des Lesers zu verändern, hat bereits Hans Magnus Enzensberger in seiner berühmten Rezension von Grass Roman „Wilhelm Meister - auf Blech getrommelt" angemerkt. Vgl. Enzensberger, Hans Magnus: Einzelheiten I. (Frankfurt/M. 1962), S.226. Vgl. dazu auch Sklovskijs Konzept der Desautomatisierung von Wahrnehmung. In: Sklovskij, S.11ff sowie: Just, Georg: Darstellung und Appell in der „Blechtrommel" von Günter Grass. Darstellungsästhetik versus Wirkungsästhetik. (Frankfurt/M. 1972)

[164] Grass, Die Blechtrommel, S.36

[165] Grass, Die Blechtrommel, S.568

[166] Grass, Die Blechtrommel, S.246

[167] Vgl. Grass, Die Blechtrommel, S.346

[168] Grass, Die Blechtrommel, S.463

[169] Vgl. Grass, Die Blechtrommel, S.472f und S.549

[170] Grass, Die Blechtrommel, S.370. Vgl. diese Stelle mit S.365

[171] Barthes, Roland: Lecon/Lektion. (Frankfurt/M. 1980), S.29

[172] Vgl. Derrida, Positionen, S.66f

[173] Eco, Lector, S.55

[174] Grass, Rückblick, S.94

[175] Bezeichnenderweise beginnt das Wachstum, nachdem Oskar seine vorläufig letzte Trommel samt Stöcken in Matzeraths Grab geworfen hat. Vgl. Grass, Die Blechtrommel, S.388f

[176] Grass, Die Blechtrommel, S.558

[177] Grass, Die Blechtrommel, S.567f

[178] Heller, Joseph: Catch-22 (New York 1990), S.215

[179] Vgl. Seed, David: The Fiction of Joseph Heller. Against The Grain. (London) 1989, S.29f

[180] Heller, Catch-22, S.28

[181] Heller, Catch-22, S.47

[182] Ebd.

[183] Heller, Catch-22, S.418

[184] Heller, Catch-22, S.7

[185] Heller, Catch-22, S.8

[186] Vgl. Seed, S.37f

[187] Vgl. Sniderman, Stephen L.: „It Was All Yossarian's Fault": Power And Responsibility In „Catch-22". In: Nagel, James (Ed.:) Critical Essays On Joseph Heller. Boston (1984), S.33

[188] Erinnert sei in diesem Zusammenhang an die Art und Weise, wie Melvilles Vertrauensschwindler einander wechselseitig beglaubigen.

[189] Vgl. Davis, Gary W.: „Catch-22" And The Language Of Discontinuity. In: Nagel, S.62

[190] Heller, Catch-22, S.135

[191] Heller, Catch-22, S.294

[192] Vgl. Davis, Gary, S.63f

[193] Vgl. Seltzer, Leon F.: Milo's „Culpable Innocence": Absurdity As Moral Insanity In „Catch-22". In: Nagel, S.82. Ich verzichte darauf, Milos Aktivitäten unter Rekurs auf das „double-bind"-Dilemma zu erklären, mit dem sich im übrigen auch die Zwickmühle des halben Außenseiters psychologisch aufschlüsseln läßt, und verweise lediglich darauf, daß „Catch-22" in der einschlägigen Fachliteratur als Paradefall dieser pathogenen bzw. schizothymen Interaktionsstruktur gilt. Vgl. etwa: Watzlawick, Wirklichkeit, S.134 und S.169

[194] Vgl. Davis, Gary, S.67f

[195] Vgl. Seltzer, S.79

[196] Heller, Catch-22, S.264

[197] Vgl. Merill, Robert: Joseph Heller. Boston (1984), S.19

[198] Vgl. Merill, S.33ff

[199] Vgl. Merill, S.48f

[200] Eine deutsche Übersetzung des Buches von Rudolf Rocholl ist unter dem Titel „Johnny zieht in den Krieg" erschienen (Frankfurt/M. 1981). Erzählt wird in diesem Roman die Geschichte eines Menschen, dem aufgrund einer Kriegsverletzung sämtliche Extremitäten amputiert werden müssen. Im Zentrum des Werkes steht neben dem Unheil des Krieges die Euthanasieproblematik.

[201] Heller, Catch-22, S.177
[202] Heller, Catch-22, S.450
[203] Vgl. Seed, S.52
[204] Vgl. Davis, Gary, S.71
[205] Vgl. Seed, S.68
[206] Vgl. Merill, S.51f
[207] Späth, Gerold: Unschlecht. (Frankfurt/M. 1978), S.230f
[208] Späth, Unschlecht, S.71
[209] Späth, Unschlecht, S.384f
[210] Späth, Unschlecht, S.250
[211] Zitiert nach Hage, Volker: Die Wiederkehr des Erzählers. Neue deutsche Literatur der Siebziger Jahre. (Frankfurt/ M. Berlin Wien 1982), S.203
[212] Späth, Unschlecht, S.370
[213] Vgl. Neumann, Bernd: „Schwyzerisch und weltoffen". Gerold Späths Roman „Unschlecht" oder Gottfried Keller in Yoknapatawphta Country. In: Schweizer Monatshefte (1984), Heft 5, S.422
[214] Späth, Unschlecht, S.492
[215] Vgl. Neumann, Bernd, S.420f
[216] Vgl. ebd.
[217] Vgl. Neumann, Bernd, S.417f
[218] Späth, Unschlecht, S.49
[219] Späth, Unschlecht, S.324
[220] Der Potlatsch ist ein Ritual des gegenseitigen Beschenkens, bei dem jede Annahme einer Gabe dergestalt erwidert werden muß, daß die Gegengabe das angenommene Geschenk überbietet. „Man soll Freund mit seinem Freunde sein und Gabe mit Gabe vergelten. Gelächter beantworte man mit Lachen, aber eine Lüge mit einem Betrug." Vgl. Mauss, Marcel: Die Gabe. In: Derselbe: Soziologie und Anthropologie. 2.Bd. (Frankfurt/M. 1989), S.70-81, Zitat S.18. In gewisser Weise ist die Potlatsch-Konkurrenz die spielerisch-friedliche Variante bzw. die Inversion des Wolfsspiels, dessen agonal-antagonistische Struktur der Devise Auge um Auge, Zahn um Zahn folgt.
[221] Späth, Gerold: Stimmgänge. (Frankfurt/M. 1979), S.103
[222] Späth, Unschlecht, S.480ff

[223] Späth, Stimmgänge, S.21
[224] Vgl. Späth, Stimmgänge S.534f mit S.589
[225] Vgl. Späth, Stimmgänge, S.656-664
[226] Späth, Stimmgänge, S.644
[227] Jacobs, Schelmenroman, S.123
[228] Ebd.
[229] Späth, Stimmgänge, S.193
[230] Barthes, S.33
[231] Späth, Stimmgänge, S.638f
[232] Späth, Gerold: Balzapf oder Als ich auftauchte. (Frankfurt/M. 1983), S.11
[233] Ebd.
[234] Späth, Balzapf, S.287
[235] Späth, Balzapf, S.209
[236] Späth, Balzapf, S.179
[237] Der Legende zufolge nimmt Gabriel, eine Figur aus „Hundert Jahre Einsamkeit", die als alter ego des Verfassers fungiert, auf seine Reise nach Paris, wo er sich als Schriftsteller niederlassen will, Rabelais Gesammelte Werke mit. Vgl. Márquez, Gabriel Garcia: Hundert Jahre Einsamkeit. (München 1984), S.453
[238] Späth, Balzapf, S.209
[239] Späth, Balzapf, S.335
[240] Titel eines Aufsatzes von Manfred Puetz über John Barths Roman. In: Waldmeir, Joseph J. (Ed.): Critical Essays On John Barth. Boston (1980), S.134-145
[241] Vgl. Diser, Philip E.: The Historical Ebenezer Cooke. In: Critique 10 (1968), S.48ff. Der vollständige Titel von Cooke's paraenzyklopädischem Poem lautet: „The Sot-Weed Factor, Or a Voyage to Maryland, A Satyr. In which is describ'd The Laws, Government, Courts and Constitutions of the Country, and also the Buildings, Feasts, Frolicks, Entertainment and Drunken Humour of the Inhabitants of that Part of America." Faksimile-Reproduktion des Deckblatts in Morrell, David: John Barth. An Introduction. (Pennsylvannia London 1976), S.42
[242] Vgl. Morell, S.40

242   *Anmerkungen*

[243] Vgl. Morell, S.32
[244] Vgl. Harris, Charles B.: Passionate Virtuosity: The Fiction Of John Barth. Urbana Chicago (1983), S.76f; Ziegler, Heide: John Barth. London New York (1987), S.23ff
[245] Vgl. Puetz, S.138f
[246] Vgl. Tharpe, Jack: John Barth. The Comic Subtility Of Paradox. London Amsterdam (1974), S.44f
[247] Barth, John: The Sot-Weed Factor. New York London Toronto Sydney Auckland (1987), S.387
[248] Vgl. Stubbs, John C.: John Barth As Novelist Of Ideas. In: Critique 8 (1965/66), S.108; Ziegler, Heide: John Barth's „Sot-Weed Factor": The Meaning Of Form. In: Amerikastudien 25 (1980), S.202
[249] Nabokov, S.33
[250] Vgl. Ruth Wolfgang: „Meager Fact And Solid Fancy": Die Erfindung der Vergangenheit in John Barth's „The Sot-Weed Factor". In: Anglistik und Englischunterricht 24 (1984), S.103f
[251] Fiedler, Leslie A.: Die Rückkehr des verschwundenen Amerikaners. Die Wiedergeburt des Indianers im Bewußtsein des Neuen Westens. (Reinbek bei Hamburg 1986), S.171f
[252] Vgl. Puetz, S.143
[253] Sonntag, Susan: Against Interpretation. In: Dieselbe: Against Interpretation And Other Essays. New York (1967), S.14
[254] Vgl. Ziegler, Meaning, S.206
[255] Vgl. Ziegler, Barth, S.36
[256] Der Ausdruck „imaginative Kategorie" stammt von Eco. Vgl. Eco, Kunstwerk, S.281
[257] Vgl. Poenicke, Jenseits, S.238
[258] Vgl. Arlart, Ursula: „Exhaustion" And „Replenishment": Die Fiktion in der Fiktion bei John Barth. Heidelberg 1984, S.39f
[259] Zitiert nach Ruth, S.107
[260] Vgl. Holder, Alan: „What Marvelous Plot - Was Afoot?" History In Barth's „The Sot-Weed Factor". In: American Quarterly 20 (1968), S.599
[261] Vgl. Rovit, Earl: The Novel As Parody. In: Critique 6 (1963), S.82
[262] Barth, John: The Literature Of Exhaustion. In: Klein, Marcus (Ed.): The American Novel Since World War II. New York 1969, S.79
[263] Barth, Sot-Weed Factor, S.710
[264] Vgl. Roemer, Marjorie: John Barth And The Modern Imagination. Ann Harbour 1984, S.59ff
[265] Barth, Sot-Weed Factor, S.539
[266] Zitiert nach Morell, S.46
[267] Vgl. Harris, Charles, S.64f
[268] Marquard, Odo: Kunst als Antifiktion - Versuch über den Weg der Wirklichkeit ins Fiktive. In: Henrich, Dieter; Iser, Wolfgang (Hrsg.): Funktionen des Fiktiven. München 1983, S.47
[269] Vgl. Eco, Kunstwerk, S.164
[270] Boyle, T. Coraghessan: Water Music. (London New York 1983), Apologia
[271] Boyle, Water Music, S.391
[272] Ebd.
[273] Boyle, Water Music, S.39. Vgl. auch S.172 und S.223, wo. Ned Rise ebenfalls mit einem Wolf verglichen wird.
[274] Boyle, Water Music, S.34
[275] Boyle, Water Music, S.160
[276] Boyle, Water Music, S.288

Anmerkungen zu Kapitel 6

[1] Boyle, Water Music, S.334
[2] Goethe, Vorwort, S.7
[3] Nietzsche, KSA, 1.Bd., S.877f
[4] Nietzsche, KSA, 1.Bd., S.878
[5] Nietzsche, KSA, 1.Bd., S.879
[6] Nietzsche, KSA, 1.Bd., S.880f
[7] Nietzsche, KSA, 3.Bd., S.477f
[8] Lem, Zufall, 2.Bd., S.22
[9] Lem, Zufall, 2.Bd., S.29
[10] Lem, Zufall, 2.Bd., S.28
[11] Dux, Günter: Die Logik der Weltbilder. Sinnstrukturen im Wandel der

Geschichte. (Frankfurt/M. ³1990), S.303f

[12] Dux, S.306

[13] Luhmann, Systeme, S.61f. Erinnert sei in diesem Zusammenhang an das Interpunktionsdilemma, das die Suche nach einem archetypischen Schelmenroman heraufbeschwört, sowie an die Funktion alternativer Erzählkonzepte für die Genese des modernen Romans.

[14] Varela, Francisco J.: Kognitionswissenschaft - Kognitionstechnik. Eine Skizze aktueller Perspektiven. (Frankfurt/ M. 1990), S.20

[15] Vgl. Koyré, Alexandre: Von der geschlossenen Welt zum unendlichen Universum. (Frankfurt/M. 1980), S.11f

[16] Nietzsche, KSA, 2.Bd., S.627

[17] Vgl. Sloterdijk, Mobilmachung, S.57, S.60ff und S.111ff

[18] Vgl. Goodman, Nelson; Elgin, Catherine Z.: Eine Neufassung der Philosophie. In: Dieselben: Revisionen. Philosophie und andere Künste und Wissenschaften. (Frankfurt/M. 1989), S.202-218

[19] Eco, Kunstwerk, S.154

[20] Eco, Kunstwerk, S.164f

[21] Nietzsche, KSA, 13.Bd., S.46

[22] Blumenberg, Hans: Paradigmen zu einer Metaphorologie. Bonn 1960, S.9

[23] Vgl. Blumenberg, Paradigmen, S.11

[24] Blumenberg, Paradigmen, S.142

[25] Vgl. Baumann, Gerhart: Ich-Spiel und großes Welt-Theater. In: Marx, Werner (Hrsg.): Das Spiel. Wirklichkeit und Methode. Freiburg 1966, S.36

[26] Vgl. Mauss, Marcel: Eine Kategorie des menschlichen Geistes: Der Begriff der Person und des „Ich". In: Derselbe, S.223ff

[27] Erasmus von Rotterdam: Das Lob der Torheit. Encomium Moriae. Stuttgart (1987), S.34

[28] Erasmus, Lob der Torheit, S.33

[29] Cervantes, Don Quijote, 2.Bd., S.103; Dt.Fassung, S.493f

[30] Schopenhauer, Arthur: Aphorismen zur Lebensweisheit. (Frankfurt/M. 1976), S.137

[31] Schopenhauer, S.224

[32] Schopenhauer, S.212

[33] Schopenhauer, S.224

[34] Marquard, Odo: Identität: Schwundtelos und Mini-Essenz. Bemerkungen zur Genealogie einer aktuellen Diskussion. In: Marquard, Odo; Stierle, Karlheinz (Hrsg.): Identität. München 1979, S.368

[35] Marquard, Schwundtelos, S.349

[36] Vgl. Strauss, Anselm L.: Spiegel und Masken. Die Suche nach der Identität. (Frankfurt/M. 1969), S.7

[37] Berger, Peter, S.118

[38] Strauss, S.159

[39] So der Buchtitel von: Berger, Peter L.; Luckmann, Thomas: Die gesellschaftliche Konstruktion der Wirklichkeit. Eine Theorie der Wissenssoziologie. (Frankfurt/M. 1980)

[40] Vgl. Baudrillard, Jean: Agonie des Realen. (Berlin 1987), S.10

[41] Baudrillard, S.8

[42] Vgl. Danto, S.11

[43] Vgl. Lyotard, Jean-Francois: Beantwortung der Frage: Was ist postmodern. In: Engelmann, Peter (Hrsg.): Postmoderne und Dekonstruktion. Texte französischer Philosophie der Gegenwart. Stuttgart (1990), S.48

[44] Vgl. Derrida, Positionen 66f. Siehe dazu auch: Welsch, Wolfgang: Unsere postmoderne Moderne. Weinheim ²1988, S.141-144

[45] Simrock, Nr. 2879

[46] Vgl. Lyotard, Jean-Francois: Das postmoderne Wissen. Ein Bericht. Graz Wien (1986), S.175f

[47] Marquard, Odo: Universalgeschichte und Multiversalgeschichte. In: Derselbe: Apologie des Zufälligen. Philosophische Studien. Stuttgart (1986), S.71f

[48] Sennett, S.247

8. LITERATURVERZEICHNIS

8.1. Literarische Werke

anonym: La vida de Lazarillo de Tormes y de sus fortunas y adversidades. Introducción, bibliografía, notas y llamanadas de atención, documentos y orientaciones para el estudio a cargo de Antonio Rey Hazas. (Madrid 1989)

anonym: Das Leben des Lazarillo de Tormes. Übertragen von Helene Henze. In: Spanische Schelmenromane. Herausgegeben von Horst Baader 2 Bde. 1. Bd. München (1964), S.7-64

anonym: Lazarillo de Tormes oder Die Listen der Selbsterhaltung. Aus dem Spanischen übersetzt von Margarete Meier-Marx. Neu durchgesehen und kommentiert von Fritz Rudolf Fries. Berlin 1985

Apuleius: Der Goldene Esel. Aus dem Lateinischen von August Rode. Nachwort von Wilhelm Haupt. (Frankfurt/M. 1986)

Alemán, Mateo: Guzmán de Alfarache. Edición y notas de Samuel, Gili y Gaya. 5 Bde. Madrid 1936-1946

Alemán, Mateo: Das Leben des Guzmán von Alfarache. Übertragen von Rainer Specht. In: Spanische Schelmenromane. Herausgegeben von Horst Baader 2 Bde. 1.Bd. München 1964, S.65-845

Alemán, Mateo: Der große spanische Vagabund Guzmán de Alfarache (Bearbeitung von Alain-René Lesage). Herausgegeben und mit einem Nachwort versehen von Reinhard Lehmann. Berlin (1986)

Barth, John: The Sot-Weed Factor. New York London Toronto Sydney Auckland 1987

Barth, John: Der Tabakhändler. Deutsch von Susanna Rademacher. (Reinbek bei Hamburg 1985)

Bellow, Saul: The Adventures of Augie March. (New York London 1984)

Bellow, Saul: Die Abenteuer des Augie March. Köln o.J.

Benn, Gottfried: Prosa und Autobiographie in der Fassung der Erstdrucke. Hrsg. v. Bruno Hillebrand. (Frankfurt/M. 1984)

Boccaccio, Giovanni di: Das Dekameron. Deutsch von Albert Wesselski. Übertragung der Gedichte von Theodor Däubler. (Wiesbaden) 1988

Boyle, T. Coraghessan: Water Music. (New York 1986)

Boyle, T. Coraghessan: Wassermusik. Übersetzung von Werner Richter. (München Frankfurt/M..1987)

Cervantes, Miguel de: Novelas ejemplares. Edición y notas de Francisco Rodríguez Marín. Madrid 1948

Cervantes, Miguel de: Don Quijote de la Mancha. Introducción preliminar, bibliografía y notas a cargo de Juan Alcina Franch. 2 Bde. Zaragossa 1977

Cervantes, Miguel de: Die Novellen. Deutsch von Konrad Thorer. (Frankfurt/M. 1987)

Cervantes, Miguel de: Der sinnreiche Junker Don Quijote von der Mancha. Übertragung von Ludwig Braunfels. Durchgesehen von Adolf Spemann. Nachwort Fritz Martini. Stuttgart Hamburg München o.J.

Defoe, Daniel: The Fortunes And Misfortunes Of The Famous Moll Flanders. Edited with an introduction by David Blewett. (London New York 1989)

Defoe, Daniel: Glück und Unglück der berühmten Moll Flanders. Deutsch von

Martha Erler. Herausgegeben und mit einem Essay versehen von Norbert Kohl. (Frankfurt/M. 1983)

Defoe, Daniel: The History And Remarkable Life Of The Truly Honourable Colonel Jacques Commonly Call'd Colonel Jack. Edited with an Introduction by Samuel Holt Monk. London New York Toronto 1965

Defoe, Daniel: Die Geschichte und das ungewöhnliche Leben des sehr ehrenwerten Colonel Jacques, allgemein Oberst Jack genannt. Deutsch von Lore Krüger. Mit einem Nachwort von Günther Klotz. Berlin Weimar 1981

Ralph Ellison: Invisible Man. (New York 1990)

Ralph Ellison: Unsichtbar. Aus dem Amerikanischen von Georg Goyert. (Reinbek bei Hamburg 1987)

Fielding, Henry: The History And The Adventures Of Joseph Andrews And Of His Friend Mr. Abraham Adams & An Apology For The Life Of Mrs. Shamela Andrews. Edited with an introduction by Douglas Brooks-Davies. (Oxford New York 1991)

Fielding, Henry: Die Abenteuer des Joseph Andrews und seines Freundes Mr. Abraham Adams. Übersetzung aus dem Englischen und Nachwort von Ilse Leisi. Zürich (1989)

Fielding, Henry: The History Of Tom Jones, A Foundling. Edited by R.P.C. Mutter (London 1985)

Fielding, Henry: Tom Jones. Die Geschichte eines Findlings. Übertragen von Siegfried Lang. München 1978

Goethe, Johann Wolfgang: Reineke Fuchs. (Frankfurt/M. 1975)

Grass, Günter: Die Blechtrommel. Neuwied 1959

Grass, Günter: Kopfgeburten oder die Deutschen sterben aus. (Frankfurt/M. 1988)

Grimmelshausen, Hans Jakob Christoph von: Der Abenteuerliche Simplicissimus Teutsch. Einleitung von Volker Meid. Stuttgart (1986)

Grimmelshausen, Hans Jakob Christoph von: Lebensbeschreibung der Ertzbetrügerin und Landstörtzerin Courasche. Herausgegeben von Klaus Haberkamm und Günther Weydt. Nachwort Günther Weydt. Stuttgart (1980)

Grimmelshausen, Hans Jakob Christoph von: Der seltzame Springinsfeld. Herausgegeben von Klaus Haberkamm. Nachwort Klaus Haberkamm. Stuttgart (1976)

Heller, Joseph: Catch-22. (New York 1990)

Heller, Joseph: Catch 22. Deutsch von Irene und Günther Danehl. (Frankfurt/M. 1989)

Kafka, Franz: Hochzeitsvorbereitungen auf dem Lande und andere Prosa aus dem Nachlaß. (Frankfurt/M. 1983)

Lesage, Alain-René: Histoire de Gil Blas de Santillana. Texte établi et présenté par Auguste Dupouy. 2 Bde. Paris 1935

Lesage, Alain-René: Geschichte des Gil Blas von Santillana. Übertragung von G. Fink, durchgesehen von Walter Widmer. Nachwort Otto von Taube. München (1959)

Mann, Thomas: Bekenntnisse des Hochstaplers Felix Krull. (Frankfurt/M. 1987)

Manolescu, Georges: Der Mann mit dem blauen Gehrock. Memoiren eines Hochstaplers. (Frankfurt/M. 1987)

Marivaux, Pierre Carlet de: Romanes suivis de récits, contes & nouvelles extraits des essais et de journaux de Marivaux. Texte présenté et préfacé par Marcel Arland. (Paris) 1949

Marivaux, Pierre Carlet de: Der Bauer im Glück. In: Derselbe: Romane. In der Übersetzung von Paul Baudisch. Herausgegeben von Norbert Miller. München (1968)

Márquez, Gabriel García: Hundert Jahre Einsamkeit. Deutsch von Curt Meyer-Clason. München (1984)

Melville, Herman: The Confidence-Man: His Masquerade. Edited with an introduction and notes by Stephen

Matterson. (London New York 1990)

Melville, Herman: Ein sehr vertrauenswürdiger Herr. Ins Deutsche übertragen von Walter Hilsbecher. Hamburg (1959)

Moscherosch, Johann Michael: Wunderliche und Wahrhafftige Gesichte Philanders von Sittewalt. Ausgewählt und herausgegeben von Wolfgang Harms. Stuttgart (1986)

Musil, Robert: Der Mann ohne Eigenschaften. Herausgegeben von Adolf Frisé. 2 Bde. (Reinbek bei Hamburg 1986)

Quevedo, Francisco de: La Vida del Buscón llamado don Pablos. Con cuadros cronológicos, introducción, bibliografía, notas y llamadas y orientaciones para el estudio a cargo de Angel Basanta. Texto fijado por Fernando Lázaro Carreter. (Madrid 1987)

Quevedo, Francisco de: Das Leben des Buscón. Übertragen von Herbert Koch. In: Spanische Schelmenromane. Herausgegeben von Horst Baader. 2 Bde. 2. Bd. München (1965), S.7-154

Quevedo, Francisco de: Die Träume. Die Fortuna mit Hirn oder die Stunde aller. Herausgegeben und übersetzt von Wilhelm Muster. Mit einem Vorwort von Jorge Luis Borges. (Frankfurt/M. ²1980)

Rabelais, Francois: Gargantua und Pantagruel. Herausgegeben von Horst und Edith Heintze. Erläutert von Horst Heintze und Rolf Müller. 2 Bde. (Frankfurt/M. 1985)

Sachse, Johann Christoph: Der Deutsche Gil Blas. Oder Leben, Wanderungen und Schicksale eines Thüringers von ihm selbst verfaßt. Eingeführt von Goethe. Herausgegeben von Jochen Golz. Nördlingen 1987

Smollett, Tobias: The Adventures Of Roderick Random. Edited with an introduction and Notes by Paul-Gabriel Boucé. (Oxford New York 1986)

Smollett, Tobias: Die Abenteuer des Roderick Random. Übersetzer: W. Chr.

S. Mylius. Nachwort von Joachim Krehayn. München (1982)

Smollett, Tobias: The Adventures Of Peregrine Pickle In Which Are Included Memoirs Of A Lady Of Quality. With The Authors Preface. In: The Works of Tobias Smollett. Introduction by G. H. Maynadier. Vol. IV - VII. New York (1957)

Smollett, Tobias: Die Abenteuer des Peregrine Pickle. Unter Zugrundelegung der Übersetzung von W. Chr. S. Mylius neu übertragen und mit einem Nachwort und Anmerkungen versehen von Hans Matter. Darmstadt (1989)

Sorel, Charles: Wahrhaftige und lustige Historie vom Leben des Francion. Übertragen von Christine Hoeppener. Nachbemerkung Ernst Johann. Frankfurt/M. 1968

Späth, Gerold: Unschlecht. (Frankfurt/M. 1978)

Späth, Gerold: Stimmgänge. (Frankfurt/M. 1979)

Späth, Gerold: Balzapf oder Als ich auftauchte. (Frankfurt/M. 1983)

Sterne, Laurence: The Life And Opinions Of Tristram Shandy, Gentleman. With An Afterword By Gerald Weales. New York Scarborough (1988)

Sterne, Laurence: Das Leben und die Ansichten Tristram Shandys. Aus dem Englischen von Rudolf Kassner. (Zürich 1982)

Thackeray, William Makepeace: The Memoirs Of Barry Lyndon Esq. Written By Himself. New York 1968

Thackeray, William Makepeace: Barry Lyndon. Übersetzung von Otto Schmidt. Herausgegeben von Sigrid und Günter Klotz. (Frankfurt/M. 1989)

Thelen, Albert Vigoleis: Die Insel des zweiten Gesichts. Aus den angewandten Erinnerungen des Vigoleis. (Frankfurt/M. Berlin Wien 1983)

Thelen, Albert Vigoleis: Der schwarze Herr Bahßetup. Aus den angewandten Erinnerungen des Vigoleis. München (1977)

Trumbo, Dalton: Johnny zieht in den Krieg. Süß und ehrenvoll. Übersetzt von Rudolf Rocholl. (Frankfurt/M. 1981)

8.2. Philosophische Texte

Burton, Robert: Anatomie der Melancholie. Über die Allgegenwart der Schwermut, ihre Ursachen und Symptome sowie die Kunst, es mit ihr auszuhalten. Übertragen und mit einem Nachwort versehen von Ulrich Horstmann. (München 1991)

Dürrenmatt, Friedrich: Monstervortrag über Gerechtigkeit und Recht. In: Derselbe: Philosophie und Naturwissenschaft. Essays, Gedichte und Reden. (Zürich 1986), S.36-107

Erasmus von Rotterdam: Das Lob der Torheit. Encomium Moriae. Übersetzt und herausgegeben von Anton J. Gail. Suttgart (1987)

Gracián, Balthasar: Handorakel und Kunst der Weltklugheit. Übersetzung Arthur Schopenhauer. Mit einem Nachwort herausgegeben von Arthur Hübscher. Stuttgart (1986)

Heraklit: Fragmente. Herausgegeben von Bruno Snell. München Zürich (1987)

Hobbes, Thomas: Leviathan. Erster und zweiter Teil. Übersetzt von Jacob Peter Mayer. Nachwort von Malte Diesselhorst. Stuttgart (1980)

Locke, John: Versuch über den menschlichen Verstand. Hamburg (4.Auflage 1981)

Machiavelli, Niccolò: Discorsi. Gedanken über Politik und Staatsführung. Aus dem Italienischen von Rudolf Zorn Stuttgart ²(1977)

Machiavelli. Niccolò: Il Principe / Der Fürst. Übersetzt und Herausgegeben von Philipp Rippel. Stuttgart (1988)

Nietzsche, Friedrich: Sämtliche Werke. Kritische Studienausgabe in 15 Bänden

(= KSA) Herausgegeben von Giorgio Colli und Mazzino Montinari. (München Berlin New York 1980)

Petrarca, Francesco: Heilmittel gegen Glück und Unglück. De remediis utriusque fortunae. Lateinisch-deutsche Ausgabe in Auswahl übersetzt und kommentiert von Rudolf Schottlaender. Herausgegeben von Eckhard Keßler. (München 1988) (= Humanistische Bibliothek. Texte und Abhandlungen. Reihe II Band 18)

Rousseau, Jean-Jacques: Vom Gesellschaftsvertrag oder Grundsätze des Staatsrechts. In Zusammenarbeit mit Eva Pietzcker neu übersetzt und herausgegeben von Hans Brockard. Stuttgart (1988)

Rousseau, Jean-Jacques: Abhandlung über den Ursprung und die Grundlagen der Ungleichheit unter den Menschen. In: Derselbe: Schriften Bd.1 Herausgegeben von Henning Ritter (Frankfurt/M. Berlin Wien 1981), S.165-302

Schopenhauer, Arthur: Aphorismen zur Lebensweisheit. Mit einem Nachwort von Hermann von Braunbehrens. (Frankfurt/M. 1976)

Wittgenstein, Ludwig: Philosophische Untersuchungen. (Frankfurt/M. 1975)

Die Heilige Schrift des Alten und Neuen Testamentes. Hrsg. v. Vinzenz Hamp, Meinrad Stenzel, Josef Kürzinger. Aschaffenburg (12. Auflage 1961)

8.3. Sekundärliteratur

Adamietz, Joachim (Hrsg.): Die römische Satire. Darmstadt 1986

Ahrends, Günter: Sternes „Tristram Shandy" und der Literaturtyp der Anatomie. In: GRM 36 (1986), S.16-31

Alewyn, Richard: Das große Welttheater. Die Epoche der höfischen Feste. München (1989) <Reprint>

Allen, John J.: Don Quijote, Hero Or

Fool? A Study In Narrative Technique. Gainesville 1969

Alonso, Dámaso: Spanische Dichtung. Versuch über Methoden und Grenzen der Stilistik. Bern München (1962)

Alter, Robert: Rogue's Progress. Studies In The Picaresque Novel. Cambridge 1964 (= Harvard Studies In Comparative Literature 26)

Alter, Robert: Tristram Shandy and the game of love. In: American Scholar 37 (1968), S.316-323

Anderson, Howard: Tristram Shandy and the reader's imagination. In: PMLA 51 (1971), S.966-973

Angstmann, Else: Der Henker in der Volksmeinung. Seine Namen und sein Vorkommen in der mündlichen Volksüberlieferung. (Tübingen 1972) <Reprint von 1928>

Antkowiak, Alfred: Schelm und Schelmenroman. Zu einer Form plebejischer Tradition und Literatur. In: Aufbau 14,1 (1958), S.68-77

Arendt, Dieter: Der Schelm als Widerspruch und Selbstkritik des Bürgertums. Vorarbeiten zu einer literatursoziologischen Analyse der Schelmenliteratur. Stuttgart (1974)

Arendt, Dieter: Die pikarischen Helden des Notstands oder: „Eigentum ist Diebstahl". In: Kürbiskern (1982), Heft 1, S.61-79

Arias, Joan: Guzmán de Alfarache: The Unrepentant Narrator. London (1977)

Arker, Dieter: „Die Blechtrommel" als Schwellenroman? Stichworte zur inneren Diskontinuität der „Danziger Trilogie". In: Arnold, Heinz Ludwig (Hrsg.): Günter Grass. (Göttingen 1988), S.48-56 (= Text und Kritik 1, 6.Auflage)

Arlart, Ursula: „Exhaustion" and „Replenishment": Die Fiktion in der Fiktion bei John Barth. Heidelberg 1984 (= Anglistische Forschungen 177)

Arnold, Herbert A.: Die Rollen der Courasche: Bemerkungen zur wirtschaftlichen und sozialen Stellung der

Frau im siebzehnten Jahrhundert. In: Becker-Cantario, Barbara (Hrsg.): Die Frau von der Reformation bis zur Romantik. Die Situation der Frau vor dem Hintergrund der Literatur- und Sozialgeschichte. Bonn 1980, S.86-111

Atkinson, W. M.: Studies In Literary Decadence. I. The Picaresque Novel. In: Bulletin Of Spanish Studies 4 (1927), S.19-27

Auerbach, Erich: Mimesis. Dargestellte Wirklichkeit in der abendländischen Literatur. Bern und München ³(1964)

Baader, Horst: „Le Paysan Parvenu" de Marivaux et la tradition du roman picaresque espagnol. In: Actes Picaresque Européenne. Etudes sociocritiques. Montpellier 1976, S.127-143 (= Publications du centre d'etudes et de recherches sociocritique)

Baader, Horst: Das Pikareske als Formproblem bei Cervantes. In: Das literarische Werk von Miguel de Cervantes. Beiträge zur romanischen Philologie. Sonderheft. Berlin 1967, S.35-40

Baader, Horst: Die ersten spanischen Schelmenromane. In: Buck, August (Hrsg.): Renaissance und Barock (II. Teil). Frankfurt/M. (1972), S.116-129 (= Neues Handbuch der Literaturwissenschaft Bd.10)

Babcock-Abrahams, Barbara: „A Tolerated Margin of Mess": The Trickster And His Tales Reconsidered. In: Journal of the Folklore Institute 11 (1974), S.147-185

Bachtin, Michail M.: Formen der Zeit im Roman. Untersuchungen zur historischen Poetik. (Frankfurt/M. 1989)

Bachtin, Michail M.: Literatur und Karneval. Zur Romantheorie und Lachkultur. (Frankfurt/M. Berlin Wien 1985)

Bachtin, Michail M.: Rabelais und seine Welt. Volkskultur als Gegenkultur. (Frankfurt/M. 1987)

Bambeck, M..: Epistemons Unterweltbericht im 30. Kapitel des „Pantagruel".

In: Etudes Rabelaisiennes 1 (1956), S.29-47

Barner, Wilfried: Barockliteratur. Untersuchungen zu ihren geschichtlichen Grundlagen. Tübingen 1970

Barner, Wilfried (Hrsg.): Der Literarische Barockbegriff. Darmstadt 1975 (= Wege der Forschung Bd.358)

Barth, John: The Literature Of Exhaustion. In: The Atlantic Monthly (August 1967), 29-34; dito in: Klein, Marcus (Ed.): The American Novel since World War II. New York 1969, S.267-279

Barth, John: The Literature Of Replenishment. Postmodern Fiction. In: The Atlantic Monthly (January 1980), S.65-71

Barthes, Roland: Lecon/Lektion. (Frankfurt/M. 1980)

Barthes, Roland: Die strukturalistische Tätigkeit. In: Schiwy, Günter: Der Französische Strukturalismus. Mode - Methode - Ideologie. (Reinbek bei Hamburg 1984), S.157-162

Bateson, Gregory: Ökologie des Geistes. Anthropologische, psychologische, biologische und epistemologische Perspektiven. (Frankfurt/M. 1985)

Bateson, Gregory: Geist und Natur. Eine notwendige Einheit. (Frankfurt/M. 1987)

Baudrillard, Jean: Der Symbolische Tausch und der Tod. München (1982)

Baudrillard, Jean: Agonie des Realen. (Berlin 1987)

Baumann, Gerhart: Ich-Spiel und großes Welt-Theater. In: Marx, Werner (Hrsg.): Das Spiel. Wirklichkeit und Methode. Freiburg 1966, S.35-50 (= Freiburger Dies Universitatis Bd.13)

Baumanns, Peter: Der „Lazarillo de Tormes" eine Travestie der Augustinischen „Confessiones"? In: Romanisches Jahrbuch X (1959), S.285-291

Baumbach, Jonathan: Nightmare Of A Native Son: Ralph Ellison's „Invisible Man". In: Critique 6 (1963), S.48-65

Beck, Werner: Die Anfänge des deutschen Schelmenroman. Studien zur frühba-

rocken Erzählung. Zürich 1957

Becker, Howard S.: Außenseiter. Zur Soziologie abweichenden Verhaltens. (Frankfurt/M. o.J.)

Berger, Dieter A.: Das gezielte Mißverständnis. Kommunikationsprobleme in Laurence Sternes „Tristram Shandy". In: Poetica 5 (1972), S.329-347

Berger, Günter: Oppositionelle Literatur zu Anfang des 17. Jahrhunderts. In: Brockmeier, Peter; Wetzel, Herman H. (Hrsg.): Französische Literatur in Einzeldarstellungen. Bd.1 Von Rabelais bis Diderot. Stuttgart (1981), S.225-260

Berger, Peter L.: Einladung zur Soziologie. Eine humanistische Perspektive. (München [4]1973)

Berger, Peter L.; Luckmann, Thomas: Die Gesellschaftliche Konstruktion der Wirklichkeit. Eine Theorie der Wissenssoziologie. (Frankfurt/M. 1980)

Berger, Willy R.: Gattungstheorie und Vergleichende Gattungsforschung. In: Schmeling, Manfred (Hrsg.): Vergleichende Literaturwissenschaft. Theorie und Praxis. Wiesbaden (1981), S.99-124 (= Athenaion Literaturwissenschaft Bd.16)

Bergmann, Johannes Dietrich: The Original Confidence Man. In: American Quarterly XXI,3 (1969), S.560-577

Bergner, Heinz: Text und kollektives Wissen. Zu Begriff und System der Präsuppositionen. In: Grabes, Herbert (Hrsg.): Text - Leser - Bedeutung. Untersuchungen zur Interaktion von Text und Leser. Grossen-Linden 1977, S.1-18

Bernard, Daniel: Wolf und Mensch. Einleitung von Henri Gougand. (Saarbrücken 1983)

Berne, Eric: Spiele der Erwachsenen. Psychologie der menschlichen Beziehungen. (Reinbek bei Hamburg 1990)

Bertling, Carl: Frankfurter Sagen- und Geschichten-Buch. Frankfurt/M. 1907

Beyersdorf, H. E.: The Narrator As Artful Deceiver: Aspects Of Narrative

Perspective In „Die Blechtrommel". In: The German Review LV,4 (1980), S.129-138

Bjornson, Richard: The Picaresque Hero In European Fiction. Harrison 1977

Blackburn, Alexander: The Myth Of The Picaro. Continuity And Transformation Of The Picaresque Novel. 1554-1954 Chapel Hill 1979

Blair, John G.: The Confidence-Man In Modern Fiction. A Rogue's Gallery With Six Portraits. (New York 1979)

Bloom, Harald (Ed.): Modern Critical Views: Ralph Ellision. (New York New Haven Philadelphia 1986)

Blumenberg, Hans: Paradigmen zu einer Metaphorologie. Bonn 1960 (= Sonderdruck aus Archiv für Begriffsgeschichte Bd.6)

Blumenberg, Hans: Die Lesbarkeit der Welt. (Frankfurt/M. 1986)

Boas, Marie: Die Renaissance der Naturwissenschaften 1450-1630. Das Zeitalter des Kopernikus. Nördlingen (1988)

Bohr, Niels: Atomphysik und menschliche Erkenntnis 2 Bde. Braunschweig 1964 und 1966

Booth, Wayne C.: Die Rhetorik der Erzählkunst. 1.Bd. Heidelberg (1974)

Borgers, Oscar: Le roman picaresque. Réalisme et fiction. In: Lettres Romanes 14 (1960), S.295-305; 15 (1961), S.23-38 u. S.135-148

Broich, Ulrich: Tradition und Rebellion. Zur Renaissance des pikaresken Romans in der Englischen Literatur der Gegenwart. In: Poetica 1/2 (1967), S.214-229

Brun, Felix: Strukturwandlungen des Schelmenromans. Lesage und seine spanischen Vorgänger. Bern 1962

Buck, August (Hrsg.): Rabelais. Darmstadt 1973 (= Wege der Forschung Bd.334)

Büchler, Hansjörg: Studien zu Grimmelshausens Landstörtzerin Courasche. (Vorlagen / Struktur und Sprache / Moral) Bern Frankfurt/M. 1971

Büchmann: Geflügelte Worte. Neu bearbeitet und herausgegeben von Hanns Martin Elster. Stuttgart (1956)

Bühl, Walter L.: Theorien sozialer Konflikte. Darmstadt 1976 (= Erträge der Forschung 53)

Burke, Kenneth: Ralph Ellison's True-blooded „Bildungsroman". In: Benston, Kimberly W. (Ed.): Speaking To You. The Vision Of Ralph Ellison. Washington 1987, S.349-359

Burke, Peter: Helden, Schurken und Narren. Europäische Volkskultur in der Frühen Neuzeit. (München 1985)

Butor, Michel: Repertoire 1. München (1963)

Byrd, Max: Tristram Shandy. London Boston Sydney (1985)

Callois, Roger: Die Spiele und die Menschen. Maske und Rausch. (Frankfurt/M. Berlin Wien 1982)

Calvino, Italo: Kybernetik und Gespenster. Überlegungen zu Literatur und Gesellschaft. (München Wien 1984)

Camus, Albert: Der Mythos von Sisyphos. Ein Versuch über das Absurde. (Reinbek bei Hamburg 1984)

Camus, Albert: Der Mensch in der Revolte. Essays. (Reinbek bei Hamburg 1988)

Canetti, Elias: Die Provinz des Menschen. Aufzeichnungen 1942-1972 (Frankfurt/M. 1989)

Carpentier, Alejo: Stegreif und Kunstgriffe. Essays zur Literatur, Musik und Architektur in Lateinamerika. (Frankfurt/M. 1980)

Cash, Arthur H.: The Lockean psychology of Tristram Shandy. In: ELH 22 (1955), S.123-135

Catholy, Eckehard: Fastnachtsspiele. Stuttgart 1966

Chandler, Frank Wadleight: Romances Of Roguery. An Episode Of The Novel. The Picaresque Novel In Spain. New York 1961 <Reprint, First Edition 1899>

Chandler, Frank Wadleight: The Literature Of Roguery. New York 1958

<Reprint, First Edition 1907>
Christadler, Martin: Ellison. „Invisible
Man" In: Lang, Hans-Joachim (Hrsg.):
Der amerikanische Roman. Von den
Anfängen bis zur Gegenwart. Düssel-
dorf (1972), S.333-369

Chwastek, Sieglinde: Pikareske Persönlichkeitsentwicklung in spanischen
Schelmenromanen. Kindheit und
Umwelt als Determinanten. Idstein
1987

Claas, Dietmar: Entgrenztes Spiel:
Leserhandlungen in der postmodernen
amerikanischen Erzählkunst. Stuttgart
1984

Cros, Edmond: Approche Sociocritique
du Buscón. In: Actes Picaresque
Espagnole. Etudes Sociocritique.
Montpellier 1976, S.69-100 (= Publications du centre d'etudes et de
recherches sociocritiques)

Cros, Edmond: Le Folklore dans le
„Lazarillo de Tormes": Nouvel
examen, Problemes methodologiques.
In: Actes Picaresque Européenne.
Etudes sociocritiques. Montpellier
1976, S.9-24 (= Publications du centre
d'etudes et de recherches sociocritiques)

Crosman, Inge: Reference And The
Reader. In: Poetics Today 4,1 (1983),
S.89-97

Crozier, Robert: Theme In „Augie
March". In: Critique 7 (1965), S.18-32

Culler, Jonathan: Dekonstruktion. Derrida
und die Poststrukturalistische Literaturtheorie. (Reinbek bei Hamburg
1988)

Curtius, Ernst Robert: Europäische Kultur
und Lateinisches Mittelalter. Bern
²1954

Dallet, Joseph B.: Geheimpoetik. Kritische Betrachtungen zu Hubert Gerschs
Untersuchung und zur neueren Grim-
melshausen-Forschung. In: Daphnis 10
(1981), S.349-395

Danckert, Werner: Unehrliche Leute. Die
verfemten Berufe. Bern München
(1963)

Danto, Arthur C.: Die Verklärung des
Gewöhnlichen. Eine Philosophie der
Kunst. (Frankfurt/M. 1991)

Davis, Natalie Zemon: Der Kopf in der
Schlinge. Gnadengesuche und ihre
Erzähler. (Frankfurt/M. 1991)

Defourneaux, Marcelin: Spanien im
Goldenen Zeitalter. Kultur und Gesellschaft einer Weltmacht. Stuttgart
(1986)

Deleuze, Gilles; Guattari, Felix: Rhizom.
Berlin 1977

Derrida, Jacques: Grammatologie.
(Frankfurt/M. 1983)

Derrida, Jacques: The Law of Genre. In:
Glyph 7 (1980), S.202-232

Derrida, Jacques: Positionen. Graz Wien
1986

Derrida, Jacques: Die Schrift und die
Differenz. (Frankfurt/M. 1972)

Deyermond, Alan J.: „Lazarillo de
Tormes". A Critical Guide. London
1975 (= Critical Guides to Spanish
Texts No.15)

Dieckmann, Friedrich: Felix Krulls
Verklärung. Zum zweiten Teil der
„Bekenntnisse". In: Sinn und Form 19
(1967), S.894-934

Diederichs, Rainer: Strukturen des
Schelmischen im modernen deutschen
Roman. Eine Untersuchung zu den
Romanen von Thomas Mann „Be-
kenntnisse des Hochstaplers Felix
Krull" und Günter Grass „Die Blech-
trommel". (Düsseldorf 1971)

Dierse, Ulrich: Enzyklopädie. Zur
Geschichte eines philosophischen und
wissenschaftstheoretischen Begriffs.
Bonn 1977 (= Archiv für Begriffsgeschichte, Supplementheft 2)

Diller, Edward: A Mythic Journey. Günter
Grass's „Tin Drum". Lexington 1974

Dimler, G. Richard: Simplicius Simplicis-
simus And Oskar Matzerath As
Alienated Heroes: Comparision And
Contrast. In: Amsterdamer Beiträge zur
Neueren Germanistik 4 (1975), S.113-
134

Dinzelsbacher, Peter: Vision und Visionsliteratur im Mittelalter. Stuttgart 1981

Dippie, Brian W.: „His Visage Wild; His Form Exotic": Indian Themes And Culture Guilt In John Barth's „The Sot-Weed Factor". In: American Quarterly 21 (1969), S.113-121

Diser, Philip E.: The Historical Ebenezer Cooke. In: Critique 10 (1968), S.48-59

Dreitzel, Hans Peter: Die gesellschaftlichen Leiden und das Leiden an der Gesellschaft. Vorstudien zu einer Pathologie des Rollenverhaltens. (Stuttgart 1980)

Dunn, Peter N.: The Spanish Picaresque Novel. Boston (1979)

Durand, Frank: The Author And Lazaro. Levels Of Comic Meaning. In: Bulletin of Hispanique Studies XLV,2 (1968), S.89-101

Dux, Günter: Die Logik der Weltbilder. Sinnstrukturen im Wandel der Geschichte. (Frankfurt/M. 1982)

Eco, Umberto: Das offene Kunstwerk. (Frankfurt/M. 1977)

Eco, Umberto: Einführung in die Semiotik. München (1972)

Eco, Umberto: Lector in fabula. Die Mitarbeit der Interpretation in erzählenden Texten. München Wien 1987

Eco, Umberto: Nachschrift zum „Namen der Rose". (München ²1986)

Eco, Umberto: Zeichen. Einführung in einen Begriff und seine Geschichte. (Frankfurt/M. 1977)

Eisele, Ulf: Die Struktur des modernen deutschen Romans. Tübingen 1984

Eisenberg, Daniel: Does The Picaresque Novel Exist? In: Kentucky Romance Quarterly 26 (1979), S.203-219

Eliade, Mircea: Schamanismus und archaische Ekstasetechnik. Zürich Stuttgart 1956/7

Elliott, Robert C. (Ed.): Twentieth Century Interpretations Of „Moll Flanders". A Collection Of Critical Essays. Englewood Cliffs (1970)

El Saffar, Ruth S.: Novel To Romance. A Study Of Cervantes' „Novelas ejemplares". Baltimore London 1974

El Saffar, Ruth S.: Distance And Control In „Don Quijote". A Study In Narrative Technique. Chapel Hill 1975

Enzensberger, Hans Magnus: „Wilhelm Meister", auf Blech getrommelt. (Mit dem Zusatz: Der verständige Anarchist). In: Derselbe: Einzelheiten I. (Frankfurt/M. 1962), S.221-233

Erikson, Erik H.: Identität und Lebenszyklus. Drei Aufsätze. (Frankfurt/M. ²1974)

Ermatinger, Emil: Weltdeutung in Grimmelshausens „Simplicius Simplicissimus". Leipzig Berlin 1925

Ernst, Fritz: Grimmelshausens „Simplicissimus" und seine spanischen Verwandten. In: Merkur 66 (1953), S.753-764

Fabian, Bernhard: „Tristram Shandy". In: Stanzel, Franz K. (Hrsg.): Der englische Roman. Bd.1 (Düsseldorf 1969), S.232-269

Faletti, Heidi E.: The Picaresque Fortunes Of The Erotic. In: Radcliffe-Umstead, Douglas (Ed.): Human Sexuality In The Middle Ages And The Renaissance. (Pittsburgh 1978), S.167-182

Fechner, Jörg-Ulrich: Schelmuffskys Masken und Metamorphosen. Neue Forschungsaspekte zu Christian Reuter. In: Euphorion 76 (1982), S.1-26

Feldges, Mathias: Grimmelshausens „Landstörtzerin Courasche". Eine Interpretation nach der Methode des Vierfachen Schriftsinns. Bern 1969 (= Basler Studien zur Deutschen Sprache und Literatur Heft 38)

Fiedler, Leslie A.: Cross The Boarder - Close The Gap (Überquert die Grenze - schließt den Graben!) In: März-Mammut. März-Texte hrsg. v. Jörg Schröder. Herstein ²1984, S.673-697

Fiedler, Leslie A.: Die Rückkehr des verschwundenen Amerikaners. Die Wiedergeburt des Indianers im Bewußtsein des Neuen Westens. (Reinbek bei Hamburg 1986)

Foucault, Michel: Die Ordnung der Dinge. Eine Archäologie der Humanwissenschaften. (Frankfurt/M. 1989)

Franklin, Bruce M.: The Wake Of The Gods. Melville's Mythology. Stanford (1966)

Frazer, James George: The Golden Bough. A Study In Magic And Religion. New York ³(1951)

Fredman, Alice Green: The Picaresque In Decline: Smollett's First Novel. In: Middendorf, J. H. (Ed.): English Writers Of The Eighteenth Century (New York London 1971), S.189-207

Freud, Sigmund: Zur Einführung des Narzißmus. In: Derselbe: Gesammelte Werke. Bd.X Werke aus den Jahren 1913 - 1917. (Frankfurt/M. ⁶1973), S.137-170

Freud, Sigmund: Der Dichter und das Phantasieren. In: Derselbe: Gesammelte Werke. Bd.VII Werke aus den Jahren 1906 - 1909. (Frankfurt/M. ⁵1972), S.213-223

Friedrich, Hugo: Zum Verständnis des Werkes. (Nachwort zur deutschen Übersetzung des „Criticón" von Balthasar Gracián) (Reinbek bei Hamburg 1957), S.212-226

Friedrichsmeyer, Erhard M.: Aspects Of Myth, Parody And Obscenity In Grass's „Die Blechtrommel" And „Katz und Maus". In: The German Review XL,3 (1965), S.240-252

Frizen, Werner: „Die Blechtrommel" - ein schwarzer Roman. Grass und die Literatur des Absurden. In: Arcadia 21 (1986), S.166-188

Frizen, Werner: Thomas Mann: „Bekenntnisse des Hochstaplers Felix Krull". (München 1988) (= Oldenburg - Interpretationen Bd.25)

Frohock, W. M.: The Failing Center: Recent Fiction And The Picaresque Tradition. In: Novel. A Forum On Fiction 3 (1969),1, S.62-69

Frohock, W. M.: The Idea Of The Picaresque. In: Yearbook Of Comparative And General Literature 16 (1969), S.43-52

Frye, Northrop: Analyse der Literaturkritik. Stuttgart (1964)

Fuchs, Daniel: Saul Bellow. Vision And Revision. Durham 1984

Gadamer, Hans-Georg: Wahrheit und Methode. Grundzüge einer philosophischen Hermeneutik. Tübingen (⁴1975)

Gaede, Friedrich: Renaissance und Reformation. In: Bahr, Ehrhard (Hrsg.): Geschichte der Deutschen Literatur. Kontinuität und Veränderung. Vom Mittelalter bis zur Gegenwart. Bd.1: Vom Mittelalter bis zum Barock. Tübingen (1987), S.245-310

Gaede, Friedrich: „Homo homini lupus et ludius est". Zu Grimmelshausens „Der seltzame Springinsfeld". In: DVJ 57 (1983). S.240-258

Gersch, Hubert: Ein Sonderfall im Zeitalter der Vorreden-Poetik des Romans: Grimmelshausens vorwortloser „Simplicissimus". In: Rasch, Wolfdietrich; Geulen, Hans (Hrsg.): Rezeption und Produktion zwischen 1570 und 1730. Festschrift für Günther Weydt zum 65. Geburtstag. Bern München 1972, S.267-284

Gersch, Hubert: Geheimpoetik. Die „Continuatio des Abentheuerlichen Simplicissimi" interpretiert als Grimmelshausens verschlüsselter Kommentar zu seinem Roman. Tübingen 1973 (= Studien zur Deutschen Literatur Bd.35)

Geulen, Hans: Erzählkunst in der Frühen Neuzeit. Zur Geschichte epischer Darbietungsweisen und Formen im Roman der Renaissance und des Barock. Tübingen (1975)

Gilman, Stephan: The Death of „Lazarillo de Tormes". In: PMLA 81 (1966), S.149-156

Ginzburg, Carlo: Spurensicherungen. Über verborgene Geschichte, Kunst und soziales Gedächtnis. (München 1988)

Glowinski, Michael: Der potentielle Leser in der Struktur eines poetischen Werkes. In: Weimarer Beiträge 21,6 (1978), S.118-143

Goethe, Johann Wolfgang: Vorwort. In:

Der Deutsche Gil Blas. Oder Wanderungen und Schicksale Johann Christoph Sachses, eines Thüringers von
ihm selbst verfaßt. Hrsg. v. Jochen
Golz. Nördlingen 1987

Goetsch, Paul: Leserfiguren in der
Erzählkunst. In: GRM 33 (1983),
S.159-215

Goetsch, Paul: Defoe's „Moll Flanders"
und der Leser. In: GRM 30 (1980),
S.271-288

Goffman, Erving: Rahmen-Analyse. Ein
Versuch über die Organisation von
Alltagserfahrungen. (Frankfurt/M.
1977)

Goffman, Erving: Stigma. Über Techniken der Bewältigung beschädigter
Identität. (Frankfurt/M. 1975)

Goffman, Erving: Wir alle spielen
Theater. Die Selbstdarstellung im
Alltag. München (1969)

Goldberg, Gerald: Life's Customer,
„Augie March". In: Critique 3 (1960),
S.15-27

Goldberg, Homer: The Art Of „Joseph
Andrews". Chicago London (1969)

Goodman, Nelson: Tatsache, Fiktion,
Voraussage. (Frankfurt/M. 1988)

Goodman, Nelson: Sprachen der Kunst.
(Frankfurt/M. 1973)

Goodman, Nelson: Weisen der Welterzeugung. (Frankfurt/M. 1984)

Goodman, Nelson: Vom Denken und
anderen Dingen. (Frankfurt/M. 1987)

Goodman, Nelson; Elgin, Catherine E.:
Revisionen. Philosophie und andere
Künste und Wissenschaften.
(Frankfurt/M. 1989)

Grass, Günter: Rückblick auf „Die
Blechtrommel" oder Der Autor als
fragwürdiger Zeuge. In: Derselbe:
Aufsätze zur Literatur. (Darmstadt
Neuwied 1980), S.92-98

Günther, Helmut: Der ewige Simplicissimus. Gestalt und Wandlungen des
deutschen Schelmenromans. In: Welt
und Wort 10 (1955), S.1-5

Guerrard, Albert J.: Saul Bellow und die
Aktivisten. Über „The Adventures of

Augie March". In: Lohner Edgar
(Hrsg.): Der Amerikanische Roman im
19. und 20. Jahrhundert. Interpretationen. (Berlin 1974), S.353-365

Guillén, Claudio: La disposicíon temporal
de „Lazarillo de Tormes". In: Hispanic
Review XXV (1957), S.264-279

Gurjewitsch, Aaron J.: Das Weltbild des
mittelalterlichen Menschen. München
(1986)

Gurjewitsch, Aaron J.: Mittelalterliche
Volkskultur. München (1987)

Gutzwiller, Paul: Der Narr bei Grimmelshausen. Einsiedeln 1959

De Haan, Fonger: An Outline Of The
History Of The Novela Picaresca In
Spain. The Hague New York 1903

Habel, Ursula: Die Nachwirkungen des
pikaresken Romans in England (von
Nash bis Fielding und Smollett).
Breslau 1930

Hackelsberger-Liang, Mi-Mi: Die
Frauengestalten im spanischen Schelmenroman. München (1959)

Hage, Volker: Die Wiederkehr des
Erzählers. Neue deutsche Literatur der
Siebziger Jahre. (Frankfurt/M. Berlin
Wien 1982)

Haley, George: The Narrator In „Don
Quijote": Maese Pedro's Puppet Show.
In: Modern Language Notes LXXX
(1965), S.145-165

Hall, Joan J.: The Hobbyhorsical World of
„Tristram Shandy". In: Modern
Language Quarterly 24 (1963), S.131-
145

Hargasser, Franz: Gibt es eine Anthropologie des Lesens? In: Universitas 41
(1988), S.1234 - 1244

Harris, Charles B.: Passionate Virtuosity:
The Fiction Of John Barth. Urbana
Chicago (1983)

Harris, Thomas A.: Ich bin o.k. Du bist
o.k. Eine Einführung in die Transaktionsanalyse. (Reinbek bei Hamburg
1989)

Hatzfeld, Helmut (Hrsg.): „Don Quijote".
Forschung und Kritik. Darmstadt 1968
(= Wege der Forschung Bd. 210)

Hauser, Arnold: Der Manierismus. Die Krise der Renaissance und der Ursprung der modernen Kunst. München (1964)

Hausmann, Frank-Rutger: Rabelais und das Aufkommen des Absolutismus. Religion, Staat und Hauswesen in den fünf Büchern „Gargantua et Pantagruel". In: Brockmeyer, Peter; Wetzel, Herman H. (Hrsg.): Französische Literatur in Einzeldarstellungen. Bd.1 Von Rabelais bis Diderot. Stuttgart (1981), S.13-75

Heckman, John: Emblematic Structures In „Simplicissimus Teutsch". In: Modern Language Notes 84 (1969), S.876-890

Heers, Jacques: Vom Mummenschanz zum Machttheater. Europäische Festkultur im Mittelalter. (Frankfurt/M. 1986)

Hegel, Georg Friedrich Wilhelm: Vorlesungen über die Ästhetik. In: Derselbe: Werke Bd. 13, 14, 15. (Frankfurt/M. 1970)

Heidenreich, Regina und Helmut (Hrsg.): Daniel Defoe. Schriften zum Erzählwerk. Darmstadt 1982 (= Wege der Forschung Bd. 339)

Heidenreich, Helmut (Hrsg.): Pikarische Welt. Schriften zum europäischen Schelmenroman. Darmstadt 1969 (= Wege der Forschung Bd.213)

Heinrich, Klaus: Versuch über die Schwierigkeit Nein zu sagen. (Frankfurt/M. 1964)

Heitmann, Klaus (Hrsg): Der Französische Roman. Vom Mittelalter bis zur Gegenwart. Bd. 1. Düsseldorf (1975).

Heller, Erich: Felix Krull oder Die Komödie des Künstlers. Zum Abschluss des Lebenswerkes von Thomas Mann. In: Wenzel, Georg (Hrsg.): Vollendung und Größe Thomas Manns. Beiträge zu Werk und Persönlichkeit des Dichters. Halle 1962, S.250-261

Hempfer, Klaus W.: Gattungstheorie. Information und Synthese. München (1973)

Hermsdorf, Klaus: Thomas Manns

Schelme. Figuren und Strukturen des Komischen. Berlin (1968)

Hernadi, Paul: Beyond Genre. New directions In Literary Classification. Ithaca London 1972

Heselhaus, Clemens: Hans Jakob Cristoffel von Grimmelshausen. „Der Abenteuerliche Simplicissimus". In: Wiese, Benno von (Hrsg.): Der Deutsche Roman. Vom Barock bis zur Gegenwart. Struktur und Geschichte. Düsseldorf (1963), S.15-63

Hillebrand, Bruno: Theorie des Romans. (München 1980)

Hillen, Gerd: Barock. In: Bahr, Ehrhard (Hrsg.): Geschichte der deutschen Literatur. Kontinuität und Veränderung. Vom Mittelalter bis zur Gegenwart. Bd.1 Vom Mittelalter bis zum Barock. Tübingen (1987), S.311-426

Hillen, Gerd: Allegorie und Satire. Anmerkungen zu Grimmelshausens „Simplicissimus". In: Bircher, Martin; Fechner, Jörg Ulrich; Hillen, Gerd (Hrsg.): Barocker Lust-Spiegel. Studien zur Literatur des Barock. Festschrift für Blake Lee Spahr. Amsterdam 1984, S.265-277

Hillman, James: Senex and Puer: An Aspect Of The Historical And Psychological Present. In: Eranos-Jahrbuch 36 (1967), S.301-360

Hirsch, Arnold: Bürgertum und Barock im deutschen Roman. Eine Untersuchung über die Entstehung des modernen Weltbildes. Frankfurt/M. 1934

Hocke, Gustav René: Die Welt als Labyrinth. Manierismus in der europäischen Kunst und Literatur. (Reinbek bei Hamburg 1987)

Hönnighausen, Lothar: Maske und Perspektive. Weltanschauliche Voraussetzungen des perspektivischen Erzählens. In: GRM 26 (1976), S.287-307

Hörhammer, Dieter: Die Formation des literarischen Humors. Ein psychoanalytischer Beitrag zur bürgerlichen Subjektivität. München 1984

Hoffmeister, Gerhart: Einführung. In: Miguel de Cervantes/ Nicolas Ulenhart: Historia von Isaac Winckelfelder und Jobst von der Schneidt. Frankfurt/M. 1983, S.5-35

Hoffmeister, Gerhart: Spanien und Deutschland. Geschichte und Dokumentation ihrer literarischen Beziehungen. (Berlin 1976) (= Grundlagen der Romanistik Bd.9)

Hoffmeister, Gerhart (Hrsg.): Der moderne deutsche Schelmenroman. Neue Interpretationen. Amsterdam 1985/6 (= Amsterdamer Beiträge zur Neueren Germanistik Bd.20)

Hoffmeister, Gerhart (Hrsg.): Der deutsche Schelmenroman im europäischen Kontext: Rezeption, Interpretation, Bibliographie. Amsterdam 1987 (= Chloe. Beihefte zum Daphnis Bd.5)

Holder, Alan: „What Marvelous Plot - Was Afoot?" History In Barth's „The Sot-Weed Factor". In: American Quarterly 20 (1968), S.596-604

Hollmann, W.: Th. Manns „Felix Krull" and „Lazarillo". In: Modern Language Notes LXVI (1951), S.445-451

Horkheimer, Max; Adorno, Theodor W<iesengrund>: Dialektik der Aufklärung. Philosophische Fragmente. (Frankfurt/M. 1971)

Hübner, Klaus: Schelmenroman. In: Metzler Literatur-Lexikon. Stichwörter zur Weltliteratur. Stuttgart 1984, 411ff

Huizinga, Johan: Homo Ludens. Vom Ursprung der Kultur im Spiel. (Reinbek bei Hamburg 1981)

Irsigler, Franz; Lassotta, Arnold: Ritter und Gaukler, Dirnen und Henker. Außenseiter in einer mittelalterlichen Stadt. Köln 1300 - 1600. (München 1989)

Iser, Wolfgang: Der Akt des Lesens. Theorie ästhetischer Wirkung. München ²1984

Iser, Wolfgang: Akte des Fingierens oder Was ist das Fiktive im fiktionalen Text? In: Henrich, Dieter; Iser, Wolfgang (Hrsg.): Funktionen des Fiktiven.

München 1983, S.121-151 (= Poetik und Hermeneutik X)

Iser, Wolfgang (Hrsg.): Henry Fielding und der englische Roman des 18. Jahrhunderts. Darmstadt 1972 (= Wege der Forschung Bd.161)

Iser, Wolfgang: Laurence Sternes „Tristram Shandy". Inszenierte Subjektivität. München (1987)

Jacobs, Jürgen: „Wilhelm Meister" und seine Brüder. Untersuchungen zum deutschen Bildungsroman. München 1972

Jacobs, Jürgen: Der deutsche Schelmenroman. Eine Einführung. München Zürich (1983) (= Artemis Einführungen Bd.5)

Jameson, Fredric: Postmoderne - Zur Logik der Kultur im Spätkapitalismus. In: Huyssen, Andreas; Scherpe, Klaus R. (Hrsg.): Postmoderne. Zeichen eines kulturellen Wandels. (Reinbek bei Hamburg 1986), S.45-102

Janik, Dieter: Literatursemiotik als Methode. Die Kommunikationsstruktur des Erzählwerks und fünf weitere Studien. Darmstadt 1985

Jauss, Hans Robert: Ursprung und Bedeutung der Ich-Form im „Lazarillo de Tormes". In: Romanisches Jahrbuch VIII (1957), S.290-311

Jauss, Hans Robert: Ästhetische Identifikation - Versuch über den literarischen Helden. In: Derselbe: Ästhetische Erfahrung und literarische Hermeneutik. (Frankfurt/M 1982), S.244-292

Jefferson, Ann: Intertextuality And The Poetics Of Fiction. In: Comparative Criticism 2 (1980), S.235-250

Johannismeier, Rolf: Spielmann, Schalk und Scharlatan. Die Welt als Karneval: Volkskultur im späten Mittelalter. (Reinbek bei Hamburg 1984)

Jurzik, Renate: Der Stoff des Lachens. Studien über Komik. Franfurt/M. New York (1985)

Just, Georg: Darstellung und Appell in der „Blechtrommel" von Günter Grass. Darstellungsästhetik versus Wirkungsästhetik. (Frankfurt/M. 1972) (= Literatur und Reflexion Bd.10)

Kanzog, Klaus: Erzählstrategie. Eine Einführung in die Normeinübung des Erzählens. Heidelberg (1976)

Kayser, Wolfgang: Das Groteske in Malerei und Dichtung. (Reinbek bei Hamburg 1961)

Kearful, Frank J.: Spanish Rogues And English Foundlings: On The Desintegration Of The Picaresque. In: Genre 4 (1970), S.376-391

Kerényi, Karl: Hermes der Seelenführer. Zürich 1944

Kerényi, Karl: Labyrinth-Studien. Labyrinthos als Linienreflex einer mythologischen Idee. Zürich ²1950

Kerényi, Karl; Jung, C<arl> G<ustav>: Das göttliche Kind in mythologischer und psychologischer Beleuchtung. Leipzig 1946

Kirchner, Gottfried: Fortuna in Dichtung und Emblematik des Barocks. Tradition und Bedeutungswandel eines Motivs. Stuttgart Mainz 1969/70

Kloepfer, Rolf: Der Roman als „entfesseltes Gespräch". In: Derselbe; Janetzke-Dillner, Gisela (Hrsg.): Erzählung und Erzählforschung im 20. Jahrhundert. Stuttgart Berlin Köln Mainz (1981), S.15-28

Knop-Duhrmann, Heidrun: Die Romane Saul Bellows. Neue Dimensionen des Pikaroromans. (Frankfurt/M. Bern 1980)

König, Bernhard: Marguitte - Cingar - Lázaro - Guzmán. Zur Genalogie des „pícaro" und der „novela picareca". In: Romanisches Jahrbuch 32 (1981), S.286-305

Könneker, Barbara: Die deutsche Literatur der Reformationszeit. Kommentar zu einer Epoche. München (1975)

Kommerell, Max: „Don Quijote" und „Simplicissimus". In: Derselbe: Essays, Notizen, Poetische Fragmente. Aus dem Nachlaß hrsg. v. Inge Jens. Olten Freiburg i.Breisgau (1969), S.37-80

Konstantinovic, Zoran: Der literarische Vergleich und die komparatistische Reflexion. Zur Theorie und Methode der Vergleichenden Literaturwissenschaft. In: Beiträge zur Romanistischen Philologie 17 (1978), S.121-128

Koopmann, Helmut (Hrsg.): Handbuch des Deutschen Romans. (Düsseldorf 1983)

Korzybski, Alfred: Science and Sanity. New York 1941

Koschlig, Manfred: Das Lob des „Francion" bei Grimmelshausen. In: Jahrbuch der Deutschen Schillergesellschaft I (1957), S.30-73

Koselleck, Reinhart: Vergangene Zukunft. Zur Semantik geschichtlicher Zeiten. (Frankfurt/M. 1979)

Koyré, Alexandre: Von der geschlossenen Welt zum unendlichen Universum. (Frankfurt/M. 1980)

Krauss, Werner: Cervantes. Leben und Werk. (Neuwied Berlin 1966)

Kremer, Manfred: Günter Grass. „Die Blechtrommel" und die pikarische Tradition. In: The German Quarterly XLVI (1973), S.381-392

Kristeva, Julia: Bachtin, das Wort, der Dialog und der Roman. In: Hillebrand, Bruno (Hrsg.): Zur Struktur des Romans. Darmstadt 1978), S.308-407 (= Wege der Forschung Bd. 488)

Kristeva, Julia: Probleme der Textstrukturation. In: Blumensath, Heinz (Hrsg.): Strukturalismus in der Literaturwissenschaft. Köln 1972, S.243-262 (= Neue Wissenschaftliche Bibliothek 43)

Kristeva, Julia: Zu einer Semiologie der Paragramme. In: Gallas, Helga (Hrsg.): Strukturalismus als interpretatives Verfahren. (Darmstadt Neuwied 1972), S.163-200

Krüger, Anna: Albert Vigoleis Thelen. In: Nonnenmann, Klaus (Hrsg.): Schriftsteller der Gegenwart. Dreiundfünfzig Porträts. Olten Freiburg 1963, S.293-300

Krumme, Detlef: Günter Grass: „Die Blechtrommel". (München Wien 1986) (= Hanser Literatur-Kommentare

Bd.24)

Kruse, Margot: Die parodistischen Elemente im „Lazarillo de Tormes". In: Romanisches Jahrbuch X (1959), S.292-304

Kuch, Heinrich u.a.: Der antike Roman. Untersuchungen zur literarischen Kommunikation und Gattungsgeschichte. Berlin (1989)

Kulshrestha, Chiratan: Saul Bellow. The Problem Of Affirmation. (New Delhi 1978)

Kurscheidt, Georg: Der Schelmenroman. In: Knörrich, Otto (Hrsg.): Formen der Literatur in Einzeldarstellungen. Stuttgart (1981), S.347-359

Kurz, Gerhard: Metapher, Allegorie, Symbol. Göttingen (1982)

Kurzke, Hermann: Thomas Mann: Epoche - Werk - Wirkung. München (1989)

La Capra, Dominick: Geschichte und Kritik. (Frankfurt/M. 1987)

Lachmann, Renate (Hrsg.): Dialogizität. (München 1982) (= Theorie und Geschichte der Literatur und der Schönen Künste. Reihe A. Hermeneutik Semiotik Rhetorik Bd.1)

Lamb, Jonathan: The comic sublime and Sterne's fiction. In: ELH 48 (1981), S.110-143

Lamb, Jonathan: Sterne's system of imitation. In: Modern Language Review 76 (1981), S.794-810

Lanham, Richard A.: „Tristram Shandy": The Games of Pleasure. (Berkeley Los Angeles 1973)

Lazarowicz, Klaus: Verkehrte Welt. Vorstudien zu einer Geschichte der deutschen Satire. Tübingen 1963 (= Hermea. Germanistische Forschungen Neue Folge Bd.15)

Leighton, Joseph: „Courasche" And „Moll Flanders": Roguery And Morality. In: Bircher, Martin; Fechner, Jörg-Ulrich; Hillen, Gerd (Hrsg.): Barocker Lust-Spiegel. Studien zur Literatur des Barock. Festschrift für Blake Lee Spahr. Amsterdam 1984, S.295-310

Lem, Stanislaw: Phantastik und Futurologie. 2 Bde. (Frankfurt/M. 1984)

Lem, Stanislaw: Philosophie des Zufalls. Zu einer empirischen Theorie der Literatur. 2 Bde. (Frankfurt/M. 1989)

Lewandowski, Theodor: Überlegungen zur Theorie und Praxis des Lesens. In: Wirkendes Wort 1 (1980), S.54-65

Lewis, R. W. B.: The Picaresque Saint. Representative Figures In Contemporary Fiction. Philadelphia New York 1959

Lotman, Jurij M.: Die Struktur literarischer Texte. München (1972)

Lugowski, Clemens: Die Form der Individualität im Roman. Studien zur inneren Struktur der frühen deutschen Prosaerzählung. Hildesheim 1970 <Reprint; Erstausgabe 1932> (= Neue Forschung Bd.24)

Luhmann, Niklas: Vertrauen. Ein Mechanismus der Reduktion sozialer Komplexität. Stuttgart ²1973

Luhmann, Niklas: Soziale Systeme. Grundriß einer allgemeinen Theorie. (Frankfurt/M. 1987)

Luhmann, Niklas: Sinn als Grundbegriff der Soziologie. In: Habermas, Jürgen; Luhmann, Niklas: Theorie der Gesellschaft oder Sozialtechnologie - Was leistet die Systemforschung? (Frankfurt/M. 1976), S.25-100

Lukács, Georg: Die Theorie des Romans. Ein geschichtsphilosophischer Versuch über die Formen der großen Epik. (Neuwied Berlin 1965)

Lyotard, Jean-Francois: Das postmoderne Wissen. (Graz Wien 1986)

Lyotard, Jean-Francois: Beantwortung der Frage: Was ist postmodern? In: Postmoderne und Dekonstruktion. Texte französischer Philosophen der Gegenwart. Hrsg. v. Peter Engelmann. Stuttgart (1990), S.33-48

Macho, Thomas H.: Todesmetaphern. Zur Logik der Grenzerfahrung. (Frankfurt/M. 1987)

de Madariaga, Salvador: Über „Don Quijote". Wien München (1965)

Madelung, Eva: Trotz. Zwischen Selbstzerstörung und Kreativität: Menschliches Verhalten im Widerspruch.
(München 1989)

Mähl, Hans-Joachim: Narr und Picaro.
Zum Wandel der Narrenrolle im
Roman des 17. Jahrhunderts. In:
Fülleborn, Ulrich; Krogoll, Johannes
(Hrsg.): Studien zur deutschen Litera-
tur. Festschrift für Adolf Beck zum
Siebzigsten Geburtstag. Heidelberg
1973, S.18-40

Mancing, Howard: The Picaresque Novel.
A Protean Form. In: College Literature
6 (1979), S.182-204

Mancing, Howard: The Deceptiveness Of
„Lazarillo de Tormes". In: PMLA XL
(1975), S.426-432

Mannack, Eberhard: Die Auseinanderset-
zung mit literarischen Mustern - G.
Grass: „Die Blechtrommel". In:
Derselbe: Zwei deutsche Literaturen?
Kronberg 1977, S.66-83

Mannack, Eberhard: Oskars Lektüre. Zum
Verweisungszusammenhang in G.
Grass „Blechtrommel". In: Greeń/
Johnson (Ed.): From Wolfram and
Petrarca to Goethe and Grass. Baden-
Baden 1982, S.587-602

Mannack, Eberhard: Hans Jakob Christof-
fel von Grimmelshausen. In: Von
Wiese, Benno (Hrsg.): Deutsche
Dichter des 17.Jahrhunderts. Ihr Leben
und Werk. Berlin 1984, S.517-552

Manthey, Jürgen: „Die Blechtrommel"
wiedergelesen. In: Arnold, Heinz
Ludwig (Hrsg.): Günter Grass. Göttingen 1988, S.24-36 (= Text und Kritik 1.
6.Auflage)

Marckwort, Ulf-Heinz: Der deutsche
Schelmenroman der Gegenwart.
Betrachtungen zur sozialistischen
Rezeption pikaresker Topoi und
Motive. Köln 1984

Marcus, Mordècai: What Is An „Initiation"-Story? In: Journal Of Aesthetics
And Art Criticism (1960), S.221-228

Marquard, Odo: Identität: Schwundtelos
und Mini-Essenz. Bemerkungen zur

Genealogie einer aktuellen Diskussion.
In: Marquard, Odo; Stierle, Karlheinz
(Hrsg.): Identität. München 1979,
S.347-369 (= Poetik und Hermeneutik
VIII)

Marquard, Odo: Kunst als Antifiktion -
Versuch über den Weg der Wirklich-
keit ins Fiktive. In: Henrich, Dieter;
Iser, Wolfgang (Hrsg.): Funktionen des
Fiktiven. München 1983, S.33-54 (=
Poetik und Hermeneutik X)

Marquard, Odo: Autobiographie -Identität
- Verantwortung. In: Heckmann,
Herbert (Hrsg.): Literatur aus dem
Leben. Autobiographische Tendenzen
in der deutschsprachigen Gegenwarts-
dichtung. Beobachtungen, Erfahrungen,
Belege. München Wien 1984, S.58-67
(= Dichtung und Sprache Bd.1)

Marquard, Odo: Abschied vom Prinzipiel-
len. Philosophische Studien. Stuttgart
(1981)

Marquard, Odo: Apologie des Zufälligen.
Philosophische Studien. Stuttgart
(1986)

Maurer-Rothenberger, Friedel: Die
Mitteilungen des Guzmán de Alfarache. Berlin 1967

Matt, Peter von: Liebesverrat. Die
Treulosen in der Literatur. (München
1991)

Mauss, Marcel: Soziologie und Anthropologie. 2 Bde. (Frankfurt/M. 1989)

Mayer, Hans: Felix Krull und Oskar
Matzerath. Aspekte des Romans. In:
Derselbe: Das Geschehen und das
Schweigen. Aspekte der Literatur.
(Frankfurt/M. 1969), S.35-67

Mayer, Jürgen: Mischformen barocker
Erzählkunst. Zwischen pikareskem und
höfisch-historischem Roman. München
1970

McGrady, Donald: Mateo Alemán. New
York (1968) (= Twayne's World
Authors Series No. 48)

McLuhan, Marshall: Die Gutenberg-
Galaxis. Das Ende des Buchzeitalters.
Düsseldorf Wien (1968)

McLuhan, Marshall: Die magischen

Kanäle. (Understanding Media) (Frankfurt/M. 1970)

McQueen, Marian: Narrative Structure And Reader Response In „Simplicissimus" And „Don Quijote"; A Contrastive Study. In: Argenis 1-3 (1977), S.229-256

McSweeney, Kerry: „Invisible Man". Race And Identity. Boston (1988)

Meid, Volker: Der deutsche Barockroman. Stuttgart (1974)

Meid, Volker: Grimmelshausen: Epoche - Werk - Wirkung. München (1984)

Merill, Robert: Joseph Heller. Boston (1984)

Miller, James R.: A Reader's Guide To Herman Melville. London (1962)

Miller, Norbert: Das Spiel von Fügung und Zufall. Versuch über Marixaux als Romancier. In: Pierre Carlet de Marixaux: Romane. Hrsg. v. Norbert Miller. München 1968, S.863-928

Miller, Russel H.: „The Sot-Weed Factor": A Contemporary Mock-Epic. In: Critique 8 (1965/6), S.88-100

Miller, Stuart: The Picaresue Novel. Cleveland 1967

Monteser, Frederick: The Picaresque Element In Western Literature. Alabama (1975) (= Studies in the Humanities No. 5 Literature)

Montigel, Ulrike: Der Körper im humoristischen Roman. Zur Verlustgeschichte des Sinnlichen. Francois Rabelais - Laurence Sterne - Jean Paul - Friedrich Theodor Vischer. (Frankfurt/M. 1987) (= Hochschulschriften Literaturwissenschaft 78)

Morewedge, Rosmarie T.: The Circle And The Labyrinth In Grimmelshausen's „Simplicissimus". In: Argenis 1-3 (1977), S.373-409

Morell, David: John Barth. An Introduction. (Pennsylvania London 1976)

Mühlmann, Wilhelm E.: Pfade in die Weltliteratur. (Königstein i.Taunus) 1984

Müller, Joachim: Glücksspiel und Göttermythe. Zu Thomas Manns

„Krull". In: Wenzel, Georg (Hrsg.): Vollendung und Größe Thomas Manns. Beiträge zu Werk und Persönlichkeit des Dichters. Halle 1962, S.233-249

Murillo, L. A.: Cervantes' „Coloquio de los perros", A Novel-Dialogue. In: Modern Philology 58 (1961), S.174-187

Nabokov, Vladimir: Die Kunst des Lesens. Cervantes' „Don Quijote". (Frankfurt/M. 1985)

Nadel, Alan: Invisible Criticism. Ralph Ellison And The American Canon. Iowa City (1988)

Nagel, James (Ed.): Critical Essays On Joseph Heller. Boston (1984)

Nelson, Danald F.: Portrait Of The Artist As Hermes. A Study Of Myth And Psychology In Thomas Mann's „Felix Krull". (Chapel Hill 1971)

Nelson, Lowry (Ed.): Cervantes. A Collection of Critcal Essays. Englewood Cliffs 1969 (= Twentieth Century Views 89)

Nerlich, Michael: Kunst, Politik und Schelmerei. Die Rückkehr des Künstlers und des Intellektuellen in die Gesellschaft des Zwanzigsten Jahrhunderts, dargestellt an Werken von Charles de Coster, Romain Rolland, André Gide, Heinrich Mann und Thomas Mann. Frankfurt/M. Bonn 1969

Nerlich, Michael: Plädoyer für Lázaro: Bemerkungen zu einer „Gattung". In: Romanische Forschungen Bd.80 2/3, (1968), S.354-394

Neubert, Brigitte: Der Außenseiter im deutschen Roman nach 1945. Bonn 1977

Neuhaus, Volker: Günter Grass. „Die Blechtrommel". München ²1982

Neumann, Bernd: „Schwyzerisch und weltoffen". Gerold Späths Roman „Unschlecht" oder: Gottfried Keller in Yoknapatawpha Country. In: Schweizer Monatshefte (1984), Heft 5, S.415-429

Neumann, Erich: Die Grosse Mutter. Der

Archetyp des Grossen Weiblichen. Zürich (1956)

Neuschäfer, Hans-Jürg: Der Sinn der Parodie im „Don Quijote". Heidelberg 1963 (= Studia Romanica Heft 5)

Newman, Judie: Saul Bellow And History. London (1984)

Noland, Richard W.: John Barth And The Novel Of Comic Nihilism. In: Contemporary Literature 7 (1966), S.239-257

Nolting-Hauff, Ilse: Die Betrügerische Heirat. Realismus und Pikareske in Defoes „Moll Flanders". In: Poetica 3 (1970), S.409-420

O'Heally, Robert (Ed.): New Essays On „Invisible Man". Cambridge New York New Rochelle Melbourne Sidney (1988)

Opdahl, Keith Michael: The Novels Of Saul Bellow. An Introduction. Pennsylvania London (1967)

Ortega y Gasset, José: Meditationen über „Don Quijote". Stuttgart (1959)

Parker, Alexander A.: Literature And The Delinquent. The Picaresque Novel In Spain And Europe. 1599-1753 Edinburgh 1967

Parker, Alexander A.: Der Pikareske Roman. In: Propyläen Geschichte der Literatur. Literatur und Gesellschaft der Westlichen Welt Bd.3: Renaissance und Barock 1400-1700. Berlin (1984), S.528-542

Pellon, Gustavo; Rodriguez-Luis, Julio (Ed.): Upstarts, Wanderers Or Swindlers: Anatomy Of The Pícaro. A Critical Anthology. (Amsterdam 1986)

Perelmuter, Pérez R.: The Rogue As Trickster In „Guzmán de Alfarache". In: Hispania 59,4 (1976), S.820-826

Pfandl, Ludwig: Geschichte der Spanischen Nationalliteratur in ihrer Blütezeit. Freiburg ²1929

Plard, Henri: Über „Die Blechtrommel". In: Arnold, Heinz Ludwig (Hrsg.): Günter Grass. Göttingen 1978, S.27-37 (= Text und Kritik 1, 5.Auflage)

Plessner, Helmuth: Philosophische Anthropologie. Lachen und Weinen.

Anthropologie der Sinne. (Frankfurt/M. 1970)

Poenicke, Klaus: Das Rad der Fortuna und die Revolution: Zur Geschichtsideologie pikarischen Erzählens. In: Amerikastudien 23 (1978), S.90-97

Poenicke, Klaus: Jenseits von Puer und Senex: Der Pikaro und die Figuren-Phänomenologie der Postmoderne. In: Amerikastudien 24 (1979), S.221-245

Porter, Gilbert M.: Whence The Power? The Artisty And Humanity Of Saul Bellow. Columbia 1974

von Poser, Michael: Der abschweifende Erzähler. Rhetorische Tradition und deutscher Roman im achtzehnten Jahrhundert. Bad Homburg Berlin Zürich (1969) (= Res Publica Literatura Bd.5)

Predmore, Richard C.: The World Of „Don Quijote". Cambridge 1967

Preston, John: The Created Self: The Reader's Role in Eighteenth-Century Fiction. London 1970

Pütz, Peter: Thomas Mann und Nietzsche. In: Hillebrand, Bruno (Hrsg.): Nietzsche und die deutsche Literatur. Bd.II Forschungsergebnisse. Tübingen (München 1978), S.128-154

Quirk, Tom: Melville's „Confidence-Man". From Knave To Knight. Columbia London 1982

Radin, Paul; Kerényi, Karl; Jung, C<arl> G<ustav>: Der göttliche Schelm. Ein indianischer Mythen-Zyklus. Hildesheim 1979 <Reprint>

Raible, Wolfgang: Vom Autor als Kopist zum Leser als Autor. Literaturtheorie in der literarischen Praxis. In: Poetica 5 (1972), S.133-151

Rapaport, Anatol: Kataklysmische und strategische Konfliktmodelle. In: Bühl, Walter L. (Hrsg.): Konflikt und Konfliktsstrategie. (München 1972), S.264-291 (= Nymphenburger Texte zur Wissenschaft. Modelluniversität 1)

Rapp, Uri: Handeln und Zuschauen. Untersuchungen über den theatersoziologischen Aspekt in der menschlichen

Interaktion. (Darmstadt Neuwied 1973)

Rausse, Hubert: Zur Geschichte der Simpliziaden. In: Zeitschrift für Bücherfreunde Neue Folge 4 (1912), S.195-215

Reed, Walter L.: An Exemplary History Of The Novel. The Quixotic Versus The Picaresque. Chicago London (1981)

Reichardt, Dieter: Von Quevedos „Buscón" zum deutschen „Aventurier". Bonn 1970 (= Studien zur Germanistik, Anglistik und Komparatistik Bd.7)

Reilly, John H.(Ed.): Ralph Ellison: A Collection of Critical Essays. Englewood Cliffs New York 1974

Rey Hazas, Antonio: La Novela picaresca. (Madrid 1990)

Rico, Francisco: The Spanish Picaresque Novel And The Point Of View. Cambridge (1984)

Riggan, William: The Reformed Picaro And His Narrative. A Study Of The Autobiographical Accounts Of „Lucius", „Simplicius Simplicissimus", „Lazarillo de Tormes", „Guzmán de Alfarache" and „Moll Flanders". In: Orbis Litterarum 30 (1975), S.165-186

Riggan, William: Pícaros, Madmen, Naifs, And Clowns. The Unreliable First-Person-Narrator. Oklahoma (1981)

Röder, Gerda: Glück und glückliches Ende im deutschen Bildungsroman. München 1968 (= Münchner Germanistische Beiträge 2)

Roemer, Marjorie: John Barth And The Modern Imagination. Ann Harbour 1984

Rötzer, Hans Gerd: Pícaro, Landstörtzer, Simplicius. Studien zum niederen Roman in Spanien und Deutschland. Darmstadt 1972 (= Impulse der Forschung Bd.4)

Rötzer, Hans Gerd: Der Roman des Barock. 1600-1700. Kommentar zu einer Epoche. München (1972)

Rodriguez-Luis, Julio: Pícaras: The Modal Approach To The Picaresque.

In: Comparative Literature 31 (1979), S.32-46

Rohmann, Gerd (Hrsg.): Laurence Sterne. Darmstadt 1980 (= Wege der Forschung 147)

Roloff, Volker: Identifikation und Rollenspiel. Anmerkungen zur Phantasie des Lesers. In: Haubrichs, Wolfgang (Hrsg.): Erzählforschung 2. Theorien und Methoden der Narrativik. Göttingen (1977) S.260-276 (= LiLi Beiheft 6)

Roloff, Volker; Wentzlaff-Eggebert, Harald (Hrsg.): Der spanische Roman vom Mittelalter bis zur Gegenwart. Düsseldorf (1986)

Rose, Margaret A.: Parody / Meta-Fiction. An Analysis Of Parody As A Critical Mirror To The Writing And Reception Of Fiction. London (1979)

Rosenblum, Michael: Shandean geometry and contingency. In: Novel 10 (1977), S.237-247

Rosenthal, Regine: Die Erben des Lazarillo: Identitätsfrage und Schlußlösung im pikarischen Roman. Frankfurt/ M. 1983

Rousseau, G. S.: Smollett And The Picaresque. Some Questions About A Label. In: Studies In Burke And His Time XII (1971), S.1886-1904

Rovit, Earl: The Novel As Parody: John Barth. In: Critique 6 (1963), S.77-85

Ruth, Wolfgang: „Meager Fact And Solid Fancy": Die Erfindung der Vergangenheit in John Barths „The Sot-Weed Factor". In: Anglistik und Englischunterricht 24 (1984), S.97-116

Schäfer, Walter Ernst: Laster und Lastersystem bei Grimmelshausen. In: GRM 43 (1962), S.233-243

Schäfer, Walter Ernst: Der Satyr und die Satire. Zu Titelkupfern Grimmelshausens und Moscheroschs. In: Rasch, Wolfdietrich; Geulen, Hans (Hrsg.): Rezeption und Produktion zwischen 1570 und 1770. Festschrift für Günther Weydt zum 65. Geburtstag. Bern München 1972, S.183-232

Schafer, William J.: Ralph Ellison And
The Birth Of The Anti-Hero. In:
Critique 10 (1968), S.81-93

Schalk, Fritz: Über Quevedo und „El
Buscón". In: Romanische Forschungen
74 (1960), S.11-30

Scharfschwerdt, Jürgen: Thomas Mann
und der deutsche Bildungsroman.
Stuttgart Berlin Köln Mainz 1967

Scheer-Schäzler, Brigitte: Ralph Ellison.
In: Christadler, Martin (Hrsg.): Ameri-
kanische Literatur der Gegenwart in
Einzeldarstellungen. Stuttgart (1973),
S.190-209

Schleussner, Bruno: Der neopikareske
Roman. Pikareske Elemente in der
Struktur moderner englischer Romane
1950-1960. Bonn 1969 (= Abhandlungen zur Kunst-, Musik- und Literaturwissenschaft Bd.61)

Schmeling, Manfred: Autothematische
Dichtung als Konfrontation. Zur
Systematik literarischer Selbstdarstel-
lung. In: LiLi 8 (1978), S.77-97

Schmidt, Siegfried J. (Hrsg.): Der Diskurs
des Radikalen Konstruktivismus.
(Frankfurt/M. 1987)

Schmidt-Hidding, Wolfgang: Humor und
Witz. München 1963 (= Europäische
Schlüsselwörter. Wortvergleichende
und wortgeschichtliche Studien Bd.1)

Schneider, Karl Ludwig: Thomas Manns
„Felix Krull". Schelmenroman und
Bildungsroman. In: Günther, V.J.;
Koopmann, H.; Pütz, P.; Schrimpf H.J.
(Hrsg.): Untersuchungen zur Literatur
als Geschichte. Festschrift für Benno
von Wiese. (Berlin 1973), S.545-558

Schnell, Josef: Irritation der Wirklichkeitserfahrung. Die Funktion des
Erzählers in G. Grass „Die Blechtrommel". In: Der Deutschunterricht 27,3
(1975), S.33-43

Schöll, Norbert: Der pikareske Held.
Wiederaufleben einer literarischen
Tradition seit 1945. In: Koebner,
Thomas (Hrsg.): Tendenzen der
deutschen Literatur seit 1945. Stuttgart
1971, S.302-321

Schönau, Walter: Zur Wirkung der
„Blechtrommel" von Günter Grass. In:
Psyche XXVIII,7 (1974), S.573-599

Schöne, Albrecht: Der Hochstapler und
der Blechtrommler. Die Wiederkehr
der Schelme im deutschen Roman.
Wuppertal 1974

Schönert, Jörg: Roman und Satire im
18.Jahrhundert. Ein Beitrag zur Poetik.
Stuttgart 1969

Schönhaar, Rainer: Pikaro und Eremit.
Ursprung und Abwandlungen einer
Grundfigur des europäischen Romans
vom 17. bis 18. Jahrhundert. In:
Schönhaar, Rainer (Hrsg.): Dialog.
Literatur und Literaturwissenschaft im
Zeichen deutsch-französischer Begeg-
nung. Festschrift für Josef Kunz. Berlin
1973, S.43-94

Schrader, Ludwig: Panurge und Hermes.
Zum Ursprung eines Charakters bei
Rabelais. Bonn 1958

Schrader, Monika: Mimesis und Poiesis.
Poetologische Studien zum Bildungsro-
man. Bern New York 1975 (= Quellen
und Forschungen zur Sprach- und
Kulturgeschichte der germanischen
Völker 65)

Schultheiß, Albert: Der Schelmenroman
der Spanier und seine Nachbildungen.
Hamburg 1893 (= Sammlung gemein-
verständlicher wissenschaftlicher
Vorträge. Neue Folge. VII Serie, Heft
165)

Schulz, Dieter: John Barth. In: Christadler, Martin (Hrsg.): Amerikanische
Literatur der Gegenwart in Einzeldarstellungen. Stuttgart 1973, S.371-390

Schulze - van Loon, Rainer: Niklas
Ulenharts „Historia". Beiträge zur
deutsche Rezeption der novela picaresca. Hamburg 1955

Schumann, Willy: Wiederkehr der
Schelme. In: PMLA 81 (1966), S.467-
474

Schwanitz, Dietrich: Systemtheorie und
Literatur. Ein neues Paradigma.
(Opladen 1990)

Searle, John R.: Der logische Status

fiktionalen Diskurses. In: Derselbe: Ausspruch und Bedeutung. Untersuchungen zur Sprechakttheorie. (Frankfurt/M. 1982), S.80-97

Seed, David: The Fiction Of Joseph Heller. Against The Grain. (London) 1989

Seelye, John: Melville: The Ironic Diagramm. Evanson 1970

Segre, Cesare: Gerade und Spiralen im Aufbau des „Don Quijote". In: Derselbe: Literarische Semiotik. Dichtung - Zeichen - Geschichte. (Stuttgart 1980)

Seidlin, Oskar: Picaresque Elements In Thomas Mann's Work. In: Modern Language Quarterly 12 (1951), S.183-200

Seiffert, Walter: Die pikareske Tradition im deutschen Roman der Gegenwart. In: Durzak, Manfred (Hrsg.): Die deutsche Literatur der Gegenwart. Aspekte und Tendenzen. Stuttgart ³(1976), S.197-215

Selbmann, Rolf: Der deutsche Bildungsroman. Stuttgart (1984) (= Sammlung Metzler. Realien zur Literatur Bd.214)

Selbmann, Rolf (Hrsg.) Zur Geschichte des deutschen Bildungsroman. Darmstadt 1988) (= Wege der Forschung Bd.640)

Sennett, Richard: Verfall und Ende des öffentlchen Lebens. Die Tyrannei der Intimität. (Frankfurt/M. 1986)

Siebenmann, Gustav: Über Sprache und Stil im „Lazarillo de Tormes". Bern 1953 (= Romanica Helvetia XLIII)

Sieber, Harry: The Picaresque. London 1977

Simrock, Karl: Die deutschen Sprichwörter. Stuttgart (1988)

Sklovskij, Viktor: Theorie der Prosa. (Frankfurt/M. 1984)

Slethaug, Gordon E.: Barth's Refutation Of The Idea Of Progress. In: Critique 13 (1972), S.11-29

Sloterdijk, Peter: Kritik der zynischen Vernunft. 2 Bde. (Frankfurt/M. 1983)

Sloterdijk, Peter: Kopernikanische Mobilmachung und Ptolemäische

Abrüstung. Ästhetischer Versuch. (Frankfurt/M. 1987)

Smolka-Koerdt, Gisela; Spangenberger, Peter M.; Tillmann-Bartylla, Dagmar (Hrsg.): Der Ursprung von Literatur - Medien, Rollen, Kommunikationssituationen zwischen 1450 und 1650. München 1989

Sonntag, Susan: Against Interpretation And Other Essays. New York (1967)

Soons, C. A.: Cide Hamete Benengelí. His Significance For „Don Quijote". In: Modern Language Review LIV (1959), S.351-357

Souiller, Didier: (Que sais-je) Le Roman picaresque. Paris 1980

Spadaccini, Nicholas: Daniel Defoe And The Spanish Picaresque Tradition: The Case Of „Moll Flanders". In: Ideologies and Literature 2 (1978), S.10-26

Spector, Robert Donald: Tobias George Smollett. New York (1968)

Sperber, Dan: Über Symbolik. (Frankfurt/ M. 1975)

Sprecher, Thomas: Felix Krull und Goethe. Thomas Mann's „Bekenntnisse" als Parodie auf „Dichtung und Wahrheit". Bern Frankfurt/M. New York 1985

von Stackelberg, Jürgen: Von Rabelais bis Voltaire. Zur Geschichte des französischen Romans. München (1970)

Stadler, Ulrich: Parodistisches in der „Justina Dietzin Pícara". Über die Entstehungsbedingungen und zur Wirkungsgeschichte von Ubedas Schelmenroman in Deutschland. In: Arcadia 7 (1972), S.158-170

Stallbaum, Klaus: Literatur als Stellungnahme. „Die Blechtrommel" oder Ein aufgeräumter Schreibtisch. In: Arnold, Heinz Ludwig (Hrsg.): Günter Grass. (Göttingen 1988), S.37-47 (= Text und Kritik 1. 6.Auflage)

Stanzel, Franz K.: Theorie des Erzählens. Göttingen ³(1985)

Stanzel, Franz K.: Die Komplementärgeschichte. Entwurf einer leserorientierten Romantheorie. In: Haubrichs, Wolfgang (Hrsg.): Erzählforschung 2. Theorien, Modelle und Methoden der Narrativik. Göttingen (1977), 240-259 (= LiLi Beiheft 6)

Stempel, Wolf-Dieter; Stierle, Karlheinz (Hrsg.): Die Pluralität der Welten. Aspekte der Renaissance in der Romania. (München 1987) (= Romanisches Kolloquium Bd.4)

Stierle, Karlheinz: Text als Handlung: Perspektiven einer systematischen Literaturwissenschaft. München 1975

Stoll, Andreas: Wege zu einer Soziologie des pikaresken Romans. In: Baader, Horst; Loos, Erich (Hrsg.): Spanische Literatur im Goldenen Zeitalter. Fritz Schalk zum 70.Geburtstag. Frankfurt/ M. (1973), S.461-518

Stonequist, Everett V.: The Marginal Man. A Study In Personality And Culture Conflict. New York 1961 <Reprint; First Edition 1937>

Stonum, Gary Lee: For A Cybernetics Of Reading. In: Modern Language Notes 92,5 (1977), S.945-968

Strauss, Anselm L<eonard>: Spiegel und Masken. Die Suche nach der Identität. (Frankfurt/M. 1969)

Striedter, Jurij: Der Schelmenroman in Rußland. Ein Beitrag zur Geschichte des russischen Romans vor Gogol. Berlin 1961 (= Veröffentlichungen der Abteilung für Slavische Sprachen und Literaturen des Osteuropa-Instituts an der Freien Universität Berlin Bd.21)

Stubbs, John C.: John Barth As Novelist Of Ideas. In: Critique 8 (1965/6), S.101-116

Sussman, Henry: The Deconstructor As Politician: Melville's „Confidence-Man". In: Glyph 4 (1978), S.32-56

Szyrocki, Marian: Die deutsche Literatur des Barock. Eine Einführung. (Reinbek bei Hamburg 1968)

Tarot, Rolf: Simplicissimus und Baldanders. Zur Deutung zweier Episoden in Grimmelshausens „Simplicissimus Teutsch". In: Argenis 1-3 (1977),

S.107-129

Taubeneck, Steven: Zitat als Realität, Realität als Zitat. Zu Affinitäten in der neuen deutschen und amerikanischen Prosa. In: Arcadia 19 (1984), S.269-277

Tharpe, Jack: John Barth. The Comic Subtility Of Paradox. London Amsterdam (1974)

Thomsen, Christian W.: Aspekte des Grotesken im „Lazarillo de Tormes". In: Best Otto F. (Hrsg.): Das Groteske in der Dichtung. Darmstadt 1980, S.157-194 (= Wege der Forschung Bd.394)

Todorov, Tzvetan: Die Lektüre als Rekonstruktion des Textes. In: Haubrichs, Wolfgang (Hrsg.): Erzählforschung 2. Theorien, Modelle und Methoden der Narrativik. Göttingen (1977), S.228-239 (= LiLi Beiheft 6)

Towers, A. R.: Sterne's cock and bull story. In: ELH 24 (1957), S.12-29

Trachtenberg, Stanley (Ed.): Critical Essays On Saul Bellow. Boston (1979)

Traugott, John: Tristram Shandy's World: Sterne's Philosophical Rhetoric. (Berkeley Los Angeles 1954)

Triefenbach, Peter: Der Lebenslauf des „Simplicius Simplicissimus". Figur - Initiation - Satire. (Stuttgart 1979)

Truman, R. W.: „Lazarillo de Tormes" And The Homo Novus Tradition. In: Modern Language Review 64 (1969), S.62-67

Truman, R. W.: „Lazarillo de Tormes" Petrarchs „De Remediis Adversae Fortunae" And Erasmus „Praise of Folly". In: Bulletin of Hispanic Studies 52 (1975), S.33-53

Tscheer, Rosemarie: Guzmán de Alfarache bei Mateo Alemán und Juan Martí. Ein Beitrag zur Gegenüberstellung der authentischen und der apokryphen Fortsetzung (Bern Franfurt/M. 1983)

Varela, Francisco J.: Kognitionswissenschaft - Kognitionstechnik. Eine Skizze aktueller Perspektiven. (Frankfurt/M. 1990)

Vilar, Jean: Discours pragmatique et discours picaresque. In: Actes Picaresque Espagnole. Etudes Sociocritiques. Montpellier 1976, S.37-55 (= Publications du centre d'etudes et de recherches sociocritiques)

Voßkamp, Wilhelm: Gattungen als literarisch-soziale Institutionen. In: Hinck, Walter (Hrsg.): Textsortenlehre - Gattungsgeschichte. Heidelberg 1977, S.27-44 (= Medium Literatur 4)

Wagenbach, Klaus: Günter Grass. In: Nonnenmann, Klaus (Hrsg.): Schriftsteller der Gegenwart. Dreiundfünfzig Porträts. Olten Freiburg 1962, S.118-126

Waldmeir, Joseph J. (Ed.): Critical Essays On John Barth. Boston (1980)

Walkiewitz, E. D.: John Barth. Boston (1986)

Warning, Rainer: Der inszenierte Diskurs. Bemerkungen zur pragmatischen Relation der Fiktion. In: Henrich, Dieter; Iser, Wolfgang (Hrsg.): Funktionen des Fiktiven. München 1982, S.183-206 (= Poetik und Hermeneutik X)

Watt, Ian: Der bürgerliche Roman. Aufstieg einer Gattung. Defoe Richardson Fielding. (Franfurt/M. 1974)

Watzlawick, Paul (Hrsg.): Die erfundene Wirklichkeit. Wie wissen wir was wir zu wissen glauben? Beiträge zum Konstruktivismus. München Zürich (⁶1990)

Watzlawick, Paul; Beavon, Janet H.; Jackson, Don D.: Menschliche Kommunikation. Bern Stuttgart Toronto (⁸1990)

Weber, Wolfgang und Ingeborg: Auf den Spuren des göttlichen Schelms. Bauformen des nordamerikanischen Indianer-Märchens und des europäischen Volksmärchens. (Stuttgart Bad Cannstatt 1983)

Wehle, Winfried: Zufall und epische Tradition. Wandel des Erzählmodells und Sozialisation des Schelms in der „Histoire de Gil Blas de Santillane". In:

Romanisches Jahrbuch 23 (1972), S.103-129

Weidkuhn, Peter: Fastnacht - Revolte - Revolution. In: Zeitschrift für Religions- und Geistesgeschichte XXI,4 (1969), S.289-306

Weimann, Robert: Erzählprosa und Weltaneignung. Zu Entstehung und Funktion des Realismus in der Renaissance. In: Sinn und Form 103,2 (1977), S.806-846

Weimar, Klaus: Enzyklopädie der Literaturwissenschaft. München (1980)

Weinrich, Harald: Linguistik der Lüge. Heidelberg 1966

Weinrich, Harald: Der Leser des „Don Quijote". In: LiLi 57/58 (1985), S.52-66

Welsch, Wolfgang: Unsere postmoderne Moderne. Weinheim ²1988

Weydt, Günther (Hrsg.): Der Simplicissimusdichter und sein Werk. Darmstadt 1969 (= Wege der Forschung Bd.153)

Whitbourn, Christine J. (Ed.): Knaves And Swindlers. Essays On The Picaresque Novel In Europe. London New York Toronto 1974

White, Donald O.: Wiederbegegnung mit einem halbverschollenen Meisterepos. Zur „Insel des zweiten Gesichts" des Albert Vigoleis Thelen. In: Kloepfer, Rolf; Janetzke-Diller, Gisela (Hrsg.): Erzählung und Erzählforschung im 20. Jahrhundert. Stuttgart Berlin Köln Mainz (1981), S.229-305

Whitehead, Alfred North; Russell, Bertrand: Principia Mathematica. (Frankfurt/M. 1986)

Wicks, Ulrich: The Nature Of Picaresque Narrative: A Modal Approach. In: Modern Language Association 89 (1974), S.240-249

van der Will, Wilfried: Pikaro heute. Metamorphosen des Schelms bei Thomas Mann, Döblin, Brecht, Grass. Stuttgart Berlin Köln Mainz (1967)

Willis, Raymond R.: Lazarillo And The Pardoner: The Artistic Necessity Of The Fifth Tractado. In: Hispanic

Review XXVII (1959), S.267-379

Winnicott, D. W.: Vom Spiel zur Kreativität. Stuttgart 1973

Woodmansee, Martha A.: Melville's „Confidence-Man". In: Lohner Edgar (Hrsg.): Der Amerikanische Roman im 19. und 20. Jahrhundert. Interpretationen. (Berlin 1974), S.49-69

Wyssling, Hans: Thomas Manns Pläne zur Fortsetzung des „Krull". In: Thomas-Mann-Studien Bd.3 Bern München (1974), S.149-166

Wyssling, Hans: Narzißmus und illusionäre Existenzform. Zu den „Bekenntnissen des Hochstaplers Felix Krull". Bern München 1982 (= Thomas-Mann-Studien Bd.5)

Zeller, Rosemarie: Die poetischen Verfahren Albert Vigoleis Thelens. In: Colloquia Germanica (1979), S.329-346

Ziegler, Heide: John Barth. London New York (1987)

Ziegler, Heide: John Barth's „Sot-Weed Factor": The Meaning Of Form. In: Amerikastudien 25 (1980), S.199-206

Zijdervelt, Anton C.: Humor und Gesellschaft. Eine Soziologie des Humors und des Lachens. Graz Wien Köln (1976)